TABLEAUX DE L'ÉCONOMIE FRANÇAISE

2005-2006

INSEE

Signes conventionnels utilisés

...	Résultat non disponible
///	Absence de résultat due à la nature des choses
e	Estimation
p	Nombre provisoire
r	Résultat révisé par rapport à l'édition précédente
■	Séries non comparables de part et d'autre de ce signe
n.s.	Résultat non significatif
€	Euro
[ ]	Les chiffres entre crochets donnent les références des sources utilisées pour la présentation ou pour les tableaux
	Indique que le tableau ou graphique est mis à jour sur le site Insee.fr

Avertissements

Les données nationales se réfèrent à la France entière, c'est-à-dire la France métropolitaine et les 4 départements d'outre-mer.

Dans un but de comparabilité, les sources Eurostat et PRB sont souvent privilégiées pour les données internationales. Celles-ci peuvent parfois diverger des données issues d'une source Insee.

Compte tenu des changements de concepts, les données des comptes nationaux - base 2000 - ne doivent pas être comparées avec celles provenant des comptes nationaux - base 95 et 80.

Les données chiffrées sont parfois arrondies (au plus près de leurs valeurs réelles). Le résultat arrondi d'une combinaison de données chiffrées (qui fait intervenir leurs valeurs réelles) peut être de fait légèrement différent de celui que donneraient leurs valeurs arrondies.

Directeur de la publication Jean-Michel CHARPIN

Rédaction en chef Isabelle GAUCHENOT, Claire JOUTARD

Rédaction Véronique CHARPIOT-PAPANIAN, Monique DI FRANCO, Jocelyne KHOURI

Maquette Sandrine TOURILLON

Couverture

Photo © J.C Gayraud/METATTM/DDE 12/AIOA-2003

Coordination Jacquie LAMBOURDIÈRE

Conception et réalisation Ineiaki Global Design

Imprimerie Imprimerie Jouve, 733 rue Saint-Léonard – 53100 Mayenne

Éditeur © INSEE 2005 - 18 Boulevard Adolphe Pinard 75 675 PARIS Cedex 14

Dépôt légal : septembre 2005

À nos lecteurs et lectrices,

Voici la 29ème édition des Tableaux de l'Économie Française : de la population aux modes de vie, de l'appareil productif à l'économie générale, elle vous offre la synthèse des données essentielles de la France économique et sociale d'aujourd'hui.

Cet ouvrage phare de la collection *Références* est organisé selon la formule qui en fait chaque année son succès : une structure identique pour chacune des 88 doubles pages facilite l'accès aux tableaux, cartes, graphiques, définitions et références bibliographiques. Les commentaires explicitent, analysent et complètent les chiffres.

Les comparaisons européennes et internationales, toujours plus nombreuses, concernent désormais l'Union européenne à 25.

Le sommaire est également en harmonie avec la structure du site internet (www.insee.fr) qui vous propose un très grand nombre de données statistiques nationales et locales complémentaires.

Le logo vous permet de repérer les tableaux de cet ouvrage mis en ligne sur Internet dans la rubrique « France en faits et chiffres ».

L'équipe de rédaction remercie l'ensemble des personnes qui ont contribué à cet ouvrage. Vous souhaitant une agréable lecture, elle reste à l'écoute des suggestions que vous pourrez adresser à :

Équipe TEF
Unité ÉPON – Chiffres-clés
INSEE – Direction Régionale de Provence-Alpes-Côte d'Azur
17, rue Menpenti
13 387 Marseille cedex 10

SOMMAIRE

ÉCONOMIE - FINANCES

SYSTÈME PRODUCTIF

L'Europe, les États-Unis et le Japon en 2004

	Année d'entrée dans l'Union européenne	Population millions	PIB par habitant SPA*	Prix à la consommation** %	Taux de chômage %	Dépenses de R & D*** en 2003 % du PIB	Émissions de gaz à effet de serre en 2003 millions de tonnes équivalent CO_2
Union européenne à 25							
Allemagne	****1958	82,6	24 300	2,2	9,5	2,50	1 017,5
Autriche	1995	8,1	27 200	2,5	4,5	2,22	91,6
Belgique	1958	10,4	26 500	1,9	7,8	2,33	147,7
Chypre	2004	0,9	18 200	3,9	5,0	0,33	9,2
Danemark	1973	5,4	27 200	1,0	5,4	2,60	74
Espagne	1986	42,5	*p* 22 000	3,3	10,8	1,11	402,3
Estonie	2004	1,3	11 100	4,8	9,2	0,77	21,4
Finlande	1995	5,2	25 600	0,1	8,8	3,51	85,5
France	**1958**	**62,2**	***p* 24 800**	***p* 2,2**	**9,7**	**2,19**	**557,2**
Grèce	1981	11,0	18 300	3,1	10,5	0,62	137,6
Hongrie	2004	10,1	13 500	5,5	5,9	0,97	83,2
Irlande	1973	4,1	*p* 31 000	2,4	4,5	1,12	67,8
Italie	1958	57,8	*p* 23 500	2,4	8,0	1,16	569,8
Lettonie	2004	2,3	9 700	7,4	9,8	0,39	10,5
Lituanie	2004	3,4	10 700	2,8	10,8	0,68	17,2
Luxembourg	1958	0,5	*p* 49 700	3,5	4,2	1,71	11,3
Malte	2004	0,4	16 000	1,9	7,3	0,28	2,9
Pays-Bas	1958	16,3	*p* 26 700	*p* 1,2	4,6	1,89	214,8
Pologne	2004	38,2	*p* 10 500	4,4	18,8	0,59	*e* 384,0
Portugal	1986	10,5	*p* 16 200	2,6	6,7	0,79	81,2
République tchèque	2004	10,2	15 900	2,5	8,3	1,35	145,4
Royaume-Uni	1973	59,7	*p* 26 500	1,6	4,7	1,87	651,1
Slovaquie	2004	5,4	11 600	5,8	18,0	0,57	51,7
Slovénie	2004	2,0	17 400	3,3	6,0	1,53	19,8
Suède	1995	9,0	25 900	0,9	6,3	4,27	70,6
Pays candidats à l'UE							
Bulgarie	///	7,8	*p* 6 700	6,1	11,9	0,50	*****62,4
Croatie	///	4,4	*p* 10 300	....	...	1,12	...
Roumanie	///	21,7	*p* 7 100	11,9	7,1	0,40	*****136,5
Turquie	///	71,3	*p* 6 500	...	10,3	0,66	...
Autres pays							
États-Unis	///	293,6	34 600	1,9	5,5	*p* 2,76	6 900,2
Japon	///	127,6	*p* 25 900	– 0,3	4,7	3,12	*****1 299,4

* SPA : Standard de Pouvoir d'Achat, unité de mesure plus stable que l'euro courant qui peut-être soumis à de fortes fluctuations conjoncturelles. Son usage facilite les comparaisons internationales. ** Indices en glissement annuel en décembre, en janvier pour les États-Unis et le Japon. Taux de variation moyen annuel pour la Bulgarie et la Roumanie. *** La plupart des données sont provisoires ou estimées. Année 2002 pour l'Italie, Malte, le Royaume-Uni, la Croatie, la Turquie et le Japon ; 2001 pour les Pays-Bas et la Suède ; 2000 pour le Luxembourg. **** 1990 pour l'ex-RDA. ***** 2002, sauf Japon 2001.

Sources : Eurostat. Population reference bureau. OCDE, UNFCCC.

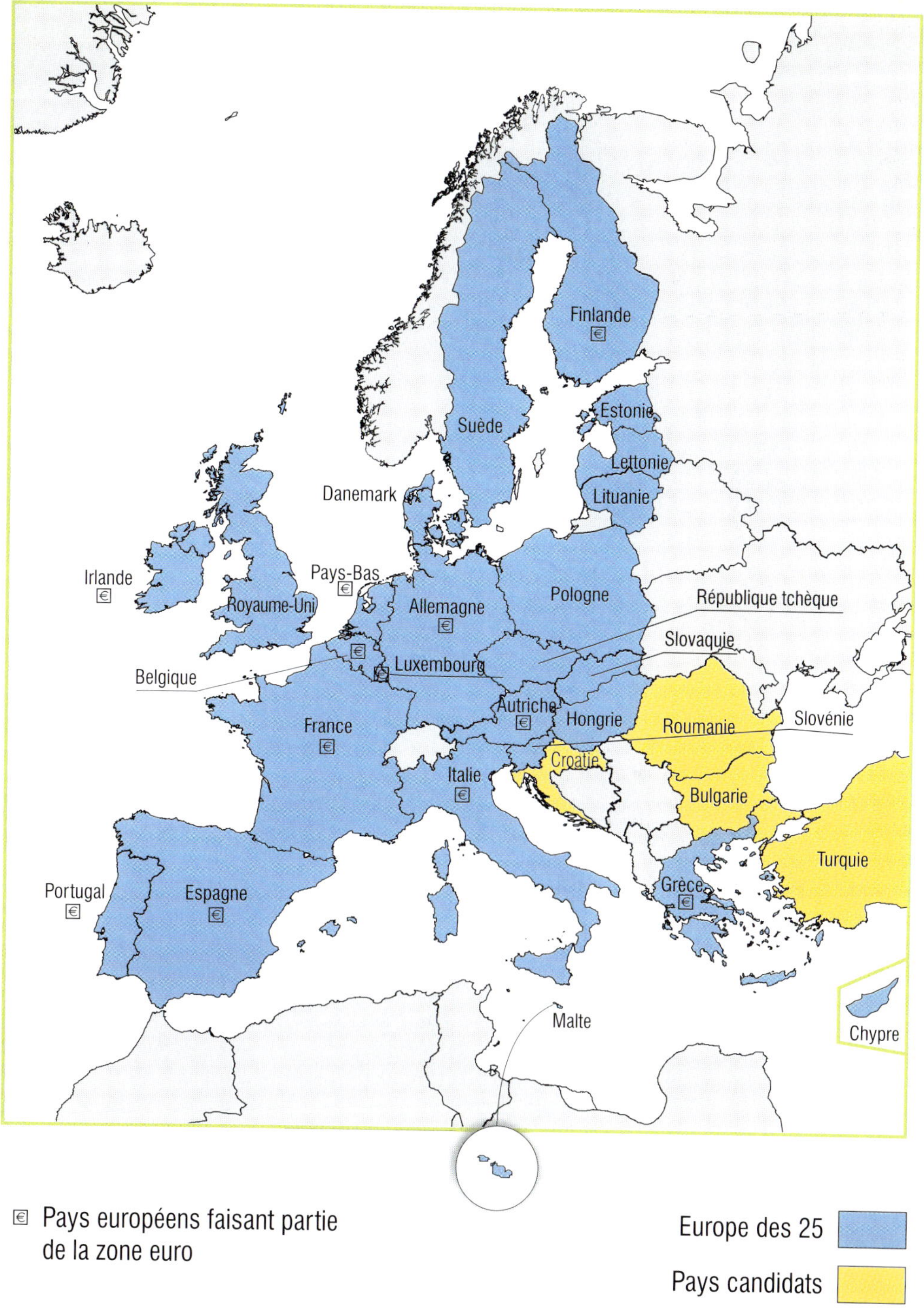
Finlande
Suède
Estonie
Lettonie
Lituanie
Danemark
Irlande
Pays-Bas
Royaume-Uni
Allemagne
Pologne
République tchèque
Slovaquie
Belgique
Luxembourg
Autriche
Hongrie
Slovénie
Roumanie
France
Croatie
Italie
Bulgarie
Turquie
Portugal
Espagne
Grèce
Malte
Chypre
Pays européens faisant partie de la zone euro
Europe des 25
Pays candidats

TERRITOIRE POPULATION

Territoire

Environnement

Population

PRÉSENTATION

En 2004, selon le *PRB*, la *population mondiale* est estimée à 6,4 milliards de personnes. Le taux d'accroissement annuel moyen est de 1,3 % (contre 1,7 % entre 1975 et 1990). Un tiers de l'accroissement démographique est dû à l'Inde (21 %) et la Chine (12 %). La baisse de la fécondité et l'allongement de l'espérance de vie continuent de remodeler la pyramide des âges dans tous les pays du monde, le poids relatif des personnes âgées augmentant par rapport à celui des jeunes. Près de la moitié de la population réside en zone urbaine. Entre 2005 et 2015, les zones urbaines des régions moins développées absorberont la quasi totalité de l'accroissement de population au niveau mondial.

En 2004, l'Union européenne à 25 compte 459,5 millions d'habitants soit 7,2 % de la population mondiale. Selon les *projections de population* du PRB, elle devrait atteindre 467 millions en 2025 et 445,4 millions en 2050 (soit respectivement 5,9 % et 4,8 % de la population mondiale). L'arrivée des 10 nouveaux membres augmente la population de près de 75 millions d'habitants, mais le rythme de croissance démographique du nouvel ensemble est plus faible. Les migrations constituent désormais le facteur essentiel de croissance de la population de l'Union européenne.

Selon les projections des Nations Unies, la population mondiale atteindrait (dans l'hypothèse moyenne de fécondité) 7,9 milliards en 2025 et 8,9 milliards en 2050. Avec des taux de croissance annuels supérieurs à 2,5 % entre 2000 et 2050, la population du Burkina Faso, du Mali, du Niger, de la Somalie, de l'Ouganda et du Yémen devraient quadrupler, passant de 85 à 369 millions au total. À l'inverse elle diminuerait de 14 % au Japon, 22 % en Italie et entre 30 et 50 % en Bulgarie, Estonie, Géorgie, Lituanie, Russie et Ukraine. La baisse de la fertilité conduira à un vieillissement rapide de la population, en particulier dans les pays développés [1] [2] [3].

DÉFINITIONS

- ***Population mondiale.*** *Les estimations de population, fondées sur des données nationales officielles, des estimations de l'ONU (Division de la Population) ou du Bureau of Census des États-Unis, sont de précision variable selon le degré de développement des pays concernés.*
- ***Population reference bureau (PRB).*** *Cet organisme indépendant à but non lucratif, situé à Washington, travaille à partir de sources diverses : division de la Population des Nations unies, US Bureau of the Census, Banque mondiale, Union européenne, Conseil de l'Europe, offices nationaux de statistique, centres de recherche. Les chiffres donnés pour 2004 sont des estimations basées sur les derniers résultats disponibles au moment des calculs du PRB (début 2004). Pour certains pays, ils peuvent remonter à plusieurs années. Une variation importante d'une année sur l'autre peut s'expliquer par un recensement récent.*
- ***Population urbaine.*** *Les services statistiques de chaque pays définissent la population urbaine et délimitent les villes selon leurs propres critères. Habituellement, la population habitant dans des villes de 2 000 habitants ou plus ou dans des capitales provinciales ou nationales est urbaine.*
- ***Projections de population pour 2025 et 2050.*** *Elles sont fondées sur des hypothèses raisonnables quant à l'évolution de la fécondité, de la mortalité et de la migration. Les données proviennent de projections nationales officielles ou publiées par l'ONU, le Bureau du recensement des États-Unis ou le PRB. Elles sont régulièrement révisées.*
- ***Russie.*** *L'ex-URSS comprenait douze états : l'Arménie, l'Azerbaïdjan, la Biélorussie, la Géorgie, le Kazakhstan, le Kirghizistan, la Moldavie, l'Ouzbékistan, la Russie, le Tadjikistan, le Turkménistan et l'Ukraine. Dans le tableau ci-contre, l'Ukraine, la Biélorussie, la Moldavie et la Russie sont comptabilisés en Europe, les huit autres républiques en Asie.*
- ***Serbie et Monténégro.*** *La République fédérale de Yougoslavie a cessé d'exister depuis le 4 février 2003 et a cédé la place à l'État de Serbie et Monténégro.*

POUR EN SAVOIR PLUS

- *Population & sociétés*, Ined : « La population du monde pour les 3 siècles à venir : explosion, implosion ou équilibre », n° 408, janvier 2005 ; « La majorité de l'humanité vit dans un pays où la fécondité est basse », n° 405, octobre 2004.
- *Population*, Ined : « La démographie au sud du Sahara des années 1950 aux années 2000 », n° 3-4, 2004 ; « Évolution démographique récente des pays développés », n° 2, 2004 ; « L'Union européenne à l'heure de l'élargissement », n° 2, 2004.
- « Premiers résultats de la collecte de données démographiques pour 2003 en Europe », *Statistiques en bref*, Population et conditions sociales, Eurostat, n° 13, 2004.

SOURCES

[1] « 2004 Fiche de données sur la population mondiale », Population reference bureau (PRB) (www.prb.org).

[2] « World Population Prospects – The 2002 Revision », Division de la population des Nations Unies, février 2003 (www.un.org/popin).

[3] « L'Union européenne élargie : quinze + dix = 455 », *Population & sociétés*, Ined, n° 398, février 2004.

[4] « Bilan démographique 2004 – Nette diminution des décès », *Insee Première*, n° 1004, février 2005.

Population, densité et part de la population urbaine des principaux pays (mi-2004) [1] [4]

Pays	Population millions	Densité moyenne hab./km²	Population urbaine %
Europe	**731,4**	**32**	**74**
Allemagne	82,6	231	88
Autriche	8,1	97	54
Belgique	10,4	341	97
Chypre	0,9	97	65
Danemark	5,4	125	72
Espagne	42,5	84	76
Estonie	1,3	29	69
Finlande	5,2	15	62
France	62,2	96	75
Grèce	11,0	83	60
Hongrie	10,1	109	65
Irlande	4,1	58	60
Italie	57,8	192	90
Lettonie	2,3	36	68
Lituanie	3,4	52	67
Luxembourg	0,5	193	91
Malte	0,4	1245	91
Pays-Bas	16,3	399	62
Pologne	38,2	118	62
Portugal	10,5	114	53
République tchèque	10,2	129	77
Royaume-Uni	59,7	244	89
Slovaquie	5,4	110	56
Slovénie	2,0	99	51
Suède	9,0	20	84
Union européenne à 25	*459,5*	*112*	*78*
Autres pays d'Europe	271,9	14	67
dont : Biélorussie	*9,8*	*47*	*72*
Bulgarie	*7,8*	*70*	*70*
Croatie	*4,4*	*78*	*56*
Moldavie	*4,2*	*125*	*45*
Norvège	*4,6*	*14*	*78*
Roumanie	*21,7*	*91*	*53*
Russie	*144,1*	*8*	*73*
Serbie et Monténégro	*10,7*	*105*	*52*
Suisse	*7,4*	*179*	*68*
Ukraine	*47,4*	*79*	*68*
Afrique	**884,2**	**29**	**35**
dont : Afrique du Sud	*46,9*	*38*	*53*
Algérie	*32,3*	*14*	*49*
Angola	*13,3*	*11*	*33*
Burkina Faso	*13,6*	*50*	*15*
Cameroun	*16,1*	*34*	*48*
Côte-d'Ivoire	*16,9*	*52*	*46*
Égypte	*73,4*	*73*	*43*
Éthiopie	*72,4*	*66*	*15*
Ghana	*21,4*	*90*	*44*
Kenya	*32,4*	*56*	*36*
Madagascar	*17,5*	*30*	*26*
Mali	*13,4*	*11*	*30*
Maroc	*30,6*	*69*	*57*
Mozambique	*19,2*	*24*	*29*
Nigeria	*137,3*	*149*	*36*
Ouganda	*26,1*	*108*	*12*
Rép. dém. du Congo	*58,3*	*25*	*30*
Soudan	*39,1*	*16*	*31*
Tanzanie	*36,1*	*38*	*22*
Tunisie	*10,0*	*61*	*63*
Amérique	**873,7**	**22**	**76**
dont : Argentine	*37,9*	*14*	*89*
Brésil	*179,1*	*21*	*81*
Canada	*31,9*	*3*	*79*
Chili	*16,0*	*21*	*87*
Colombie	*45,3*	*40*	*71*
Cuba	*11,3*	*102*	*75*
États-Unis (y c. Hawaï)	*293,6*	*30*	*79*
Guatemala	*12,7*	*117*	*39*
Haïti	*8,1*	*292*	*36*
Mexique	*106,2*	*54*	*75*
Pérou	*27,5*	*21*	*72*
République dominicaine	*8,8*	*181*	*64*
Venezuela	*26,2*	*29*	*87*
Asie	**3 873,9**	**122**	**39**
dont : Afghanistan	*28,5*	*44*	*22*
Arabie Saoudite	*25,1*	*12*	*86*
Bangladesh	*141,3*	*981*	*23*
Chine (y c. Hong Kong et Macao)	*1 307,3*	*137*	**41*
Corée du Nord	*22,8*	*189*	*60*
Corée du Sud	*48,2*	*486*	*80*
Inde	*1 086,6*	*331*	*28*
Indonésie	*218,7*	*115*	*42*
Irak	*25,9*	*59*	*68*
Iran	*67,4*	*41*	*67*
Israël	*6,8*	*323*	*92*
Japon	*127,6*	*338*	*78*
Kazakhstan	*15,0*	*6*	*57*
Malaisie	*25,6*	*78*	*62*
Myanmar (Birmanie)	*50,1*	*74*	*28*
Népal	*24,7*	*168*	*14*
Ouzbékistan	*26,4*	*59*	*37*
Pakistan	*159,2*	*200*	*34*
Philippines	*83,7*	*279*	*48*
Sri Lanka (Ceylan)	*19,6*	*299*	*30*
Syrie	*18,0*	*97*	*50*
Taïwan	*22,6*	*625*	*78*
Thaïlande	*63,8*	*124*	*31*
Turquie	*71,3*	*92*	*59*
Viêt Nam	*81,5*	*246*	*25*
Yémen	*20,0*	*38*	*26*
Océanie	**32,7**	**4**	**72**
dont : Australie	*20,1*	*3*	*91*
Nouvelle-Zélande	*4,1*	*15*	*78*
Monde	**6 395,9**	**48**	**48**

* Chine uniquement (Hong Kong : 100 % ; Macao : 99 %).

Projections de population en 2025 [1]

Rang	Pays	Population millions
1	Chine (y c. Hong Kong et Macao)	1 485
2	Inde	1 363
	Union européenne à 25	*467*
3	États-Unis	349
4	Indonésie	276
5	Pakistan	229
6	Brésil	211
7	Nigeria	206
8	Bangladesh	205
9	Russie	137
10	Mexique	132
11	Japon	121
12	Philippines	118
13	Éthiopie	118
14	Rép. dém. du Congo	105
15	Égypte	103
16	Viêt Nam	103
17	Turquie	89
18	Iran	85
19	Allemagne	82
20	Thaïlande	70
21	France	66
22	Royaume-Uni	64
	Monde	**7 934**

1 territoire

PRÉSENTATION

Au 1er janvier 2004, selon la première collecte du *nouveau recensement*, la population de la France est estimée à 62 millions d'habitants. Sans les quatre départements d'outre-mer, qui ont également le statut de région, l'*estimation* de la France métropolitaine est de 60,2 millions. La croissance démographique a été plus soutenue, en moyenne annuelle, entre les 1ers janvier 1999 et 2004 qu'au cours de la période 1990-1998. Elle est due, pour les trois quarts, à l'excédent des naissances sur les décès (hors ajustements).

Les plus fortes croissances démographiques se situent dans les régions du sud-est, du midi et de l'ouest du territoire. Celles de la moitié sud demeurent les plus attractives, tandis que la Champagne-Ardenne, le Nord - Pas-de-Calais et l'Île-de-France sont les plus déficitaires sur le plan migratoire. Du fait de sa jeunesse et de la fécondité de ses habitants, l'Île-de-France concentre plus de 40 % de l'excédent naturel de la métropole. Elle est largement déficitaire quant aux migrations vis-à-vis des autres régions, exceptée la bordure nord-est du pays.

D'ici 2030, si les tendances se maintiennent, la population de la France métropolitaine continuera d'augmenter, pour atteindre 63,9 millions d'habitants et se concentrer au sud de la France. En revanche, elle diminuera dans une large bande allant du quart nord-est du pays (hormis l'Alsace) jusqu'au Massif Central. Le vieillissement affectera toute la France : l'âge moyen des habitants augmenterait de 5 ans et demi et approcherait les 44 ans en 2030. Il touchera plus particulièrement la moitié nord du pays, à l'exception de l'Île-de-France qui deviendrait (avec moins de 40 ans d'âge moyen) la région la plus jeune de l'hexagone [2] [4].

DÉFINITIONS

- ***Estimations de population.*** *Elles s'appuient sur les dénombrements issus des recensements de la population. Entre les recensements, l'évolution de la population d'une zone géographique, au cours d'une année donnée, résulte de deux facteurs :*
  - *le solde naturel (différence entre le nombre de naissances et celui des décès domiciliés dans la zone géographique), connu à travers les statistiques de l'état civil ;*
  - *l'estimation du solde migratoire (différence entre le nombre de personnes venues résider dans la zone (entrants) et le nombre de personnes qui ont quitté cette zone pour résider ailleurs (sortants)).*

  Une estimation des populations des régions a été réalisée grâce aux résultats de l'enquête de recensement de 2004. Mi-2005 de nouvelles estimations portant sur la période 2000-2004 seront publiées. Celles par région et département de la page ci-contre sont antérieures à cette mise à jour et ne tiennent pas compte des enseignements de l'enquête de recensement.
- ***Nouveau recensement.*** *La loi du 28 février 2002 a défini les modalités du nouveau recensement. Elle a introduit des collectes annuelles partielles. En 2004 s'est déroulée la 1ère enquête. Les premières populations légales des communes seront établies au terme de 5 collectes de recensement, soit fin 2008.*
- ***Projections de population par région et département :***

  *Le **scénario central** est fondé sur la reconduction des tendances passées pour chacune des variables : la fécondité est maintenue à son niveau de 1999 ; la mortalité baisse au même rythme que la tendance métropolitaine ; les quotients migratoires de référence, calculés entre les recensements de 1982 et 1999, sont maintenus sur toute la période de projection.*

  *Le **scénario alternatif** prend comme période de référence pour le calcul des quotients migratoires la période inter-censitaire 1990-1999 plutôt que 1982-1999. La fécondité et la mortalité sont identiques à celles du scénario central.*

POUR EN SAVOIR PLUS

- « Enquêtes annuelles de recensement : premiers résultats de la collecte 2004 – Principales caractéristiques de la population et des logements », *Insee Première*, n° 1001, janvier 2005.
- « Aménager la France de 2020 – Mettre les territoires en mouvement », Datar, la Documentation française, 2002.
- *La France et ses régions*, Insee, 2002-2003.

SOURCES

[1] (www.insee.fr)

[2] « Enquêtes annuelles de recensement : premiers résultats de la collecte 2004 – 62 millions d'habitants en France au 1er janvier 2004 », *Insee Première*, n° 1000, janvier 2005.

[3] « Projections démographiques pour la France, ses régions et ses départements (horizon 2030/2050) », *Insee Résultats*, série société, n° 16, juillet 2003.

[4] « Projections régionales de population pour 2030 : l'impact des migrations » *Insee Première*, n° 805, septembre 2001.

Population des régions et départements de la France métropolitaine* [1] [3]

Région et département	Population	Taux d'évolution annuel moyen		
	en 2003 *p*	2003/99	2030/99	
			scénario central	scénario alternatif
	milliers	%	%	%
Alsace	**1 775**	**0,6**	**0,4**	**0,6**
67 Rhin (Bas-)	1 053	0,7	0,5	0,7
68 Rhin (Haut-)	723	0,5	0,2	0,4
Aquitaine	**2 988**	**0,7**	**0,4**	**0,4**
24 Dordogne	392	0,2	0,0	0,0
33 Gironde	1 331	0,9	0,7	0,6
40 Landes	341	1,1	0,4	0,4
47 Lot-et-Garonne	310	0,4	0,0	– 0,1
64 Pyrénées-Atlantiques	614	0,6	0,3	0,3
Auvergne	**1 314**	**0,1**	**– 0,3**	**– 0,2**
03 Allier	342	– 0,2	– 0,5	– 0,5
15 Cantal	148	– 0,4	– 0,7	– 0,7
43 Loire (Haute-)	214	0,6	0,1	0,1
63 Puy-de-Dôme	610	0,2	– 0,1	0,0
Bourgogne	**1 612**	**0,0**	**– 0,1**	**– 0,1**
21 Côte-d'Or	510	0,2	0,1	0,1
58 Nièvre	222	– 0,4	– 0,5	– 0,4
71 Saône-et-Loire	544	– 0,1	– 0,5	– 0,5
89 Yonne	336	0,2	0,4	0,3
Bretagne	**2 978**	**0,6**	**0,3**	**0,4**
22 Côtes-d'Armor	554	0,5	– 0,1	0,0
29 Finistère	864	0,3	0,0	0,1
35 Ille-et-Vilaine	895	0,8	0,7	0,8
56 Morbihan	666	0,9	0,3	0,3
Centre	**2 467**	**0,3**	**0,3**	**0,2**
18 Cher	312	– 0,2	– 0,3	– 0,4
28 Eure-et-Loir	412	0,3	0,5	0,1
36 Indre	231	0,0	– 0,4	– 0,4
37 Indre-et-Loire	563	0,4	0,3	0,4
41 Loir-et-Cher	319	0,3	0,2	0,2
45 Loiret	629	0,5	0,6	0,6
Champagne-Ardenne	**1 337**	**– 0,1**	**– 0,3**	**– 0,2**
08 Ardennes	289	– 0,1	– 0,5	– 0,4
10 Aube	294	0,1	– 0,1	0,0
51 Marne	563	– 0,1	– 0,1	0,0
52 Marne (Haute-)	191	– 0,5	– 0,8	– 0,7
Corse	**266**	**0,6**	**0,3**	**0,3**
2A Corse-du-Sud	121	0,6	0,3	– 0,2
2B Haute-Corse	145	0,5	0,4	0,7
Franche-Comté	**1 131**	**0,3**	**– 0,1**	**0,0**
25 Doubs	506	0,3	– 0,1	0,1
39 Jura	253	0,2	0,0	– 0,1
70 Saône (Haute-)	232	0,3	– 0,2	– 0,1
90 Belfort (Territoire de)	139	0,4	– 0,1	0,1
Île-de-France	**11 131**	**0,4**	**0,3**	**0,2**
75 Paris	2 147	0,3	– 0,3	0,0
77 Seine-et-Marne	1 232	0,8	1,5	0,9
78 Yvelines	1 370	0,3	0,4	0,1
91 Essonne	1 153	0,4	0,5	0,2
92 Hauts-de-Seine	1 471	0,7	0,0	0,3
93 Seine-Saint-Denis	1 396	0,2	0,0	0,0
94 Val-de-Marne	1 239	0,3	– 0,1	0,1
95 Val-d'Oise	1 122	0,4	0,8	0,4
Languedoc-Roussillon	**2 402**	**1,2**	**1,0**	**0,9**
11 Aude	322	1,0	0,6	0,4
30 Gard	649	1,0	0,8	0,6
34 Hérault	946	1,4	1,4	1,3
48 Lozère	74	0,2	– 0,2	0,2
66 Pyrénées-Orientales	411	1,2	0,9	0,9
Limousin	**711**	**0,0**	**– 0,3**	**– 0,2**
19 Corrèze	234	0,1	– 0,4	– 0,3
23 Creuse	123	– 0,4	– 0,6	– 0,5
87 Vienne (Haute-)	354	0,0	– 0,1	0,1
Lorraine	**2 319**	**0,1**	**– 0,3**	**– 0,2**
54 Meurthe-et-Moselle	718	0,1	– 0,3	– 0,1
55 Meuse	192	– 0,1	– 0,4	– 0,3
57 Moselle	1 028	0,1	– 0,3	– 0,1
88 Vosges	381	0,0	– 0,4	– 0,3
Midi-Pyrénées	**2 638**	**0,8**	**0,5**	**0,5**
09 Ariège	140	0,4	0,0	0,0
12 Aveyron	267	0,3	– 0,5	– 0,4
31 Garonne (Haute-)	1 103	1,4	1,3	1,3
32 Gers	175	0,4	– 0,3	– 0,3
46 Lot	164	0,6	0,0	0,1
65 Pyrénées (Hautes-)	224	0,2	– 0,4	– 0,3
81 Tarn	350	0,5	– 0,2	– 0,2
82 Tarn-et-Garonne	214	1,0	0,3	0,1
Nord - Pas-de-Calais	**4 013**	**0,1**	**– 0,1**	**0,0**
59 Nord	2 562	0,1	– 0,1	0,0
62 Pas-de-Calais	1 451	0,2	– 0,1	0,0
Basse-Normandie	**1 436**	**0,2**	**0,1**	**0,1**
14 Calvados	660	0,5	0,3	0,4
50 Manche	485	0,2	– 0,1	– 0,2
61 Orne	291	– 0,1	– 0,3	– 0,2
Haute-Normandie	**1 787**	**0,1**	**0,2**	**0,1**
27 Eure	550	0,4	0,7	0,3
76 Seine-Maritime	1 237	0,0	– 0,1	0,0
Pays de la Loire	**3 312**	**0,7**	**0,3**	**0,5**
44 Loire-Atlantique	1 174	0,9	0,6	0,8
49 Maine-et-Loire	745	0,4	0,2	0,3
53 Mayenne	291	0,5	0,1	0,2
72 Sarthe	537	0,3	0,1	0,2
85 Vendée	565	1,2	0,4	0,5
Picardie	**1 869**	**0,2**	**0,2**	**0,1**
02 Aisne	535	0,0	– 0,2	– 0,2
60 Oise	777	0,3	0,6	0,3
80 Somme	557	0,1	– 0,1	0,1
Poitou-Charentes	**1 668**	**0,4**	**0,1**	**0,2**
16 Charente	341	0,1	– 0,2	– 0,2
17 Charente-Maritime	577	0,9	0,3	0,5
79 Sèvres (Deux-)	348	0,2	– 0,2	– 0,2
86 Vienne	403	0,2	0,3	0,6
PACA	**4 665**	**0,9**	**0,6**	**0,6**
04 Alpes-de-Haute-Pce	145	0,9	0,7	0,4
05 Alpes (Hautes-)	127	1,1	0,6	0,6
06 Alpes-Maritimes	1 046	0,9	0,8	0,5
13 Bouches-du-Rhône	1 884	0,7	0,2	0,4
83 Var	946	1,3	1,2	0,9
84 Vaucluse	518	0,9	0,7	0,6
Rhône-Alpes	**5 814**	**0,8**	**0,5**	**0,5**
01 Ain	539	1,2	1,1	0,8
07 Ardèche	295	0,8	0,2	0,1
26 Drôme	453	0,8	0,4	0,4
38 Isère	1 129	0,8	0,7	0,7
42 Loire	727	– 0,1	– 0,3	– 0,4
69 Rhône	1 622	0,7	0,3	0,4
73 Savoie	386	0,9	0,6	0,6
74 Savoie (Haute-)	664	1,3	1,1	0,9
Métropole	**59 635**	**0,5**	**0,3**	**0,3**

* Calculs effectués à partir d'estimations de la population pour 1999 et 2003 et de projections pour 2030 ; données au 1er janvier.

PRÉSENTATION

Selon les dernières estimations, l'*outre-mer* français compte 2 437 000 habitants, soit près de 4 % de la population de la France. Près des trois quarts (1 784 000) habitent dans les départements d'outre-mer (DOM).

Entre les 1ers janvier 1999 et 2004, les populations de la *Réunion* et de la *Guyane* s'accroissent nettement plus vite que celle de la métropole : l'excédent naturel y est très élevé, notamment du fait de la jeunesse de la population, et le solde migratoire y est positif. La croissance démographique de la *Guadeloupe* et de la *Martinique* bien que soutenue est plus modérée : l'excédent naturel y est plus faible, quoique nettement supérieur à la moyenne nationale, et ces 2 régions perdent des habitants du fait des échanges migratoires [4].

En 2030, si les tendances démographiques de la période 1990-1999 se maintiennent, les DOM compteront 2,4 millions d'habitants. Le vieillissement de la population sera inéluctable aux Antilles, moins marqué à la Réunion tandis que la Guyane conservera sa jeunesse [6].

Environ 653 000 personnes résident dans les Territoires et Collectivités locales d'Outre-mer Au 22 juillet 2003, *Wallis et Futuna* comptent 14 944 habitants (contre 14 166 en 1996). Deux phénomènes pèsent sur la croissance démographique : l'émigration massive et le ralentissement de la natalité [4].

Le niveau élevé du taux de chômage se maintient à 28,2 % dans les DOM entre mai 2003 et mai 2004. Il progresse légèrement à la Réunion, un peu plus en Guyane, mais il reste stable en Martinique ; en Guadeloupe il diminue assez nettement. Ces évolutions contrastées résultent de la combinaison de plusieurs facteurs : d'une part une légère augmentation des actifs occupés et une stabilité du nombre de chômeurs, d'autre part la croissance de la population active continue à ralentir. Le taux d'activité des 25-49 ans diminue dans tous les DOM ; les femmes sont les plus affectées [1].

DÉFINITIONS

- **Outre-mer.** *La République française comprend 4 départements d'outre-mer (DOM) : Guadeloupe, Guyane, Martinique et Réunion. Elle administre 2 collectivités territoriales (Mayotte et Saint-Pierre-et-Miquelon) et 4 territoires d'outre-mer (TOM) : Nouvelle-Calédonie, Polynésie française, Wallis et Futuna et Terres australes et antarctiques françaises (TAAF).*
- **Guadeloupe.** *Archipel de 9 îles de la mer des Caraïbes : Basse-Terre, Grande-Terre et les « dépendances », parmi lesquelles Saint-Martin dont la partie nord est française. Suite à la consultation de la population du 7 décembre 2003, Saint-Martin et Saint-Barthélemy vont changer de statut. Ces îles ne seront plus des communes de la Guadeloupe ; leur statut évoluera en collectivités d'outre-mer.*
- **Guyane.** *Département situé au nord-est de l'Amérique du Sud, limitrophe du Brésil.*
- **Martinique.** *Île des Petites Antilles dans la mer des Caraïbes.*
- **Réunion.** *Île située dans l'océan Indien.*
- **Mayotte.** *Une des îles de l'archipel des Comores située dans l'océan Indien.*
- **Nouvelle-Calédonie.** *Ce territoire du Pacifique sud, situé à l'est de l'Australie, fait partie de l'archipel mélanésien ; il se compose principalement de la Grande-Terre, de l'Île des Pins et des Îles Loyauté.*
- **Polynésie française.** *Composée de 5 archipels, de 120 îles habitées et éparpillées sur 2,5 millions de km² dans l'océan Pacifique.*
- **Saint-Pierre-et-Miquelon.** *Archipel voisin de Terre-Neuve.*
- **Wallis et Futuna.** *Archipel du Pacifique sud, au nord-est des Fidji.*
- **TAAF.** *Territoire inhabité, formé de la Terre Adélie, des archipels Crozet et Kerguelen et de l'Île Amsterdam.*
- **Projections de population.** *Idem 1.2 excepté pour le calcul des quotients migratoires : la période de référence est 1990-1999 pour le scénario central et 1982-1999 pour le scénario alternatif.*

POUR EN SAVOIR PLUS

- Antiane-éco, Insee.
- Économie de la Réunion, Insee.
- Tableaux de l'économie calédonienne 2004, Isee.
- Tableau économique de Mayotte 2003/2004, Insee.
- Tableaux de l'économie polynésienne 2003, ISPF.

SOURCES

[1] Services études diffusion, Insee Dirag et Réunion.

[2] Recensements de la population, Insee.

[3] Division enquêtes et études démographiques, Insee ; « Bilan démographique 2004 », (www.insee.fr).

[4] *Insee Première* : « Recensement de la population à Wallis et Futuna : 14 944 habitants au 22 juillet 2003 », n° 1013, avril 2005 ; « Enquêtes annuelles de recensement : premiers résultats de la collecte 2004 », n° 1000, janvier 2005 ; « Les Dom : une population encore jeune, mais de moins en moins », n° 747, novembre 2000.

[5] « Cadrages », *Te avei'a*, ISPF Polynésie, décembre 2004 (www.ispf.pf) ; « Bilan économique et social 2003 », Isee Nouvelle-Calédonie, mai 2004 (www.isee.nc).

[6] « Projections de population à l'horizon 2030 », *Antiane-éco*, Insee, n° 50, octobre 2001.

[7] « Projections démographiques pour la France, ses régions et ses départements », *Insee Résultats*, n° 16, juillet 2003.

[8] *Repères & références statistiques*, DEP, édition 2004.

Population* des DOM-TOM [2] [3] [4] [5]

	Superficie km²	Population milliers	Densité hab./km²
Départements :			
Guadeloupe	1 702	443	260
Guyane	83 534	185	2
Martinique	1 128	393	348
Réunion	2 512	763	304
Territoires :			
Nouvelle-Calédonie	19 058	222	12
Polynésie française	4 000	249	62
Wallis-et-Futuna	142	15	105
Collectivités territoriales :			
Mayotte	374	160	429
Saint-Pierre-et-Miquelon	242	7	27

* Estimations au 1er janvier 2004 et recensements de la population pour Mayotte (2002) et Wallis et Futuna (2003).

Dernier diplôme obtenu selon le lieu de naissance dans les DOM en 1999 [2]

%

	Aucun/CEP	CAP, BEPC	Bac	Supérieur
Guadeloupe	49,6	30,5	10,7	9,2
Guyane	45,9	33,2	11,2	9,7
Martinique	49,2	30,6	10,3	9,9
Réunion	59,9	25,5	8,4	6,2
Ensemble DOM	**53,4**	**28,7**	**9,7**	**8,2**
Métropole	*34,3*	*35,5*	*13,3*	*16,9*

Élèves et étudiants dans les DOM* [8]

milliers

	1980-1981	1990-1991	2000-2001	2003-2004
Total du premier degré	272,0	248,5	e 271,0	e 270,0
Total du second degré	170,7	186,3	219,6	227,1
Total du supérieur	6,2	15,0	32,3	35,2
dont : universités	*5,3*	*10,9*	*21,1*	*21,8*
Total général	**454,3**	**459,1**	**534,1**	**543,8**

* Public et Privé.

Démographie dans les DOM en 2003* [1] [3]

	Population totale par âge au 1er janvier %			Taux brut de natalité pour 1 000 hab.	Nombre moyen d'enfants par femme	Part des naissances hors mariage %	Mortalité infantile pour 1 000 enfants nés vivants	Espérance de vie à la naissance nombre d'années	
	moins de 20 ans	de 20 à 59 ans	60 ans et plus					Hommes	Femmes
Guadeloupe	32,1	53,4	14,5	16,0	2,2	68,7	7,9	75,3	81,5
Guyane	44,5	49,7	5,8	30,6	4,0	86,0	10,4	71,8	80,2
Martinique	30,0	53,2	16,8	13,9	2,0	69,3	6,1	75,9	81,7
Réunion	36,7	53,2	10,1	19,0	2,4	62,7	6,2	71,3	79,8
Métropole	*25,1*	*54,3*	*20,6*	*12,7*	*1,9*	*45,2*	*4,0*	*75,9*	*82,9*

* Chiffres provisoires.

Projections de la population des DOM [2] [7]

milliers

Départements	1999	2010*		2020*		2030*	
		scénario central	scénario alternatif	scénario central	scénario alternatif	scénario central	scénario alternatif
Guadeloupe	422	460	490	485	546	506	600
Guyane	157	222	248	307	383	426	590
Martinique	381	399	415	408	438	411	455
Réunion	706	836	829	957	939	1 067	1 035
Total	**1 667**	**1 917**	**1 982**	**2 157**	**2 306**	**2 410**	**2 680**

* Projections à partir des recensements de la population de 1982, 1990 et 1999 ; données au 1er janvier.

Population active et chômage dans les DOM* [4]

	Population active		Taux d'activité %		Nombre de chômeurs		Taux de chômage %	
	2003	2004	2003	2004	2003	2004	2003	2004
Guadeloupe	163 716	163 160	55,0	54,2	43 995	40 276	26,9	24,7
Guyane	57 552	58 011	56,7	55,7	14 101	15 234	24,5	26,3
Martinique	162 252	160 655	53,4	52,3	36 125	35 922	22,3	22,4
Réunion	302 566	305 762	54,1	53,7	99 504	102 478	32,9	33,5
*Métropole***	*27 088 000*	*27 117 516*	*55,2*	*54,9*	*2 575 533*	*2 561 667*	*9,5*	*9,4*

* Au 2ème trimestre, hors îles du Nord Guadeloupe et Guyane intérieure. ** Enquête emploi du 2ème trimestre.

PRÉSENTATION

En 2003, 50 % de la population mondiale vit en zone urbaine contre 2 % en 1800. Selon l'ONU, cette proportion devrait atteindre 61 % en 2030. Les mégacités de 10 millions d'habitants et plus sont un exemple frappant de l'urbanisation du monde. Il n'en existait que 4 en 1975, d'ici à 2015 elles seront 6 fois plus nombreuses. Le niveau et la croissance de l'urbanisation varient considérablement dans le monde. Les pays latino-américains sont actuellement les plus urbanisés. Mais l'Asie de l'Est et du Sud va probablement enregistrer les plus forts taux de croissance durant les 30 prochaines années [2].

En 2005, selon les estimations de la *base de données Geopolis*, 173 *unités urbaines* compteraient plus de 2 millions d'habitants dont 76 en Asie. Les plus peuplées – Tokyo, New-York, Séoul, Mexico et Jakarta – ont plus de 20 millions d'habitants. Paris se situe au 25ème rang mondial avec une population trois fois moindre que celle de Tokyo. Depuis quelques années, la croissance des plus grandes unités urbaines ralentit fortement, même dans les pays en voie de développement. Elle est parfois négative dans le sud et l'est de l'Europe, aux États-Unis ou au Japon. Dans le monde entier, les plus fortes croissances démographiques sont désormais observées dans les *couronnes péri-urbaines*.

L'Union européenne se caractérise par un très grand nombre d'unités urbaines de petite et moyenne taille : plus de 5 000 dépassent les 10 000 habitants. Dans certaines régions, l'extension constante des surfaces bâties aboutit peu à peu à la fusion morphologique d'anciennes unités urbaines formant des *conurbations* (Ruhr, Nord-Pas-de-Calais, Lancashire, Plaine du Pô...). Elles se distinguent des anciennes grandes unités urbaines comme Londres ou Paris par une organisation polycentrique et une moindre densité de l'espace urbanisé. Après plusieurs décennies de crise démographique, la plupart des *villes-centres* des grandes unités urbaines du nord de l'Europe regagnent des habitants (Londres, Amsterdam, Copenhague, Stockholm, Lyon...), celles du sud continuent à en perdre (Milan, Turin, Madrid, Barcelone, Athènes) [1].

DEFINITIONS

- ***Base de données Géopolis.*** *L'identification de la population urbaine et la délimitation des villes est définie par chaque pays avec des critères qui lui sont propres. Ainsi, les données urbaines ne sont pas comparables au niveau international. Au contraire, la base de données Géopolis utilise la même définition que l'Insee. Les chiffres de Géopolis peuvent donc différer des chiffres officiels fournis par les États, mais sont en revanche rigoureusement comparables dans le monde entier.*
- ***Conurbation.*** *Agglomération formée par la réunion de plusieurs centres urbains initialement séparés par des espaces ruraux.*
- ***Couronne périurbaine.*** *Ensemble des communes de l'aire urbaine à l'exclusion de son pôle urbain.*
- ***Unité urbaine.*** *Commune ou ensemble de communes qui comporte sur son territoire une zone bâtie d'au moins 2 000 habitants où aucune habitation n'est séparée de la plus proche de plus de 200 mètres. En outre, chaque commune concernée possède plus de la moitié de sa population dans cette zone bâtie. Si l'unité urbaine s'étend sur plusieurs communes, l'ensemble de ces communes forme une agglomération multicommunale ou agglomération urbaine. Si l'unité urbaine s'étend sur une seule commune, elle est dénommée ville isolée.*
- ***Ville-centre.*** *Une ville-centre d'unité urbaine multicommunale (ou d'agglomération multicommunale) est définie comme suit. Si une commune abrite plus de 50 % de la population de l'unité urbaine, elle est seule ville-centre. Sinon, toutes les communes qui ont une population supérieure à 50 % de la commune la plus peuplée, ainsi que cette dernière, sont villes-centres. Les communes urbaines qui ne sont pas villes-centres constituent la banlieue de l'agglomération multicommunale.*

POUR EN SAVOIR PLUS

- (www.citypopulation.de).
- (www.library.uu.nl/wesp/populstat/populhome.html).
- « World Urbanization Prospects : The 2003 Revision », United Nations (www.unpopulation.org).
- « La population du monde – Géants démographiques et défis internationaux », *les cahiers de l'Ined*, n° 149, 2002.
- « De Babylone à Tokyo. Les grandes agglomérations du monde », F. Moriconi-Ébrard, *collection Géophrys*, Ophrys, 2000.

SOURCES

[1] Base de données *Géopolis*, F. Moriconi-Ébrard – Europe des Populations (www.articque.com).

[2] « L'urbanisation : une force environnementale incontournable », PRB, avril 2004.

Population des villes et unités urbaines de plus de 1 million d'habitants de l'Union européenne en 2005* [1]

milliers

Villes et pays	Unité urbaine	Ville-centre	
	population	population	densité**
1 Essen (DE)	10 069	584	2,7
2 Paris (FR)	**9 928**	**2 107**	**20,0**
3 Londres (GB)	9 332	2 914	9,1
4 Madrid (ES)	4 858	2 890	4,8
5 Bruxelles (BE)	4 477	133	4,1
6 Barcelone (ES)	4 062	1 449	14,8
7 Manchester (GB)	3 851	393	3,4
8 Milan (IT)	3 798	1 216	6,7
9 Berlin (DE)	3 761	3 373	3,8
10 Athènes (GR)	3 368	732	18,8
11 Rotterdam (NL)	3 340	601	2,9
12 Naples (IT)	2 949	982	8,4
13 Rome (IT)	2 867	2 480	1,6
14 Lisbonne (PT)	2 398	518	5,9
15 Birmingham (GB)	2 371	889	4,3
16 Hambourg (DE)	2 290	1 750	2,3
17 Katowice (PL)	2 248	330	2,0
18 Budapest (HU)	2 231	1 702	3,2
19 Varsovie (PL)	2 135	1 593	3,2
20 Vienne (AT)	1 892	1 573	3,8
21 Lille (FR)	**1 714**	**222**	**8,8**
22 Munich (DE)	1 656	1 205	3,9
23 Leeds (GB)	1 641	434	2,6
24 Frankfort/Main (DE)	1 489	649	2,6
25 Lyon (FR)	**1 449**	**468**	**9,8**
26 Copenhague (DK)	1 426	514	5,8
27 Stockholm (SE)	1 417	782	4,2
28 Marseille (FR)	**1 373**	**797**	**3,3**
29 Valence (ES)	1 361	727	5,4
30 Turin (IT)	1 321	831	6,4
31 Porto (PT)	1 300	249	5,8
32 Stuttgart (DE)	1 238	588	2,8
33 Glasgow (GB)	1 228	616	3,5
34 Douai (FR/BE)	**1 197**	**43**	**2,6**
35 Amsterdam (NL)	1 193	750	4,5
36 Bielefeld (DE)	1 181	324	1,3
37 Helsinki (FI)	1 151	583	3,2
38 Pragues (CZ)	1 141	1 141	2,3
39 Newcastle (GB)	1 134	175	4,0
40 Seville (ES)	1 067	680	4,8

* Population estimée au 1er juillet issue de la base de données *Géopolis*. ** Milliers d'habitants /km².

Population des principales unités urbaines du monde* [1]

millions

Unité urbaine	1950	1970	2000	2005
1 Tokyo (Japon)	10,4	21,7	30,9	31,1
2 New York (USA)	17,4	23,6	26,5	27,9
3 Séoul (Corée du Sud)	2,3	7,3	21,1	22,4
4 Mexico (Mexique)	3,6	9,8	19,3	20,9
5 Jakarta (Indonésie)	2,5	6,1	17,4	20,1
6 Manille (Philippines)	2,5	5,8	16,5	18,9
7 São Paulo (Brésil)	2,3	7,9	17,1	18,2
8 Delhi (Inde)	1,5	3,8	15,1	18,2
9 Bombay (Inde)	3,1	6,4	16,1	18,1
10 Hong Kong/Shenzhen (Chine)	2,2	3,9	13,6	17,7
11 Osaka (Japon)	6,8	12,9	15,0	15,1
12 Los Angeles (USA)	4,2	9,3	14,0	14,4
13 Shanghai (Chine)	5,8	7,9	13,0	14,3
14 Calcutta (Inde)	4,7	7,3	13,0	14,2
15 Le Caire (Egypte)	2,5	5,8	11,6	12,5
16 Moscou (Russie)	5,8	8,2	11,7	12,3
17 Tianjin (Chine)	2,4	4,1	9,6	11,7
18 Istanbul (Turquie)	1,0	2,9	10,1	11,6
19 Rio de Janeiro (Brésil)	2,8	6,8	11,0	11,6
20 Buenos Aires (Argentine)	5,2	8,4	11,4	11,6
21 Dacca (Bangladesh)	0,5	1,9	9,5	11,3
22 Karachi (Pakistan)	1,0	3,3	9,7	11,1
23 Téhéran (Iran)	1,2	3,7	9,2	10,4
24 Essen (Allemagne)	7,8	10,2	10,0	10,1
25 Paris (France)	**6,5**	**8,7**	**9,8**	**9,9**
26 Pékin (Chine)	2,2	4,9	8,8	9,8
27 Londres (Royaume-Uni)	9,3	9,1	9,2	9,3
28 Bangkok (Thaïlande)	1,8	3,9	8,6	9,1
29 Chicago (USA)	6,1	8,6	8,3	8,8
30 Taipei (Taïwan)	1,6	3,6	8,0	8,4
31 Lima (Pérou)	1,0	2,9	7,5	8,3
32 Lagos (Nigéria)	0,3	1,2	6,9	8,0
33 Bogota (Colombie)	0,7	2,5	6,9	8,0
34 Kinshasa (Rép. Dém. du Congo)	0,2	1,2	5,9	7,2
35 Nagoya (Japon)	3,1	5,4	7,0	7,1
36 Madras (Inde)	1,5	3,1	6,3	6,9
37 Boston (USA)	3,9	4,8	6,2	6,7
38 Johannesbourg (Afrique du Sud)	2,0	3,6	6,1	6,5
39 Surabaya (Indonésie)	0,7	1,5	5,0	6,5
40 Washington (USA)	2,5	4,1	6,1	6,5
41 Bangalore (Inde)	0,8	1,6	5,6	6,4
42 Hyderabad (Inde)	1,1	1,8	5,4	6,1
43 Lahore (Pakistan)	0,8	2,0	5,3	6,0
44 Santiago (Chili)	1,5	2,9	5,5	5,8
45 Bandung (Indonésie)	0,6	1,3	4,5	5,8
46 Bagdad (Irak)	0,6	2,0	5,1	5,7
47 Toronto (Canada)	1,4	3,0	5,1	5,6
48 Ho chi minh (Viêt-Nam)	1,7	2,4	5,1	5,6
49 San Francisco (USA)	2,2	4,1	5,3	5,4
50 Miami (USA)	0,6	2,1	4,9	5,4
51 Shenyang (Chine)	2,7	3,7	5,1	5,3
52 Khartoum (Soudan)	0,2	0,7	4,2	5,2
53 San Diego/Tijuana (USA/Mexique)	0,5	1,6	4,4	5,1
54 Ahmadabad (Inde)	0,9	1,7	4,4	5,1
55 Saint-Pétersbourg (Russie)	3,1	3,8	5,0	5,1
56 Kuala Lumpur (Malaisie)	0,3	1,1	4,1	4,9
57 Détroit/Windsor (USA/Canada)	3,0	4,4	4,6	4,9
58 Madrid (Espagne)	1,7	3,6	4,8	4,9
59 Riyad (Arabie saoudite)	0,0	0,4	4,0	4,8
60 Rangoon (Birmanie)	0,7	1,7	4,3	4,8
61 Dallas (USA)	0,9	2,2	4,1	4,7
62 Houston (USA)	0,8	1,8	4,1	4,6
63 Colombo (Sri-Lanka)	1,6	2,6	4,2	4,6
64 Belo Horizonte (Brésil)	0,4	1,5	4,1	4,6
65 Bruxelles (Belgique)	3,7	4,2	4,4	4,5
66 Singapour/Johore Baharu (Malaisie)	1,1	2,2	4,0	4,4
67 Pusan (Corée du sud)	0,6	2,0	4,4	4,4
68 Pune (Inde)	0,6	1,1	3,6	4,3
69 Wuhan (Chine)	1,1	2,5	3,9	4,3
70 Atlanta (USA)	0,7	1,4	3,5	4,3
71 Barcelone (Espagne)	1,8	3,4	4,0	4,1
72 Caracas (Venezuela)	0,8	2,4	3,8	4,0
73 Abidjan (Côte d'Ivoire)	0,1	0,6	3,3	3,9
74 Guadalajara (Mexique)	0,5	1,5	3,6	3,9

* Population (délimitation 2000) estimée au 1er juillet issue de la base de données *Géopolis*.

1 territoire

PRÉSENTATION

Entre 1936 et 1999, la population des villes françaises a doublé, passant de 22 à 44 millions d'habitants, alors que l'ensemble de la population n'augmentait que de 40 %. Désormais, les trois quarts des Français vivent dans les *unités urbaines*, qui occupent 18,4 % du territoire. Entre 1990 et 1999, la population urbaine s'est accrue de 2,3 millions de personnes. À l'inverse, la population rurale a diminué de 400 000 personnes. La population augmente le plus autour des *pôles urbains*, dans les *couronnes périurbaines*. Cet espace périurbain abrite 12,3 millions de personnes.

En 1999, on dénombre 57 *unités urbaines* de plus de 100 000 habitants contre 60 en 1990. Avec 9,6 millions d'habitants, l'agglomération parisienne renforce sa 1ère place européenne. Marseille-Aix-en-Provence occupe la 2ème place en France juste devant l'agglomération lyonnaise. La population de la quasi-totalité des grandes unités urbaines augmente entre 1990 et 1999. Pour certaines, cette croissance est due à l'extension de leur périmètre.

Peuplés en moyenne de 12 000 habitants, 1 745 bassins de vie concentrent, en 1999, 21,2 millions d'habitants, soit 36 % de la population de France métropolitaine. L'économie résidentielle, qui regroupe les activités essentiellement destinées à satisfaire les besoins des populations locales, fournit plus de la moitié des emplois dans les 977 bassins à économie fortement résidentielle. Elle marque autant les bassins périurbains et urbains que les bassins ruraux. À l'inverse, les activités agricoles et alimentaires ont perdu leur rôle structurant dans la plupart des bassins de vie. La sphère industrielle y rassemble en moyenne 30 % des emplois.

En 1999, 51 aires urbaines ont plus de 150 000 habitants contre 37 en 1962. Depuis 1990, la population des *aires urbaines* progresse de 0,4 % par an en moyenne. L'aire urbaine de Paris contribue le plus à l'accroissement total mais perd de son dynamisme. Les aires urbaines du Grand-Sud-Est et du Val de Loire font partie des plus dynamiques. La population continue à se concentrer autour d'un nombre de plus en plus réduit de villes [1] [3] [4].

DÉFINITIONS

- ***Aire urbaine.*** *Ensemble de communes d'un seul tenant et sans enclave, constitué par :*
  - *un **pôle urbain** (unité urbaine offrant au moins 5 000 emplois et qui n'est pas situé dans la couronne périurbaine d'un autre pôle urbain),*
  - *une **couronne périurbaine** composée de communes rurales ou d'unités urbaines dont au moins 40 % de la population résidente ayant un emploi travaille dans le pôle ou dans des communes attirées par celui-ci.*

  Les limites des aires urbaines sont révisées à l'occasion de chaque recensement. En 1999, il y a, en France métropolitaine, 354 aires urbaines (regroupant 77 % de la population) contre 361 en 1990 ; 18 sont nouvelles ; 25 ont disparu.
- ***Bassin de vie.*** *Plus petit territoire sur lequel les habitants ont accès à la fois aux équipements et à l'emploi. Le territoire de la France métropolitaine, en dehors des grandes agglomérations, a été divisé en 1 745 « bassins de vie des bourgs et des petites villes ».*
- ***Unité urbaine.*** *Commune ou ensemble de communes qui comporte sur son territoire une zone bâtie d'au moins 2 000 habitants où aucune habitation n'est séparée de la plus proche de plus de 200 mètres (ces seuils résultent de recommandations adoptées au niveau international). En outre, chaque commune concernée possède plus de la moitié de sa population dans cette zone bâtie. Si l'unité urbaine s'étend sur plusieurs communes, l'ensemble de ces communes forme une **agglomération multicommunale** ou **agglomération urbaine** ; si l'unité urbaine s'étend sur une seule commune, elle est dénommée **ville isolée**.*

POUR EN SAVOIR PLUS

- « Communes d'hier, communes d'aujourd'hui. Les communes de la France métropolitaine, 1801-2001 », Ined, 2003.
- *Insee-Première* : « Enquête annuelle de recensement : premiers résultats de la collecte 2004 – Principales caractéristiques de la population et des logements », n° 1001, janvier 2005 ; « Organisation territoriale des emplois et des services », n° 870, novembre 2002 ; « Onze fonctions pour qualifier les grandes villes », n° 840, mars 2002.
- « La France et ses régions », Insee, 2002-2003.

SOURCES

[1] *Insee Première* : « Les grandes villes françaises étendent leur influence », n° 766, avril 2001 ; « Forte extension des villes entre 1990 et 1999 », n° 707, avril 2000.

[2] Évolutions démographiques 1982-1990-1999, *Recensement de la population de 1999*, Insee, 4ème trimestre 2000.

[3] *Insee Première* : « Les bassins de vie des bourgs et petites villes : une économie résidentielle et souvent industrielle », n° 954, avril 2004 ; « Les bassins de vie, au cœur de la vie des bourgs et petites villes », n° 953, avril 2004.

[4] « Portrait de la France – Le Recensement de 1999 », Insee, 2001.

Les 57 unités urbaines de plus de 100 000 habitants en 1999 [2]

Unité urbaine	Population en 1999	Taux de variation annuel (%) 90–99	82–90
(a) Paris	9 644 507	0,20	0,56
(a) Marseille-Aix-en-Provence	1 349 772	0,29	– 0,14
(a) Lyon	1 348 832	0,45	0,47
59 Lille*	1 000 900	0,25	0,20
06 Nice	888 784	0,42	1,16
31 Toulouse	761 090	1,48	1,58
33 Bordeaux	753 931	0,63	0,94
44 Nantes	544 932	1,05	0,73
(a) Toulon	519 640	0,55	0,84
(a) Douai-Lens	518 727	– 0,19	– 0,17
67 Strasbourg*	427 245	0,64	0,58
38 Grenoble	419 334	0,38	0,29
76 Rouen	389 862	0,16	0,05
59 Valenciennes*	357 395	– 0,03	– 0,42
54 Nancy	331 363	0,06	– 0,13
(a) Metz	322 526	0,26	– 0,02
37 Tours	297 631	0,55	0,50
(a) Saint-Étienne	291 960	– 0,90	– 0,12
34 Montpellier	287 981	1,28	1,18
35 Rennes	272 263	0,97	0,59
45 Orléans	263 292	0,89	1,23
(a) Béthune	259 198	– 0,10	0,08
63 Clermont-Ferrand	258 541	0,18	– 0,09
(a) Avignon	253 580	0,64	0,58
76 Le Havre	248 547	– 0,27	– 0,04
21 Dijon	236 953	0,31	0,64
68 Mulhouse	234 445	0,30	0,20
49 Angers	226 843	0,77	0,70
51 Reims	215 581	0,36	0,45
29 Brest	210 055	0,30	0,08
14 Caen	199 490	0,46	0,40
72 Le Mans	194 825	0,14	– 0,07
(a) Dunkerque	191 173	0,02	– 0,19
64 Pau	181 413	0,49	0,59
(a) Bayonne	178 965	0,67	0,87
87 Limoges	173 299	0,21	– 0,12
971 Pointe-à-Pitre-Les Abymes	171 773	1,21	1,84
66 Perpignan	162 678	0,33	0,27
80 Amiens	160 815	0,33	0,13
974 Saint-Denis	158 139	1,19	1,48
30 Nîmes	148 889	0,46	0,59
44 Saint-Nazaire	136 886	0,45	0,12
74 Annecy	136 815	0,85	1,19
972 Fort-de-France	134 727	– 0,23	0,59
25 Besançon	134 376	0,43	0,32
57 Thionville	130 480	– 0,16	– 0,45
974 Saint-Pierre	129 238	2,18	2,03
10 Troyes	128 945	0,24	– 0,25
86 Poitiers	119 371	1,16	0,33
(a) Valence	117 448	0,28	0,30
56 Lorient	116 174	0,07	0,52
17 La Rochelle	116 157	1,10	– 0,12
73 Chambéry	113 457	0,87	0,82
25 Montbéliard	113 059	– 0,43	– 1,08
(a) Genève-Annemasse*	106 673	0,86	1,97
62 Calais	104 852	0,33	0,12
16 Angoulême	103 746	0,09	– 0,24

(a) Unité urbaine rayonnant sur plusieurs départements. * Unité urbaine internationale (partie française).

Bassins de vie selon l'orientation économique en 1999 [3]

Bassins	Espace à dominante urbaine	rurale	Total
Fortement résidentiels	452	525	977
Industriels et peu résidentiels	197	291	488
Agri-alimentaires, peu résidentiels	20	168	188
"Diversifiés"	26	66	92
Total	**695**	**1 050**	**1 745**

Populations urbaine et rurale en France métropolitaine [1]

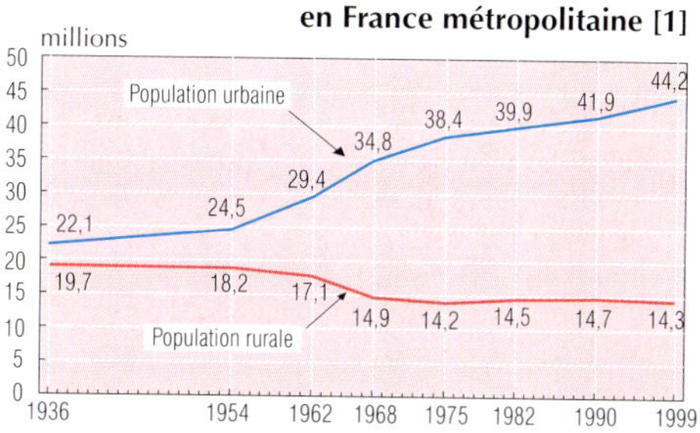

Les 25 premières aires urbaines en 1999* [1]

Rang en 1999		Population en 1999	Variation de 1990 à 1999 nombre	% annuel
1	Paris	11 174 743	315 084	0,32
2	Lyon	1 648 216	97 083	0,68
3	Marseille-Aix-en-Provence	1 516 340	61 218	0,46
4	Lille	1 143 125	32 230	0,32
5	Toulouse	964 797	123 645	1,53
6	Nice	933 080	41 761	0,51
7	Bordeaux	925 253	54 019	0,67
8	Nantes	711 120	66 803	1,10
9	Strasbourg	612 104	43 140	0,81
10	Toulon	564 823	33 752	0,69
11	Douai-Lens	552 682	– 8 457	– 0,17
12	Rennes	521 188	57 822	1,31
13	Rouen	518 316	13 332	0,29
14	Grenoble	514 559	29 190	0,65
15	Montpellier	459 916	71 169	1,88
16	Metz	429 588	12 540	0,33
17	Nancy	410 508	4 156	0,11
18	Clermont-Ferrand	409 558	12 863	0,35
19	Valenciennes	399 677	– 862	– 0,02
20	Tours	376 374	22 584	0,69
21	Caen	370 851	23 098	0,72
22	Orléans	355 811	26 347	0,86
23	Angers	332 624	24 237	0,84
24	Dijon	326 631	13 727	0,48
25	Saint-Etienne	321 703	– 21 536	– 0,72

* Délimitations de 1999.

2 environnement

PRÉSENTATION

Le territoire français connaît une grande diversité mais l'occupation des sols y est majoritairement agricole. Sur les 55 millions d'hectares du territoire, la moitié est couverte par des zones de cultures ou de prairies. Les zones « naturelles » (roches, eaux, landes, forêts et bois, haies, chemins et peupleraies) couvrent 42 % de la surface. Les sols artificialisés occupent 8 % du territoire et progressent rapidement : + 15,7 % entre 1993 et 2003 pour les surfaces bâties, + 10,7 % pour les routes et parkings et + 21,1 % pour les sols artificiels non bâtis [4].

La France possède 7 *parcs nationaux*, dont 1 en Guadeloupe. Les parcs nationaux accueillent environ 7 millions de visiteurs par an. Les 156 *réserves naturelles*, dont 15 dans les DOM, couvrent 0,8 % du territoire. Elles protègent 546 100 ha (427 400 ha sur terre et 118 700 ha en mer) et accueillent plus de 5 millions de visiteurs par an [1] [2].

En France métropolitaine, la moyenne annuelle des précipitations est estimée à 480 Mds de m^3, dont 300 Mds sont immédiatement évaporés. Seuls 180 Mds de m^3 de *pluies efficaces* alimentent donc réellement les ressources en eau continentale : 80 Mds s'écoulent en surface et 100 Mds s'infiltrent en eau souterraine. Compte-tenu de l'eau importée des pays voisins (11 Mds de m^3) et de l'eau exportée vers ces pays (18 Mds), le bilan annuel moyen des ressources en eau s'établit à 173 Mds de m^3. En 2003, les pluies efficaces sont relativement déficitaires dans le quart sud-ouest ainsi que dans le nord-est et la Corse [7].

En 2004, sur 3 278 zones de baignade contrôlées et classées, 57,7 % ont des eaux de bonne qualité, 37,6 % des eaux de qualité moyenne, 4,6 % des eaux momentanément polluées et 0,1 % des eaux de mauvaise qualité [6].

En 2003, la *dépense de protection de l'environnement* s'élève en France à 32 Mds d'€. Elle augmente en moyenne de 6,1 % par an depuis 1990. Son évolution est principalement liée à l'accélération des investissements des collectivités locales pour la gestion des déchets et des eaux usées. Les emplois liés à l'environnement sont estimés à environ 365 700 personnes en France. La gestion des eaux usées et des déchets en totalise la moitié [4].

DÉFINITIONS

- ***Dépense de protection de l'environnement.*** *Effort financier que consacrent les différents agents à la prévention, la réduction ou la suppression des dégradations de l'environnement.*
- ***Indice Atmo.*** *Indicateur, compris entre 1 (très bon) et 10 (très mauvais), destiné à fournir une information synthétique sur la qualité de l'air dans les agglomérations françaises de plus de 100 000 habitants. Il est calculé, à partir des concentrations de dioxyde de soufre, dioxyde d'azote, ozone et poussières enregistrées par les associations agréées de surveillance de la qualité de l'air (AASQA).*
- ***Intensité d'utilisation.*** *Rapport des prélèvements totaux aux ressources en eau.*
- ***Parc national.*** *Territoire classé par décret en Conseil d'État pour l'intérêt de la conservation de son milieu naturel et pour le préserver. Il comporte généralement une zone centrale strictement protégée et une zone périphérique davantage consacrée au développement culturel, social et économique du territoire.*
- ***Pluies efficaces.*** *Quantité d'eau de pluie, issue des précipitations, qui est disponible pour l'écoulement dans les cours d'eau, l'alimentation des eaux souterraines et les prélèvements. On la calcule en soustrayant les quantités évaporées et celles transpirées par les végétaux de la précipitation observée.*
- ***Réserve naturelle.*** *Territoire classé lorsque la conservation du milieu naturel (faune, flore, eaux, sol...), présente une importance particulière et qu'il convient de le soustraire à toute intervention artificielle susceptible de le dégrader.*

POUR EN SAVOIR PLUS

- *Les données de l'environnement*, Ifen : « 32 milliards d'euros pour protéger l'environnement », n° 103, mai-juin 2005 ; « Les changements d'occupation des sols de 1990 à 2000 : plus d'artificiel, moins de prairies et de bocages », n° 101, mars 2005 ; « 1990-2002 : 12 ans de forte progression de la dépense de protection de l'environnement », n° 94, septembre 2004.
- « Données économiques de l'environnement en 2003 », Ifen et ministère de l'Écologie et du Développement Durable, 2005.
- « Données OCDE sur l'environnement », *Compendium* 2004.

SOURCES

[1] Ministère de l'Écologie et du Développement Durable (MEDD).

[2] Agence européenne pour l'environnement.

[3] « Ressources en eau dans l'UE et les pays candidats », *Statistiques en bref*, thème Environnement et énergie, Eurostat n° 3/2003 et Ifen.

[4] Ifen et Scees (enquête Teruti).

[5] Muséum national d'histoire naturelle.

[6] Ministère de la Santé et des Solidarités et Ifen.

[7] Réseau national des données sur l'eau et Ifen.

[8] AASQA.

Ressources et prélèvements d'eau douce dans l'UE [3]

m³ par habitant et par an

	Ressources	Prélèvements totaux	Intensité d'utilisation* %
Allemagne (1998)	2 218	495	22
Autriche (1998)	10 402	441	4
Belgique (1998)	1 619	730	45
Bulgarie (2000)	...	749	...
Chypre (2000)	1 035	232	22
Danemark (1997)	1 165	183	16
Espagne (2000)	2 797	656	23
Estonie (2000)	15 391	1 072	7
Finlande (1999)	21 319	451	2
France (2002)	**3 170**	**556**	**18**
Grèce (1997)	6 866	829	12
Hongrie (2000)	11 948	557	5
Irlande (1994)	14 568	328	2
Italie (1998)	3 040	976	32
Lettonie (2001)	15 296	109	1
Lituanie (2001)	6 635	750	11
Luxembourg (1999)	3 831	142	4
Malte (2000)	176	45	26
Pays-Bas (1996)	5 788	300	5
Pologne (2001)	1 633	300	18
Portugal (1998)	7 281	1 102	15
Rép. tchèque (2001)	1 556	179	12
Roumanie (2001)	1 886	327	17
Royaume-Uni (2000)	2 694	300	11
Slovaquie (2001)	14 868	211	1
Slovénie (2000)	10 515	153	1
Suède (2000)	20 200	303	2

* Prélèvements totaux/ressources en eau.

Parcs nationaux et réserves naturelles en 2004 [1] [5]

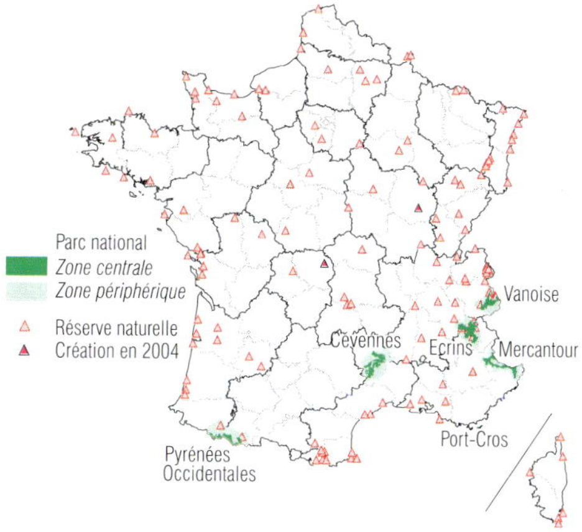

Occupation physique du territoire [4]

	Superficie en 2003		2003/93
	milliers Ha	%	%
Cultures annuelles	15 262	27,8	0,4
Forêts	15 168	27,6	3,9
Prairies	10 857	19,8	– 5,7
Landes, parcours et alpages	4 091	7,4	– 8,0
Haies, arbres épars et peupleraies	1 857	3,4	– 8,6
Roches et eaux	1 812	3,3	– 1,0
Routes et parkings	1 724	3,1	10,7
Sols artificiels non bâtis	1 639	3,0	21,1
Cultures pérennes	1 272	2,3	– 3,6
Sols artificiels bâtis	1 110	2,0	15,7
Zones interdites d'accès	128	0,2	4,9
Ensemble	**54 920**	**100,0**	

Qualité de l'air en 2004 [8]

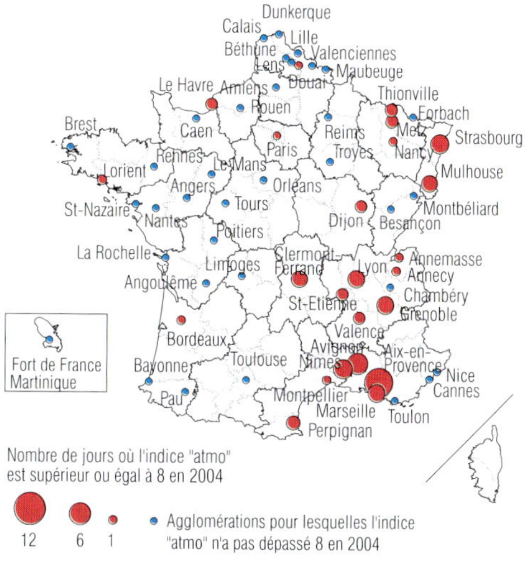

Espèces animales et végétales connues, menacées ou protégées en 2005 [5]

	Espèces connues	Espèces menacées		Espèces en régression	Espèces protégées*
		en danger	vulnérables		
Mammifères	121	9	14	20	68
Oiseaux	375	20	52	60	364
Reptiles	40	2	4	16	39
Amphibiens	40	3	8	13	33
Poissons et cyclostomes	*e* 420	7	25	28	20
Total Vertébrés	***e* 1 000**	**41**	**103**	**137**	**524**
Insectes	*e* 35 200	77	18	...	109
Crustacés	*e* 3 800	...	...	...	3
Mollusques	*e* 1 400	3	9	...	60
Echinodermes	*e* 250	1	0	...	1
Total Invertébrés	***e* 40 650**	**81**	**27**	**...**	**173**
Plantes	**6 067**	**97**	**290**	**261**	**451**

* Au niveau national.

PRÉSENTATION

La production française annuelle de déchets est de l'ordre de 650 millions de tonnes, dont plus de la moitié (58 %) provient de l'agriculture ; elle croît d'environ 1 % par an. Les *déchets ménagers et assimilés*, dont la collecte et l'élimination incombent aux communes, représentent 47 millions de tonnes, dont 28 millions proviennent des ménages. En 2003, le taux de récupération est de 56,8 % pour le verre et 54,4 % pour le papier-carton. Celui des matières plastiques reste faible (16 %) [2].

Entre 1995 et 2003, le taux de mise en décharge baisse dans tous les pays de l'UE (49 % en 2003 contre 64 % en 1995). Toutefois, la Lituanie et Malte utilisent uniquement la mise en décharge, suivis par la Pologne (97 %) et la Grèce (92 %). À l'inverse, les Pays-Bas (3 %), le Danemark (5 %) et la Belgique (13 %) y recourent très peu. L'incinération des déchets augmente au sein des 25 pays de l'UE, passant de 15 % en 1995 à 17 % en 2003. Cette hausse est due principalement au Portugal qui passe d'un taux nul à 22 %, à la République tchèque (de 0 à 14 %) et aux Pays-Bas (de 25 à 33 %) [3] [6].

Dans le cadre du *protocole de Kyoto*, l'Union européenne a décidé de réduire ses émissions de gaz à *effet de serre* de 8 % sur la période 2008-2012 par rapport au niveau de 1990. Pour la France, l'objectif est la stabilisation de ses émissions au niveau de 1990. Les émissions de l'UE à 25 augmentent de 1,5 % entre 2002 et 2003. Toutefois, sur la période 1990-2003, elles décroissent de 5,5 % avec d'importantes disparités selon les pays : de – 66 % pour la Lituanie à + 40,6 % pour l'Espagne.

En 2003, les rejets français pour l'ensemble des 6 gaz s'élèvent à 557 millions de tonnes d'équivalent CO_2 : ils ont diminué de près de 1,9 % entre 1990 et 2003. Cette légère baisse résulte des évolutions respectives des différents gaz : les réductions du CH_4, du N_2O, des PFC et du SF_6 compensent les accroissements du CO_2 et des HFC. Les fluctuations des émissions sont également liées à la rigueur du climat selon les années, variant de + 4,3 % en 1991 à – 2,5 % en 2002 [1] [4].

DÉFINITIONS

- ***Chlorofluocarbure (CFC).*** *Commercialement appelés Fréon, ce sont des composés incolores, inodores, ininflammables, non-corrosifs à l'état gazeux ou liquide qui ne sont pas toxiques par eux-mêmes. Ils sont suspectés de provoquer à haute altitude (stratosphère) la dégradation de l'ozone qui protège la Terre et d'absorber les rayonnements ultraviolets de haute énergie (Effet de serre).*
- ***Déchets ménagers et assimilés.*** *Déchets produits principalement par les ménages (dont les ordures ménagères) et résiduellement par l'activité économique et collective et qui peuvent prendre les mêmes circuits de traitement et d'élimination que les ordures ménagères.*
- ***Effet de serre.*** *Échauffement des couches inférieures de l'atmosphère dû à l'absorption du rayonnement infrarouge émis par le sol sous l'effet des rayons solaires. Les principaux gaz à effet de serre direct sont le dioxyde de carbone (CO_2), le méthane (CH_4), le protoxyde d'azote (N_2O) ainsi que l'hexafluorure de soufre (SF_6), les hydrofluorocarbures (HFC) et les perfluorocarbures (PFC), familles de composés halogénés. D'autres gaz contribuent indirectement à l'accroissement de l'effet de serre, en intervenant dans la formation de polluants secondaires comme l'ozone ou les aérosols.*
- ***Protocole de Kyoto.*** *En décembre 1997, le protocole de Kyoto a fixé un objectif de réduction pour les émissions agrégées de six gaz à effet de serre (CO_2, N_2O, CH_4, HFC, PFC, SF_6). 38 pays industrialisés se sont engagés à réduire globalement leurs émissions de 5,2 % sur la période 2008-2012, par rapport aux niveaux de 1990. L'Union européenne s'est engagée solidairement à respecter un objectif de – 8 %. La France et l'UE ont ratifié le protocole le 31 mai 2002.*
- ***Tonnes d'équivalent CO_2.*** *Pour exprimer les émissions de gaz à effet de serre en tonnes d'équivalent CO_2, on pondère les émissions de chaque gaz par un coefficient tenant compte de son pouvoir de réchauffement comparé à celui du CO_2. Ce coefficient est de 1 pour le CO_2, de 21 pour le CH_4, de 310 pour le N_2O, de 23 900 pour le SF_6, de 140 à 11 700 pour les HFC et de 2 100 à 9 200 pour les PFC.*

POUR EN SAVOIR PLUS

- *Les données de l'environnement*, Ifen : « Les indices du réchauffement climatique », n° 102, avril 2005 ; « L'épuration des eaux usées urbaines », n° 98, décembre 2004 ; « La tertiarisation de l'économie et la réduction des émissions de CO_2 », n° 95, septembre 2004.
- « Données économiques de l'environnement en 2003 », Ifen et ministère de l'Écologie et du Développement Durable, 2005.
- « Synthèse emballages ménagers », *Collection Repères*, Ademe, octobre 2004.

SOURCES

[1] Citepa.

[2] Copacel, Revipap, CSVMF, Ademe, Ifen.

[3] Eurostat.

[4] Agence européenne pour l'environnement et Environment protection agency (USA).

[5] Ministère de l'Écologie et du Développement Durable (DPPR-SEI-BARPI).

[6] « La Lettre Déchets », France Nature Environnement, n° 14, mai-juin 2005 (www.fne.asso.fr).

Déchets municipaux collectés dans l'UE [3]

kg/habitant

	1995	2000	2003
Allemagne	533	610	638
Autriche	438	581	610
Belgique	455	468	446
Chypre	600	680	724
Danemark	567	665	675
Espagne	e 467	595	e 609
Estonie	357	440	418
Finlande	e 414	503	450
France	**489**	**532**	**e 561**
Grèce	306	408	428
Hongrie	460	445	e 463
Irlande	514	603	e 732
Italie	450	502	e 523
Lettonie	263	e 270	362
Lituanie	424	309	263
Luxembourg	592	657	e 658
Malte	e 338	483	549
Pays-Bas	549	616	599
Pologne	285	316	260
Portugal	385	472	452
République tchèque	e 302	334	280
Royaume-Uni	496	569	610
Slovaquie	340	316	e 319
Slovénie	596	e 513	451
Suède	e 380	428	471
UE à 25	**457**	**520**	**534**

Émissions de gaz à effets de serre* dans l'UE [4]

millions de tonnes équivalent CO_2

	2003	Variation effective 2003/90** %	Objectifs*** 2010/90 %
Allemagne	1017,5	– 18,5	– 21,0
Autriche	91,6	16,6	– 13,0
Belgique	147,7	0,6	– 7,5
Danemark	74,0	6,3	– 21,0
Espagne	402,3	40,6	15,0
Estonie	21,4	– 50,8	– 8,0
Finlande	85,5	21,5	0,0
France	**557,2**	**– 1,9**	**0,0**
Grèce	137,6	23,2	25,0
Hongrie	83,2	– 31,9	– 6,0
Irlande	67,6	25,2	13,0
Italie	569,8	11,6	– 6,5
Lettonie	10,5	– 58,5	– 8,0
Lituanie	17,2	– 66,2	– 8,0
Luxembourg	11,3	– 11,5	– 28,0
Pays-Bas	214,8	0,8	– 6,0
Pologne	e 384,0	– 32,1	– 6,0
Portugal	81,2	36,7	27,0
République tchèque	145,4	– 24,3	– 8,0
Royaume-Uni	651,1	– 13,3	– 12,5
Slovaquie	51,7	– 28,2	– 8,0
Slovénie	19,8	– 1,9	– 8,0
Suède	70,6	– 2,4	4,0
UE à 15	**4 179,3**	**– 1,7**	**– 8,0**
Rappel États-Unis**	***6 900,2***	***13,3***	***– 7,0***

* Hors utilisation des terres, leur changement et la forêt. ** Sauf pour les gaz fluorés (2003/1995). *** Objectifs prévus dans le Protocole de Kyoto (ratifié par l'ensemble des pays de l'UE) de réduction d'émissions de gaz à effet de serre ou hausse maximale autorisée, à l'horizon 2010 par rapport au niveau d'émission de 1990. **** En 1999, les États-Unis ont refusé de ratifier le protocole de Kyoto.

Émissions de gaz à effet de serre* [1]

émissions en millions de tonnes équivalent CO_2

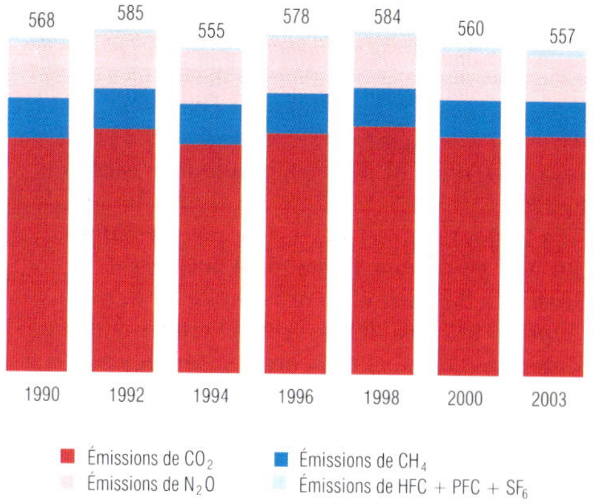

* Hors utilisation des terres, leur changement et la forêt ; les émissions des trafics maritime et aérien internationaux sont exclues.

Accidents technologiques et industriels selon le type de conséquence* [5]

Types de conséquence **	1994	2000	2003	2004
Accidents mortels	23	35	39	33
Accidents avec blessés	151	193	264	305
Pollution de l'air	83	110	142	150
Pollution des eaux de surface	238	328	241	301
Pollution des sols	84	79	80	78
Atteintes à la faune	55	67	33	50
Atteintes à la flore	11	10	17	7

* France métropolitaine. ** Un même accident peut entrainer plusieurs conséquences.

Récupération de papier-carton, de verre* et de plastique* [2]

% de la consommation

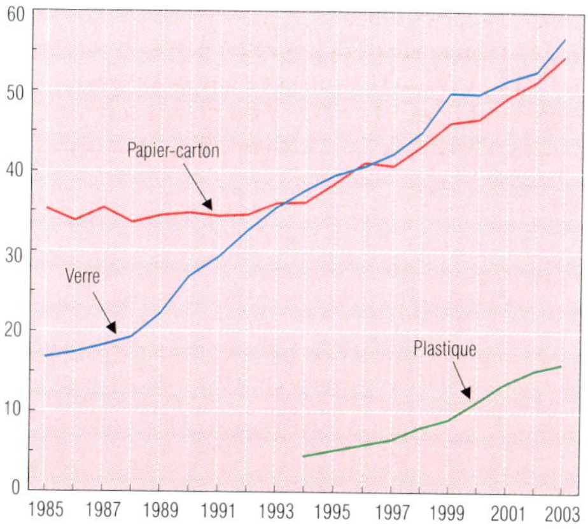

* France métropolitaine ; emballages uniquement.

3 population

PRÉSENTATION

Au 1er janvier 2005, la population de la France y compris les départements d'outre-mer est estimée à 62,4 millions d'habitants. Elle représente environ 13 % de la population de l'Europe des 25 et se situe au 2ème rang des pays européens, derrière l'Allemagne et devant le Royaume-Uni (respectivement 82,6 et 59,7 millions d'habitants mi-2004).

En 2004, l'*accroissement naturel* s'établit à 279 300 personnes, niveau jamais observé en 20 ans. Cette hausse record résulte de la forte baisse du nombre de décès (518 100 en 2004 contre 560 100 en 2003, année marquée par la canicule) et du maintien à un niveau élevé du nombre de naissances (797 400 en 2004). Le *solde migratoire* en légère hausse est estimé à 107 500 personnes. Au total, la population française augmente de 386 800 personnes : près des trois quarts de cette croissance sont dus à l'excédent des naissances sur les décès et environ un quart aux mouvements migratoires [1] [2].

Dans l'ensemble de l'Union européenne à 25, les flux migratoires représentent les neuf dixièmes de l'accroissement de la population en 2003. Seuls les Pays-Bas, la Finlande, l'Irlande et le Danemark ont, comme la France, un excédent naturel supérieur au solde migratoire. En Allemagne, en Italie, en Autriche et en Grèce, la population augmente uniquement grâce aux migrations, les décès étant plus nombreux que les naissances [4].

En 2004, 4,5 millions d'*immigrés* âgés de 18 ans ou plus résident en France métropolitaine, soit 9,6 % de l'ensemble de la population du même âge contre 8,9 % en 1999. Les femmes immigrées sont maintenant plus nombreuses que les hommes (50,3 %). L'origine géographique des immigrés continue à se diversifier. La part des immigrés venus de l'ensemble des pays d'Europe diminue (41 % en 2004 contre 46 % en 1999) ; l'immigration venue d'Asie s'accroît (14 % contre 12 %) ; celle d'Afrique s'établit à 42 % en 2004 contre 39 % en 1999 [5].

DÉFINITIONS

- ***Accroissement naturel (ou excédent naturel ou solde naturel).*** *Différence entre le nombre de naissances et le nombre de décès enregistrés au cours d'une période. Les mots « excédent » ou « accroissement » sont justifiés par le fait qu'en général le nombre de naissances est supérieur à celui des décès. Mais l'inverse peut se produire et l'excédent naturel est alors négatif.*
- ***Accroissement total de population.*** *Variation de l'effectif d'une population au cours de l'année. C'est la somme de l'accroissement naturel, du solde migratoire, et parfois d'un ajustement destiné à rétablir la cohérence entre les différentes sources statistiques.*
- ***Acquisition de la nationalité française.*** *Un français par acquisition est né étranger et devenu français. L'acquisition de la nationalité française s'opère dans des conditions fixées par la loi.*
- ***Immigré.*** *Selon le Haut Conseil à l'Intégration, personne née étrangère à l'étranger et résidant en France. Les personnes nées françaises à l'étranger et vivant en France ne sont pas comptabilisées. À l'inverse, certains immigrés ont pu devenir français, les autres restant étrangers. Les populations étrangère et immigrée ne se confondent pas totalement : un immigré n'est pas nécessairement étranger et certains étrangers sont nés en France (essentiellement des mineurs). La qualité d'immigré est permanente : un individu continue à appartenir à la population immigrée même s'il devient français par acquisition. C'est le pays de naissance, et non la nationalité à la naissance, qui définit l'origine géographique d'un immigré.*
- ***Solde migratoire.*** *Différence entre le nombre de personnes qui sont entrées sur le territoire et le nombre de personnes qui en sont sorties au cours de l'année. Ce concept est indépendant de la nationalité.*
- ***Taux d'accroissement naturel.*** *Rapport de l'excédent naturel pendant une période à la population moyenne de cette période. Il est égal à la différence entre taux de natalité et taux de mortalité.*

POUR EN SAVOIR PLUS

- « Enquêtes annuelles de recensement : premiers résultats de la collecte 2004 – 62 millions d'habitants en France au 1er janvier 2004 », *Insee Première*, n° 1000, janvier 2005.
- « La population du monde pour les trois siècles à venir », *Population & sociétés*, Ined, n° 408, janvier 2005.
- *Population*, Ined : « Évolution récente de l'immigration en France et éléments de comparaison avec le Royaume-Uni », volume 59, n° 5, 2004 ; « La conjoncture démographique : l'Europe et les autres pays développés », volume 59, n° 2, 2004.
- « Acquisitions de nationalité », *Statistiques en bref*, thème Population et conditions sociales, Eurostat, n° 3/2004.

SOURCES

[1] « 2004 world population data sheet », Population reference bureau (Prb), (www.prb.org).

[2] « Bilan démographique 2004 », *Bulletin Mensuel de Statistique*, n° 2, et Insee Première n° 1004, février 2005, Insee.

[3] Recensements de la population, Insee.

[4] « Premiers résultats de la collecte de données démographiques pour 2003 en Europe », *Statistiques en bref*, thème Population et conditions sociales, Eurostat, n° 13/2004.

[5] « Enquêtes annuelles de recensement : premiers résultats de la collecte 2004 », *Insee Première*, n° 1001, janvier 2005.

Population selon la nationalité [3]

Année de recensement	Population* milliers	Part de la population %		
		Français de naissance	Français par acquisition	Étrangers
1921	38 798	95,4	0,7	3,9
1926	40 228	93,4	0,6	6,0
1931	41 228	92,5	0,9	6,6
1936	41 183	93,4	1,3	5,3
1946	39 848	93,5	2,1	4,4
1954	42 781	93,4	2,5	4,1
1962	46 459	92,6	2,8	4,7
1968	49 655	92,1	2,7	5,3
1975	52 599	90,8	2,6	6,5
1982	54 296	90,5	2,6	6,8
1990	56 652	90,5	3,1	6,3
1999	58 521	90,4	4,0	5,6

* Population (à la date du recensement), présente jusqu'en 1946 , résidente de 1954 à 1999, en France métropolitaine.

Évolution de la population [2]

milliers

	Population en milieu d'année	Naissances vivantes	Décès	Excédent naturel	Solde migratoire évalué
1985	56 600	797	560	+ 236	+ 42
1990	58 171	794	535	+ 259	+ 77
1995	59 419	760	540	+ 219	+ 42
1998	60 047	769	544	+ 225	+ 50
1999	60 320	777	547	+ 229	+ 61
2000	60 667	808	541	+ 268	+ 71
2001	61 044	804	541	+ 263	+ 87
2002 *p*	61 425	794	544	+ 249	+ 97
2003 *p*	61 800	794	560	+ 234	+ 102
2004 *p*	62 177	797	518	+ 279	+ 108

Accroissement de la population dans l'UE en 2003* [2] [4]

milliers

	Solde migratoire	Accroissement naturel	Accroissement total
Allemagne	144,9	– 143,0	1,9
Autriche	32,3	– 0,3	32,0
Belgique	35,2	5,0	40,2
Danemark	7,0	7,1	14,1
Espagne	594,3	53,0	647,3
Finlande	5,8	7,6	13,4
France métropolitaine	**100,0**	**211,5**	**311,5**
Grèce	35,0	– 0,2	34,7
Irlande	28,3	32,7	61,0
Italie	511,2	– 28,3	483,0
Luxembourg	2,1	1,3	3,3
Pays-bas	2,8	59,6	62,4
Portugal	63,5	3,9	67,4
Royaume-Uni	103,0	83,8	186,8
Suède	28,7	6,2	34,9
Chypre	12,9	2,6	15,5
Estonie	– 0,4	– 5,0	– 5,4
Hongrie	15,5	– 41,2	– 25,6
Lettonie	– 0,8	– 11,4	– 12,3
Lituanie	– 6,3	– 10,4	– 16,7
Malte	1,7	0,9	2,6
Pologne	– 13,8	– 14,2	– 27,9
République tchèque	25,8	– 17,6	8,2
Slovaquie	1,4	– 0,5	0,9
Slovénie	3,4	– 2,0	1,4
UE à 25	**1 733,5**	**201,1**	**1 934,6**

* Les données sont souvent provisoires ou estimées.

Accroissement de la population mondiale [1]

%

	Taux d'accroissement naturel (mi-2004)	Projections de population	
		2025/2004	2050/2004
Europe	**– 0,2**	**– 1**	**– 8**
Allemagne	– 0,2	– 1	– 9
Autriche	0,0	4	1
Belgique	0,1	4	5
Bulgarie	– 0,6	– 17	– 38
Danemark	0,1	0	– 3
Espagne	0,1	2	– 3
Finlande	0,2	2	– 8
France métropolitaine	**0,4**	**6**	**7**
Grèce	0,0	– 5	– 12
Irlande	0,8	10	16
Italie	– 0,1	0	– 10
Pays-Bas	0,4	7	8
Portugal	0,0	– 1	– 11
Royaume-Uni	0,1	7	10
Suède	0,1	10	18
Hongrie	– 0,4	– 12	– 25
Lettonie	– 0,5	– 4	– 24
Lituanie	– 0,3	3	– 9
Pologne	0,0	– 4	– 15
Slovaquie	0,0	– 4	– 13
République tchèque	– 0,2	– 1	– 10
Roumanie	– 0,3	– 17	– 27
Russie	– 0,6	– 5	– 17
Afrique	**2,4**	**49**	**119**
Égypte	2,0	41	74
Éthiopie	2,4	62	139
Nigeria	2,9	50	124
Rép.dém. du Congo	3,1	80	211
Amérique du Nord	**0,5**	**18**	**40**
Canada	0,3	13	16
États-Unis	0,6	19	43
Amérique centrale	**2,1**	**29**	**54**
Mexique	2,1	24	41
Amérique du Sud	**1,5**	**23**	**38**
Brésil	1,3	18	24
Colombie	1,7	28	48
Asie	**1,3**	**23**	**39**
Bangladesh	2,1	45	98
Chine	0,6	14	11
Inde	1,7	25	50
Indonésie	1,6	26	41
Japon	0,1	– 5	– 21
Pakistan	2,4	44	85
Turquie	1,4	25	37
Yémen	3,3	98	255
Océanie	**1,0**	**24**	**43**
Monde	**1,3**	**24**	**45**

PRÉSENTATION

En 2004, 266 300 mariages ont été célébrés en France, soit 16 600 de moins qu'en 2003. Ce nombre ne cesse de baisser depuis le pic de l'an 2000, 305 400 couples s'étant mariés cette année-là. Entre 2002 et 2003, seuls les mariages de célibataires sont moins nombreux ; ceux-ci restent cependant largement majoritaires (8 mariages sur 10). Le nombre de remariages de personnes veuves ou divorcées augmente légèrement. Les mariages unissant au moins un époux de nationalité étrangère sont de plus en plus fréquents depuis 1997 : ils représentent 20 % des mariages en 2003 contre 12 % en 1993. Ainsi, 47 579 mariages sont des *mariages mixtes* et 8 738 sont des *mariages entre étrangers* en 2003.

Le mariage intervient de plus en plus tard dans la vie des couples. En 2003, les femmes se marient pour la première fois à 28,5 ans en moyenne et les hommes à 30,6 ans, contre respectivement 26,8 ans et 28,7 ans en 1994. Aujourd'hui, les enfants assistent aux noces de leurs parents dans près de 3 unions sur 10, contre 1 sur 10 vingt ans auparavant [1].

La première vie en couple donne de moins en moins souvent lieu à un mariage. En 1999, plus de huit personnes de plus de 50 ans sur dix ont épousé leur premier conjoint. Cette part est nettement plus faible pour les plus jeunes *générations* : seule une femme de 19 à 29 ans sur trois et un homme du même âge sur quatre sont dans ce cas. En effet, les jeunes optent plus souvent que leurs aînés pour la cohabitation sans mariage au début de leur vie de couple [6].

Alors que le mariage est en repli, les *pactes civils de solidarité* remportent toujours du succès. En 2003, 31 600 pacs ont été signés, contre 25 310 en 2002. Parallèlement, 5 300 pactes ont été dissous en 2003 contre 3 185 un an auparavant. Depuis 1999, un pacs sur dix a été dissous [5].

En 2003, 125 200 *divorces* ont été prononcés en France métropolitaine. Si 10 % des mariages de 1970 se sont terminés par un divorce avant le dixième anniversaire de mariage, c'est le cas de 18 % des mariages de 1990. Sur vingt ans, quelle que soit la durée du mariage, le nombre de divorces augmente [4].

DÉFINITIONS

- **Divorces.** *Les divorces prononcés sont la somme des divorces directs et des conversions de séparation de corps.*
- **Génération.** *La génération désigne l'ensemble des personnes nées la même année civile. Exemple : «la génération 1946».*
- **Mariages entre étrangers.** *Mariages où les deux conjoints sont étrangers.*
- **Mariages mixtes.** *Mariages où l'un seulement des conjoints est étranger.*
- **Pacte civil de solidarité (Pacs).** *Contrat entre deux personnes majeures, de sexe différent ou de même sexe, pour organiser leur vie commune. Il a été promulgué par la loi du 15 novembre 1999. Il établit des droits et des obligations entre les deux contractants, en terme de soutien matériel, de logement, de patrimoine, d'impôts et de droits sociaux. Par contre, il est sans effet sur les règles de filiation et de l'autorité parentale si l'un des contractants est déjà parent.*
- **Taux de divorce ou taux de divortialité.** *Rapport du nombre de divorces de l'année à la population totale moyenne de l'année.*
- **Taux de divorce par durée du mariage.** *Nombre de divorces prononcés chaque année pour un effectif initial de 1 000 mariages. Dans le graphique ci-contre : en 2002, pour mille mariages célébrés en 1998, 22,9 se sont terminés par un divorce, au cours de la quatrième année d'union. De même, pour mille mariages célébrés en 1972, 12,5 ont fait l'objet d'un divorce en 1982, au cours de la dixième année d'union.*
- **Taux de nuptialité.** *Rapport du nombre de mariages de l'année à la population totale moyenne de l'année.*

POUR EN SAVOIR PLUS

- « L'évolution démographique récente en France », *Population*, Ined, volume 59, n° 5, 2004.
- La situation sociale dans l'Union européenne, Eurostat, édition 2004.
- « Trois années d'application du pacte civil de solidarité », *Infostat Justice*, n° 64, mars 2003.

SOURCES

[1] « Bilan démographique 2004 », *Bulletin mensuel de statistique*, n° 2, Insee, et *Insee Première*, n° 1004, février 2005.

[2] Division enquêtes et études démographiques, Insee.

[3] « Premiers résultats de la collecte de données démographiques pour 2003 en Europe », *Statistiques en bref*, thème Population et conditions sociales, Eurostat, n° 13/2004.

[4] « La situation démographique en 2002 », *Insee Résultats*, série société, n° 34, août 2004.

[5] Ministère de la justice.

[6] Enquête « Étude de l'histoire familiale » de 1999, *Insee Résultats*, série société, n° 33, août 2004.

Mariages et taux de nuptialité [1]

	Mariages	Dont légitimant au moins un enfatnt	Taux de nuptialité	Âge moyen au premier mariage	
	milliers	%	pour 1 000 hab.	hommes	femmes
France métropolitaine					
1960	319,9	*6,1*	7,0	25,7	23,1
1970	393,7	*5,4*	7,8	24,7	22,6
1980	334,4	*6,9*	6,2	25,1	23,0
1990	287,1	*17,6*	5,1	27,6	25,6
2000	297,9	*29,1*	5,1	30,2	28,0
2003 *p*	276,0	*28,0*	4,6	30,6	28,5
2004 *p*	259,4	...	4,3	...	...
France entière					
1998	278,7	*27,9*	4,6	29,8	27,7
2000	305,4	*29,3*	5,0	30,2	28,1
2003 *p*	282,9	*28,2*	4,6	30,6	28,5
2004 *p*	266,3	...	4,3	...	...

Nuptialité et divortialité dans l'UE [2] [3]

	Taux de nuptialité*		Taux de divortialité*	
	1980	*p* 2003	1980	*p* 2003
Allemagne	6,3	4,6	1,8	**2,5
Autriche	6,2	4,6	1,8	2,3
Belgique	6,7	4,0	1,5	3,0
Chypre	7,9	**14,5	0,3	**1,9
Danemark	5,2	6,5	2,7	2,9
Espagne	5,9	4,9	///	**1,0
Estonie	8,8	4,2	4,1	2,9
Finlande	6,1	5,0	2,0	2,6
France métropolitaine	**6,2**	**4,6**	**1,5**	****2,1**
Grèce	6,5	5,1	0,7	1,0
Hongrie	7,5	4,5	2,6	2,5
Irlande	6,4	5,1	///	**0,7
Italie	5,7	4,5	0,2	**0,7
Lettonie	9,8	4,3	5,0	2,1
Lituanie	9,2	4,9	3,2	3,1
Luxembourg	5,9	4,4	1,6	2,3
Malte	8,6	5,9	///	///
Pays-Bas	6,4	5,0	1,8	2,0
Pologne	8,6	5,1	1,1	1,3
Portugal	7,4	5,1	0,6	2,1
République tchèque	7,6	4,8	2,6	3,2
Royaume-Uni	7,4	***4,8	2,8	**2,7
Slovaquie	7,9	4,8	1,3	2,0
Slovénie	6,5	3,4	1,2	1,1
Suède	4,5	4,4	2,4	2,4

* Nombre de mariages ou de divorces pour 1 000 habitants. ** 2002. *** 2001.

Divorces* [5]

Année du jugement	Divorces prononcés milliers	Divorces pour 1 000 couples mariés
1960	30,2	2,85
1970	38,9	3,30
1980	81,2	6,32
1990	105,8	8,40
1995	119,2	9,62
2000	114,0	9,36
2001	112,6	9,26
2002	115,9	9,54
2003 *p*	125,2	10,34

* France métropolitaine.

Femmes mariées à divers âges par génération* [4]

%

Génération	19 ans	21 ans	24 ans	30 ans	35 ans	40 ans
1930	17,4	40,8	68,3	86,7	90,4	91,8
1940	16,1	42,4	73,6	88,3	91,0	92,1
1950	18,1	44,9	71,5	85,3	88,0	89,3
1960	14,7	33,4	53,6	70,7	76,1	79,3
1965	6,9	17,7	36,4	59,4	67,5	...
1970	2,5	9,0	23,7	51,4	...	///
1975	1,2	4,3	16,1	...	///	///
1980	0,9	3,7	...	///	///	///

* France métropolitaine. Femmes déjà mariées à la fin de l'année où elles ont atteint l'âge indiqué.

Taux de divorce selon la durée du mariage et l'année du divorce* [4]

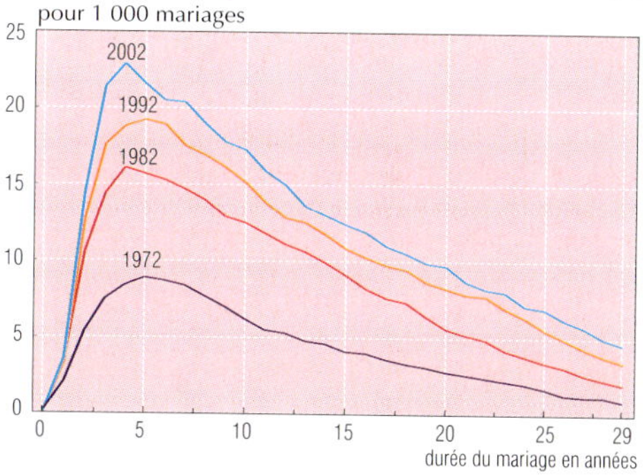

* France métropolitaine.

Structure de la population* de 15 ans et plus selon l'état matrimonial [2]

%

	Hommes				Femmes			
	Célibataires	Mariés	Veufs	Divorcés	Célibataires	Mariées	Veuves	Divorcées
1975	28,6	66,1	3,5	1,8	21,8	60,3	15,2	2,7
1980	29,2	65,1	3,3	2,4	22,4	59,5	14,7	3,4
1990	34,4	58,8	2,9	3,9	27,2	53,7	13,9	5,2
1995	36,0	56,4	2,8	4,8	28,9	51,4	13,5	6,2
2000	37,8	53,8	2,7	5,7	30,7	49,1	13,0	7,2
2004 *p*	39,2	51,8	2,7	6,3	32,0	47,4	12,7	7,9

* France métropolitaine. Population au 1er janvier, âge en années révolues.

3 population

PRÉSENTATION

La France métropolitaine compte 25,4 millions de *ménages*, selon *l'enquête de recensement* réalisée au début de l'année 2004. En quarante ans, la proportion de personnes vivant seules a plus que doublé, passant de 6,1 % de la population en 1962 à 12,6 % en 1999 pour atteindre 14 % en 2004. Ainsi 8,3 millions de personnes, dont près de 5 millions de femmes, vivent seules [5].

Sur 10 familles avec enfants de moins de 25 ans, 7 sont composées des enfants et de leurs deux parents, 2 sont monoparentales et une sur dix est une famille recomposée. Le nombre de *familles monoparentales* avec enfants de moins de 25 ans a doublé en 30 ans passant de 776 300 en 1975 à 1,5 millions en 1999 pour atteindre 1,6 millions en 2002. Les mères sont à la tête de ces familles près de 9 fois sur dix ; après une séparation, les enfants vivent plus souvent avec leur mère. Enfin les femmes refont moins souvent et moins rapidement que les hommes leur vie après une rupture. Le divorce est désormais la première cause de la monoparentalité.

Entre 1990 et 1999, le nombre de *familles recomposées* a progressé de 10 % passant de 646 000 à 708 000. Plus d'une sur deux est constituée d'enfants nés des précédentes unions et du couple actuel. Environ 35 % des familles recomposées ont 3 enfants ou plus, contre 20 % pour les *familles traditionnelles* et 15 % pour les familles monoparentales. Les parents des familles recomposées sont en moyenne plus jeunes. Six enfants sur 10 (63 %) habitent avec leur mère et son nouveau compagnon et 37 % avec leur père et sa nouvelle compagne.

En 1999, lorsqu'il vit au sein du foyer parental, un jeune de moins de 25 ans sur quatre vit avec un seul de ses parents. Il réside alors une fois sur quatre avec un parent et un beau-parent, et trois fois sur quatre au sein d'une famille monoparentale.

En 1999, près de sept adultes sur dix vivent en *couple*, et plus de 80 % d'entre eux sont mariés. La moitié des couples vivent avec au moins un enfant. La grande majorité d'entre eux n'hébergent pas plus de deux enfants [3] [7].

DÉFINITIONS

- **Couple.** *Couple de fait, légitime ou non.*
- **Enquête de recensement.** *La loi du 28 février 2002 a défini les modalités du nouveau recensement. La nouvelle méthode substitue au comptage traditionnel organisé tous les huit ou neuf ans une technique d'enquêtes annuelles. Elle distingue les communes en fonction d'un seuil de population, fixé par la loi à 10 000 habitants.*
- **Famille.** *Partie d'un ménage comprenant au moins deux personnes et constituée, soit d'un couple marié ou non, avec ou sans enfants, soit d'un adulte avec un ou plusieurs enfants. Dans une famille, l'enfant doit être célibataire (lui-même sans enfant).*
- **Famille monoparentale.** *Elle comprend un parent isolé et un ou plusieurs enfants célibataires (n'ayant pas d'enfant).*
- **Famille recomposée.** *Elle comprend un couple d'adultes, mariés ou non, et au moins un enfant né d'une union précédente de l'un des conjoints. Les enfants qui vivent avec leurs parents et des demi-frères ou demi-sœurs font aussi partie d'une famille recomposée.*
- **Famille traditionnelle.** *Elle est constituée d'un couple vivant avec des enfants qui sont tous nés dans le couple actuel.*
- **Ménage.** *Ensemble des occupants d'une résidence principale, qu'ils aient ou non des liens de parenté. Un ménage, au sens statistique, peut ne comprendre qu'une seule personne. Ne font pas partie des ménages les personnes vivant dans des habitations mobiles (y compris les mariniers et les sans-abri) et la population des communautés (foyers de travailleurs, maisons de retraite, résidences universitaires, maisons de détention...).*
- **Ménages complexes.** *Ils sont constitués de plusieurs couples ou d'une famille avec des ascendants, des collatéraux ou de plusieurs personnes sans lien de couple ou de filiation.*

POUR EN SAVOIR PLUS

- « Les familles monoparentales et leurs conditions de vie, *Études et résultats*, Drees, n° 389, avril 2005.
- « La parité à pas comptés », *Insee Première*, n° 1006, mars 2005.
- « Formation des ménages dans l'UE – Parents isolés », *Statistiques en Bref*, thème population et conditions sociales, n° 5/2004.
- « Ménages, familles, population totale », Tableaux thématiques du recensement de la population 1999, Insee 2002.

SOURCES

[1] Recensements de la population, Insee.

[2] Eurostat.

[3] *Insee Première* : « 1,6 million d'enfants vivent dans une famille recomposée », n° 901, juin 2003 ; « Femmes et hommes : les inégalités qui subsistent », n° 834, mars 2002 ; « Refaire sa vie de couple est plus fréquent pour les hommes », n° 797, juillet 2001.

[4] « Portrait de la France – Le recensement de 1999 », Insee, 2001.

[5] « Enquêtes annuelles de recensement : premiers résultats de la collecte 2004 », *Insee Première*, n° 1001, janvier 2005.

[6] « Projections de ménages pour la France métropolitaine, ses régions et ses départements », *Insee Résultats*, Société n° 19, 2003.

[7] « Enquête étude de l'histoire familiale de 1999 », *Insee Résultats*, Société n° 33, août 2004.

Familles selon le nombre d'enfants de 0 à 24 ans* [1]

milliers

	1975	1982	1990	1999
0 enfant	4 876	5 420	6 484	7 492
1 enfant	3 333	3 548	3 667	3 616
2 enfants	2 665	3 118	3 345	3 255
3 enfants	1 293	1 325	1 349	1 268
4 enfants ou +	1 009	708	546	465
Total familles	**13 176**	**14 119**	**15 391**	**16 097**

* France métropolitaine.

Part des enfants âgés de 0 à 14 ans vivant dans des familles monoparentales dans quelques pays européens* [2]

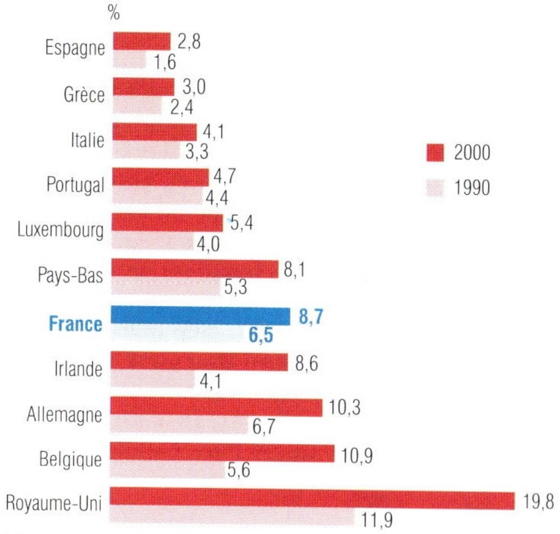

* Par rapport à l'ensemble des enfants âgés de 0 à 14 ans vivant dans des familles.

Composition des familles suivant la présence d'enfants et leur âge* [4]

Type de famille	1990 milliers	1999 milliers	1999/90 %
Famille monoparentale	1 602	1 985	+ 24
avec au moins un enfant de – 25 ans	*1 176*	*1 494*	*+ 27*
tous les enfants ont 25 ans ou plus	*426*	*491*	*+ 15*
Couple avec enfants	8 296	7 848	– 5
avec au moins un enfant de – 25 ans	*7 731*	*7 111*	*– 8*
tous les enfants ont 25 ans ou plus	*565*	*737*	*+ 31*
Couple sans enfant	5 493	6 264	+ 14
Ensemble des familles	**15 391**	**16 097**	**+ 5**

* France métropolitaine.

Enfants et leurs familles en 1990 et 1999* [3]

%

Enfants vivant dans une...	1990	1999	Évol. 99/90
Famille «traditionnelle»	69,3	65,7	– 11,9
Famille monoparentale	11,4	15,0	+22,2
Famille recomposée	7,3	8,7	+10,8
Enfants vivant avec au moins l'un de leurs parents	88,0	89,4	– 5,6
Enfants vivant hors du foyer parental	12,0	10,6	– 18,0
Ensemble des enfants (milliers)	**19 647**	**18 262**	**– 7,0**

* France métropolitaine. Enfants âgés de moins de 25 ans.

Répartition de la population selon le mode de cohabitation à l'horizon 2030* [6]

%

	1990	1999	2030
Enfants	32,6	30,5	25,8
Adultes en couple	48,6	48,3	47,7
Parents famille monoparentale	2,8	3,4	3,6
Personnes seules	10,3	12,6	17,0
Hors famille dans les ménages**	3,3	3,1	3,1
Hors ménage	2,3	2,2	2,8
Nombre de ménages (millions)	*21,5*	*23,8*	*29,5*
Nombre de personnes par ménage	*2,57*	*2,41*	*2,10*

* France métropolitaine. ** Personnes n'appartenant pas à une famille et vivant dans un ménage d'au moins 2 personnes.

Structure familiale des ménages* [1]

%

Structure familiale	1968	1975	1982	1990	1999
Homme seul	6,4	7,4	8,5	10,1	12,5
Femme seule	13,8	14,8	16,0	17,1	18,5
Famille monoparentale	2,9	3,0	3,6	6,6	7,4
Couple sans enfant	21,1	22,3	23,3	23,7	24,8
Couple avec enfant	36,0	36,5	36,1	36,4	31,5
Ménage complexe	19,8	16,0	12,5	6,1	5,3
Nombre de ménages (millions)	**15,8**	**17,7**	**19,6**	**21,5**	**23,8**

* France métropolitaine.

Mode de vie des personnes selon l'âge et le sexe en 1999* [3]

%

	Chez les parents		Seul		Vit en couple sans enfant		Vit en couple avec enfants		Parent d'une famille monoparentale		Autres**	
	F	H	F	H	F	H	F	H	F	H	F	H
moins de 25 ans	86,6	90,6	3,9	3,2	3,8	1,7	1,4	0,5	0,5	0,0	3,8	4,0
25-29 ans	15,0	29,1	15,4	18,0	27,3	25,6	32,7	19,6	4,9	0,3	4,6	7,4
30-44 ans	3,0	7,6	8,2	13,5	8,6	11,0	66,9	61,6	10,9	1,4	2,5	4,9
45-59 ans	1,1	2,2	11,8	11,5	32,7	27,2	42,2	52,1	9,4	2,4	2,8	4,6
60-74 ans	0,3	0,5	27,3	13,2	53,7	64,7	8,2	15,1	4,6	1,2	5,8	5,3
75 ans et +	0,0	0,0	48,4	20,0	23,9	62,8	1,5	5,2	4,5	1,4	21,6	10,6
Ensemble	**27,4**	**33,8**	**14,7**	**10,4**	**20,8**	**22,0**	**26,1**	**27,6**	**5,6**	**1,0**	**5,4**	**5,1**

* France métropolitaine. ** Vit dans un ménage de plusieurs personnes ou en collectivité.

3 population

PRÉSENTATION

En 2004, 797 400 bébés sont nés en France, soit 3 500 de plus qu'en 2002. Cette hausse, en partie liée au jour supplémentaire de l'année bissextile 2004, résulte également du fait que les femmes ont plus d'enfants qu'auparavant. Cette plus forte fécondité compense la baisse du nombre de femmes en âge de procréer de 20 à 40 ans.

Les femmes continuent à avoir en moyenne plus d'enfants qu'au cours des années 90. En 2004, l'*indicateur conjoncturel de fécondité* est de 191,6 enfants pour 100 femmes contre 168,3 en 1994. L'âge moyen des mères continue de progresser : il s'élève à 29,6 ans en 2004 contre 28,8 ans dix ans auparavant. Une mère sur deux est âgée de 30 ans ou plus, contre 38 % en 1990 et 27 % en 1980. La proportion de naissances chez les mères de 40 ans ou plus, bien qu'en hausse, reste faible (3,4 %).

Jusqu'à présent, les femmes ont plus de deux enfants en moyenne au terme de leur vie féconde. Ainsi, la *descendance finale* des femmes nées en 1954, ayant atteint 50 ans en 2004, s'établit à 2,12 enfants en moyenne. La descendance des femmes nées en 1964, qui ont eu 40 ans en 2004, atteint 2,0 enfants, contre 2,09 pour la *génération* 1954 au même âge [1].

Dans l'Union européenne à 25, l'Irlande et la France ont les indicateurs de fécondité les plus élevés avec respectivement 2,0 et 1,9 enfants par femme en 2004. La fécondité est très basse en Allemagne, en Espagne, en Grèce et en Italie (1,3 enfants par femme) ainsi que dans les dix nouveaux pays membres ; en Pologne, en République tchèque, en Slovaquie ou en Slovénie ces indicateurs sont parmi les plus faibles du monde (1,2 enfants par femme). Désormais, la fécondité est plus proche d'un enfant par femme que de deux, dans la plupart des pays d'Europe de l'est, du sud et du centre ainsi que dans de nombreux pays d'Asie de l'est [3].

En 2003, la proportion de naissances hors mariage continue d'augmenter dans l'Union européenne. Près de 60 % des enfants sont nés en dehors du mariage en Suède et plus de 40 % au Danemark, en France et au Royaume-Uni. En revanche, cette part reste faible (moins de 5 %), en Grèce, à Malte ou à Chypre [4].

DÉFINITIONS

- ***Descendance finale.*** *Nombre moyen d'enfants que mettrait au monde une génération de femmes tout au long de leur vie féconde, si on ne tenait pas compte de leur mortalité. C'est la somme des taux de fécondité par âge d'une génération.*
- ***Génération.*** *Ensemble des personnes nées la même année civile. Exemple : « la génération 1946 ».*
- ***Indicateur conjoncturel de fécondité*** *(ou somme des naissances réduites). Il mesure le nombre d'enfants qu'aurait une femme tout au long de sa vie, si les taux de fécondité observés l'année considérée à chaque âge demeuraient inchangés. Les taux utilisés dans le calcul sont ceux observés au cours d'une année donnée dans l'ensemble de la population féminine (composée de plusieurs générations) et ne représentent donc pas les taux d'une génération réelle de femmes. Il est probable qu'aucune génération réelle n'aura à chaque âge les taux observés. L'indicateur conjoncturel de fécondité sert donc uniquement à caractériser d'une façon synthétique la situation démographique au cours d'une année donnée, sans qu'on puisse en tirer des conclusions certaines sur l'avenir de la population.*
- ***Taux de fécondité.*** *Rapport du nombre de naissances vivantes de l'année à la population féminine moyenne de l'année. La population féminine est l'ensemble des femmes fécondes, c'est à dire celles âgées de 15 à 50 ans.*
- ***Taux de natalité.*** *Rapport du nombre de naissances vivantes de l'année à la population totale moyenne de l'année.*

POUR EN SAVOIR PLUS

- « La situation démographique en 2002 », *Insee Résultats*, série Société, n° 34, août 2004.
- « La fécondité dans les régions à la fin des années quatre-vingt-dix », *Insee Première*, n° 963, avril 2004.
- « La majorité de l'humanité vit dans un pays où la fécondité est basse », *Population & Sociétés*, Ined, n° 405, octobre 2004.
- « World fertility report 2003 », Population division, Nations Unies (www.un.org).

SOURCES

[1] « Bilan démographique 2004 », *Bulletin Mensuel de Statistique*, n° 2, et *Insee Première*, n° 1 004, février 2005, Insee.

[2] Division enquêtes et études démographiques, Insee.

[3] « 2004 world population data sheet », Population reference bureau (Prb), (www.prb.org).

[4] « Premiers résultats de la collecte de données démographiques pour 2003 en Europe », *Statistiques en bref*, série Population et conditions sociales, Eurostat, n° 13/2004.

Naissances, taux de natalité et de fécondité [1]

	Ensemble des naissances	*dont : enfants nés hors mariage*	Taux de natalité	Indicateur conjoncturel de fécondité
	milliers	%	‰ hab.	
France métropolitaine				
1950	862,3	*7,0*	20,6	2,95
1980	800,4	*11,4*	14,9	1,95
1990	762,4	*30,1*	13,4	1,78
2000	774,8	*42,6*	13,1	1,88
2003 *p*	761,5	*45,2*	12,7	1,88
2004 *p*	764,7	...	12,7	1,90
France entière				
2000	808,2	*43,6*	13,3	1,90
2003 *p*	793,9	*46,2*	12,8	1,90
2004 *p*	797,4	...	12,8	1,92

Taux de fécondité par âge* [2]

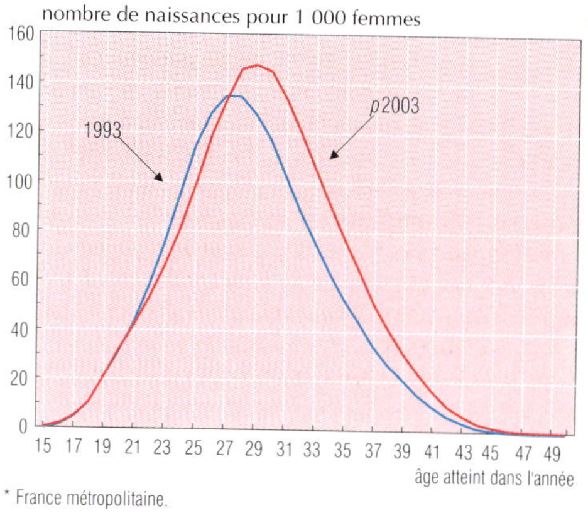

* France métropolitaine.

Naissances* en France métropolitaine depuis 1900 [2]

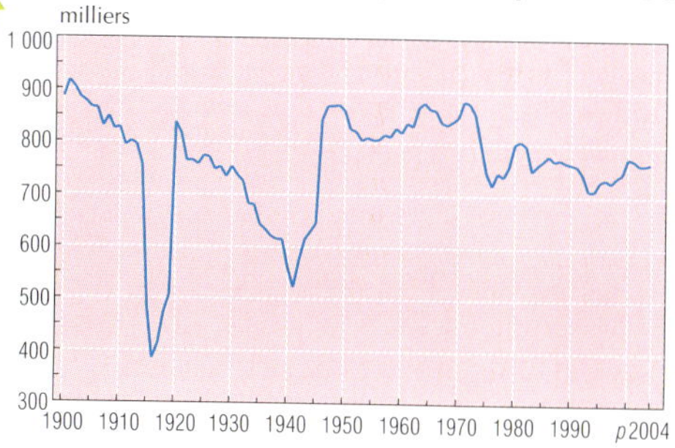

* Nés vivants.

Fécondité selon l'âge [1]

	Indicateur conjoncturel de fécondité pour 100 femmes				Âge moyen des mères
	Total	15-24 ans	25-29 ans	30 ans et +	
1994	168,3	33,7	64,5	70,1	28,8
1996	175,0	32,0	65,5	77,6	29,0
1998	177,9	31,0	64,6	82,3	29,3
2000	189,6	33,4	66,7	89,5	29,3
2002 *p*	188,6	33,1	65,0	90,6	29,4
2004 *p*	191,6	32,6	64,5	94,5	29,6

Naissances selon la nationalité des parents* [1]

%

	1995	2003
Naissances légitimes (milliers)	**467**	**427**
les deux parents français	83,8	78,8
un parent français, un parent étranger	6,0	11,0
les deux parents étrangers	10,2	10,2
Naissances hors mariage (milliers)	**293**	**367**
de mère française	94,2	92,7
de mère étrangère	5,8	7,3

* Enfants nés vivants.

Natalité et fécondité dans divers pays mi-2004 [1] [3]

	Taux de natalité pour 1 000 hab.	Indicateur conjoncturel de fécondité	% de femmes en couple utilisant un moyen de contraception*
Allemagne	9	1,3	*75*
Bangladesh	30	3,3	54
Brésil	20	2,2	*76*
Chine	12	1,7	*83*
Égypte	26	3,2	60
Espagne	10	1,3	56
États-Unis	14	2,0	*76*
Éthiopie	41	5,9	8
France métropolitaine	**13**	**1,9**	***75***
Grèce	9	1,3	...
Inde	25	3,1	48
Iran	18	2,5	74
Irlande	16	2,0	...
Italie	10	1,3	*60*
Indonésie	22	2,6	60
Japon	9	1,3	56
Mexique	25	2,8	*68*
Nigeria	42	5,7	12
Pakistan	34	4,8	28
Pays-Bas	12	1,8	*79*
Pologne	9	1,2	*49*
République du Congo	46	6,8	31
République tchèque	9	1,2	*67*
Royaume-Uni	12	1,7	84
Russie	10	1,4	*67*
Turquie	21	2,5	64

* Les données en italique sont antérieures à 1997.

Naissances hors mariage en Europe en 2003 [1] [4]

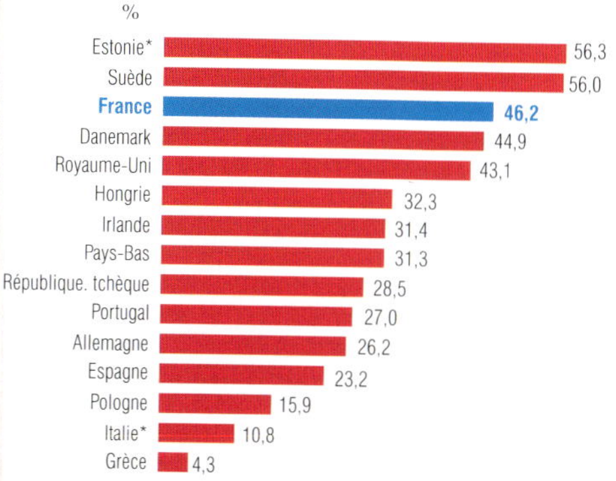

* 2002.

3 population

PRÉSENTATION

En 2004, 518 100 décès sont survenus en France contre 560 100 en 2003, année marquée par un mois d'août caniculaire, et 544 140 en 2002. La baisse concerne tous les âges mais elle est plus marquée pour les 65 ans ou plus et les femmes. Une partie de cette baisse s'explique sans doute par les décès « anticipés » en 2003 du fait de la canicule. En outre, aucune épidémie de grippe n'est survenue en 2004, contrairement à l'année précédente. Le *taux de mortalité* s'établit en 2004 à 8,3 ‰ contre 9,1 ‰ en 2003 et 8,9 ‰ en 2002 [1].

En 2004, l'*espérance de vie à la naissance* atteint 76,7 années pour les hommes et 83,8 années pour les femmes. L'écart entre les deux sexes n'est plus que de 7 ans contre 8,2 au début des années 1990. Les centenaires sont de plus en plus nombreux : au 1er janvier 2005, ils seraient près de 16 000 en France métropolitaine, dont plus de 80 % de femmes. Dans le monde, ce sont les Japonaises qui ont l'espérance de vie la plus longue (85 ans), suivies des Françaises, des Espagnoles et des Italiennes. À l'opposé, dans de nombreux pays d'Afrique, la durée moyenne de vie des hommes et des femmes n'atteint pas 50 ans.

En 2004, le *taux de mortalité infantile* en France continue à diminuer avec 4,1 décès d'enfants de moins d'un an pour mille naissances vivantes. Dans l'Union européenne, seules la Suède, la Finlande, l'Espagne et la République tchèque ont des taux inférieurs à 4 ‰. Le taux le plus élevé s'observe en Lettonie (9,4 ‰). En Afrique, la mortalité infantile reste très élevée : les taux dépassent les 100 ‰ dans de nombreux pays [2] [4] [5].

Les risques de décès des femmes après 45 ans varient selon leur diplôme et leur profession : les femmes sans diplôme ont une espérance de vie à 45 ans de 2,4 ans inférieure à celle des femmes ayant au moins le baccalauréat ; l'espérance de vie à 45 ans des ouvrières est de 2,2 ans inférieure à celle des cadres. La vie familiale joue un rôle protecteur face au décès : la mortalité est toujours plus forte pour les femmes n'ayant jamais vécu en couple et celles n'ayant pas eu d'enfants [3].

DÉFINITIONS

- ***Espérance de vie à la naissance*** *(ou durée moyenne de vie). Moyenne des âges au décès d'une génération fictive soumise aux conditions de mortalité de l'année.*
- ***Taux de mortalité.*** *Rapport du nombre de décès de l'année à la population totale moyenne de l'année.*
- ***Taux de mortalité infantile.*** *Rapport entre le nombre d'enfants décédés à moins d'un an et l'ensemble des enfants nés vivants.*

POUR EN SAVOIR PLUS

- « Surmortalité liée à la canicule d'août 2003 », rapport d'étape du 25 septembre 2003 et rapport du 26 octobre 2004, Inserm.
- « La situation démographique en 2002 », *Insee Résultats*, série société, n° 34, août 2004.
- « Espérance de vie : un avantage féminin menacé ? », *Population & Sociétés*, Ined, n° 402, juin 2004.
- « La mortalité dans l'UE », *Statistiques en bref*, thème Population et conditions sociales, Eurostat, n° 2/2004.

SOURCES

[1] « Bilan démographique 2004 », *Bulletin mensuel de statistique*, Insee, n° 2, et *Insee Première*, n° 1004, février 2005.

[2] « 2004 world population data sheet », Population reference bureau, (www.prb.org).

[3] « Mortalité des femmes et environnement familial », *Insee Première*, n° 892, avril 2003.

[4] Division enquêtes et études démographiques, Insee.

[5] « Premiers résultats de la collecte de données démographiques pour 2003 en Europe », *Statistiques en bref*, thème Population et conditions sociales, Eurostat, n° 13/2004.

Décès et taux de mortalité [1]

	Décès	Taux de mortalité ‰
1985	560 490	9,9
1990	534 511	9,2
1995	540 434	9,1
2000	540 717	8,9
2001	541 184	8,9
2002 *p*	544 148	8,9
2003 *p*	560 077	9,1
2004 *p*	518 100	8,3

Centenaires en France métropolitaine [4]

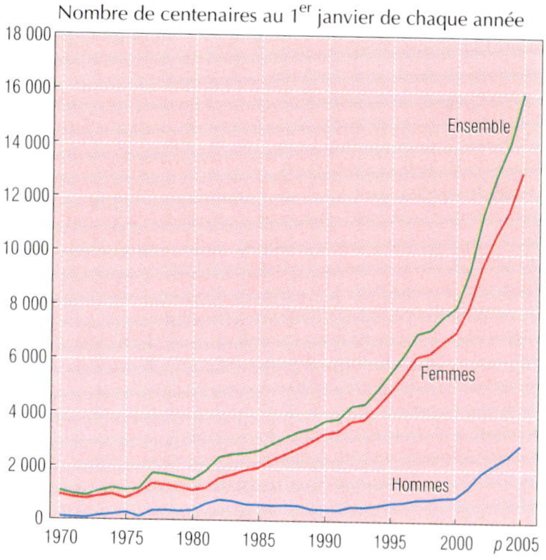

Espérance de vie à la naissance et taux de mortalité infantile* [4]

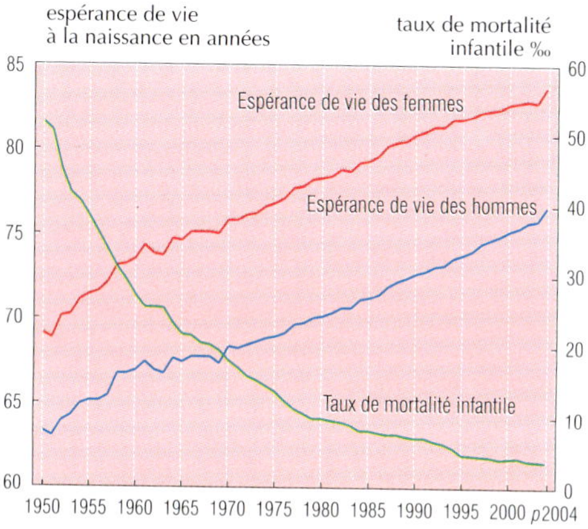

* France métropolitaine.

Espérance de vie à divers âges [1]

	Hommes		Femmes	
	1994	*p* 2004	1994	*p* 2004
Moins d'1 an	73,6	76,7	81,8	83,8
1 an	73,1	76,0	81,3	83,1
20 ans	54,6	57,4	62,6	64,3
40 ans	36,3	38,4	43,3	44,8
60 ans	19,7	21,5	25,0	26,5

Espérance de vie, taux de mortalité et taux de mortalité infantile dans le monde (mi-2004) [1] [2]

	Espérance de vie en nombre d'années		Taux de mortalité	Taux de mortalité infantile
	Hommes	Femmes	‰	‰
Europe	**70**	**78**	**12**	**7**
Allemagne	75	81	10	4
Autriche	76	82	9	5
Belgique	75	82	10	4
Danemark	75	79	11	4
Espagne	76	83	9	4
Finlande	75	82	9	3
France	**77**	**84**	**8**	**4**
Grèce	76	81	9	6
Hongrie	68	77	13	7
Irlande	75	80	7	5
Italie	77	83	10	5
Lettonie	65	77	14	9
Lituanie	66	78	12	7
Pays-Bas	76	81	9	5
Pologne	70	79	9	8
Portugal	74	81	10	5
République tchèque	72	79	11	4
Roumanie	68	75	12	17
Royaume-Uni	76	80	10	5
Russie	58	72	17	13
Suède	78	82	10	3

	Espérance de vie en nombre d'années		Taux de mortalité	Taux de mortalité infantile
	Hommes	Femmes	‰	‰
Afrique	**51**	**54**	**14**	**90**
Angola	39	42	24	145
Éthiopie	45	47	18	105
Mozambique	38	42	23	127
Nigeria	52	52	13	100
Sierra Leone	34	36	29	180
Rép. Dém. du Congo (ex Zaïre)	46	51	15	100
Amérique du Nord	**75**	**80**	**8**	**7**
États-Unis	75	80	8	7
Amérique centrale	**71**	**76**	**5**	**27**
Mexique	73	78	5	25
Amérique du Sud	**68**	**75**	**6**	**29**
Brésil	67	75	7	33
Asie	**66**	**69**	**7**	**54**
Chine	70	73	6	32
Inde	61	63	8	64
Indonésie	66	70	6	46
Japon	78	85	8	3
Pakistan	60	62	10	85
Turquie	66	71	7	39
Océanie	**73**	**77**	**7**	**26**
Monde	**65**	**69**	**9**	**56**

3 population

PRÉSENTATION

La population française continue de vieillir. L'allongement de la durée de vie et la baisse de la fécondité par rapport aux années 50 et 60 du « baby boom » expliquent ce vieillissement, amorcé il y a une trentaine d'années. Au 1er janvier 2005, la France compte 10,1 millions de personnes âgées de 65 ans et plus, soit 16,2 % de la population contre 14,8 % dix ans auparavant. Les moins de 20 ans, soit 15,7 millions de jeunes, représentent le quart de la population (25,2 % contre 26,4 % en 1995) [2].

Dans l'Union européenne, la population des nouveaux états membres est un peu plus jeune que celle des pays de l'UE à 15. Mais en raison de la chute depuis 15 ans de la fécondité dans la plupart de ces nouveaux pays, l'UE connaîtra dans moins d'une décennie une accélération du vieillissement de sa population. En 2004, l'Irlande et Chypre sont les pays les plus jeunes : 21 % de leur population est âgée de moins de 15 ans. L'Italie est le pays le plus âgé de l'UE et du monde : comme au Japon, les 65 ans ou plus représentent 19 % de la population [1] [6].

En 2050, selon les *projections de population*, si les tendances démographiques récentes se maintiennent, la France métropolitaine comptera 64 millions d'habitants. Durant cette période, la population continuera de vieillir. Dès 2011, les personnes âgées de plus de 60 ans seront plus nombreuses que celles de moins de 20 ans. En 2050, plus d'une personne sur trois aura 60 ans ou plus et seulement une sur cinq moins de 20 ans. Le nombre de celles âgées de 75 ans et plus triplera et celui des 85 ans et plus sera multiplié par quatre. Les femmes demeureront plus nombreuses aux âges élevés, même si l'écart d'espérance de vie à la naissance entre les hommes et les femmes continue à se réduire [4].

Dans le monde, en 2005, on estime à 672 millions le nombre de personnes âgées de 60 ans et plus, dont 86 millions ont plus de 80 ans. En 2050, elles seront 1,9 milliards, dont 394 millions auront 80 ans et plus. Les plus de 60 ans représentent 20 % de la population des régions développées et 8 % de celle des régions en développement. En 2050, ces proportions seront respectivement de 32 % et 20 % [5].

DÉFINITIONS

- ***Génération.*** *Ensemble des personnes nées la même année civile. Exemple : « la génération 1946 ».*
- ***Projections de population.*** *Les projections ci-contre sont faites à partir de la population au 1er janvier 1999 déduite des résultats du recensement de mars 1999. Le scénario central retenu est basé sur un maintien des tendances passées pour chacune des composantes démographiques de l'évolution de la population :*
  - *l'indicateur de fécondité s'élève à 1,8 enfants par femme, soit le niveau moyen observé depuis 25 ans.*
  - *la baisse des quotients de mortalité par sexe et âge se poursuit selon le rythme observé au cours des 30 dernières années. En 2050, l'espérance de vie à la naissance qui en découle est de 91 ans pour les femmes et de 84,3 ans pour les hommes.*
  - *l'estimation de l'excédent migratoire annuel est de + 50 000 personnes, soit le niveau moyen observé au cours des dernières années.*

  Quels que soient les scénarios retenus, la population métropolitaine continuera de vieillir. En 2050, selon les variantes sur la fécondité, la part des personnes âgées de plus de 60 ans dans la population totale serait comprise entre 32,1 % et 38,7 %.
- ***Pyramide des âges.*** *Répartition par sexe et âge de la population à un instant donné. Elle est constituée de deux histogrammes, un pour chaque sexe (par convention, les hommes à gauche et les femmes à droite), où les effectifs sont portés horizontalement et les âges verticalement. Les effectifs par sexe et âge dépendent des interactions passées de la fécondité, de la mortalité et des migrations. Mais la forme de la pyramide et les variations de celles-ci avec les années sont avant tout tributaires des variations de la fécondité.*

POUR EN SAVOIR PLUS

- « Enquêtes annuelles de recensement : premiers résultats de la collecte 2004 », *Insee Première*, n° 1001, janvier 2005.
- « World population to 2300 », Population division, Nations Unies, 2004.
- « Projections démographiques pour la France, ses régions et ses départements (horizon 2030/2050), *Insee Résultats*, série société, n° 16, août 2003.

SOURCES

[1] « 2004 world population data sheet », Population reference bureau, (www.prb.org).

[2] « Bilan démographique 2004 », *Bulletin Mensuel de Statistique*, n° 2, et *Insee Première*, n° 1004, février 2005, Insee.

[3] Projections de population, division enquêtes et études démographiques, Insee.

[4] « Projections de population à l'horizon 2050 », *Insee Première*, n° 762, mars 2001.

[5] « World Population Prospects – The 2004 Revision », Nations Unies, (www.un.org).

[6] La situation sociale dans l'Union européenne 2004, Eurostat.

Pyramide des âges au 1er janvier 2005 [2]

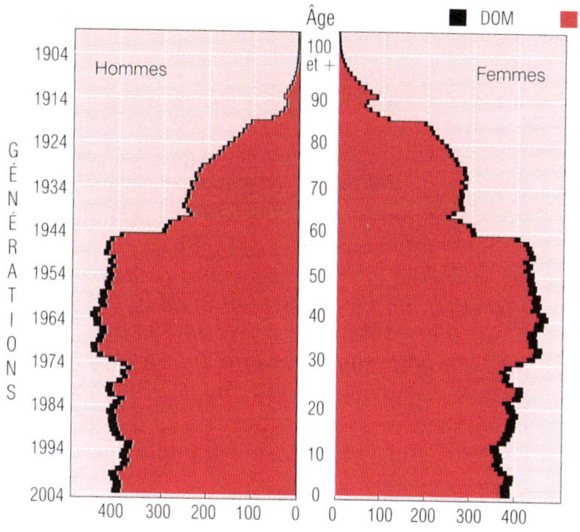

Pyramide des âges en 2050 [3]

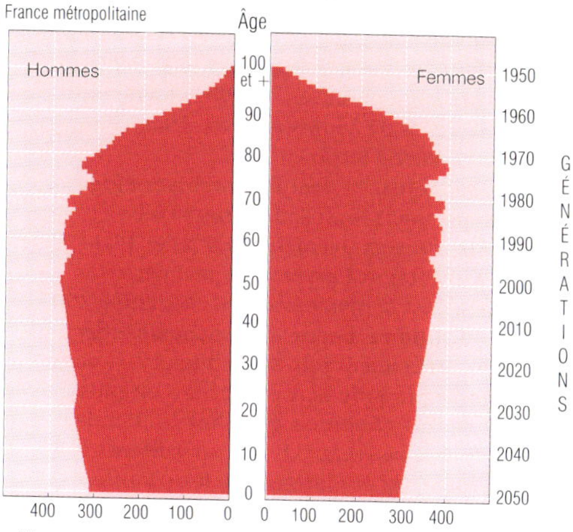

Effectif en milliers

Population par groupe d'âge* [2]

	Moins de 20 ans %	20 ans à 59 ans %	60 ans et plus %	Âge moyen années
France métropolitaine				
1901	34,3	53,0	12,7	32,4
1910	33,6	53,7	12,7	32,6
1920	31,3	54,9	13,8	34,4
1930	30,1	55,7	14,2	34,1
1946	29,5	54,5	16,0	35,6
1950	30,1	53,6	16,3	35,3
1960	32,2	51,0	16,8	34,9
1970	33,2	48,8	18,0	34,8
1980	30,6	52,4	17,0	35,7
1990	27,8	53,2	19,0	36,9
2000	25,6	53,8	20,6	38,7
2004 *p*	25,0	54,3	20,7	39,3
2005 *p*	24,9	54,3	20,8	39,5
France entière				
2005 *p*	25,2	54,2	20,6	39,3

* Population et âge moyen au 1er janvier.

Projection de population par groupe d'âge à l'horizon 2050* [4]

	Population au 1er janvier millions	Moins de 20 ans %	20 ans à 59 ans %	60 ans et plus %	*dont 75 ans et plus* %
2010	61,1	23,8	53,1	23,1	*9,0*
2015	62,0	23,2	51,5	25,3	*9,4*
2020	62,7	22,5	50,2	27,3	*9,6*
2025	63,4	21,8	48,9	29,3	*11,3*
2030	63,9	21,3	47,6	31,1	*13,1*
2035	64,3	20,9	46,3	32,8	*14,7*
2040	64,5	20,6	45,9	33,5	*16,1*
2045	64,3	20,3	45,3	34,4	*17,2*
2050	64,0	20,1	44,8	35,1	*18,1*

* France métropolitaine.

Population par groupe d'âge dans le monde (mi-2004) [1] %

	moins de 15 ans	65 ans et plus
Europe	**17**	**15**
Allemagne	15	17
Autriche	17	15
Belgique	17	17
Danemark	19	15
Espagne	14	17
Finlande	18	16
France métropolitaine	**19**	**16**
Grèce	15	17
Hongrie	16	15
Irlande	21	11
Italie	14	19
Pays-Bas	19	14
Pologne	18	13
Portugal	16	17
République tchèque	16	14
Royaume-Uni	19	16
Russie	16	13
Slovaquie	18	12
Suède	17	18

	moins de 15 ans	65 ans et plus
Afrique	**42**	**3**
Égypte	36	5
Éthiopie	44	3
Nigeria	44	3
Ouganda	51	2
Amérique du Nord	**21**	**12**
États-Unis	21	12
Amérique centrale	**36**	**4**
Mexique	35	5
Amérique du Sud	**31**	**6**
Brésil	30	6
Colombie	32	5
Asie	**30**	**6**
Chine	22	7
Inde	36	4
Indonésie	30	5
Japon	14	19
Pakistan	42	4
Océanie	**25**	**10**
Monde	**30**	**7**

PRÉSENTATION

En raison de l'allongement de la durée de vie, les retraités constituent actuellement la catégorie sociale la plus nombreuse : en 2004, parmi les personnes âgées de 15 ans ou plus, 3 sur 10 sont à la retraite contre 1 sur 6 en 1982.

Parmi les actifs, ce sont les employés et les ouvriers qui sont les plus nombreux : ils représentent respectivement 16,0 % et 14,1 % de l'effectif total. À l'inverse, la part des agriculteurs est la plus basse (1,4 %). Entre 2003 et 2004 le nombre d'agriculteurs diminue de 10 %, en particulier ceux des petites et moyennes exploitations. Cette baisse est plus sensible chez les hommes que chez les femmes (– 12,1 % contre – 5,9 %). Les agriculteurs sont aujourd'hui aussi nombreux que les chauffeurs (routiers, conducteurs d'autocar et taxis).

En 2004, 49,2 % des femmes de 15 ans ou plus sont actives contre 62,0 % des hommes. Les hommes et les femmes n'exercent pas les mêmes professions : près de la moitié des femmes actives sont employées, tandis que plus d'un tiers des hommes sont ouvriers. De fait, les métiers d'ouvriers sont occupés par des hommes dans 4 cas sur 5. Les métiers d'employés, si l'on excepte policiers et militaires, le sont par des femmes : celles-ci occupent 3 postes d'employés sur 4. La proportion de femmes parmi les professions intermédiaires est à peu près identique à celle des hommes mais les métiers exercés diffèrent : les hommes sont plutôt techniciens ou agents de maîtrise alors que les professions intermédiaires de la santé et du travail social restent des catégories plus féminines (76,1 %). De même, le secteur de l'éducation compte 67,7 % de femmes parmi les instituteurs. Les postes de cadres sont encore majoritairement occupés par des hommes (64,3 %) excepté les postes de professeurs et professions scientifiques, où la proportion de femmes prévaut légèrement. Parmi les chefs d'entreprise, on dénombre près de 6 fois plus d'hommes que de femmes [1] [2].

DÉFINITIONS

- **Enquête Emploi.** *Réalisée par l'Insee, depuis 1950, l'enquête Emploi est la source statistique qui permet de mesurer le chômage au sens du BIT. Elle fournit aussi des données sur les professions, l'activité des femmes ou des jeunes, la durée du travail, les emplois précaires. Elle permet de mieux cerner la situation des chômeurs et les changements de situation vis à vis du travail.*
  Depuis 2003, l'enquête Emploi est trimestrielle et sa collecte auprès d'un échantillon de ménages, est réalisée en continu sur toutes les semaines de chaque trimestre.
- **Nomenclature des professions et des catégories socioprofessionnelles (PCS).** *La nomenclature des professions et catégories socioprofessionnelles dite PCS a remplacé, en 1982, la CSP. Elle classe la population selon une synthèse de la profession (ou de l'ancienne profession), de la position hiérarchique et du statut (salarié ou non).*
  Elle comporte trois niveaux d'agrégation emboîtés :
  – les groupes socioprofessionnels (8 postes) ;
  – les catégories socioprofessionnelles (24 et 42 postes) ;
  – les professions (486 postes).
  Cette version (PCS-2003) est en vigueur depuis le 1er janvier 2003. Les premier et deuxième niveaux sont restés inchangés par rapport à la version en vigueur de 1982 à 2003.
  La rénovation de 2003 a donc porté uniquement sur le troisième niveau qui comprenait 455 postes dans la version 1982. Elle a permis de regrouper des professions dont la distinction était devenue obsolète, et d'en éclater d'autres afin de tenir compte de l'apparition de nouveaux métiers ou de nouvelles fonctions transversales aux différentes activités industrielles.Il existe une version de la nomenclature des professions plus détaillée à l'usage des entreprises, dite PCS-ESE-2003.

POUR EN SAVOIR PLUS

- « Familles professionnelles – Vingt ans de métiers – Portraits statistiques 1982-2002 », *Les dossiers de la Dares*, La Documentation française, n° 2-2004.
- « Avenir des métiers », *Commissariat général du plan*, La Documentation française, 2003.
- « Les métiers en région dans les années 90 : redistribution des emplois, migrations et vieillissement », *Premières synthèses*, Dares, n° 28.1, juillet 2003.
- « La carte des professions (1982-1999) », *Données sociales 2002-2003*, Insee.

SOURCES

[1] Enquêtes Emploi, Insee.

[2] « Femmes et Hommes – Regards sur la Parité », Insee, édition 2004.

Répartition de la population de 15 ans et plus selon la catégorie socioprofessionnelle* [1]

%

Catégorie socioprofessionnelle (PCS)	2003			2004			Part des femmes
	Hommes	Femmes	Total	Hommes	Femmes	Total	2004
Agriculteurs exploitants	**2,2**	**0,9**	**1,5**	**1,9**	**0,9**	**1,4**	**33,4**
Agriculteurs sur petite exploitation	0,9	0,5	0,7	0,7	0,4	0,6	39,5
Agriculteurs sur moyenne exploitation	0,5	0,2	0,4	0,4	0,2	0,3	37,2
Agriculteurs sur grande exploitation	0,7	0,2	0,5	0,7	0,2	0,5	22,9
Artisans, commerçants, chefs d'entreprises	**4,6**	**1,8**	**3,1**	**4,5**	**1,8**	**3,1**	**29,5**
Artisans	2,3	0,7	1,5	2,3	0,7	1,4	24,4
Commerçants et assimilés	1,7	1,0	1,3	1,7	1,0	1,3	38,9
Chefs d'entreprise de 10 salariés ou plus	0,6	0,1	0,3	0,6	0,1	0,3	12,9
Cadres, professions intellectuelles supérieures	**10,0**	**4,9**	**7,4**	**10,1**	**5,2**	**7,6**	**35,7**
Professions libérales	0,9	0,5	0,7	0,9	0,5	0,7	36,6
Cadres de la fonction publique	0,9	0,5	0,7	0,9	0,5	0,7	37,9
Professeurs, professions scientifiques	1,4	1,4	1,4	1,4	1,5	1,5	52,7
Profession de l'information, des arts et des spectacles	0,6	0,4	0,5	0,6	0,4	0,5	45,7
Cadres administratifs et commerciaux d'entreprise	2,7	1,4	2,1	2,6	1,6	2,1	40,4
Ingénieurs et cadres techniques d'entreprise	3,4	0,6	2,0	3,7	0,6	2,1	15,6
Professions intermédiaires	**13,3**	**11,1**	**12,2**	**13,4**	**11,4**	**12,4**	**47,9**
Professeurs des écoles, instituteurs et assimilés	1,2	2,2	1,7	1,1	2,2	1,7	67,7
Professions intermédiaires de la santé et du travail social	1,0	3,3	2,2	1,2	3,4	2,3	76,1
Clergé, religieux	n.s.	n.s.	n.s.	n.s.	n.s.	n.s.	5,6
Professions intermédiaires administratives de la fonction publique	1,0	1,1	1,0	0,9	1,0	0,9	53,2
Professions intermédiaires administratives et commerciales des entreprises	3,8	3,8	3,8	3,9	4,0	3,9	52,6
Techniciens	3,9	0,5	2,1	3,9	0,6	2,2	14,1
Contremaîtres, agents de maîtrise	2,4	0,3	1,3	2,3	0,2	1,2	9,5
Employés	**7,6**	**23,3**	**15,8**	**7,8**	**23,5**	**16,0**	**76,6**
Employés civils et agents de service de la fonction publique	2,1	7,1	4,7	2,3	7,0	4,7	76,8
Policiers et militaires	1,9	0,2	1,0	2,0	0,2	1,1	9,6
Employés administratifs d'entreprise	1,5	6,6	4,1	1,3	6,3	3,9	83,7
Employés de commerce	1,2	3,4	2,3	1,2	3,7	2,5	76,4
Personnels des services directs aux particuliers	0,9	6,0	3,6	1,0	6,4	3,8	87,6
Ouvriers (y compris agricoles)	**23,2**	**5,3**	**13,9**	**23,4**	**5,5**	**14,1**	**20,3**
Ouvriers qualifiés de type industriel	5,6	1,0	3,2	5,3	1,0	3,1	17,4
Ouvriers qualifiés de type artisanal	6,0	0,6	3,2	6,1	0,6	3,2	9,1
Chauffeurs	2,7	0,2	1,4	2,7	0,2	1,4	7,0
Ouvriers qualifiés de la manutention, du magasinage et du transport	2,0	0,2	1,1	2,0	0,3	1,1	12,7
Ouvriers non qualifiés de type industriel	3,7	1,9	2,8	3,9	1,8	2,8	33,7
Ouvriers non qualifiés de type artisanal	2,3	1,2	1,8	2,5	1,2	1,8	34,5
Ouvriers agricoles	0,9	0,3	0,6	0,9	0,4	0,7	32,0
Retraités	**25,7**	**32,4**	**29,2**	**26,4**	**33,8**	**30,3**	**58,1**
Anciens agriculteurs exploitants	2,0	2,5	2,3	2,0	2,4	2,2	57,0
Anciens artisans, commerçants, chefs d'entreprises	2,6	2,3	2,4	2,7	2,3	2,5	47,9
Anciens cadres	3,9	1,6	2,7	4,0	1,8	2,8	32,4
Anciennes professions intermédiaires	4,9	4,5	4,7	5,3	4,8	5,0	49,9
Anciens employés	2,7	14,4	8,8	2,7	15,2	9,2	85,9
Anciens ouvriers (y compris agricoles)	9,6	7,2	8,3	9,8	7,3	8,5	44,6
Autres sans activité professionnelle	**13,3**	**20,0**	**16,8**	**12,4**	**17,9**	**15,3**	**61,0**
Chômeurs n'ayant jamais travaillé	1,4	1,4	1,4	0,9	0,9	0,9	52,6
Élèves ou étudiants	9,4	9,2	9,3	10,2	9,9	10,0	51,4
Personnes diverses sans activité professionnelle de moins de 60 ans	2,4	5,3	3,9	1,2	3,2	2,2	74,7
Personnes diverses sans activité professionnelle de 60 ans et plus	0,2	4,0	2,2	0,2	3,9	2,1	95,5
Effectif total	**100,0**	**100,0**	**100,0**	**100,0**	**100,0**	**100,0**	**52,0**

* Résultats en moyenne annuelle en France métropolitaine.

PRÉSENTATION

En France, à côté d'avancées notables vers l'égalité, des disparités subsistent entre les hommes et les femmes.

Au 1er janvier 2005, la population française compte 31,7 millions de femmes et 30,7 millions d'hommes. Depuis les années 70, la présence des femmes sur le marché du travail ne cesse d'augmenter. Mais des inégalités face à l'emploi perdurent : chômage plus élevé que pour les hommes, salaires plus faibles, temps partiel plus fréquent et moindre accès aux postes d'encadrement et de direction. Les femmes sont quatre fois plus nombreuses que les hommes en situation de sous-emploi, c'est-à-dire à temps partiel et souhaitant travailler davantage.

Si les femmes sont de plus en plus actives, concilier emploi et famille reste pour elles plus contraignant en raison de l'inégale répartition des tâches domestiques et familiales. L'activité professionnelle de l'homme n'est que peu influencée par le nombre et l'âge des enfants, au contraire de celle des femmes qui vivent en couple. En 2003, le taux d'activité des mères en couple est de 80 % avec un enfant de moins de 3 ans, mais de 58 % avec 2 enfants dont 1 au moins de moins de 3 ans [5].

En terme de réussite scolaire, les filles dépassent les garçons dès le début des années 70. Depuis elles continuent leur progression : en 2003, 67,3 % des jeunes filles âgées de 25 à 34 ans possèdent un diplôme égal ou supérieur au baccalauréat contre 53 % des garçons du même âge [1].

Après plus de 50 ans d'exercice du droit de vote, les femmes restent minoritaires parmi les élus, bien qu'elles constituent 53 % de l'électorat en 2004. Leur présence sur la scène politique progresse cependant rapidement, en particulier sous l'effet de la *loi du 6 juin 2000 sur la parité en politique*. Ce sont les scrutins locaux et européens qui donnent le plus de place aux élues [5].

DÉFINITIONS

- ***Quelques dates dans l'histoire des femmes :***
- ***Vie publique.*** *1944 : les femmes obtiennent le droit de vote et l'éligibilité. 1946 : le préambule de la Constitution pose le principe de l'égalité des droits entre hommes et femmes. 2000 : loi du 6 juin sur la parité en politique.*
- ***Éducation.*** *1850 : la loi Falloux rend obligatoire la création d'une école de filles dans toute commune de plus de 800 habitants. 1919 : création du baccalauréat féminin. 1924 : équivalence entre les baccalauréats masculins et féminins.*
- ***Vie professionnelle.*** *1907 : les femmes mariées peuvent disposer librement de leur salaire. 1966 : la femme peut exercer une activité professionnelle sans l'autorisation de son mari. Interdiction de licencier une femme pendant 12 semaines après un accouchement. 1972 : principe de l'égalité de rémunération entre les femmes et les hommes pour les travaux de valeur égale. 1983 : loi Roudy sur l'égalité professionnelle entre hommes et femmes. 1992 : loi du 22 juillet créant le délit de harcèlement sexuel dans les relations de travail.*
- ***Vie personnelle et familiale.*** *1967 : loi Neuwirth autorisant la contraception, décrets d'application promulgués en 1971. 1970 : remplacement de l'autorité paternelle par « l'autorité parentale ». Les époux assurent ensemble la direction morale et matérielle de la famille. 1975 : loi Weil autorisant l'interruption volontaire de grossesse.*
- ***Loi du 6 juin 2000 sur la parité en politique.*** *Elle prévoit la parité alternée pour les élections à un tour comme les élections européennes et les sénatoriales à la proportionnelle, la parité par tranche de six pour les élections à 2 tours comme les municipales (dans les communes de 3 500 habitants et plus) et les régionales. Aux élections législatives, les partis doivent présenter 50 % de candidates sous peine de sanctions financières.*
  La loi du 30 juillet 2003 rétablit le scrutin majoritaire sans obligation de parité aux élections sénatoriales, dans les départements élisant 3 sénateurs ou moins.

POUR EN SAVOIR PLUS

- *Premières informations et premières synthèses*, Dares : « Les femmes dans les politiques d'emploi entre 1990 et 2002 », n° 10.1, mars 2005 ; « La difficile conciliation entre vie professionnelle et vie familiale », n° 50.3, décembre 2004.
- « L'égalité entre hommes et femmes dans le tourbillon des temps sociaux », *Bref*, Céreq, n° 212, octobre 2004.
- « Comment se répartit le temps des européens », *Communiqué de presse*, Eurostat, n° 93/2004, 27 juillet 2004.

SOURCES

[1] *Femmes et hommes – Regards sur la parité*, Insee (www.insee.fr).

[2] « La charge de travail professionnel et domestique des femmes : cinquante années d'évolution », *Données sociales 2003*, Insee.

[3] *L'égalité entre les femmes et les hommes – Chiffres clés 2004*, ministère de la Cohésion sociale et de la Parité.

[4] *2005 Women of our world*, PRB (www.prb.org).

[5] *Insee Première* : « Enquête sur l'emploi 2004 : Le chômage augmente légèrement malgré la reprise de l'emploi », n° 1009, mars 2005 ; « La parité à pas comptés », n° 1006, mars 2005.

Diplôme le plus élevé obtenu selon le sexe et l'âge en 2003* [1] %

	25 à 34 ans		35 à 44 ans		45 à 54 ans	
	Femmes	Hommes	Femmes	Hommes	Femmes	Hommes
Aucun diplôme ou CEP	11,0	16,4	19,4	22,5	31,3	28,7
BEPC seul	4,2	4,4	8,9	6,0	9,8	7,2
CAP, BEP ou équivalent	17,4	26,3	30,6	38,6	24,2	34,2
Bac ou brevet professionnel	22,1	19,9	16,0	11,1	14,6	10,9
Baccalauréat + 2 ans	21,8	15,6	13,8	10,1	11,1	7,1
Diplôme supérieur	23,4	17,4	11,3	11,7	9,0	12,0
Total	**100,0**	**100,0**	**100,0**	**100,0**	**100,0**	**100,0**
% de bacheliers ou plus	*67,3*	*53,0*	*41,1*	*33,0*	*34,7*	*30,0*

* France métropolitaine.

Activité et emploi selon le nombre d'enfants du couple en 2003* [5] %

	Taux d'activité		Temps complet		Temps partiel	
	Femmes	Hommes	Femmes	Hommes	Femmes	Hommes
Sans enfant	74,0	86,1	51,2	76,9	16,2	3,7
1 enfant de moins de 3 ans	80,2	97,1	57,0	90,1	13,5	1,8
2 enfants dont au moins 1 de moins de 3 ans	58,3	96,7	27,6	88,0	24,1	3,1
3 enfants ou plus dont au moins 1 de moins de 3 ans	36,3	95,6	12,7	83,5	17,9	3,7
1 enfant âgé de 3 ans ou plus	79,9	92,4	52,2	83,9	21,2	3,6
2 enfants âgés de 3 ans ou plus	83,5	96,1	48,4	90,0	28,8	2,4
3 enfants ou plus âgés de 3 ans ou plus	68,1	94,8	31,0	86,0	28,9	2,4
Ensemble des couples	**75,1**	**92,2**	**46,5**	**84,0**	**21,8**	**3,1**

* Données en moyenne annuelle pour les personnes âgées de 15 à 59 ans vivant en couple en France métropolitaine.

Charges de travail des hommes et des femmes vivant en couple* [2] heures par jour

	1966	1974	1986	1998
Travail total des hommes	**9,3**	**8,5**	**8,2**	**8,3**
Travail professionnel	7,6	6,7	6,1	6,2
Travail domestique	1,7	1,8	2,1	2,1
dont : cuisine, linge, ménage	*0,4*	*0,5*	*0,6*	*0,6*
Travail total des femmes	**9,6**	**9,2**	**8,6**	**8,4**
Travail professionnel	2,3	3,1	3,4	3,7
Travail domestique	7,3	6,1	5,2	4,7
dont : cuisine, linge, ménage	*4,3*	*3,7*	*3,2*	*2,8*
Part des femmes dans le travail des couples (%)				
Travail professionnel	23	32	36	38
Travail domestique	81	77	71	69
dont : cuisine, linge, ménage	*92*	*89*	*84*	*83*
Travail total	**51**	**52**	**51**	**50**

* Couples habitant en zone urbaine (femmes âgées de moins de 47 ans et hommes de moins de 50 ans). France métropolitaine.

Participation des femmes à la vie politique en 2004 [3] [5]

Part des femmes au sein des différentes populations en %

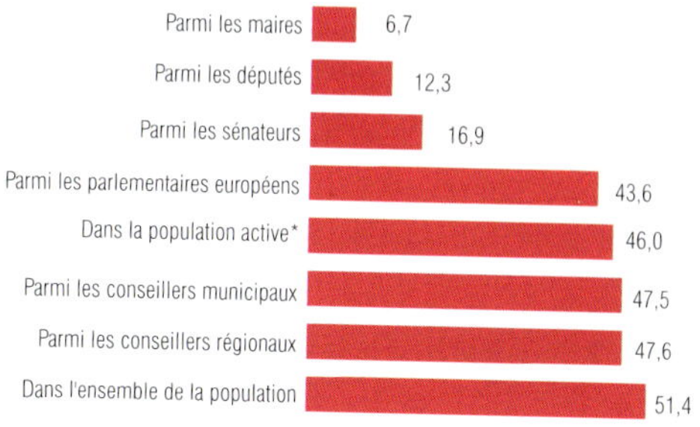

* France métropolitaine.

Proportion de femmes élues au Parlement dans le monde [4] %

Pays	1995	2004	Pays	1995	2004	Pays	1995	2004
Suède	40	45	Lituanie	7	21	Vietnam	19	27
Finlande	34	38	Slovaquie	15	19	Mexique	14	23
Danemark	33	38	République tchèque	10	17	Tunisie	7	23
Pays-Bas	31	37	Grèce	6	14	Canada	18	21
Espagne	16	36	Italie	15	12	Chine	21	20
Belgique	12	35	Slovénie	14	12	Corée du Nord	20	20
Autriche	24	34	**France**	**6**	**12**	Sénégal	12	19
Allemagne	26	32	Chypre	4	11	États-Unis	11	14
Suisse	18	25	Russie	13	10	Corée du Sud	2	13
Lettonie	15	21	Hongrie	11	10	Cameroun	12	9
Luxembourg	20	20	Malte	2	9	Brésil	7	9
Pologne	13	20	**Europe**	**15**	**20**	Inde	8	8
Estonie	13	19	Rwanda	4	49	Algérie	7	6
Portugal	9	19	Cuba	23	36	Madagascar	4	4
Royaume-Uni	10	18	Argentine	22	34	Turquie	2	4
Irlande	13	13	Afrique du Sud	25	33	**Monde**	**12**	**16**

SOCIÉTÉ MODES DE VIE

Consommation

Logement

Enseignement

Santé

Justice

4 consommation

PRÉSENTATION

En 2004, la *dépense de consommation des ménages* augmente de 2,0 % en volume, après 1,4 % en 2003. Avec une hausse des *prix* de + 1,8 %, la croissance en valeur atteint 3,8 % en 2004 contre 2,8 % en 2003. La consommation des ménages reste ainsi le principal moteur de la croissance. Sa contribution à l'évolution du PIB s'élève à 1,1 %. La plus grande partie du budget des ménages reste consacrée au logement (24,5 %), aux dépenses alimentaires (14,4 % hors alcool et tabac) et aux transports (14,9 %) [2] [3].

En 2004, l'accélération de la dépense de consommation des ménages trouve son origine dans la reprise d'achats d'automobile et dans la vive croissance des achats des produits des TIC, des services de transports et des services financiers. Les biens durables importants dynamisent la demande, leur consommation augmente de + 7,1 % en volume. L'attrait des ménages pour les produits des *TIC* se poursuit. Après 2 années de baisse sensible, les achats de véhicules renouent avec la croissance (+ 3,0 %).

La consommation alimentaire (hors boissons alcoolisées et tabac) progresse légèrement en volume en 2004 (+ 0,9 %). Après une légère hausse en 2003, la consommation de viande reste relativement stable mais avec une baisse marquée pour la volaille. Celle des fruits et légumes augmente de manière soutenue, favorisée par une baisse des prix, importante sur les légumes et plus modérée sur les fruits. La consommation d'éclairage et de chauffage augmente (+ 3,7 %). En revanche, les ventes de tabac sont, pour la seconde année consécutive, en forte baisse (– 18,2 %), suite à une nouvelle augmentation du prix du tabac (+ 24,5 %).

Dans l'Union européenne, la consommation de produits alimentaires des Espagnols, des Français et des Chypriotes est d'un niveau élevé. Les Européens consacrent en moyenne 18 % de leur consommation effective au logement et 11 % aux transports. Les Anglais sont ceux qui achètent le plus de voitures et autres moyens de transports personnels. Les Français sont les plus gros consommateurs de services de santé. Ils y consacrent deux fois plus de leur budget que les Espagnols [3].

DÉFINITIONS

- **Comptes nationaux base 2000.** *Voir 11.1.*
- **Consommation finale des ménages.** *Ensemble de la consommation des ménages. C'est la somme de la dépense de consommation des ménages et des consommations individualisables incluses dans la dépense de consommation finale des Administrations.*
- **Dépense de consommation des ménages.** *Elle se limite aux dépenses que les ménages supportent directement. Elle comprend la part des dépenses de santé, d'éducation, de logement, restant à leur charge, après remboursements éventuels. On y inclut aussi les loyers imputés, que les ménages propriétaires de leur résidence principale se versent implicitement à eux-mêmes.*
- **Coefficient budgétaire.** *Rapport de la dépense consacrée à un bien ou service particulier (ou à une catégorie de biens ou services) à la dépense totale.*
- **Prix.** *Voir 11.4.*
- **Revenu disponible des ménages au sens de la Comptabilité nationale.** *Comprend les revenus d'activité, les revenus du patrimoine, les transferts en provenance d'autres ménages et les prestations sociales (y compris les pensions de retraite et les indemnités de chômage), nets des impôts directs. Quatre impôts directs sont généralement pris en compte : l'impôt sur le revenu, la taxe d'habitation et les contributions sociales généralisées (CSG) et la contribution à la réduction de la dette sociale (CRDS).*
- **Technologies de l'information et de la communication (TIC).** *Voir 4.3.*

POUR EN SAVOIR PLUS

- *Insee Première :* « Les comptes de la Nation en 2004 : Une reprise tirée par la demande », n° 1017, mai 2005 ; « Boissons alcoolisées : 40 ans de baisse de consommation », n° 966, mai 2004.
- « Le consommateur européen dans l'Union élargie », *Statistiques en bref*, Population et conditions sociales, Eurostat, 02/2005.

SOURCES

[1] Division Synthèse des biens et services, Insee.

[2] « La consommation des ménages en 2004 », *Insee Première*, n° 1033, juillet 2005.

[3] « L'économie française, édition 2005-2006 », *Insee Références*, juin 2005.

Consommation des ménages en 2004 [2]

	Consommation milliards d'€	Variation annuelle en volume %			Poids dans la dépense de consommation %	
	2004	2002	2003	2004	1994	2004
Alimentation et boissons non alcoolisées	**129,8**	**1,1**	**1,0**	**0,9**	**15,1**	**14,4**
Produits alimentaires	120,2	1,0	0,5	1,1	14,1	13,3
dont : Pains et céréales	*17,8*	*0,4*	*0,5*	*– 0,3*	*2,1*	*2,0*
Viandes	*34,8*	*1,5*	*0,6*	*– 0,1*	*4,2*	*3,9*
Poissons et crustacés	*10,1*	*0,0*	*1,2*	*2,6*	*1,1*	*1,1*
Lait, fromages et oeufs	*18,2*	*1,5*	*1,2*	*0,7*	*2,2*	*2,0*
Fruits et légumes	*21,3*	*0,9*	*– 1,6*	*3,5*	*2,5*	*2,4*
Boissons non alcoolisées	9,6	2,2	6,6	– 2,3	1,0	1,1
Boissons alcoolisées et tabac	**29,9**	**– 0,8**	**– 7,4**	**– 10,0**	**3,3**	**3,3**
Boissons alcoolisées	14,3	2,2	– 1,1	– 1,1	1,7	1,6
Tabac	15,6	– 3,5	– 13,2	– 18,2	1,6	1,7
Articles d'habillement et chaussures	**45,2**	**3,0**	**1,2**	**1,3**	**6,1**	**5,0**
Logement, eau, gaz, électricité*	**220,3**	**1,6**	**3,1**	**2,7**	**22,7**	**24,5**
dont : Location de logement	*161,4*	*2,6*	*2,7*	*2,7*	*16,3*	*17,9*
*Électricité, gaz**	*33,6*	*– 3,5*	*6,0*	*3,7*	*3,8*	*3,7*
Meubles, articles de ménage et entretien	**52,7**	**2,4**	**– 1,4**	**1,5**	**6,2**	**5,9**
Santé	**30,2**	**4,2**	**3,5**	**2,3**	**3,3**	**3,4**
Transport	**134,2**	**0,7**	**– 1,2**	**1,7**	**14,9**	**14,9**
dont : Achats de véhicules	*36,7*	*– 1,7*	*– 4,9*	*3,0*	*4,7*	*4,1*
Services de transports	*18,0*	*2,5*	*– 0,8*	*5,2*	*1,7*	*2,0*
Communications	**24,6**	**13,6**	**5,6**	**5,5**	**1,9**	**2,7**
Loisirs et culture	**85,0**	**6,3**	**3,7**	**4,8**	**8,6**	**9,4**
Éducation	**6,2**	**2,9**	**3,2**	**3,0**	**0,6**	**0,7**
Hôtels, cafés et restaurants	**56,0**	**0,7**	**– 0,6**	**– 0,8**	**5,9**	**6,2**
Autres biens et services	**97,4**	**1,4**	**1,7**	**2,8**	**12,5**	**10,8**
dont : Soins personnels	*21,6*	*1,9*	*0,8*	*– 1,4*	*2,2*	*2,4*
Assurances	*32,4*	*4,0*	*8,8*	*6,4*	*3,1*	*3,6*
Solde territorial	**– 10,3**	**– 1,1**	**– 15,7**	**– 12,9**	**– 1,2**	**– 1,1**
Dépense de consommation des ménages	**901,2**	**2,2**	**1,4**	**2,0**	**100,0**	**100,0**
Dépense de consommation des ISBLSM **	23,1	5,1	– 2,2	1,9		
Dépense de consommation des APU***	255,5	4,3	2,9	2,2		
dont : Santé	*114,2*	*3,6*	*4,0*	*3,0*		
Éducation	*79,4*	*– 0,4*	*0,0*	*0,9*		
Consommation effective des ménages	**1 179,8**	**2,7**	**1,7**	**2,0**		

* Y compris les autres combustibles. ** Institutions sans but lucratif au service des ménages. *** Administrations publiques en biens et services individualisables.

Quantités moyennes consommées pour quelques produits [1]

par personne	1970	1990	2003
Pain (kg)	80,57	61,69	54,11
Pommes de terre (kg)	95,57	60,77	69,01
Légumes frais* (kg)	70,44	86,00	86,32
Boeuf (kg)	15,62	17,11	14,66
Volailles (kg)	14,20	21,66	21,44
Oeufs (kg)	11,53	13,98	14,27
Poissons, coquillages, crustacés (kg)**	9,93	14,36	13,00
Lait frais (litre)	95,24	66,36	60,23
Fromage (kg)	13,81	16,65	17,77
Yaourts (kg)	8,56	15,87	21,36
Huile alimentaire (kg)	8,08	11,07	9,75
Sucre (kg)	20,41	9,76	6,86
Vins courants (litre)	95,57	44,74	32,23
Vins A.O.C. (litre)	8,03	22,87	24,21
Bière (litre)	41,43	38,61	30,97
Eaux minérales et de source (litre)	39,90	89,97	160,53

* Y compris fruits et assaisonnement. ** Frais et surgelés.

Évolution de la dépense des ménages et du pouvoir d'achat [1]

variation par rapport à l'année précédente (%)

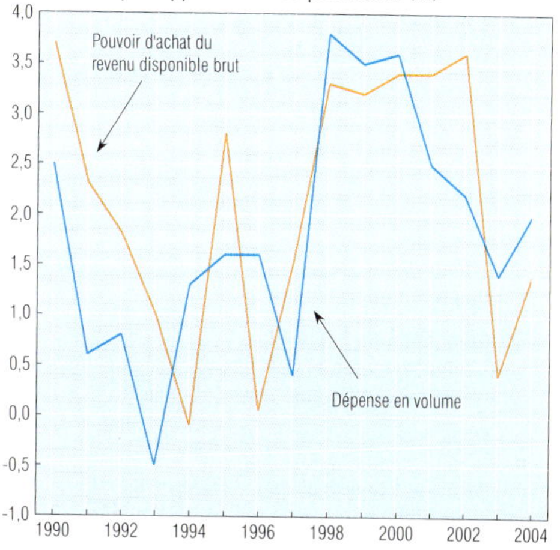

4 consommation

PRÉSENTATION

En 2004, les *ménages* français consacrent 6,3 % de leur dépenses de consommation à leur équipement en biens durables. Les biens durables importants ont dynamisé la demande sous l'impulsion des ventes d'automobile et du matériel informatique et audiovisuel [6].

Depuis quelques décennies, les ménages français se sont rapidement équipés en éléctro-ménager et en biens liés à la communication : en 2004, ils disposent presque tous d'un lave-linge, d'un réfrigérateur, d'un téléviseur et d'un téléphone. La diffusion du four à micro-ondes a été multipliée par 4 depuis les années 90 : il est présent chez 74,3 % des foyers en 2004 contre 19 % en 1990. En revanche, l'équipement en lave-vaiselle progresse plus lentement : 30 % en 1990, 35 % en 1996 et 44 % en 2003.

La télévision couleur est présente dans la quasi-totalité des foyers (95 %) et c'est désormais le *multi-équipement* qui se développe : un tiers des ménages possèdent plusieurs téléviseurs couleur contre un quart en 1996. La culture de l'image passe également par l'enregistrement : en 2004, 71 % des ménages possèdent un magnétoscope et l'achat de lecteurs *DVD* progresse rapidement : près d'un foyer sur trois en est équipé [4] [5].

En 2003, quatre ménages sur cinq disposent d'au moins une voiture. La proportion de ménages équipés progresse, notamment en ce qui concerne le multi-équipement : 27 % des ménages ont deux voitures et plus de 5 % ont 3 voitures ou plus, contre respectivement 15 % et 2 % au début des années 80. La proportion de véhicules Diesel augmente : ils représentent 45,5 % du parc début 2005 contre 4 % en 1980 [2].

L'équipement des ménages européens en biens durables présente des disparités selon les pays : les pays méditerranéens sont moins équipés, en four à micro-onde et en lave-vaisselle. Dans leur ensemble, les ménages européens possèdent plus de matériel de vidéo-téléphonie que d'équipement électro-ménager [3].

DÉFINITIONS

- **Consommation des ménages.** *Voir 4.1.*
- **DVD.** *De l'anglais, Digital Vidéo Disc. Disque optique numérique de grande capacité.*
- **Ménages.** *Un ménage, au sens statistique, est défini comme l'ensemble des occupants d'une résidence principale, qu'ils aient ou non des liens de parenté. Un ménage peut ne comprendre qu'une seule personne.*
  Remarque : Ne font pas partie des ménages les personnes vivant dans des habitations mobiles (y compris les mariniers et les sans-abri), ni la population des communautés (foyers de travailleurs, maisons de retraite, résidences universitaires, maisons de détention...).
- **Multi-équipement.** *Possession de deux appareils de même nature, ou plus (soit dans la résidence principale, soit dans la résidence secondaire).*

POUR EN SAVOIR PLUS

- *Statistiques en bref*, thème 4, Eurostat : « Statistiques sur les DVD et les vidéos », n° 34/2003 ; « Le marché européen de la télévision », n° 24/2002.

SOURCES

[1] Division Conditions de vie des ménages, Insee.

[2] Comité des constructeurs français d'automobiles (www.ccfa.fr).

[3] Panel communautaire des ménages, Eurostat.

[4] « La consommation des ménages en 2004 », *Insee Première*, n° 1033, juillet 2005.

[5] « Les Baromètres Multimédia – Médiamétrie – 4ème trimestre 2004 » (www.mediametrie.fr).

[6] « L'économie française », *Insee Références*, juin 2005.

Évolution de la consommation de biens durables [4]

variation annuelle en volume %

	2002	2003	2004	Poids dans la dépense de consommation en 2004 %
Automobile	– 2,1	– 5,5	2,7	3,8
dont : Automobiles neuves	*– 4,7*	*– 7,8*	*3,5*	*2,6*
Automobiles d'occasion	*4,8*	*0,0*	*1,2*	*1,2*
Téléviseurs	12,1	10,5	27,7	0,3
Réfrigérateurs, congélateurs	5,8	11,6	– 0,4	0,2
Lave-linge	3,8	2,6	5,5	0,2
Meubles	2,2	– 5,4	2,0	1,3
Autres biens durables*	10,0	11,2	14,6	2,6
Ensemble des biens durables	**2,8**	**0,5**	**7,1**	**8,2**

* Matériel téléphonique, magnétoscopes, lave-vaisselle, appareils de cuisson, caravanes, cycles et motocycles...

Équipement des ménages* en biens durables selon l'âge de la personne de référence en 2004 [1]

%

Type d'équipement	15-25 ans	25-39 ans	40-59 ans	60 ans ou plus	Ensemble
Réfrigérateur avec ou sans congélateur	88,7	98,9	99,3	99,7	**98,9**
Congélateur avec ou sans réfrigérateur	39,6	78,0	86,2	79,9	**80,1**
Four à micro-ondes	71,4	84,0	81,5	59,1	**74,3**
Lave-linge	45,5	92,3	96,0	93,6	**92,2**
Téléviseur couleur	87,3	92,3	94,8	97,6	**94,8**
Magnétoscope	47,0	77,3	81,1	56,5	**70,6**
Minitel	0,0	5,8	18,1	12,7	**12,5**
Téléphone fixe	37,0	77,2	90,2	95,5	**86,5**
Téléphone portable	94,3	87,6	80,9	39,9	**69,6**
Micro-ordinateur non portable	41,9	53,3	56,8	14,6	**41,4**
Micro-ordinateur portable	15,5	11,4	9,2	2,5	**7,8**
Micro-ordinateur (ensemble)	54,2	59,3	59,7	16,2	**45,0**
Internet	29,2	39,8	42,1	9,8	**30,3**
Voiture	57,3	87,7	89,1	68,8	**80,7**

* Ensemble des ménages en France métropolitaine.

Équipement automobile des ménages [2]

%

	1980	1990	2003
Ménages motorisés	70,8	76,8	79,7
dont :			
Monomotorisés	*54,3*	*50,5*	*47,5*
Bimotorisés	*14,8*	*23,0*	*27,0*
Trimotorisés et plus	*1,7*	*3,3*	*5,2*
Ménages non motorisés	29,2	23,2	20,3

Taux d'équipement des ménages en biens durables en janvier 2004 [1]

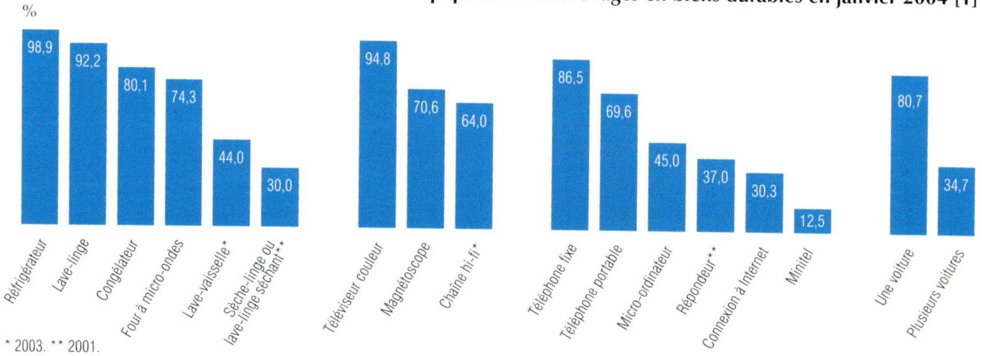

* 2003. ** 2001.

4 consommation

PRÉSENTATION

En 2004, les biens et services des *technologies de l'information et de la communication* sont comme les années précédentes les moteurs de la demande des ménages. La croissance de leurs achats s'accélère : + 12,2 % en volume contre + 9,9 % en 2003. Cette progression est notamment due à l'engouement des ménages pour la nouvelle génération de téléviseur (LCD et plasma). Les biens et services des TIC pèsent pour 3,3 % dans la dépense des ménages [4].

Début 2004, 45 % des foyers disposent d'un micro-ordinateur à leur domicile. Les ménages les plus aisés, les plus diplômés et surtout les couples avec enfants sont les mieux équipés. Le multi-équipement et les achats de micro-ordinateurs portables se développent : ainsi 8 % des foyers disposent d'un portable et un foyer sur 10 possède à la fois un poste fixe et un portable.

La diffusion d'Internet s'est intensifiée au cours des cinq dernières années : plus de 30 % des ménages accèdent à Internet en 2004, soit cinq fois plus qu'en 1999. Près de 24 millions de Français, soit 46,3 % des personnes de 11 ans et plus, sont des *internautes* fin 2004. Les ménages sont également de plus en plus nombreux à se connecter à *Internet* en même temps ou dans les mois qui suivent l'achat du micro-ordinateur. Ainsi près des trois quarts des ménages ayant acheté un micro-ordinateur en 2003 ont accès à Internet en 2004. L'Internet à *haut débit* (câble et *ADSL*) poursuit son expansion : 4,9 millions de foyers français y ont accès. En 2004, 10,6 millions d'internautes sont des cyberacheteurs : plus d'un français sur 6 achète en ligne. Dans le monde on compte aujourd'hui plus de 700 millions d'internautes.

Au 31 décembre 2004, 44,5 millions de Français disposent d'un téléphone portable (soit + 6,9 % en un an). Le *taux de pénétration* atteint 72 % à cette date. Plus de 10 Mds de *SMS* sont échangés en 2004.

L'importance du minitel dans la vie quotidienne des Français poursuit son déclin. Le taux d'équipement des ménages entre 50 et 69 ans reste supérieur à la moyenne [2] [3] [6] [7].

DÉFINITIONS

- ***Accès à un ordinateur domestique.*** *Toute personne appartenant à un ménage équipé d'un ordinateur est considérée comme ayant accès à un micro-ordinateur.*
- ***Internet.*** *Réseau télématique, issu du réseau militaire américain. Les services offerts comprennent la consultation d'informations (sites Web), la messagerie électronique, les forums, le commerce électronique, etc.*
  - ***Haut débit*** *: l'Internet à haut débit permet un accès plus rapide et plus performant.*
  - ***ADSL*** *(Assymetric Digital Subscriber Line) : Internet à haut débit permanent et illimité.*
- ***Internaute.*** *Individu accédant à Internet quel que soit le lieu de connexion (domicile, travail, écoles, cybercafés, bibliothèques, ...). Médiamétrie distingue trois types d'internautes :*
  - *Les occasionnels : une fois par mois ou moins souvent ;*
  - *Les réguliers : plus d'une fois par mois ;*
  - *Les assidus : tous les jours ou presque.*
- ***SMS. (Short Messages Services).*** *Messages courts.*
- ***Taux de pénétration du téléphone mobile ou d'Internet.*** *Rapport du nombre d'abonnés à un service de téléphonie mobile ou d'utilisation d'Internet à la population du pays.*
- ***Technologies de l'information et de la communication (TIC).*** *Les secteurs liés aux TIC sont, selon l'OCDE :*
  - *les secteurs producteurs de TIC (fabrication d'ordinateurs et matériel informatique, de TV, radios et téléphones, d'appareils d'instrumentation et de mesure, de connectique) ;*
  - *les secteurs distributeurs de TIC (commerce de gros de matériel informatique, y compris les importateurs).*
  - *les secteurs des services de TIC (services des télécommunications, les services informatiques y compris la location de matériel informatique et les services audiovisuels).*

POUR EN SAVOIR PLUS

- « Engouement des Français pour l'internet rapide mais encore des réserves sur l'achat en ligne », *Le 4 pages*, Sessi, n° 192, août 2004.
- *Statistiques en bref,* Industrie, Commerce et Services, Eurostat : « Utilisation d'Internet par les individus et les entreprises en 2004 », n° 18/2005 ; « Les télécommunications en Europe », n° 8/2005.
- « La consommation des ménages en 2004 », *Insee Première*, n° 1033, juillet 2005.

SOURCES

[1] Enquête permanente sur les conditions de vie, Insee.

[2] « L'année internet », édition 2004, médiamat-médiamétrie (www.médiamétrie.fr).

[3] « Tableau de bord du commerce électronique », avril 2005, Sessi (www.men.minefi.gouv.fr).

[4] Division Synthèse des biens et services, Insee.

[5] International Telecommunication Union, mai 2005. (www.itu.int).

[6] « Un ménage sur deux possède un micro-ordinateur, un sur trois a accès à internet », *Insee Première*, n° 1011, mars 2005.

[7] « Le marché des services de télécommunications en France au 4ème trimestre 2004 », *Observatoire des marchés*, ART-Télécom (www.art-telecom.fr).

[8] Eurostat (epp.eurostat.cec.eu.int).

Équipement des ménages en multimédia selon la catégorie socioprofessionnelle* en octobre 2004 [1]

% des ménages

	Téléviseur couleur	Magnétoscope	Minitel	Téléphone fixe	Téléphone portable	Micro-ordinateur**	Connexion à Internet
Agriculteurs exploitants	96,0	75,4	28,1	97,5	73,1	59,7	47,8
Artisans, commerçants, chefs d'entreprise	94,5	77,1	19,3	90,0	80,8	58,2	37,7
Cadres et professions intellectuelles sup.	92,1	79,3	22,5	94,4	86,3	80,4	66,9
Professions intermédiaires	91,4	78,1	16,0	87,5	86,3	68,9	50,5
Employés	93,7	74,1	7,7	77,5	81,8	49,8	31,1
Ouvriers (y c. ouvriers agricoles)	96,6	78,2	4,3	75,9	78,2	41,4	21,6
Retraités	97,6	59,1	13,3	95,8	42,6	18,4	11,4
Autres inactifs	79,5	38,0	0,0	38,1	86,4	52,1	26,7
Ensemble	**94,8**	**70,6**	**12,5**	**86,5**	**69,6**	**45,0**	**30,3**

* En France métropolitaine. ** Portable ou non.

Utilisation des technologies de l'information dans l'UE en 2003 [8]

pour 100 habitants

	Micro-ordinateurs*	Serveurs Internet*	Internautes	Abonnés au téléphone mobile
Allemagne	43,5	3,1	47	79
Autriche	**33,5	4,6	46	88
Belgique	24,2	3,3	33	84
Chypre	...	...	34	77
Danemark	57,7	15,6	51	89
Espagne	**16,8	1,5	24	90
Estonie	...	...	33	77
Finlande	**42,4	23,5	51	91
France	**34,7**	**2,3**	**37**	**70**
Grèce	**8,1	1,5	15	82
Hongrie	...	...	23	78
Italie	**19,5	1,2	34	96
Irlande	**39,1	3,5	31	86
Lettonie	...	...	41	52
Lituanie	...	...	21	62
Luxembourg	**51,7	**3,2	38	120
Malte	...	...	30	73
Pays-Bas	**42,8	19,5	52	77
Pologne	...	...	23	46
Portugal	**11,7	1,6	19	90
République tchèque	...	...	27	95
Royaume-Uni	**36,6	4,9	42	83
Slovénie	...	...	38	84
Slovaquie	...	...	26	68
Suède	**56,1	9,5	57	98
Union européenne	****31,0**	**4,1**	**36**	**80**

* 2002. ** 2001.

Équipement des Français en téléphones portables [3]

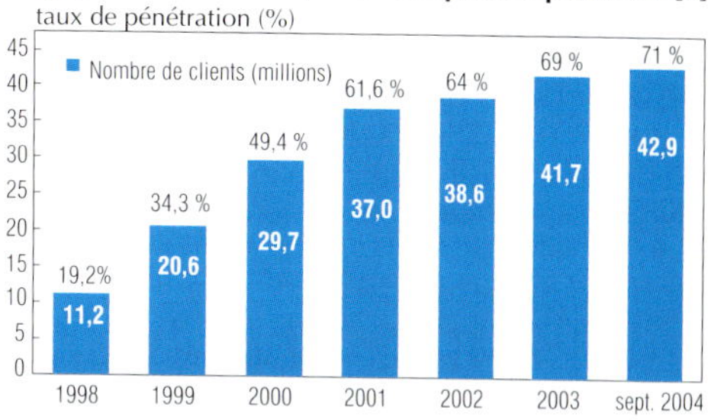

Taux d'accès à un ordinateur au domicile selon l'âge de l'individu [1]

%

	2000	2001	2002	janv- 04
0 à 9 ans	41	47	53	63
10 à 19 ans	52	58	64	74
20 à 29 ans	40	49	54	64
30 à 39 ans	39	47	54	63
40 à 49 ans	47	51	57	67
50 à 59 ans	29	37	43	54
60 à 69 ans	14	18	20	28
70 à 79 ans	4	7	7	11
80 ans et plus	3	5	6	7
Ensemble	**35**	**40**	**45**	**55**

Consommation des produits des TIC* [4]

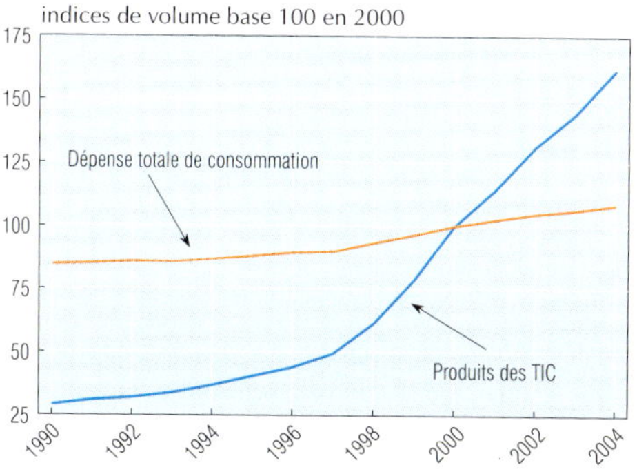

* Comptes nationaux base 2000.

Internet et téléphone mobile dans le monde en 2003 [5]

	Nombre d'utilisateurs (millions)		Taux de pénétration* %	
	Internet	Téléphone mobile	Internet	Téléphone mobile
Afrique	13	51	1,6	6,2
Asie	250	570	6,9	15,7
dont : Chine	*80*	*270*	*6,3*	*21,5*
Japon	*62*	*87*	*48,3*	*67,9*
Amérique	224	295	26,4	34,7
dont : États-Unis	*162*	*159*	*55,6*	*54,6*
Europe	193	471	24,2	59,2
dont : Allemagne	*39*	*65*	*47,3*	*78,5*
Espagne	*98*	*38*	*23,9*	*91,6*
France	***22***	***42***	***36,6***	***69,6***
Italie	*19*	*56*	*33,7*	*101,8*
Royaume-Uni	***25*	*53*	*42,3*	*91,2*
Océanie	14	17	43,0	54,5
dont : Australie	*11*	*14*	*56,7*	*72,0*
Monde	**693**	**1 405**	**11,3**	**22,9**

* Pour 100 habitants. ** 2002.

4 consommation

PRÉSENTATION

En 2004, près de 65 % des Français sont partis en vacances au moins une fois, toutes destinations confondues. Lors de leurs *voyages* personnels, les Français privilégient l'hébergement chez des parents ou des amis (48,5 % des séjours l'*été* et 63,3 % l'*hiver*). La voiture reste le principal mode de déplacement : elle est utilisée pour trois voyages sur quatre. En 2004, les Français sont partis plus souvent mais moins longtemps [1] [5].

En 2003, 34 millions de Français âgés de 15 ans à 75 ans (dont 47 % de femmes) se déclarent sportifs : 25 millions font du sport au moins une fois par semaine et plus de la moitié des 15 millions d'adhérents aux clubs et associations sportifs participe à des compétitions. Les activités favorites sont la marche, la natation et le vélo. Les femmes sont moins nombreuses que les hommes à détenir une licence sportive. Avec plus de 2 millions de licenciés, le football reste la fédération olympique regroupant le plus de licenciés [4].

En 2004, 43 % des Français âgés de 15 ans et plus sont adhérents d'une association. L'engagement associatif le plus fréquent concerne le sport (18 %) et le troisième âge (15 %). L'implication diffère selon l'âge : 51 % des personnes âgées de 60 à 69 ans sont membres d'une association contre 40 % parmi les plus jeunes. L'adhésion demeure plus masculine que féminine [5].

Les Français aiment le jeu : en 2003, ils ont dépensé à la « Française des jeux » 7,8 Mds d'€ soit 130 euros par habitant. En 25 ans, ils ont doublé leur mise mais restent en dessous de la moyenne de l'Union européenne : ainsi les dépenses nettes des ménages consacrées au jeux sont plus importantes en Slovanie, Espagne, Grèce, Portugal et Royaume-Uni [2] [3].

DÉFINITIONS

- ***Durée moyenne de séjour (hôtellerie, hôtellerie de plein air).*** *Rapport du nombre de nuitées au nombre d'arrivées de clients hébergés.*
- ***Français.*** *Dans la plupart des enquêtes de consommation, on appelle « Français », par un abus de langage commode, les personnes, même étrangères, qui vivent en France dans des ménages ordinaires. La population comptée à part, vivant en collectivité (casernes, hospices, couvents, etc.), n'est pas saisie dans ces enquêtes.*
- ***Taux de départ.*** *Il mesure la part, dans chaque catégorie de population, des individus qui ont effectué au moins un séjour du type considéré.*
- ***Vacances.*** *Dans l'enquête permanente sur les conditions de vie des ménages de l'Insee, on appelle « vacances » les voyages d'agrément d'au moins 4 nuits hors du domicile. Sont exclus les déplacements professionnels, les voyages d'études, les séjours motivés par la maladie ou le décès d'un proche, les séjours dans des établissements de santé et les courts séjours d'agrément.*
- ***Vacances d'été.*** *Par convention, la période d'été d'une année donnée dure cinq mois : d'avril à septembre de l'année considérée.*
- ***Vacances d'hiver.*** *Sont considérés comme séjours d'hiver d'une année donnée, ceux qui commencent entre octobre de l'année précédente et avril de l'année donnée.*
- ***Voyage.*** *Dans l'enquête Direction du Tourisme/Sofres sur le Suivi des Déplacements Touristiques des Français (SDT), le voyage est défini comme tout départ du domicile, avec retour à celui-ci et au moins une nuit passée en dehors. Les déplacements professionnels ne sont pas retenus dans cette étude. Les voyages se décomposent en « séjours » définis par le fait d'avoir passé au moins une nuit en lieu fixe. La durée des séjours est comptabilisée en nuitées.*

POUR EN SAVOIR PLUS

- « Plus de vacanciers et plus de séjours », *Statistiques en bref*, thème 4, Eurostat, n° 29/2003.
- « Les vacances des Français », *Insee Résultats*, série « société », n° 4, mai 2002.
- *Insee Première* : « Pratique sportive et activités culturelles vont souvent de pair », n° 1008, mars 2005 ; « La vie associative en 2002 : 12 millions de bénévoles », n° 946, février 2004 ; « La pratique sportive des jeunes dépend avant tout de leur milieu socioculturel », n° 932, novembre 2003.

SOURCES

[1] Mémento du tourisme 2004, ministère des Transports, de l'Équipement, du Tourisme et de la Mer.

[2] Annuaire statistique de la France, édition 2005, Insee.

[3] « En 25 ans, les Français ont doublé leur mise », *Insee Première*, n° 1016, mai 2005.

[4] *Stat-Info* : « Les femmes dans la pratique sportive licenciée en 2002 », n° 04-07, novembre 2004 ; « Le poids économique du sport en 2002 », n° 04-05, novembre 2004 ; « Les chiffres clés du sport », octobre 2004 (www.jeunesse-sports.gouv.fr).

[5] Insee, enquête permanente sur les conditions de vie (EPCV).

[6] « En 13 ans, moins de temps contraints et plus de loisirs », *Insee Première*, n° 675, octobre 1999.

Taux de départ en vacances selon l'âge en 1969, 1989, 1999 et 2004 [5]

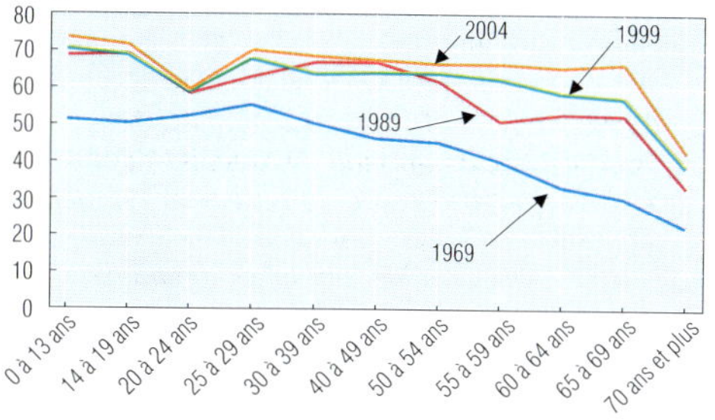

Taux de départ en vacances selon la catégorie sociale [5]

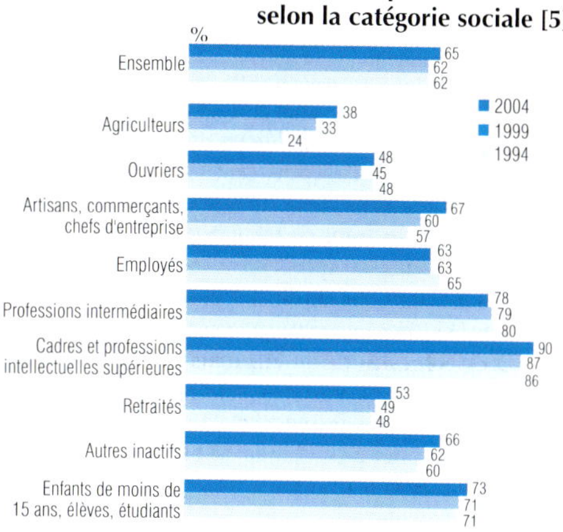

Licenciés sportifs* en 2003 [2] [4]

	Ensemble	*Dont femmes* %
Total France (y compris TOM)	**15 128 632**	***33,9***
dont :		
Fédération française de football	2 141 239	*2,0*
F. f. de tennis	1 075 025	*32,3*
F. f. de judo-jujitsu et disciplines associées	556 406	*24,1*
F. f. d'équitation	468 591	*75,2*
F. f. de basket-ball	427 445	*40,1*
F. f. de pétanque et jeu provençal	409 437	*14,5*
F. f. de golf	345 022	*29,3*
F. f. de handball	318 981	*36,6*
F. f. de voile	280 196	*29,0*
F. f. de gymnastique	231 002	*78,5*
F. f. de rugby	222 808	*2,9*
F. f. de natation	216 424	*55,2*
F. f. de karaté et arts martiaux	201 296	*26,8*
F. f. de tennis de table	180 694	*16,9*
F. f. d'athlétisme	177 509	*36,6*
F. f. des sports de boules	162 916	*7,7*
F. f. de randonnée pédestre	161 820	*61,6*
F. f. de ski	157 762	*38,5*

* Licenciés des fédérations sportives olympiques et non olympiques.

Jeux [2] millions d'€

	1990	2000	2003
Loto**			
- montant des mises	2 097	1 840	2 182
Jeux instantanés***			
- nombre de tickets placés en millions	363	3 015	* 3 127
- montant des placements	617	4 686	5 601
PMU****	5 744	5 956	7 248
dont : tiercé, quarté +, quinté +, « 2 sur 4 »	*2 856*	*3 282*	*3 356*

* 2001. ** Y c. Loto foot et Superloto. *** Y c. Keno et Rapido. **** Y c. les paris sur hippodromes.

Temps de loisirs en 1986 et 1999* [6]

heures et minutes par jour

	1986	1999 Hommes	1999 Femmes	1999 Ensemble
Temps de loisirs	**3 h 26**	**4 h 20**	**3 h 32**	**3 h 55**
dont : télévision	*1 h 46*	*2 h 12*	*2 h 02*	*2 h 07*
lecture	*27*	*25*	*25*	*25*
jardinage, soins aux animaux	*19*	*25*	*15*	*20*
promenade	*15*	*22*	*18*	*20*
jeux	*10*	*20*	*11*	*16*
sport	*8*	*12*	*5*	*9*

* Personnes de 15 ans et plus de France métropolitaine.

Répartition des séjours et nuitées selon le mode d'hébergement en 2003 [1]

	Séjours %	Nuitées %	Durée moyenne nuitées
Hôtel	14,8	11,3	4,2
Camping	5,8	8,7	8,3
Location	5,0	9,0	10,0
Gîte, chambre d'hôte	3,3	3,4	5,6
Résidence de tourisme	1,6	2,3	8,2
Clubs et villages de vacances	2,7	4,0	8,1
Autre	3,3	3,4	5,7
Hébergement marchand	**36,6**	**42,0**	**6,4**
Résidence secondaire	9,5	15,9	9,4
Familles, amis	53,9	42,1	4,4
Hébergement non marchand	**63,4**	**58,0**	**5,1**
Ensemble (millions)	*168,1*	*935,9*	*5,6*

Taux d'adhésion selon le sexe et l'âge pour certains types d'associations en 2004* [5] %

	Ensemble	Sport	Culture, musique	Syndicat**	3ème âge**	Parents d'élèves**	Retraités**
Sexe : Homme	47	22	6	8	13	5	7
Femme	39	15	9	6	17	10	3
Âge : 15-29 ans	40	28	7	n.s	///	3	///
30-39 ans	44	22	8	8	///	12	///
40-49 ans	41	20	8	10	///	11	///
50-59 ans	42	14	9	12	///	5	///
60-69 ans	51	15	10	n.s	8	n.s	5
70 ans et plus	44	5	6	n.s	19	n.s	6
Ensemble	**43**	**18**	**8**	**6**	**15**	**8**	**5**

* Personnes de 15 ans ou plus. ** Le nombre d'adhérents est rapporté à la population concernée.

4 consommation

PRÉSENTATION

En 2004, les Français dépensent 85 Mds d'€ pour la culture et les loisirs. Depuis 40 ans, les *ménages* consacrent une part de leur budget de plus en plus importante aux *services culturels et récréatifs* : 3,9 % en 2003 contre 2,8 % en 1960. Le développement des jeux de hasard, des spectacles et des chaînes payantes de télévision explique l'essentiel de cette croissance.

Parmi les activités de loisirs à domicile, la télévision est la plus pratiquée (98 %), suivie par l'écoute de la radio (88 %) puis de disques ou de cassettes (77 %). Le rythme de croissance des dépenses des ménages en programmes audiovisuels s'accélère en 2004 (+ 7,5 % après + 4,8 % en 2003). Chaque foyer y consacre 323 € en moyenne annuelle. En 2004, l'audience journalière d'un individu de 15 ans et plus est de 3 h 36. Les plus gros consommateurs de télévision demeurent les 35-59 ans (3 h 32). Les femmes la regardent en moyenne plus que les hommes. La télévision payante est en plein essor.

Le cinéma a souffert des mutations liées à la concurrence des nouveaux médias, avec une perte de la moitié de ses spectateurs en 40 ans. Mais il a su inverser la tendance lors de la dernière décennie. En 2004, les entrées dans les salles de cinéma augmentent (+ 12,3 %). Avec 194,8 millions d'entrées, le niveau de fréquentation est le plus élevé depuis 20 ans. Dans l'UE, avec 889 millions de spectateurs, la fréquentation des salles diminue en 2003, après le nombre important d'entrées en 2002 et 2001.

En 2004, 61 % des Français déclarent lire régulièrement des livres (70 % pour les moins de 30 ans). La lecture est une activité davantage féminine : 71 % des femmes contre 50 % des hommes. Près d'un Français sur deux fréquente les musées et un sur trois va au théâtre. Entre 1960 et 2003, les achats de billets de concert, théâtre, music-hall, cirque et corrida ont progressé en moyenne de 3,7 % par an en volume. En 2003, les ménages ont dépensé 154 € en moyenne pour les spectacles [1] [2] [3].

DÉFINITIONS

- ***Dépenses de services culturels et récréatifs.***
Elles comprennent :
– les dépenses culturelles de spectacles (cinéma, télévision, théâtre, music-hall, manèges forains, cirque, corrida, parcs d'attractions, bals et discothèques),
– les entrées dans les musées et monuments,
– les services de bibliothèques et de location de cassettes vidéos et de DVD.
– les dépenses liées aux sports : entrées dans les piscines, les terrains de golf..., abonnements à des clubs sportifs et leçons assurées par des professeurs de sport indépendants.
– les jeux de hasard et d'argent, y compris les casinos.
La dépense des ménages est la différence entre les sommes engagées et les sommes encaissées (perte nette). Pour les casinos, la perte nette des ménages est égale au produit brut réalisé par l'ensemble des casinos.
Ne sont pas pris en compte : les achats de livres, de journaux, de DVD et de cassettes vidéo préenregistrées.
- ***DVD.*** *Voir 4.2.*
- ***Ménages.*** *Voir 4.2.*

POUR EN SAVOIR PLUS

- *Insee Première* : « Pratique sportive et activités culturelles vont souvent de pair », n° 1008, mars 2005 ; « Les entreprises du spectacle de 1995 à 2001 », n° 978, juillet 2004 ; « Les pratiques culturelles : le rôle des habitudes prises dans l'enfance », n° 883, février 2003.
- « Loisirs culturels 1999 – 2002 », *Insee Résultats*, Société, n° 26, février 2004.
- « La féminisation des pratiques culturelles », *développement culturel*, ministère de la Culture et de la Communication, n° 147, mai 2005.

SOURCES

[1] « 40 ans de services culturels et récréatifs », *Insee Première*, n° 983, août 2004.

[2] « Bilan 2004 », Centre National de la Cinématographie (www.cnc.fr).

[3] Enquête sur les conditions de vie, Insee, mai 2005.

[4] « L'année de télévision dans le monde – édition 2005 », Eurodata TV Worldwide, avril 2005 (www.eurodatatv.com).

[5] « Chiffres clés 2005», ministère de la Culture et de la Communication (www.culture.gouv.fr).

[6] « Guide des chaînes thématiques», CSA, avril 2005 (www.csa.fr).

[7] « Chiffres du câble au 30 juin 2004 », Aform (www.aform.org).

Pratiques culturelles à l'âge adulte* selon l'âge, le sexe et la catégorie sociale en 2004 [3]

%

Au cours des 12 derniers mois...	Lecture de livre	Cinéma	Musée, exposition ou monument historique	Théâtre ou concert	Écoute de la radio	Écoute de disque ou cassette
Ensemble	**61**	**53**	**46**	**33**	**87**	**75**
15-29 ans	70	85	47	45	89	95
30-39 ans	61	64	49	34	92	87
40-49 ans	60	58	48	33	89	78
50-59 ans	59	39	51	31	88	69
60-69 ans	59	36	50	34	87	67
70-79 ans	52	20	34	20	76	48
80 ans ou plus	50	8	19	10	69	32
Sexe						
Femme	71	53	48	35	85	77
Homme	50	53	44	30	88	74
Catégorie sociale						
Agriculteur	30	28	30	24	86	43
Indépendant	49	45	52	31	89	68
Cadre et profession libérale	81	80	76	57	93	89
Profession intermédiaire	72	70	60	46	92	85
Employé	66	54	43	28	88	81
Ouvrier	36	43	28	20	87	76
Chômeur	56	57	33	28	87	81
Étudiant, élève	79	94	52	49	90	98
Retraité	54	25	39	24	80	54
Inactif et femme au foyer	46	27	35	14	74	64

* Personnes de 15 ans et plus.

Bibliothèques municipales [5]

	1990	2000	2003
Nombre de bibliothèques municipales	1 614	2 886	3 067
dont : discothèques de prêt	*576*	*1 503*	*921*
vidéothèques de prêt	*104*	*876*	*681*
Nombre d'inscrits (en milliers)	4 605	6 665	6 740
soit en % de la population desservie	*16*	*18*	*17*

Dépenses en programmes audiovisuels des ménages [2]

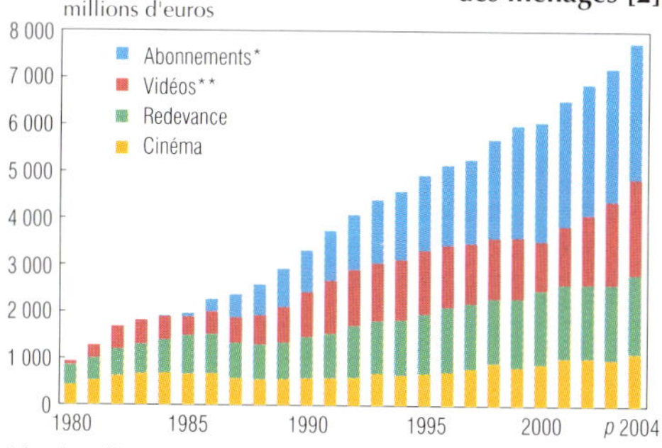

* Canal+, câble et satellite. ** Y compris les ventes par Internet en 2004.

Fréquentation du cinéma dans le monde [2]

millions de spectateurs

	1989	1995	2003	2004
Allemagne	101,6	124,5	149,0	156,7
Espagne	78,1	94,6	137,5	p 143,8
France	**120,9**	**130,2**	**173,5**	***p 194,8***
Italie	94,8	90,7	105,0	p 113,0
Royaume-Uni	94,6	114,9	167,3	171,3
États-Unis	1 132,5	1 262,6	1 574,0	1 536,1
Japon	143,6	127,0	162,3	170,1
Australie	40,9	69,9	89,8	e 91,5

Télévision et téléspectateurs [6] [7]

	1999	2003	2004
Chaînes nationales			
Durée d'écoute journalière :			
par foyer	5 h 14	5 h 31	5 h 36
par individu*	3 h 09	3 h 22	3 h 24
Télévision payante (milliers)			
Foyers abonnés raccordés au câble**	2 820	3 523	3 782
dont : à une offre élargie du câble	*///*	*2 421*	*...*
à une offre élargie en numérique	*///*	*884*	*989*
Foyers abonnés au satellite***	2 220	3 460	4 106
dont : CanalSatellite	*1 370*	*2 217*	*2 836*
TPS	*830*	*1 239*	*1 270*

* Individus âgés de 4 ans et plus de France métropolitaine. ** Foyers recevant une offre télévisuelle par câble. *** Abonnés à au moins 15 chaînes.

Durée d'écoute moyenne de la télévision en 2004 [4]

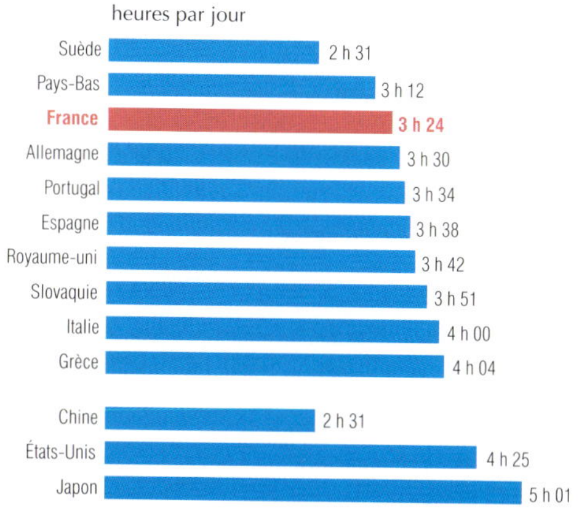

5 logement

PRÉSENTATION

Début 2004, d'après l'*enquête annuelle de recensement*, la France métropolitaine compte 30,3 millions de *logements* : 84 % sont des *résidences principales*, 10 % des résidences secondaires ou des *logements occasionnels* et 6 % des *logements vacants*. Entre 1999 et 2004, le nombre de logements a progressé au même rythme qu'entre 1990 et 1999 (1 % en moyenne par an). En cinq ans, une personne sur trois a déménagé, le plus souvent dans le même département.

En 2004, 37 % des logements sont des maisons individuelles non mitoyennes, 20 % des maisons individuelles jumelées et 41 % se situent dans un immeuble d'habitation de deux logements ou plus. Le nombre moyen d'occupants d'un logement décroît régulièrement en raison de la baisse du nombre d'enfants des familles, des ruptures d'union et de l'espérance de vie plus grande chez les femmes que chez les hommes. Un ménage comprend en moyenne 2,3 personnes en 2004 contre 2,57 en 1990 et 3,19 en 1954. Les logements disposent d'un nombre croissant de pièces ; en 2004, une résidence principale comporte en moyenne quatre *pièces* contre 3,86 cinq ans auparavant. Le nombre de personnes par logement diminuant, chacun dispose de plus d'espace [5].

L'amélioration du confort des résidences principales se poursuit : en 2002, selon l'*enquête logement*, seuls 2,5 % des logements (612 000) ne disposent ni de WC intérieur ni de douche ou de baignoire, contre 4 % en 1996 et 15 % en 1984. Le *surpeuplement* concerne encore un ménage sur cinq dans l'habitat collectif ; il est rare dans l'habitat individuel (2,4 % des logements). À l'inverse, deux ménages sur trois vivent dans un logement comptant plus de pièces que la norme.

Un ménage sur trois se plaint du bruit le jour et un sur cinq la nuit. La circulation est citée comme source principale de bruit. Les trois quarts des ménages se déclarent satisfaits de leurs conditions de logement, 18 % les jugent acceptables et 7 % seulement s'en déclarent mécontents [2].

En 2002, l'investissement en logement atteint 180,8 milliards d'euros. Les ménages en réalisent 94 %, soit 170,5 milliards d'euros [3].

DÉFINITIONS

- ***Enquête annuelle de recensement.*** *Voir 3.3.*
- ***Enquête logement.*** *Elle est une des principales enquêtes de l'Insee par son ancienneté (1955), sa fréquence (elle est réalisée environ tous les quatre ans) et la taille de son échantillon (47 500 logements en 2002). C'est la source statistique majeure pour décrire le parc de logements et les conditions d'occupation par les ménages de leur résidence principale.*
- ***Logement.*** *Local séparé et indépendant utilisé pour l'habitation.*
- ***Logement occasionnel.*** *Logement ou pièce indépendante utilisé occasionnellement pour des raisons professionnelles.*
- ***Logement vacant.*** *Logement inoccupé proposé à la vente ou à la location ; déjà attribué à un acheteur ou un locataire et en attente d'occupation ; en attente de règlement de succession ; conservé par un employeur pour un usage futur au profit d'un de ses employés ; gardé vacant et sans affectation précise par le propriétaire.*
- ***Ménage.*** *Ensemble des habitants d'une résidence principale.*
- ***Nombre de pièces.*** *Pièces à usage d'habitation, y compris la cuisine si celle-ci excède 12 m², ainsi que les pièces annexes non cédées à des tiers (chambres de service...) ; non compris les pièces à usage exclusivement professionnel, les entrées, couloirs, salles de bains, etc.*
- ***Résidence principale.*** *Logement occupé de façon permanente et à titre principal par le ménage. Il y a ainsi une identité entre le nombre de résidences principales et le nombre de ménages.*
- ***Surpeuplement.*** *Le nombre de pièces nécessaires au ménage est calculé de façon normative par l'Insee :*
  - *une pièce de séjour pour le ménage ;*
  - *une pièce pour chaque personne de référence d'une famille ;*
  - *une pièce pour les personnes hors famille non célibataires et les célibataires de 19 ans et plus ;*
  - *pour les célibataires de moins de 19 ans, une pièce pour deux enfants s'ils sont du même sexe ou ont moins de 7 ans ; sinon une pièce par enfant.*

  Le logement est surpeuplé s'il compte moins de pièces que la norme. Selon cette norme, une personne seule doit disposer de deux pièces. Tous les logements d'une pièce sont donc considérés comme surpeuplés.

POUR EN SAVOIR PLUS

- *Insee Première* : « La hausse des prix des logements anciens depuis 1998 », n° 991, décembre 2004 ; « Les conditions de logement des ménages à bas revenus », n° 950, février 2004.
- « Les conditions de logement des ménages en 2002 », *Insee Résultats*, série Société n° 20, octobre 2003.

SOURCES

[1] Enquêtes Logement, Insee.

[2] « De plus en plus de maisons individuelles », *Insee Première*, n° 885, février 2003.

[3] Compte du logement, ministère des Transports, de l'Équipement, du Tourisme et de la Mer (www.equipement.gouv.fr).

[4] « Le logement en Europe », *Les dossiers*, ministère des Transports, de l'Équipement, du Tourisme et de la Mer.

[5] « Enquêtes annuelles de recensement : premiers résultats de la collecte 2004 », *Insee Première*, n° 1001, janvier 2005.

Répartition des logements selon leur catégorie* [1]

milliers

	1973	1978	1984	1988	1992	1996	2002
Résidences principales	17 124	18 641	20 364	21 256	22 131	23 286	24 525
Résidences secondaires et logements occasionnels	1 592	1 844	2 293	2 297	2 848	2 704	2 961
Logements vacants	1 606	1 751	1 919	2 156	1 997	2 231	2 008
Ensemble	**20 322**	**22 236**	**24 576**	**25 709**	**26 976**	**28 221**	**29 495**

* France métropolitaine.

Investissement des ménages en logement : acquisitions et travaux [3]

milliards d'euros

	1984	1990	1998	1999	2000	2001	2002
Logements neufs	25,4	31,6	31,0	36,1	38,7	40,0	43,4
Logements d'occasion	18,5	43,9	61,8	73,9	82,7	88,3	97,8
Travaux	14,5	19,9	25,0	25,9	27,0	28,2	29,3
Investissement des ménages	**58,4**	**95,4**	**117,8**	**135,9**	**148,4**	**156,5**	**170,5**
Ensemble de l'investissement	**65,5**	**105,6**	**128,4**	**146,6**	**159,0**	**166,7**	**180,8**

Caractéristiques des résidences principales* [1]

%

	1978	1984	1988	1992	1996	2002
Nombre de pièces						
- 1 pièce	7,0	6,3	5,8	6,1	5,9	6,0
- 2 pièces	15,4	13,5	12,2	11,9	12,3	12,3
- 3 pièces	25,1	23,6	22,2	21,7	21,1	21,8
- 4 pièces	26,0	27,5	27,5	25,7	25,4	25,2
- 5 pièces et +	26,5	29,1	32,3	34,6	35,3	34,7
Année de construction						
- Avant 1949	51,3	43,0	39,1	36,8	35,6	33,2
- 1949 et après	48,7	57,0	60,9	63,2	64,4	66,8
Logements sans confort sanitaire**	26,9	15,0	9,6	6,2	4,0	2,5
Logements surpeuplés	17,1	12,8	11,8	10,9	10,4	10,2
Ménages insatisfaits de leur logement	13,4	10,2	8,9	8,1	6,0	7,2

* France métropolitaine. ** Logements auxquels il manque au moins l'un des 3 éléments suivants : eau courante, installation sanitaire (baignoire ou douche), WC intérieur.

Taille et peuplement des résidences principales* [2]

	1984	1988	1992	1996	2002
Surface moyenne en m²	**82**	**85**	**86**	**88**	**90**
habitat individuel	96	100	102	105	108
habitat collectif	65	66	66	66	65
Nombre moyen de pièces	**3,8**	**3,9**	**4,0**	**4,0**	**4,0**
habitat individuel	4,4	4,6	4,7	4,8	4,8
habitat collectif	3,0	3,1	3,0	3,0	3,0
Nombre moyen de personnes	**2,7**	**2,6**	**2,5**	**2,5**	**2,4**
habitat individuel	2,9	2,9	2,8	2,7	2,6
habitat collectif	2,4	2,3	2,2	2,2	2,1
Part des logements individuels %	**54,0**	**55,4**	**55,8**	**56,1**	**56,6**

* France métropolitaine.

Résidences principales selon le confort en 2002* [1]

Résidences principales	milliers
Logement sans eau ou eau seule	199,5
Logement avec eau, WC sans installation sanitaire	197,5
Logement avec eau, installation sanitaire sans WC	215,0
Installation sanitaire, sans chauffage central	1 697,5
Installation sanitaire, avec chauffage central	22 215,7
Ensemble	**24 525,2**

* France métropolitaine.

Caractéristiques du parc de logement dans quelques pays européens vers 2000 [4]

	DE	DK	ES	GR	**FR**	IE	IT	LU	NL	PT	GB
Surface moyenne par logement en m²	86,7	108,8	85,3	79,6	**88,0**	99,0	90,3	118,4	98,0	83,0	85,0
Nombre moyen de personnes par logement*	2,2	2,2	2,9	2,6	**2,4**	3,0	2,6	2,5	2,3	3,0	2,3
Logements construits avant 1945 (%)	29	42	22	12	**33**	22	30	32	20	27	42
Part des logements individuels (%)	**46	59	37	46	**56**	92	30	70	71	57	81

* 2001. ** Länder de l'Ouest.

5 logement

PRÉSENTATION

Début 2004, d'après l'enquête annuelle de recensement, 56,7 % des ménages sont propriétaires de leur résidence principale. Dans plus de 80 % des cas, il s'agit d'une maison individuelle [4].

Entre 1998 et 2002, 2,5 millions de ménages sont devenus propriétaires de leur résidence principale : 57 % ont acheté à crédit un logement ancien, 21 % ont fait construire ou ont acheté à crédit un logement neuf, 13 % ont réalisé un achat au comptant et 9 % sont devenus propriétaires par héritage ou donation. Comme en 1996 et 1992, le montant de l'achat réalisé en 2002 par les *accédants récents* correspond en moyenne à 3,1 années de revenus. L'achat est financé à hauteur de 33 % par un apport personnel (39 % en 1996). Le capital emprunté représente 2,1 années de revenu en 2002 (1,9 en 1996), et les accédants récents consacrent 19 % de leurs revenus aux remboursements d'emprunts, une fois déduites les aides au logement (19,5 % en 1996).

En 2002, un locataire du secteur privé, hors loi de 1948, dépense en moyenne pour se loger 537 € par mois (loyer et charges compris) alors qu'un locataire du *secteur social* paie 425 €. Les aides au logement amplifient cet écart. Hormis dans l'agglomération parisienne où elles sont les plus élevées, les dépenses de logement varient peu avec la taille de l'agglomération. Dans les petites villes, le moindre coût du loyer et des *charges* au m² permet de bénéficier d'une surface habitable plus importante. Contrairement au loyer, les charges payées par les locataires sont en moyenne plus élevées dans le secteur social (141 €) que dans le secteur libre (112 €). Cela s'explique par la composition des deux parcs. Le parc social comprend davantage de grands immeubles jouissant d'équipements collectifs et les appartements sont plus spacieux.

Le secteur social loge davantage de familles monoparentales et de couples avec enfants. Sa population est majoritairement constituée d'ouvriers et d'employés. Le secteur libre loge plus de personnes seules et les milieux sociaux y sont plus diversifiés [1].

DÉFINITIONS

- ***Accédant récent.*** *Accédant ayant acquis son logement dans les 4 années civiles précédant l'enquête, soit de 1998 à 2001 incluse pour l'enquête Logement 2002.*
- ***Charges.*** *Elles comprennent les charges locatives ainsi que les consommations d'eau et d'énergie payées directement par le ménage.*
  Les charges locatives correspondent à trois grandes catégories de dépenses : les frais occasionnés par les services liés au logement et à l'usage de l'immeuble (consommation d'eau ou d'énergie, utilisation de l'ascenseur ou du chauffage collectif) ; les dépenses d'entretien et de petites réparations des parties communes de l'immeuble ; les taxes locatives qui correspondent à des services dont le locataire profite directement (taxe d'enlèvement des ordures ménagères, taxe de balayage).
- ***Indice du coût de la construction (ICC).*** *Indice trimestriel, base 100 au 4ème trimestre 1953, date de sa création. Il est calculé par l'Insee et établi en collaboration avec le ministère des Transports, de l'Équipement, du Tourisme et de la Mer. Il est notamment utilisé pour réviser les loyers d'habitation (loi n° 89-462 du 06-07-89, loi n° 94-624 du 21-07-94). Il est invoqué dans la révision des loyers des logements conventionnés (décret n° 95-42 du 11-01-95). Depuis 1995, ce n'est pas directement l'indice d'un trimestre qui est pris en compte pour la révision d'un loyer d'habitation mais la moyenne de l'indice de ce trimestre et des trois indices précédents.*
- ***Secteur social.*** *Logement du secteur HLM conventionné ou non conventionné et du secteur social non HLM et non soumis à la loi de 1948.*
- ***Taux d'effort.*** *Rapport entre la dépense en logement d'un ménage et son revenu. La dépense en logement peut inclure ou non les charges (charge financière simple ou totale). Le taux d'effort est dit «net» si l'aide au logement perçue par le ménage est défalquée de la dépense de logement et «brut» dans le cas contraire. Cet indicateur permet de mesurer le poids de la dépense liée à l'occupation du logement sur le budget des ménages et le pouvoir «solvabilisateur» des aides.*

POUR EN SAVOIR PLUS

- « Le parc locatif social au 1er janvier 2004 », *Infos rapides*, SES, n° 296, juin 2005, (www. statistiques.equipement. gouv.fr)
- « Des loyers de plus en plus sensibles au cadre de vie », *Notes de synthèse*, SES, n° 156, décembre 2004.
- *Insee Première* : « Les ménages à bas revenus et le logement social », n° 962, avril 2004 ; « Les conditions de logement des ménages à bas revenus », n° 950, février 2004.

SOURCES

[1] *Insee Première* : « Portrait de locataires », n° 1010, mars 2005 ; « Les charges dans le budget des locataires », n° 990, novembre 2004 ; « La reprise de l'accession à la propriété », n° 913, juillet 2003.

[2] Enquêtes Logement, Insee.

[3] Insee.

[4] « Enquêtes annuelles de recensement : premiers résultats de la collecte 2004 », *Insee Première*, n° 1001, janvier 2005.

Statut d'occupation des résidences principales* [2]

%

	1984	1988	1992	1996	2002
Propriétaires	**50,7**	**53,6**	**53,8**	**54,3**	**56,0**
Sans emprunt en cours	26,3	27,4	30,3	32,1	35,0
Accédants	24,4	26,1	23,5	22,2	21,0
Locataires d'un local loué vide	**39,0**	**37,2**	**37,7**	**38,1**	**37,9**
HLM	14,6	15,0	15,3	15,7	15,6
Autre logement social	1,9	2,0	1,8	1,9	1,6
Loi de 1948	3,5	2,5	2,0	1,4	1,0
Secteur libre	19,0	17,7	18,6	19,1	19,7
Autres statuts	**10,4**	**9,1**	**8,4**	**7,6**	**6,1**
Meublés, sous-locataires	1,9	1,5	1,5	1,6	1,6
Fermiers ou métayers	0,6	0,4	0,2	0,2	0,3
Logés gratuitement	7,9	7,2	6,7	5,8	4,2

* France métropolitaine.

Montant moyen des charges selon le secteur de location et le type d'habitat en 2002* [1]

€ par mois

	Individuel	Collectif	**Ensemble**
HLM	123	144	**141**
Social non HLM	114	149	**139**
Loi de 1948	110	103	**105**
Libre construit avant 1948	106	103	**104**
Libre construit après 1948	123	116	**118**

* France métropolitaine, ménages locataires d'un local loué vide.

Charges des locataires en 2002 [1]

	Individuel	Collectif	**Ensemble**
Ménages locataires* (milliers)	2 187	7 119	**9 306**
Charges (€ par mois)	117	127	**125**
Surface habitable (m^2)	86,1	62,4	**68,0**
Charges (€/m^2 par mois)	1,36	2,04	**1,84**

* France métropolitaine, ménages locataires d'un local loué vide, non compris les ménages locataires d'un meublé et les sous-locataires.

Indice du coût de la construction en 2004 [3]

base 100 : 4e trimestre 1953

	Indice	Moyenne associée
1er trimestre	1 225	1 211,00
2e trimestre	1 267	1 227,25
3e trimestre	1 272	1 244,50
4e trimestre	1 269	1 258,25

Dépense nette des locataires en 2002* [1]

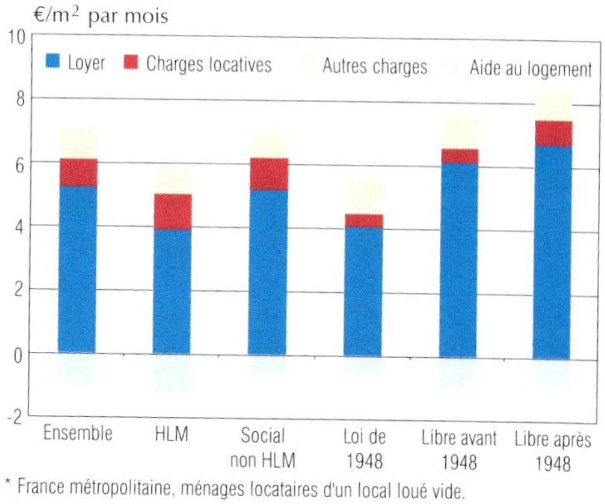

* France métropolitaine, ménages locataires d'un local loué vide.

Données de financement pour les accédants récents 1998-2002* [1]

	Prix total du logement €	Montant total emprunté €	Remboursements annuels €	Prix du logement/revenu années	Emprunt /revenu années	Taux d'apport personnel %	Taux d'effort brut %	Taux d'effort net %
Province	108 300	75 500	6 900	3,1	2,1	30,3	19,6	18,9
ancien	*101 000*	*71 000*	*6 700*	*2,9*	*2,0*	*29,7*	*19,2*	*18,6*
neuf	*125 500*	*86 500*	*7 500*	*3,4*	*2,3*	*31,1*	*20,4*	*19,6*
Agglomération de Paris	173 000	105 000	9 900	3,4	2,1	39,3	19,6	19,4
ancien	*166 500*	*101 000*	*9 500*	*3,4*	*2,1*	*39,3*	*19,4*	*19,2*
neuf	*215 000*	*127 000*	*12 100*	*3,7*	*2,2*	*40,9*	*21,0*	*20,9*
Ensemble	**120 500**	**81 000**	**7 500**	**3,1**	**2,1**	**32,8**	**19,6**	**19,0**
ancien	***115 500***	***78 000***	***7 300***	***3,0***	***2,0***	***32,5***	***19,2***	***18,7***
neuf	***134 000***	***90 000***	***7 900***	***3,4***	***2,3***	***32,8***	***20,5***	***19,7***

* Accédants récents, hors propriétaires d'immeuble collectif et héritiers ou donataires, en France métropolitaine.

6 enseignement

PRÉSENTATION

En 2003-2004, les élèves, apprentis et étudiants représentent près de 15 millions de personnes. Dans le *premier degré,* la progression des effectifs de la rentrée 2003 inverse la tendance de ces dernières années, avec 22 800 écoliers supplémentaires : le pré-élémentaire poursuit sa progression (+ 1,3 %) du fait de la hausse récente de la natalité, tandis que l'élémentaire diminue modérément (– 0,2 %). Le *second degré* perd près de 17 000 élèves : sont concernés uniquement les effectifs du 1er cycle qui diminuent pour la 8ème année consécutive (– 0,7 %), l'évolution démographique en étant la principale cause. Dans le 2nd cycle général et technologique les effectifs se stabilisent (+ 0,1 %). Le 2nd cycle professionnel, après quatre années de baisse, confirme en 2003 (+ 1,2 %) la croissance constatée en 2002, grâce aux progressions soutenues du *CAP* en 2 ans et du baccalauréat professionnel [1] [3].

Le redoublement reste important, malgré une baisse sensible qui a marqué les dix dernières années. C'est au niveau de l'école élémentaire que la baisse est la plus spectaculaire : la proportion d'écoliers parvenant au CM2 en retard est passée de 52 % en 1960, à 37 % en 1980 puis 20 % en 2000. Plus le redoublement intervient tôt dans la scolarité, plus il est associé à de faibles chances de réussite ultérieure : moins d'un élève sur 10 ayant redoublé le cours préparatoire devient bachelier général ou technologique et plus de 2 sur 5 quittent le système éducatif sans diplôme [6].

Aujourd'hui, la quasi-totalité des collégiens parviennent au terme du 1er cycle. À l'issue de la troisième, près de six jeunes sur dix poursuivent leurs études (enseignement agricole et *CFA* compris) vers un 2nd cycle général et technologique et quatre sur dix s'orientent vers un CAP ou un *BEP* [3].

En 2004, avec 498 372 lauréats sur 625 111 candidats, le taux de réussite au baccalauréat s'élève à 79,7 %. Plus d'un bachelier sur trois (36,1 %) est admis avec mention. Les filles restent majoritaires dans les rangs des bacheliers, leur taux de réussite s'élève à 81,8 % contre 77,4 % pour les garçons [1].

DÉFINITIONS

- ***BEP.*** *Brevet d'études professionnelles.*
- ***CAP.*** *Certificat d'aptitude professionnelle.*
- ***CFA.*** *Centre de formation d'apprentis. Les apprentis ne sont pas comptabilisés avec les élèves du 2nd degré car nombre d'entre eux relèvent de l'enseignement supérieur. Dans les CFA, on trouve des apprentis, des CPA (classes préparatoires à l'apprentissage) et des CLIPA (Classes d'initiation préprofessionnelles par alternance).*
- ***Enseignement d'adaptation et d'intégration scolaire (AIS).*** *Il regroupe les effectifs scolarisés dans les classes d'initiation, d'adaptation et d'intégration scolaire.*
  Classes d'initiation : elles accueillent des élèves de nationalité étrangère non francophones.
  Classes d'adaptation : elles accueillent des enfants qui, pour des raisons diverses, rencontrent des difficultés au niveau de l'enseignement élémentaire.
  Classes d'intégration scolaire : elles accueillent des élèves handicapés physiques, sensoriels ou mentaux, qui peuvent tirer profit, en milieu scolaire ordinaire, d'une scolarité adaptée à leur âge et à leurs capacités, à la nature et à l'importance de leur handicap.
- ***Enseignement adapté du second degré.*** *Il comprend les élèves accueillis dans les sections d'enseignement général et professionnel adapté (SEGPA) et dans les établissements régionaux d'enseignement adapté (EREA).*
- ***Espérance de scolarisation.*** *Nombre d'années pendant lesquelles un enfant de 5 ans peut espérer être scolarisé à temps plein et à temps partiel durant son cycle de vie, en fonction des taux de scolarisation du moment.*
- ***Premier degré.*** *Enseignement scolaire regroupant l'enseignement pré-élémentaire (avant le cours préparatoire), et l'enseignement élémentaire (ou primaire). Il est dispensé dans les écoles maternelles et élémentaires.*
- ***Second degré.*** *Enseignement secondaire faisant suite à l'enseignement pré-élémentaire et élémentaire (premier degré). Il est dispensé dans les collèges, les lycées et EREA.*

POUR EN SAVOIR PLUS

- « L'aide aux devoirs apportée par les parents », *Insee Première*, n° 996, décembre 2004.
- « Projection à long terme du système éducatif », *Éducation & formations*, DEP, n° 68, mai 2004.
- « Education across Europe 2003 », *Tableaux détaillés – thème Population et conditions sociales*, Eurostat, avril 2004.

SOURCES

[1] *Note d'information*, DEP : « Résultats définitifs de la session 2004 du baccalauréat », n° 05-09, mars 2004 ; « Les élèves du second degré dans les établissements publics ou privés à la rentrée 2003 », n° 04-05, mars 2004.

[2] *Repères & références statistiques sur les enseignements, la formation et la recherche*, DEP, édition 2004.

[3] *L'état de l'École*, DEP, n° 14, octobre 2004.

[4] *Regards sur l'éducation*, Les indicateurs de l'OCDE, édition 2004.

[5] Ministère de l'Éducation nationale, de l'Enseignement supérieur et de la Recherche.

[6] « Le redoublement à l'école élémentaire et dans l'enseignement secondaire », *Éducation & formations*, DEP, n° 69, juin 2004.

Effectifs d'élèves et d'étudiants dans l'enseignement public et privé [2] [3]

milliers

	1980-1981	1990-1991	2000-2001	2001-2002	2002-2003	2003-2004
Pré-élémentaire	2 456,5	2 644,1	2 540,0	2 554,4	2 566,0	2 598,7
CP - CM2	4 810,0	4 218,0	3 953,0	3 924,1	3 908,9	3 900,0
Enseignement d'adaptation et d'intégration scolaire	129,8	91,2	59,0	56,5	54,3	53,3
Total du premier degré	**7 396,3**	**6 953,3**	**6 552,0**	**6 535,0**	**6 529,2**	**6 552,0**
dont public %	*86,4*	*86,4*	*86,4*	*86,5*	*86,5*	*86,3*
1er cycle secondaire	3 257,6	3 249,4	3 289,5	3 278,8	3 269,1	3 244,6
2nd cycle professionnel	798,8	726,2	700,2	695,0	698,5	706,9
2nd cycle général et technologique	1 124,4	1 607,4	1 501,4	1 504,1	1 509,6	1 511,0
Enseignements adaptés	126,5	126,7	122,2	120,9	119,0	117,1
Total du second degré (hors agriculture)	**5 307,3**	**5 709,7**	**5 613,3**	**5 598,8**	**5 596,2**	**5 579,6**
dont public %	**79,9*	*79,7*	*80,0*	*79,9*	*79,9*	*79,7*
Second degré agricole	**117,1**	**116,2**	**151,3**	**149,3**	**149,4**	**151,1**
Centres de formation d'apprentis**	**244,1**	**226,7**	**376,1**	**373,2**	**373,5**	***p* 374,8**
Spécial santé scolarisés	**96,2**	**88,2**	**81,4**	**80,5**	**82,8**	**81,9**
Autres***	**1,8**	**16,0**	**1,0**	**1,1**	**1,2**	**1,4**
Total du supérieur	**1 181,1**	**1 717,1**	**2 161,1**	**2 164,7**	**2 208,5**	**2 254,9**
Total général	**14 343,9**	**14 827,2**	**14 936,2**	**14 902,6**	**14 940,8**	**14 995,7**

* France métropolitaine. ** Y compris les CPA et les CFA sous tutelle du ministère de l'Agriculture. *** Classes de techniques industrielles et préparations diverses, formations complémentaires.

Principaux diplômes délivrés dans le 2nd degré [5]

Séries	1995	2004*	
	Nombre d'admis	Nombre d'admis	Taux de réussite (%)
Brevet	**592 153**	**623 915**	**78,9**
dont série collèges	*513 796*	*556 867*	*79,4*
CAP	**260 673**	**159 277**	**74,2**
BEP	**188 224**	**189 652**	**73,5**
Baccalauréat général	**287 046**	**261 137**	**82,5**
L : Littéraire	*71 460*	*49 418*	*82,2*
ES : Économique et social	*76 555*	*81 494*	*81,7*
S : Scientifique	*139 031*	*130 225*	*83,0*
Baccalauréat technologique	**138 267**	**143 277**	**76,9**
dont : STT	*78 894*	*74 312*	*75,2*
STI	*35 217*	*36 427*	*78,6*
SMS	*13 337*	*18 254*	*77,5*
STL	*4 840*	*6 491*	*84,5*
Baccalauréat professionnel	**67 096**	**93 958**	**76,9**
Ensemble des baccalauréats	**492 409**	**498 372**	**79,7**

* Année 2003 pour les CAP, les BEP.

Nombre moyen d'élèves par classe [2] [5]

	1980-81	1990-91	1999-00	2003-04
Premier degré				
Enseignement public :				
Écoles maternelles	30,1	27,9	25,5	...
Écoles élémentaires	23,6	22,5	22,3	...
Enseignement privé :				
Écoles maternelles	29,9	27,1	25,9	...
Écoles élémentaires	26,2	24,5	23,9	...
Second degré*				
Enseignement public :				
1er cycle**	23,4	24,3	24,2	24,0
2nd cycle professionnel	24,4	23,1	21,1	19,9
2nd cycle général et technologique	28,5	31,0	28,8	28,5
Enseignement privé :				
1er cycle**	24,0	24,3	24,8	24,8
2nd cycle professionnel	20,8	21,4	19,7	18,9
2nd cycle général et technologique	23,2	25,6	24,7	24,6

* France métropolitaine pour 1980 et 1990. ** Y compris CPA et CLIPA, non compris SES/SEGPA et classes-ateliers des collèges.

Nombre moyen d'élèves par enseignant en 2002 [4]

	Premier degré	Second degré
Allemagne	18,9	15,1
Belgique	13,1	9,3
Chine	20,4	17,3
Espagne	14,6	11,2
États-Unis	15,5	15,5
France	**19,4**	**12,2**
Grèce	12,5	9,3
Hongrie	10,8	11,7
Italie	10,6	10,2
Japon	20,3	14,8
Pays-Bas	17,0	15,9
Pologne	12,8	13,9
République tchèque	18,9	13,6
Royaume-Uni	19,9	14,8
Suède	12,5	13,2
Turquie	27,5	17,7

Espérance de scolarisation pour un enfant de 5 ans en 2002 [4]

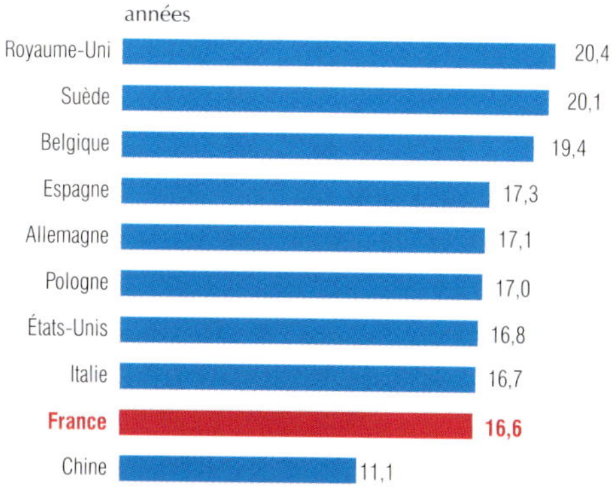

6 enseignement

PRÉSENTATION

Multipliée par deux depuis 1975, la *dépense intérieure d'éducation* atteint 111,3 Mds d'€ en 2003 (7,1 % du PIB) soit 1 810 € par habitant. De 1975 à 2003, sa croissance a été plus rapide que celle du PIB (2,5 % par an contre 2,2 %). Elle s'explique plus par la progression du coût de chaque élève que par celle du nombre d'élèves. L'État reste le premier financeur de cette dépense (64,8 %), devant les collectivités territoriales (19,4 %).

En 2003, la *dépense moyenne d'éducation par élève* atteint 6 600 €, soit 4 530 € pour un écolier du 1er degré, 8 210 € pour un élève du 2nd degré et 8 370 € pour un étudiant. Une scolarité commencée à l'âge de trois ans et menant à un bac général ou technologique sans redoublement, coûte 93 270 € [5].

En janvier 2004, le ministère de l'Éducation nationale rémunère 1 317 483 personnes, dont 89 % dans le secteur public. Plus des trois quarts de ces *personnels* (77 %) sont des enseignants, dont 86 % exercent dans le public. La moitié des enseignants (52 %) exercent dans le 2nd degré, 36 % dans le 1er degré, 7,5 % dans le supérieur et 4,5 % dans des établissements de formation en tant qu'enseignants ou stagiaires. Aujourd'hui plus de 70 % des enseignants du public sont professeurs des écoles dans le premier degré, agrégés ou certifiés dans le second degré. Les femmes sont plus nombreuses dans le premier degré (79 % dans le public et 91 % dans le privé), que dans le second degré (respectivement 57 % et 66 %). Dans le supérieur, elles restent minoritaires (35 %) bien qu'en progression. Près de 30 % des enseignants du public ont plus de 50 ans et 16 % moins de 30 ans. Ils ont en moyenne 41 ans dans le premier degré, 43 ans dans le second degré et 45 ans dans le supérieur.

En 2004, 303 747 agents assument des fonctions administratives, techniques, d'encadrement ou de surveillance et 50 190 aides-éducateurs et assistants d'éducation interviennent également dans les établissements scolaires [2] [4].

DÉFINITIONS

- ***Dépense intérieure d'éducation.*** *Dépenses effectuées par l'ensemble des agents économiques, administrations publiques centrales et locales, entreprises et ménages, pour les activités d'éducation : enseignement scolaire et extra-scolaire de tous niveaux, activités visant à organiser le système éducatif (administration générale, orientation, documentation pédagogique et recherche sur l'éducation), activités destinées à favoriser la fréquentation scolaire (cantines et internats, médecine scolaire, transports), dépenses demandées par les institutions (fournitures, livres, habillement). Cette dépense est évaluée chaque année par le compte de l'éducation qui a fait l'objet d'une rénovation en 1999 (intégration des DOM ; nouvelle évaluation des charges sociales rattachées aux rémunérations des personnels ; réévaluation des dépenses des ménages). Seule la dépense intérieure d'éducation a fait l'objet d'une rétropolation jusqu'en 1975. Les dépenses moyennes par élève n'ont pas été rétropolées, il y a donc une rupture de série en 1999.*
- ***Dépense moyenne d'éducation par élève.*** *Ensemble des dépenses et des activités dans les établissements publics et privés à l'exclusion des activités extra-scolaires (dont la formation continue).*
- ***Personnels de l'Éducation nationale.*** *Personnel en activité (hors recherche). Les enseignants des secteurs public et privé sous contrat sont pris en compte. Pour les autres personnels, seul le secteur public est pris en compte. Les personnels ATOSS (personnels administratifs, techniques, ...) et d'encadrement du privé sous contrat sont rémunérés par les établissements qui reçoivent pour cela une subvention du ministère de l'Éducation nationale.*

POUR EN SAVOIR PLUS

- « Les enseignants du second degré dans les collèges et lycées publics en 2003-2004 », *Note d'information*, DEP, n° 04-26, novembre 2004.
- France portrait social 2004-2005, Insee, octobre 2004.
- « Projection à long terme du système éducatif », *Éducation & formations*, DEP, n° 68, édition mai 2004.

SOURCES

[1] Ministère de l'Éducation nationale, de l'Enseignement supérieur et de la Recherche, direction de l'évaluation et de la prospective (DEP), (www.education.gouv.fr).

[2] *L'état de l'école*, DEP, n° 14, octobre 2004.

[3] *Regards sur l'éducation*, Les indicateurs de l'OCDE, édition 2004.

[4] *Repères & références statistiques*, DEP, édition 2004.

[5] « Le coût de l'éducation en 2003 », *Note d'information*, DEP, n° 05-05, février 2005.

Effectifs des personnels de l'Éducation nationale* [1]

	1995	2000	2002	2003	2004	dont femmes %
Enseignants du 1er degré	357 885	358 892	362 103	363 876	364 380	*80,8*
public	*314 217*	*314 730*	*317 293*	*318 236*	*318 381*	*79,3*
privé	*43 668*	*44 162*	*44 810*	*45 640*	*45 999*	*91,0*
Enseignants du 2nd degré	487 095	515 234	526 179	530 298	529 658	*58,4*
*public***	*395 824*	*420 240*	*428 925*	*431 769*	*430 263*	*56,7*
privé	*91 271*	*94 994*	*97 254*	*98 529*	*99 395*	*65,6*
Enseignants du supérieur	60 205	71 600	74 094	74 881	75 853	*34,7*
Enseignants et stagiaires des établissements de formation	36 892	34 570	42 295	45 629	43 845	*67,2*
Personnel administratif, technique, d'encadrement et de surveillance	297 750	303 320	309 535	311 425	303 747	*65,9*
Total	**1 239 827**	**1 283 616**	**1 314 206**	**1 326 109**	**1 317 483**	***65,2***

* Au 1er janvier. ** Y compris les documentalistes et les personnels de remplacement, hors personnels de direction.

Établissements du premier et du second degré [4]

	1990-1991	2003-2004	dont public
Écoles maternelles	19 248	18 147	*17 948*
Écoles élémentaires	44 975	39 040	*33 716*
Premier degré	**64 223**	**57 187**	***51 664***
Collèges	6 833	6 987	*5 183*
Lycées professionnels	2 171	1 716	*1 072*
Lycées d'enseignement général et technique	2 584	2 620	*1 538*
Second degré	**11 588**	**11 323**	***7 793***

Dépense moyenne par élève [2]

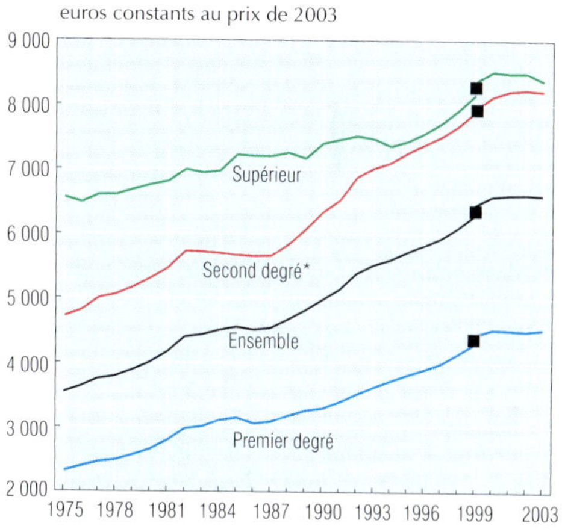

* Y compris l'apprentissage depuis 1999.

Enseignants des 1er et 2nd degré par corps* [1]

	Janv. 2004	dont femmes %
Premier degré public*	**318 381**	***79,3***
dont : Professeurs des écoles	*232 002*	*79,3*
Instituteurs	*86 267*	*79,4*
Premier degré privé (sous contrat)	**45 999**	***91,0***
dont : Professeurs des écoles	*30 501*	*90,2*
Instituteurs	*15 080*	*93,0*
Second degré public**	**430 263**	***56,7***
Agrégés et chaires supérieures	49 512	*49,4*
Certifiés et assimilés	258 440	*60,9*
Adjoints et chargés d'enseignement	4 178	*48,8*
PEGC	16 473	*56,3*
Professeurs de lycées professionnels	65 716	*48,7*
Professeurs des écoles	8 702	*50,9*
Instituteurs et instituteurs spécialisés	1 286	*47,5*
Maîtres auxiliaires, contractuels	25 956	*53,7*
Second degré privé (sous contrat)	**99 395**	***65,6***
dont : Agrégés et chaires supérieures	*3 034*	*43,9*
Certifiés et assimilés	*48 917*	*65,8*
Adj. et chargés d'enseignement	*15 566*	*73,1*
Maîtres auxiliaires, contractuels	*19 059*	*64,5*

* Y compris les directeurs, les psychologues scolaires et les titulaires remplaçants. ** Y compris les documentalistes et les personnels de remplacement, hors personnels de direction.

Dépense d'éducation par rapport au PIB en 2001 [3]

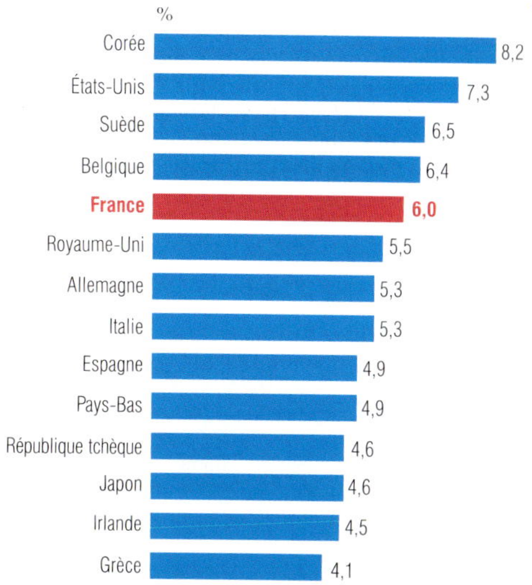

Dépense intérieure d'éducation [2]

	1975	1995	p 2000	p 2003
Aux prix courants (Mds d'€)	15,1	91,3	105,4	111,3
Aux prix 2003 (Mds d'€)	56,2	101,3	111,3	111,3
En % du PIB	*6,7*	*7,7*	*7,4*	*7,1*
Par habitant aux prix 2003 (€)	1 070	1 700	1 840	1 810
Par élève aux prix 2003 (€)	3 540	5 720	■ 6 590	6 600

6 enseignement

PRÉSENTATION

À la rentrée 2003, 2 255 000 étudiants sont inscrits dans l'enseignement supérieur, soit 46 300 de plus qu'en 2002. Après une relative stagnation de 1995 à 2001, leur nombre augmente pour la 2ème année consécutive. Cette hausse est liée à la mise en place du cursus européen *licence-master-doctorat (LMD)*, à la détérioration du marché du travail qui favorise la poursuite d'études et surtout à la présence croissante d'étudiants étrangers (245 300 en 2003). Les universités (disciplines générales et de santé) accueillent près de six étudiants sur dix, les filières courtes (*IUT, STS*, formations paramédicales et sociales) plus d'un étudiant sur cinq et les *grandes écoles* et leurs classes préparatoires, plus d'un sur dix.

En 2003, la quasi-totalité des bacheliers généraux et près de quatre bacheliers technologiques sur cinq s'inscrivent dans le supérieur dès la rentrée suivante. Seul, un titulaire sur cinq d'un baccalauréat professionnel (hors inscriptions en STS dans le cadre de l'apprentissage et contrats de qualification) est dans ce cas, mais ils sont de plus en plus nombreux à poursuivre leurs études par la voie de l'alternance [1] [3].

Depuis 1980, les étudiantes sont plus nombreuses que les étudiants. Les femmes prédominent dans les filières littéraires, paramédicales et sociales mais restent minoritaires dans les formations scientifiques et techniques. Depuis les années 70, elles sont majoritaires parmi les licenciés, depuis le milieu des années 80 parmi les titulaires d'une *maîtrise* et depuis la moitié des années 90 parmi les diplômés de *DESS*. Aujourd'hui 23 % des ingénieurs (15 % en 1984) et 42 % des docteurs (28 % en 1980) sont des femmes [5].

Plus d'un tiers des étudiants inscrits dans une formation longue (université hors IUT et *CPGE*) ont des parents cadres supérieurs ou exerçant une profession libérale ; ils sont 52 % en CPGE et 45 % dans les disciplines de santé à être issus de cette catégorie sociale. En revanche, 38 % des inscrits en STS et 31 % en IUT sont enfants d'ouvriers et d'employés [2].

DÉFINITIONS

- ***AES.*** *Filière universitaire administrative, économique et sociale.*
- ***BTS.*** *Brevet de technicien supérieur.*
- ***CPGE.*** *Classe préparatoire aux grandes écoles.*
- ***DEA et DESS.*** *Diplôme d'études approfondies et diplôme d'études supérieures spécialisées : 1 an après la maîtrise.*
- ***DEUG et DEUST.*** *Diplôme d'études universitaires générales et diplôme d'études universitaires en sciences et techniques : 2 ans après le baccalauréat.*
- ***DUT.*** *Diplôme universitaire de technologie, délivré par un IUT.*
- ***Grandes écoles.*** *Classes préparatoires intégrées, CPGE, écoles d'ingénieurs (y compris les écoles dépendantes des universités), écoles vétérinaires, écoles de commerce reconnues à diplôme visé et écoles normales supérieures et autres grands établissements.*
- ***IUFM.*** *Institut universitaire de formation des maîtres.*
- ***IUT.*** *Institut universitaire de technologie.*
- ***Licence.*** *1 an après le DEUG ou le DEUST.*
- ***Licence-Master-Doctorat (LMD).*** *Le décret du 8 avril 2002 fixe l'organisation de l'enseignement supérieur, renouvelée et fondée sur les 3 grades de licence, master et doctorat. À la rentrée 2003, 16 universités ont ouvert des formations LMD.*
- ***Maîtrise.*** *1 an après la licence, 2 ans après le DEUG.*
- ***STAPS.*** *Sciences et techniques des activités physiques et sportives.*
- ***STS.*** *Section de technicien supérieur.*

POUR EN SAVOIR PLUS

- *Note d'information*, ministère de l'Éducation nationale, de l'Enseignement supérieur et de la Recherche, DEP : « Mobilité internationale des étudiants », n° 05-01, janvier 2005 ; « Premières estimations de la rentrée 2004 dans l'enseignement supérieur », n° 04-39, décembre 2004 ; « Les étudiants étrangers en France », n° 04-23, septembre 2004.
- « L'enseignement supérieur », *Éducation & formations*, DEP, n° 67, mars 2004.
- Atlas régional – les effectifs d'étudiants en 2003-2004, DEP, 2004.

SOURCES

[1] *L'état de l'école*, édition 2004, DEP, n° 14, octobre 2004.

[2] *Repères & références statistiques*, DEP, édition 2004.

[3] *Note d'information*, DEP : « Que deviennent les bacheliers après leur baccalauréat ? », n° 04-14, juin 2004 ; « Les étudiants dans l'ensemble du supérieur », n° 04-28, novembre 2004.

[4] Ministère de l'Éducation nationale, de l'Enseignement supérieur et de la Recherche.

[5] « Filles et garçons dans le système éducatif 1984-2004, quelle évolution ? », Colloque « De la mixité…à l'égalité dans le systhème éducatif », ministère de l'Éducation nationale, de l'Enseignement supérieur et de la Recherche, mai 2004.

Étudiants de l'enseignement supérieur public et privé [2]

	1990-1991	2000-2001	2001-2002	2002-2003	2003-2004
Universités hors IUT	1 085 609	1 277 514	1 256 304	1 277 066	1 311 943
dont formations d'ingénieurs universitaires	*10 545*	*22 504*	*23 217*	*25 240*	*24 855*
IUT	74 328	119 246	118 060	115 465	113 722
Total Universités	**1 159 937**	**1 396 760**	**1 374 364**	**1 392 531**	**1 425 665**
IUFM	///	80 184	84 009	89 062	85 808
STS	199 333	238 923	236 913	235 459	234 195
CPGE	64 427	70 263	70 703	72 015	72 053
Préparations intégrées	3 965	3 571	3 459	3 323	3 271
Formations d'ingénieurs non universitaires	40 328	61 609	63 467	63 840	66 146
Écoles de commerce, gestion, vente et comptabilité	46 128	63 905	70 363	74 680	80 619
Établissements universitaires privés	19 971	21 739	20 667	19 751	* 19 751
Écoles paramédicales et sociales	74 435	93 386	102 968	111 191	116 562
Autres établissements d'enseignement supérieur **	108 536	130 765	137 772	146 676	150 794
Total Enseignement supérieur	**1 717 060**	**2 161 105**	**2 164 685**	**2 208 528**	**2 254 864**

* Année 2002. ** Écoles normales sup., écoles juridiques et administratives, écoles sup. d'art et d'architecture, écoles vétérinaires, grands établissements et autres écoles.

Taux d'accès immédiat des bacheliers de l'année 2003 dans les différentes filières de l'enseignement supérieur* [1] %

	Bac général	Bac technologique	Bac professionnel	**Tous bacs**
Universités (hors IUT)	62,8	18,1	6,3	**39,8**
IUT	10,7	10,0	0,7	**8,7**
CPGE	13,0	1,0	0,0	**7,3**
STS	8,0	45,1	14,4	**19,7**
Autres formations	9,7	4,2	0,6	**6,5**

* Un bachelier peut s'inscrire dans plusieurs formations, ce qui explique que le total soit parfois supérieur à 100.

Effectifs universitaires par cycle [2] milliers

	1er cycle	2nd cycle	3ème cycle	**Ensemble**
1985-1986	497,6	288,6	159,6	**945,8**
1990-1991	615,8	366,3	177,9	**1 159,9**
1995-1996	782,1	478,4	201,5	**1 462,0**
2000-2001	708,6	472,6	215,5	**1 396,8**
2002-2003	683,1	479,5	229,9	**1 392,5**
2003-2004	692,2	491,6	241,9	**1 425,7**

Principaux diplômes délivrés dans l'enseignement supérieur* [4]

	1995	2000	2002
BTS	77 579	94 892	102 335
DUT	37 380	47 478	48 877
DEUG, DEUST	132 390	124 700	120 935
Licence	127 178	135 017	138 201
Maîtrise	80 833	93 304	96 034
DESS	21 077	32 612	43 256
DEA	25 420	23 428	26 529
Diplôme d'ingénieur	21 851	24 624	26 155
Doctorat	8 969	9 991	■ 8 241
Diplôme de santé	7 717	6 661	5 755

* Le mode de collecte de l'information sur les diplômes a évolué entre 2000 et 2001. Pour les doctorats la rupture de série est marquante.

Répartition par discipline des étudiants en université en 2003-2004 [2]

Discipline	Ensemble milliers	*dont femmes %*
Droit, sciences politiques	172,7	*64,7*
Sciences économiques, gestion	129,9	*49,7*
AES	54,1	*60,5*
Lettres, sciences du langage, arts	120,4	*73,1*
Langues	123,6	*76,1*
Sciences humaines et sociales	239,6	*67,4*
Pluri-lettres-langues-sciences humaines	1,5	*82,3*
Sciences fondamentales et applications	183,2	*27,8*
Sciences de la nature et de la vie	78,3	*57,2*
STAPS	47,7	*31,6*
Pluri-sciences	4,5	*38,9*
Médecine, odontologie	130,4	*58,1*
Pharmacie	26,3	*67,4*
IUT	113,7	*39,6*
Total	**1 425,7**	***56,4***

Origine socioprofessionnelle des étudiants français dans l'enseignement supérieur en 2003-2004* [2] %

Catégorie socioprofessionnelle du chef de famille	Université	*dont :*		CPGE	STS	Autres formations**	**Ensemble**
		Santé	*IUT*				
Agriculteurs	2,0	*1,6*	*3,0*	2,1	4,7	2,4	**2,4**
Artisans, commerçants et chefs d'entreprise	6,8	*5,4*	*8,0*	7,6	8,2	8,6	**7,3**
Professions libérales et cadres supérieurs	32,4	*45,3*	*26,7*	52,3	14,4	34,0	**31,3**
Professions intermédiaires	15,8	*14,9*	*19,2*	14,5	16,4	13,0	**15,3**
Employés	13,0	*7,2*	*15,7*	8,7	16,5	8,8	**12,5**
Ouvriers	10,6	*5,2*	*15,7*	5,1	21,4	5,9	**10,8**
Retraités, inactifs	11,1	*6,8*	*7,8*	6,4	13,2	7,3	**10,5**
Indéterminé	8,4	*13,5*	*3,8*	3,4	5,2	20,1	**9,9**
Effectif des étudiants français	**1 259 532**	***136 005***	***107 130***	**67 216**	**215 015**	**328 410**	**1 870 173**

* Principales filières de l'enseignement supérieur public et privé. ** Répartition observée en 2000-2001 sauf les IUFM.

6 enseignement

PRÉSENTATION

L'élévation des *niveaux de formation* observée depuis 1960 marque le pas depuis plusieurs années. La durée moyenne des études reste stable, aux environs de 19 ans. En France métropolitaine, la part d'une génération obtenant le baccalauréat qui était de 11,6 % en 1964 et 28,6 % en 1984, atteint 62 % en 2004. Si ce taux reste stable, la part des différentes filières se modifie : depuis 1995, la proportion de bacheliers généraux diminue au profit de celle des bacheliers professionnels, celle des bacheliers technologiques restant stable. En 2002, parmi les 745 000 jeunes sortants de formation initiale, près de 40 % sont diplômés du supérieur. À l'opposé, 151 000 jeunes, quittent l'école sans diplôme ou avec au mieux un brevet [1] [4].

En 2002, les *CFA*, hors classes préparatoires d'apprentissage, accueillent 363 476 *apprentis* dont 30 % seulement sont des filles. Après avoir augmenté dans les années 90, ces effectifs se stabilisent. La hausse du niveau de formation des apprentis se poursuit : en 2002, 64 % préparent une formation de niveau CAP ou BEP (79 % en 1995), 20 % de niveau bac ou brevet professionnel (14 % en 1995) et 16 % un diplôme de l'enseignement supérieur (7 % en 1995) [3].

En 2002, la dépense globale de *formation professionnelle continue* et d'apprentissage diminue légèrement et s'élève à 21,8 Mds d'euros, soit 1,43 % du PIB [2].

Le niveau d'éducation de la population européenne s'est considérablement amélioré ces trente dernières années, notamment pour les femmes. En 2003, plus de 76 % des jeunes de 20 à 24 ans, ont au moins terminé le 2nd cycle du secondaire. Toutefois, 16 % des jeunes âgés de 18 à 24 ans quittent l'école prématurément, avant le 2nd cycle du secondaire : cette proportion varie de moins de 10 %, en Autriche, Finlande, Pologne, République tchèque, Slovaquie ou Suède à 40 % au Portugal et 48 % à Malte. En France, elle s'élève à 13,7 % [6].

DÉFINITIONS

- **Apprentis.** *Jeunes âgés de 16 à 25 ans préparant un diplôme de l'enseignement technologique ou professionnel dans le cadre d'un contrat de travail de type particulier associant une formation en entreprise et des enseignements dispensés dans un centre de formation d'apprentis.*
- **CFA.** *Centre de formation d'apprentis.*
- **Formation professionnelle continue.** *Se répartit en deux grands secteurs distincts :*
  - *actions financées par les entreprises, qui ont l'obligation de consacrer 1,5 % de la masse salariale (entreprises de dix salariés et plus) ou 0,15 % (entreprises de moins de dix salariés) à la formation continue ;*
  - *actions financées par les fonds publics, essentiellement consacrées aux demandeurs d'emploi et à la promotion sociale.*
- **Niveaux de formation.**
  Niveau VI : sorties du 1er cycle du second degré (6ème, 5ème, 4ème) et des formations préprofessionnelles en un an.
  Niveau Vbis : sorties de 3ème générale, de 4ème et 3ème technologiques et des classes du second cycle court avant l'année terminale.
  Niveau V : sorties de l'année terminale des cycles courts professionnels et abandons de la scolarité du second cycle long avant la classe terminale.
  Niveau IV : sorties des classes terminales du second cycle long et abandons des scolarisations post-baccalauréat avant d'atteindre le niveau III.
  Niveau III : sorties avec un diplôme de niveau Bac + 2 ans (DUT, BTS, DEUG, écoles des formations sanitaires ou sociales, etc.).
  Niveaux II et I : sorties avec un diplôme de second (licence ou maîtrise) ou troisième (DEA ou DESS) cycle universitaire, ou un diplôme de grande école.
- **Taux de scolarisation.** *Pourcentage de jeunes d'un âge donné scolarisés par rapport à la population totale du même âge.*

POUR EN SAVOIR PLUS

- « La formation continue universitaire consacre une part toujours plus importante aux formations diplômantes », *Note d'information*, DEP, n° 05.06, février 2005.
- *Premières informations et premières synthèses*, Dares : « L'apprentissage en 2003 », n° 53.3, décembre 2004 ; « Les chômeurs accèdent deux fois moins que les salariés à la formation continue, mais pour des durées quatre fois plus longues », n° 51.2, décembre 2004.
- « Les familles ouvrières et le devenir de leurs enfants », *Économie et Statistique*, Insee, n° 371, décembre 2004.

SOURCES

[1] « Résultats définitifs de la session 2004 du baccalauréat », *Note d'information*, ministère de l'Éducation nationale, de l'Enseignement supérieur et de la Recherche, DEP, n° 05.09, mars 2004.

[2] « Une légère baisse des dépenses de formation professionnelle en 2002 », *Premières informations et premières synthèses*, Dares, n° 09.1, mars 2005.

[3] *Repères & références statistiques*, DEP, édition 2004.

[4] *L'état de l'école*, DEP, n° 14, octobre 2004.

[5] Enquête sur l'emploi, Insee.

[6] « Enquête européenne sur les forces de travail – Principaux résultats 2003 », *Statistiques en bref*, thème Population et conditions sociales, Eurostat, n° 14/2004.

Proportion de bacheliers dans une génération* [1]

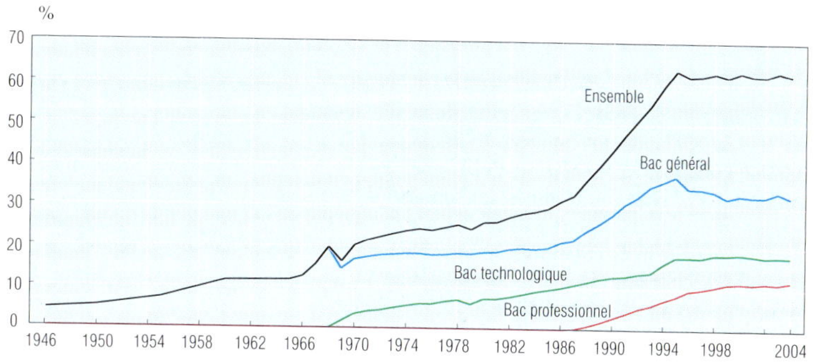

* France métropolitaine.

Niveau général de formation selon l'âge en 2004* [5] %

	15 à 19 ans	20 à 24 ans	25 à 49 ans	50 à 64 ans	65 ans et plus	**Ensemble**
Aucun diplôme ou CEP	3,4	10,5	20,9	40,2	69,0	**32,6**
BEPC seul	1,3	4,9	6,6	7,4	6,2	**6,2**
CAP, BEP ou diplôme équivalent	1,8	15,4	27,6	25,6	11,2	**20,8**
Bac, brevet professionnel ou équivalent	0,4	14,5	16,1	11,0	7,3	**11,9**
Baccalauréat + 2 ans	0,0	6,8	13,5	6,6	2,1	**8,1**
Diplôme supérieur	0,0	2,8	13,9	9,2	4,2	**8,9**
En cours d'études initiales	93,1	45,1	1,4	0,0	0,0	**11,5**
Total	**100,0**	**100,0**	**100,0**	**100,0**	**100,0**	**100,0**

* France métropolitaine : ensemble des personnes de 15 ans ou plus.

Taux de scolarisation par âge* [3] %

	1982-1983	1991-1992	2001-2002	2002-2003
2 ans	33,1	34,4	34,7	32,0
3 ans	91,0	98,8	100,0	100,0
4 à 13 ans	100,0	100,0	100,0	100,0
14 ans	97,3	100,0	99,8	100,0
15 ans	92,9	100,0	98,4	98,4
16 ans	75,5	95,2	97,7	97,3
17 ans	61,1	91,0	91,8	92,7
18 ans	41,7	80,9	80,2	80,1
19 ans	27,7	65,2	65,9	66,6
20 ans	17,5	46,9	51,5	52,2
21 ans	12,8	33,6	40,4	40,7
22 ans	9,5	23,9	32,5	32,4
23 ans	8,1	15,8	24,6	24,0
24 ans	6,7	10,1	17,0	17,0
25 ans	5,5	7,3	11,7	11,9

* France métropolitaine.

Répartition des jeunes sortants de formation initiale selon le diplôme obtenu* [4] %

Diplôme obtenu	1980	1990	2000	2002
Aucun diplôme	27,9	21,3	12,4	13,0
Brevet seul	11,0	9,7	8,8	7,2
CAP, BEP ou équivalent	30,3	22,4	19,5	18,0
Baccalauréat général	11,2	7,8	11,7	9,7
Bac. techno, professionnel ou assimilé	4,4	10,1	11,6	14,0
BTS, DUT et équivalents	4,0	9,5	12,0	12,3
Paramédical et social	3,3	2,6	2,2	2,1
DEUG	1,7	3,0	2,0	1,2
Licence et plus	6,2	13,6	19,9	22,4
Total des sortants (milliers)	***725***	***642***	***760***	***745***

* France métropolitaine.

Dépense pour la formation professionnelle continue et l'apprentissage [2] milliards d'euros

Public bénéficiaire	1995	2000	*p* 2002
Jeunes (moins de 26 ans en général)	3,7	5,5	5,5
Demandeurs d'emploi et autres*	4,3	3,4	3,2
Actifs occupés**	11,6	12,4	12,8
Total (hors investissement)	**19,6**	**21,3**	**21,5**
Investissements	0,3	0,2	0,3
Total général	**19,9**	**21,5**	**21,8**
Part dans le PIB en %	*1,68*	*1,52*	*1,43*

* Publics en difficulté d'insertion : migrants, handicapés, détenus... ** Secteur privé et Fonction publique.

Niveau d'éducation dans quelques pays européens en 2003* [6] %

	Population des 25-64 ans ayant au moins terminé le 2nd cycle du secondaire	Jeunes de 18-24 ans quittant prématurément l'école**
Allemagne	83,5	12,8
Danemark	81,9	10,0
Espagne	42,7	29,8
France	**64,6**	**13,7**
Grèce	54,1	15,3
Hongrie	74,0	11,8
Italie	46,9	23,5
Pays-Bas	*p* 67,6	*p* 15,0
Pologne	82,1	6,3
Portugal	22,2	40,4
République tchèque	88,4	6,0
Royaume-Uni	*p* 66,9	*p* 16,7
Suède	82,0	9,0
UE à 25	**66,4**	**16,0**

* Deuxième trimestre 2003, sauf pour la France : premier trimestre. ** Jeunes qui ne suivent pas d'enseignement ni de formation et qui ont le niveau du 1er cycle du secondaire.

7 santé

PRÉSENTATION

Les maladies cardio-vasculaires sont la 1ère cause de mortalité en France chez les femmes (1 décès sur 3) et la 2ème chez les hommes (3 décès sur 11) en 2001. À l'inverse, 2ème cause de décès chez les femmes et 1ère chez les hommes, les tumeurs sont à l'origine de respectivement 1 décès sur 4 et 1 sur 3. Les accidents de la circulation sont la 1ère cause de mortalité des hommes et des femmes âgés de 15 à 24 ans, avec respectivement 44,4 % et 36,1 % des décès [1].

En 2004, 85 390 *accidents de la circulation* ont entraîné la mort de 5 232 personnes et en ont blessé 108 727, dont 17 435 gravement. Le nombre de tués diminue de 8,7 %, celui des accidents corporels de 5,4 % et celui des blessés graves de 9,2 %. C'est sur l'alcool (38 % de la baisse des accidents) et la vitesse (34,5 % de la baisse sur les autoroutes de liaison) que les progrès sont les plus importants. Entre 2001 et 2004, le nombre de tués a baissé de 32,2 % et celui des blessés de 29,4 %. La diminution du nombre de décès dus à des accidents du travail s'accentue en 2003 (– 10,1 %) [2] [6].

En 2002, le nombre d'*interruptions volontaires de grossesse* est évalué à 206 000 en France métropolitaine, soit 14 % de plus qu'en 1995. Ce nombre représente une moyenne de 14,3 IVG pour 1 000 femmes de 15 à 49 ans. Neuf IVG sur dix concernent des femmes de 18 à 39 ans. Près de 11 000 jeunes filles mineures y ont recouru en 2002. Cette pratique croît régulièrement depuis 1995 [8].

En 2004, le sida a tué plus de 3 millions de personnes dans le monde. L'Onusida estime qu'en moyenne 40 millions de personnes sont porteuses du VIH, dont 5 millions nouvellement contaminées. Près des deux tiers des personnes ainsi que plus des trois quarts des femmes vivant avec le VIH se trouvent en Afrique subsaharienne. Entre 2002 et 2004, le nombre de personnes vivant avec le VIH s'est accru de près de 50 % en Asie de l'est et de 40 % en Europe orientale et en Asie centrale. En France, fin juin 2004, 33 900 personnes sont décédées depuis le début de l'épidémie [4] [7].

DÉFINITIONS

- ***Statistiques des causes de décès.*** *Ces statistiques sont élaborées à partir de la confrontation des certificats médicaux de décès adressés à l'Inserm (Institut national de la santé et de la recherche médicale) par les DDASS (Directions départementales de l'action sanitaire et sociale), avec les données sociodémographiques transmises par l'Insee. Toute déclaration de décès est en principe accompagnée par la déclaration de la cause de décès dressée sur bulletin anonyme. Celle-ci est codée selon les règles de classification internationale des maladies. L'importance de certaines maladies, qui peuvent être « impliquées » dans le décès sans être considérées comme la cause immédiate de celui-ci, est sous-estimée : c'est le cas des maladies circulatoires, de l'alcoolisme et du tabagisme.*
- ***Victimes des accidents de la circulation.*** *La statistique officielle française des tués inclut les personnes décédées sur le coup ou dans les 6 jours qui suivent l'accident. La statistique internationale allonge ce délai jusqu'à 30 jours.*
- ***Interruptions volontaires de grossesse (IVG).*** *Autorisées par la loi Veil depuis 1975, les IVG doivent faire l'objet d'une déclaration qui prend la forme d'un bulletin statistique. Deux autres sources sont exploitées : la Statistique annuelle des établissements de santé (SAE) et les données issues du Programme médicalisé des systèmes d'informations (PMSI). L'Ined, l'Inserm et la Drees publient des études sur le sujet à partir de ces 3 sources. L'acte d'IVG n'est pas pris en charge par la Sécurité sociale mais par l'État sur un autre budget. Les deux tiers des IVG sont pratiquées dans des établissements hospitaliers publics.*
- ***Taux d'incidence.*** *Nombre de cas de sida de l'année rapporté à la population totale.*

POUR EN SAVOIR PLUS

- « Pourquoi le nombre d'avortements n'a-t-il pas baissé en France depuis 30 ans », *Population & sociétés*, Ined, n° 407, décembre 2004.
- « Le travail est rendu responsable d'un problème de santé sur cinq », *Premières synthèses*, Dares, n° 19.1, mai 2004.

SOURCES

[1] « Statistique annuelle des causes médicales de décès », Inserm, 2001.

[2] « Statistiques nationales des accidents du travail – année 2003 », Cnamts, 2005.

[3] Conférence européenne des ministres des transports (CEMT), 2004.

[4] « Rapport 2003 », Centre européen pour la surveillance épidémiologique du sida, n° 70, novembre 2004 ; « Surveillance du VIH/sida en France – données au 31 mars 2004 », rapport n° 2, Institut de veille sanitaire.

[5] Eurostat.

[6] Direction de la Sécurité et de la Circulation routières.

[7] Onusida (www.unaids.org) ; Institut de veille sanitaire (www.invs.sante.fr).

[8] « Les interruptions volontaires de grossesse en 2002 », *Études et résultats*, Drees, n° 348, octobre 2004.

Causes médicales de décès par sexe et âge en 2001* [1]

%

	Hommes						Femmes					
	15-24 ans	25-44 ans	45-54 ans	55-64 ans	65 ans et plus	total	15-24 ans	25-44 ans	45-54 ans	55-64 ans	65 ans et plus	total
Maladies cardio-vasculaires	2,7	10,3	16,3	18,9	31,9	27,2	5,3	9,3	11,0	14,4	36,6	33,3
Tumeurs	6,6	16,7	40,5	48,5	32,1	33,2	12,4	33,3	49,8	53,6	20,3	23,4
Maladies de l'appareil respiratoire	0,8	1,6	2,2	3,4	7,7	6,2	1,9	2,0	2,0	2,3	6,4	5,8
Maladies de l'appareil digestif	0,4	5,1	8,3	6,8	4,1	4,8	1,0	5,6	8,0	6,3	4,0	4,3
Troubles mentaux	1,1	4,1	4,1	2,5	2,5	2,7	0,4	2,6	2,8	1,7	4,3	4,0
Maladies infectieuses et parasitaires	0,8	4,3	2,0	1,6	1,7	1,9	1,3	3,8	1,3	1,5	1,9	1,9
dont : sida	*0,2*	*3,0*	*0,8*	*0,3*	*n.s.*	*0,3*	-	*2,3*	*0,3*	*0,1*	*n.s.*	*0,1*
Autres maladies	15,8	16,2	12,0	10,8	15,3	15,1	19,7	17,1	12,3	12,7	21,2	20,7
Causes externes	71,8	41,7	14,6	7,5	4,7	8,9	58,0	26,3	12,7	7,4	5,2	6,5
dont : accidents de la circulation	*44,4*	*13,0*	*2,8*	*1,3*	*0,4*	*2,1*	*36,1*	*7,8*	*2,4*	*1,3*	*0,2*	*0,8*
suicides	*12,7*	*17,8*	*6,5*	*2,8*	*1,1*	*2,8*	*11,1*	*11,8*	*5,6*	*3,0*	*0,4*	*1,1*
Total toutes causes (nombre)	**3 420**	**15 147**	**23 893**	**30 924**	**195 874**	**272 271**	**1 220**	**6 756**	**10 318**	**13 451**	**224 835**	**258 801**

* France métropolitaine.

Accidents du travail par secteur [2]

Secteur de risque	Accidents avec arrêt		Décès	
	2002 milliers	2003 milliers	2002	2003
Ensemble des activités*	760,0	721,2	686	661
dont : Métallurgie	*103,5*	*92,6*	*74*	*57*
*Bâtiment et travaux publics***	*125,8*	*119,7*	*157*	*181*
*Transports, EGE***, Livre, Communication*	*97,0*	*94,3*	*181*	*146*
Alimentation	*130,7*	*127,1*	*47*	*51*
Commerce	*61,0*	*58,7*	*67*	*54*
Activités de services et travail temporaire	*176,7*	*170,7*	*117*	*126*
Accidents du trajet*	89,6	82,9	615	508
Total	**849,6**	**804,1**	**1 301**	**1 169**

*Y compris bureaux et autres activités non ventilées ailleurs. ** Hors sièges sociaux et bureaux. *** Eau, gaz, électricité.

Cas de sida par année de diagnostic [4]

	1996	2003		Total cumulé*
	nb	nb	Tx d'incidence**	nb
Allemagne	1 618	353	4,3	22 678
Espagne	6 628	1 363	33,2	67 466
France	**4 018**	**1 420**	**22,9**	**58 939**
Italie	5 047	1 759	30,6	52 836
Lettonie	5	58	25,3	227
Royaume-Uni	1 436	838	14,1	20 096
Suède	135	52	5,9	1 910
UE à 25	**21 347**	**6 443**		**253 474**

* Totaux cumulés (non redressés) du début de l'épidémie au 1er semestre 2003 et au 1er trimestre 2004 pour la France. ** Par million d'habitants.

Insécurité routière* [6]

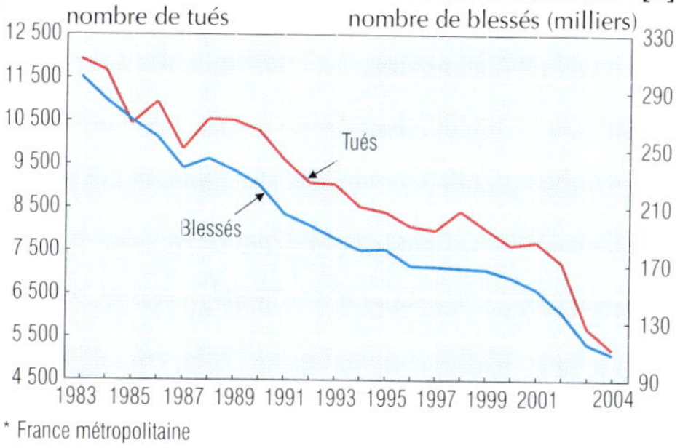

* France métropolitaine

Victimes d'accidents de la route en 2003 [3]

nombre de tués pour 1 million d'habitants

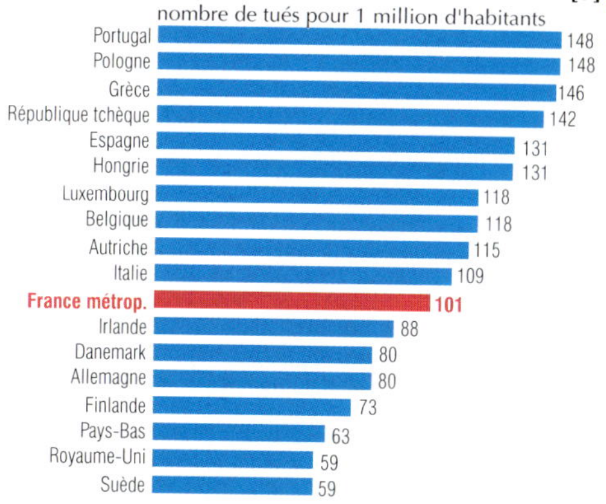

Taux de mortalité par cause de décès et par sexe en 2001 [5]

pour 10 000 habitants

	Allemagne		Finlande		France		Grèce*		Royaume-Uni*	
	Hommes	Femmes	Hommes	Femmes	**Hommes**	**Femmes**	Hommes	Femmes	Hommes	Femmes
Appareil circulatoire	35,5	23,4	36,8	20,7	**21,9**	**12,8**	35,8	28,0	31,4	19,4
Tumeurs malignes	23,1	14,0	19,9	12,1	**27,0**	**12,6**	22,1	11,5	22,2	15,9
Appareil respiratoire	5,6	2,5	8,0	3,5	**5,0**	**2,2**	6,1	3,9	12,4	8,5
Appareil digestif	4,5	2,6	3,8	2,2	**4,1**	**2,1**	2,2	1,3	3,4	2,6
Causes extérieures	5,0	2,0	11,0	3,5	**8,1**	**3,5**	5,9	1,7	3,9	1,6
dont : accidents liés aux transports	*1,3*	*0,4*	*1,5*	*0,5*	***2,0***	***0,7***	*0,3*	*0,1*	*0,9*	*0,3*
suicides	*1,9*	*0,6*	*3,5*	*1,0*	***2,6***	***0,8***	*0,0*	*0,0*	*1,1*	*0,3*

* 2000.

PRÉSENTATION

Au 1er janvier 2004, 207 700 médecins sont en activité en France, dont 203 487 en France métropolitaine. Sous l'hypothèse d'un *numerus clausus* à 7 000 à partir de 2006 et en supposant constants les comportements des professionnels observés sur les années récentes (choix de spécialité, d'installation, de cessation d'activité...), le nombre de médecins en activité en France passerait à 186 000 en 2025. Le nombre de femmes (76 100 en 2002) augmenterait de 28 % pour atteindre 97 300 et représenter 52 % des médecins en activité en 2025. L'âge moyen des médecins augmenterait jusqu'en 2015, passant de 47,5 ans à 50,6 ans, pour revenir en deçà de 47 ans en 2025.

En 2002, le *revenu* moyen net de charges professionnelles, provenant de l'*activité libérale* des médecins, croît de 9,8 % pour les omnipraticiens (contre 2,0 % en 2001) et de 7,7 % pour les spécialistes (contre 3,9 % en 2001). Il s'échelonne de 52 400 € pour les psychiatres à 185 600 € pour les radiologues avec une grande variabilité selon les régions. Les revenus moyens des infirmiers et des chirurgiens-dentistes augmentent respectivement de 12,7 % et 7,9 % en 2002.

Au 1er janvier 2005, la France compte 452 500 infirmiers soit 3,4 % de plus qu'en 2004 et 60 400 masseurs-kinésithérapeutes. Depuis 1990, ce nombre a augmenté de plus de 53 %, soit 3 % en moyenne par an. Cette profession, aux trois quarts libérale, est de plus en plus féminisée : 44 % des masseurs-kinésithérapeutes sont des femmes en 2004.

Au 1er janvier 2005, 16 550 sages-femmes exercent en France, soit 2,6 % de plus qu'un an auparavant. La croissance des effectifs devrait se poursuivre jusqu'en 2020, pour se stabiliser aux environs de 17 000 praticiennes.

En 2003, les prises en charge en hospilalisation complète diminuent de 1 %, alors que celles à temps partiel augmentent de 2,3 %, prolongeant ainsi la tendance déjà observée en 2002. La réduction du nombre de lits d'hospitalisation complète (- 1,5 %) et l'augmentation parallèle du nombre de places d'hospitalisation partielle (+ 1,2 %) se poursuivent [1] [2] [3].

DÉFINITIONS

- **CH.** *Centre Hospitalier.*
- **CHR.** *Centre Hospitalier Régional.*
- **CHS.** *Centre Hospitalier Spécialisé en psychiatrie.*
- **Établissements de santé.** *Les établissements de santé publics et privés assurent principalement des soins en hospitalisation complète. Mais les évolutions récentes des technologies et des pratiques médicales conduisent les hôpitaux à s'orienter vers de nouvelles prises en charge des malades (hospitalisation de jour, de nuit, à domicile).*
- **Numerus clausus.** *Une loi de 1979 permet de fixer directement par arrêté le nombre d'étudiants pouvant être admis en deuxième année d'études de médecine, d'odontologie et de pharmacie, en fonction des besoins de santé de la population. En médecine, le numerus clausus est passé d'environ 8 500 à la rentrée 1979, à 4 754 en 1985 et 3 500 en 1993 pour augmenter de manière significative à partir de 1998, passant de 3 700 à 6 200 en 2005.*
- **Omnipraticien.** *Médecin généraliste. En 2003 parmi les 98 505 omnipraticiens, 17 198 médecins détiennent une compétence complémentaire (allergologie, gérontologie gériatrie, médecine du sport...).*
- **Revenu de l'activité libérale des professions de santé.** *Il ne représente qu'une partie des revenus pour certains professionnels. Les revenus provenant d'une activité salariée ou d'activités annexes ne sont pas pris en compte.*
- **Les données de la page ci-contre se réfèrent à la France métropolitaine** *exceptés les pharmacies et laboratoires d'analyses médicales qui concernent la France entière, ainsi que les projections de médecins.*

POUR EN SAVOIR PLUS

- *Études et Résultats*, Drees : « La démographie médicale à l'horizon 2025 : une régionalisation des projections », n° 310, mai 2004 ; « L'activité des officines pharmaceutiques et les revenus de leurs titulaires », n° 303, avril 2004.
- « Le secteur libéral des professions de santé en 2003 : Résultats provisoires », *Point STAT*, Cnamts, n° 40, septembre 2004.
- Annuaire Eurostat 2004.

SOURCES

[1] *Document de travail*, Drees : « Les professions de santé au 1er janvier 2005 », n° 82, mai 2005 ; « Les médecins : estimations au 1er janvier 2004 », n° 78, mars 2005.

[2] Drees, ministère de la Santé et des Solidarités.

[3] *Études et résultats*, Drees : « L'activité des établissements de santé en 2003 en hospitalisation complète et partielle », n° 382, mars 2005 ; « La démographie médicale à l'horizon 2025 », n° 352, novembre 2004.

[4] Eurostat (epp.eurostat.cec.eu.int).

[5] Conseil national de l'ordre des pharmaciens.

[6] Caisse nationale d'assurance maladie (www.ameli.fr).

Médecins suivant le statut et la spécialité [1]

au 1er janvier 2004

	Ensemble	Médecins libéraux %	Femmes %	Densité*
Omnipraticiens	**99 646**	**68,3**	**37,4**	**166**
Spécialistes	**103 841**	**92,6**	**37,9**	**173**
Spécialités médicales	56 699	27,9	39,2	95
dont : Cardiologie	*5 902*	*64,3*	*16,8*	*10*
Pédiatrie	*6 549*	*44,4*	*58,3*	*55*
Radiodiagnostic et imagerie médicale	*7 510*	*66,3*	*27,9*	*13*
Spécialités chirurgicales	24 169	66,4	23,0	40
dont : Gynécologie obstétrique	*5 207*	*64,0*	*37,3*	*21*
Ophtalmologie	*5 410*	*85,7*	*43,3*	*9*
Biologie médicale	3 071	30,1	47,3	5
Psychiatrie	13 556	47,9	42,7	23
Santé publique et médecine du travail	6 346	1,2	67,8	11
Ensemble	**203 487**	**59,3**	**37,7**	**340**

* Nombres de médecins pour 100 000 habitants, sauf pour la gynécologie obstétrique (femmes de 15 et plus) et pour la pédiatrie (enfants de 15 ans et moins).

Effectifs des professions de santé [1]

Effectifs au 1er janvier	1990	2004	2005	Densité* en 2005
Médecins	161 364	203 487	...	...
Chirurgiens-dentistes	37 931	40 904	41 083	68
Sages-femmes	10 705	16 134	16 550	114
Pharmaciens	**51 367	65 150	67 484	111
Infirmiers	304 480	437 525	452 466	747
Masseurs-kinésithérapeutes	38 257	58 642	60 364	100
Orthophonistes	10 000	15 357	15 909	26
Orthoptistes	1 445	2 507	2 588	4

* Pour 100 000 habitants, sauf pour les sages-femmes (femmes de 15 à 49 ans)
** Pharmaciens inscrits à l'ordre, toutes activités confondues, et n'étant comptés qu'une fois.

Établissements de santé [2]

au 1er janvier 2004 (données provisoires)

Catégories d'établissements	Nombre	Ensemble des lits et places	*dont lits en hospitalisation complète*
Secteur public	997	329 080	299 102
soit : CHR	*29*	*86 723*	*80 731*
CH et autres	*539*	*175 566*	*165 457*
Hôpitaux locaux	*342*	*23 184*	*23 146*
CHS	*87*	*43 607*	*29 768*
Secteur privé	1 941	176 355	158 030
soit : établissements de soins de courte durée	*867*	*95 706*	*85 647*
étab. de moyen et long séjour	*749*	*53 940*	*50 698*
*établissements psychiatriques**	*268*	*24 164*	*19 285*
autres établissements	*57*	*2 545*	*2 400*
Ensemble	**2 938**	**505 435**	***457 132***

* Hopitaux psychiatriques privés faisant fonction de public et établissements de lutte contre les maladies mentales, les toxicomanies et l'alcoolisme.

Médecins et dentistes pour quelques pays européens [4]

pour 100 000 habitants

	Médecins			Dentistes		
	1988	1998	2002	1988	1998	2002
Allemagne	281	350	**362	67	76	**78
Autriche	282	302	328	42	45	49
Belgique	330	395	449	70	70	88
Danemark	267	314	365	91	51	*51
Espagne	360	436	*454	19	41	48
Finlande	227	300	313	85	94	89
France	**254**	**329**	**335**	**66**	**68**	**68**
Grèce	321	426	**454	92	114	**117
Irlande	158	219	243	34	46	54
Italie	434	583	611	10	55	61
Luxembourg	191	307	*315	48	61	68
Pays-Bas	244	295	316	54	46	**47
Portugal	269	312	327	15	33	50
Royaume-Uni***	155	172	*180	38	44	*41
Suède	285	390	**402	107	87	*87

* 2000. ** 2001. *** National Health Service uniquement.

Perspectives des effectifs de médecins [2]

effectifs au 31 décembre

	1990	2002	2015	2025
Total	**177 470**	**205 185**	**196 737**	**185 966**
dont : Médecine générale	93 387	100 541	99 665	97 119
Spécialités médicales	48 033	57 127	54 453	50 595
Spécialités chirurgicales	21 393	24 528	23 023	21 149
Psychiatrie	11 897	13 727	11 008	8 816
Biologie médicale	1 960	3 109	3 060	3 079
Santé publique et travail	800	6 153	5 528	5 208

Nombre de lits installés en hospitalisation complète [2]

Au 1er janvier	1987	1990	2000	2004
Secteur public	374 002	363 115	315 712	299 102
Secteur privé	199 633	195 578	170 258	158 030
Ensemble	**573 635**	**558 693**	**485 970**	**457 132**

Pharmacies et laboratoires d'analyses médicales [5] [6]

	1985	1990	2000	2004
Pharmacies	21 186	22 088	22 698	22 658
Laboratoires	3 681	3 975	4 198	4 026

Revenu libéral moyen des professions de santé en 2002 [2]

	Revenu annuel par tête* milliers d'euros	Évolution 2002/2001 %	Poids des dépassements** %
Omnipraticiens	59,7	9,8	6,4
Ensemble des 15 spécialités étudiées	93,8	7,7	13,4
dont : Cardiologues	*97,4*	*6,4*	*4,0*
Chirurgiens	*107,3*	*9,7*	*25,3*
Gynécologues	*71,9*	*9,0*	*24,3*
Ophtalmologues	*100,9*	*8,9*	*20,9*
Pédiatres	*58,1*	*12,3*	*16,1*
Radiologues	*185,6*	*2,8*	*2,1*
Ensemble des médecins	**75,3**	**8,8**	**10,4**
Chirurgiens dentistes	72,8	7,9	47,8
Infirmiers	33,7	12,7	0,3
Masseurs kinésithérapeutes	33,3	6,1	1,5

* Revenu net de charges professionnelles. ** Dans les honoraires totaux.

7 santé

PRÉSENTATION

En 2003, la *dépense courante de santé* s'élève à 168 Mds d'€, soit en moyenne 2 732 € par habitant. Au sein de cette dépense, la *consommation de soins et de biens médicaux (CSBM)* est de 144 Mds d'€, soit une augmentation par rapport à 2002 de 6,6 % en valeur et de 3,8 % en volume. La hausse de prix des soins et biens médicaux atteint 2,7 % en 2003 (2,3 % en 2002). Supérieure pour la 2ème année consécutive à l'indice des prix à la consommation (+ 1,9 %), elle est liée à celle des coûts de production hospitaliers et aux revalorisations des honoraires de ville. Le médicament est, depuis 1997, le poste de dépense qui contribue le plus à la croissance de la consommation en volume, suivi des soins ambulatoires et du secteur hospitalier.

Avec 64 Mds d'€, le secteur hospitalier, y compris les sections médicalisées, représente 44,4 % de la CSBM. Viennent ensuite les soins ambulatoires avec 26,9 % (soit 39 Mds d'€) et les médicaments 21 % (soit 30 Mds d'€).

Depuis 2000, la part de la Sécurité Sociale dans le financement de la dépense courante de santé progresse, passant de 75,4 % en 2001 à 75,8 % en 2003. Les contributions des assurances, des institutions de prévoyance et des mutuelles se stabilisent et atteignent 12,3 % en 2003. La part du financement laissé à la charge des ménages poursuit sa décroissance tendancielle : 11,3 % en 2001, 11,0 % en 2002 et 10,9 % en 2003 [2].

En 2003, la *dépense nationale de santé* représente 10,1 % du PIB. Cette part a augmenté au total de 1,1 point entre 1990 et 2002. En 2002, avec 9,7 %, la France se situait au 5ème rang des pays de l'OCDE derrière les États-Unis (14,6 %), la Suisse (11,2 %), l'Allemagne (10,9 %) et l'Islande (9,9 %) au sens de cet indicateur [3].

DÉFINITIONS

- *Les comptes de la santé distinguent différents agrégats :*
  - **la consommation médicale totale** *regroupe la consommation de soins et biens médicaux et la médecine préventive.*
  - **la consommation de soins et biens médicaux (CSBM)** *comprend les soins hospitaliers et en sections médicalisées (soins aux personnes âgées), les soins ambulatoires (médecins, dentistes, auxiliaires médicaux, laboratoires d'analyses et cures thermales), les transports sanitaires et les biens médicaux (médicaments, optique, prothèses, petits matériels et pansements).*
  - **la dépense courante de santé** *correspond à l'ensemble des sommes effectivement engagées par les financeurs de l'ensemble du système de santé. Elle couvre un champ plus large que celui de la consommation médicale totale puisqu'elle intègre les indemnités journalières, les subventions reçues par le système de santé, les dépenses de recherche et de formation médicales et celles de la gestion de l'administration sanitaire.*
  - **la dépense nationale de santé** *est évaluée à partir de la dépense courante de santé en défalquant les indemnités journalières, les dépenses de recherche et de formation médicales et en ajoutant la formation brute de capital fixe du secteur hospitalier public. Elle sert aux comparaisons internationales réalisées par l'OCDE.*

POUR EN SAVOIR PLUS

- *Études et résultats*, Drees : « Les dépenses de soins de ville remboursées par le régime général en 2003 », n° 364, décembre 2004 ; « La conjoncture des établissements de santé publics et privés en 2003 », n° 337, août 2004.
- « Les dépenses de R&D en santé en France en 2001 », *Note Recherche*, ministère de l'Éducation nationale, de l'Enseignement supérieur et de la Recherche, DEP, n° 04-04, août 2004.

SOURCES

[1] *Document de travail*, Drees, ministère de la Santé et des Solidarités : « Comptes nationaux de la santé 2003 », n° 65, juillet 2004 ; « Les comptes de la santé de 1960 à 2001 », n° 54, juin 2003.

[2] « Les comptes nationaux de la santé en 2003 », *Études et résultats*, Drees, ministère de la Santé et des Solidarités, n° 323, juillet 2004.

[3] OCDE, 2004 (www.oecd.org).

[4] Ministère de l'Éducation nationale, de l'Enseignement supérieur et de la Recherche.

Consommation médicale totale des ménages [1]

milliards d'euros

	1990	2003	03/02 %
Soins hospitaliers et en sections médicalisées	**38,0**	**64,1**	**6,0**
Soins hospitaliers	37,2	61,5	5,7
soit : publics	*28,1*	*49,3*	*5,5*
privés	*9,2*	*12,2*	*6,4*
Soins en sections médicalisées	0,8	2,6	13,7
Soins ambulatoires	**22,1**	**38,8**	**7,4**
Médecins	10,3	18,1	6,9
Dentistes	4,9	8,1	7,4
Auxiliaires médicaux	4,0	8,1	8,4
Analyses	2,2	3,6	9,0
Cures thermales	0,8	0,9	2,3
Médicaments	**14,4**	**30,4**	**6,5**
Autres	**4,0**	**11,0**	**7,6**
Transports de malades	1,1	2,4	8,1
Optique	1,8	3,9	4,4
Prothèses, orthèses, VHP*	1,0	2,2	6,9
Petits matériels et pansements	0,1	2,6	13,2
Total des soins et biens médicaux	**78,5**	**144,3**	**6,6**
Médecine préventive	**1,7**	**3,1**	**3,6**
Médecine préventive et de dépistage	1,6	2,9	7,4
soit : médecine du travail	*0,8*	*1,4*	*5,8*
médecine scolaire	*0,3*	*0,5*	*3,2*
*P.M.I.** et planning familial*	*0,3*	*0,6*	*12,9*
dépistage et vaccins	*0,3*	*0,5*	*10,4*
Programmes spécifiques de santé publique	0,1	0,2	– 30,6
Consommation médicale totale	**80,2**	**147,4**	**6,5**

* Véhicules pour handicapés physiques. ** Protection maternelle et infantile.

Dépense de recherche médicale et pharmaceutique [1] [4]

millions d'euros

	1990	1995	2003	03/02 %
Financements budgétaires	1 396	1 804	2 735	– 1,9
soit : budget civil de R&D	*990*	*1 272*	*1 957*	*– 1,9*
recherche clinique des hôpitaux universitaires	*406*	*532*	*778*	*– 1,9*
Autres financements	1 581	2 452	3 877	13,4
soit : industries pharmaceutiques	*1 502*	*2 350*	*3 758*	*13,9*
secteur associatif	*79*	*102*	*119*	*0,0*
Total	**3 056**	**4 360**	**6 611**	**6,5**

Financement des soins et biens médicaux [1]

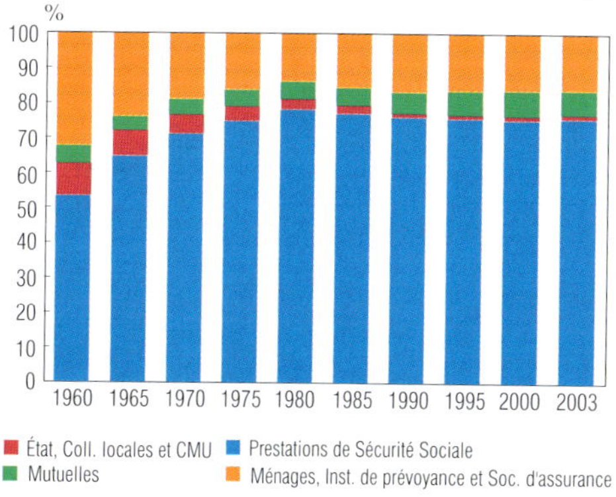

Dépenses de soins et de biens médicaux [1]

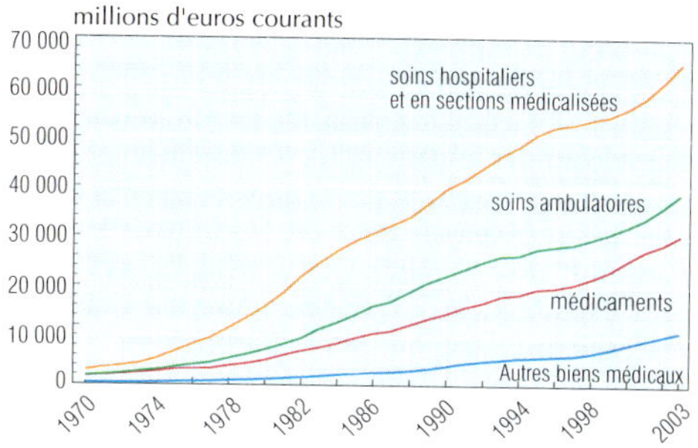

Structure du financement de la dépense courante de soins et biens médicaux [1]

%

	1995	2000	2003
Sécurité Sociale	75,7	75,4	75,8
État et collectivités locales	1,1	1,2	1,2
Mutuelles	6,9	7,2	7,0
Sociétés d'assurance	3,1	2,6	2,8
Institutions de prévoyance	1,5	2,2	2,5
Ménages	11,7	11,4	10,9

Dépenses courantes de santé [1]

milliards d'euros

	1990	2003	03/02 %
Dépenses pour les malades	86,4	157,6	6,8
dont : dépenses de soins et de biens médicaux	*80,0*	*145,3*	*6,7*
aide aux malades	*5,6*	*10,5*	*9,0*
Dépenses de prévention	2,0	3,9	5,1
Dépenses en faveur du système de soins	3,6	7,4	5,8
dont : recherche médicale et pharmaceutique	*3,1*	*6,6*	*6,4*
Gestion générale	1,4	2,9	4,2
Double compte : recherche pharmaceutique	– 1,6	– 3,8	13,9
Dépenses totales	**91,8**	**168,1**	**6,5**

Part de la dépense nationale de santé dans le PIB dans quelques pays de l'OCDE [1] [3]

%

	1990	1995	2000	2002
Allemagne	8,5	10,6	10,6	10,9
Autriche	7,1	8,2	7,7	7,7
Belgique	7,4	8,7	8,8	9,1
Danemark	8,5	8,2	8,4	8,8
Espagne	6,7	7,6	7,5	7,6
États-Unis	11,9	13,3	13,1	14,6
Finlande	7,8	7,5	6,7	7,3
France	**8,6**	**9,5**	**9,3**	**9,7**
Grèce	7,4	9,6	9,7	9,5
Hongrie	...	7,5	7,1	7,8
Irlande	6,1	6,8	6,4	7,3
Italie	8,0	7,4	8,1	8,5
Japon	5,9	6,8	7,6	*7,8
Luxembourg	6,1	6,4	5,5	6,2
Pays-bas	8,0	8,4	8,2	9,1
Pologne	4,9	5,6	5,7	6,1
Portugal	6,2	8,2	9,2	9,3
République tchèque	5,0	7,3	7,1	7,4
Royaume-Uni	6,0	7,0	7,3	7,7
Slovaquie	...	...	5,5	5,7
Suède	8,4	8,1	8,4	9,2

* 2001.

PRÉSENTATION

Plus d'un tiers des personnes âgées de 18 à 75 ans se déclarent actuellement des *fumeurs réguliers*. Bien que le tabagisme masculin soit en recul depuis les années 1970, les hommes sont encore plus souvent fumeurs que les femmes en 2002 (respectivement 38 % et 31 %). Les fortes hausses de prix du tabac intervenues depuis fin 2003 devraient engendrer une nouvelle baisse de la prévalence tabagique. En 2000, environ 60 600 décès par an (dont 9 sur 10 chez les hommes) sont attribuables au tabac. La mortalité liée au tabac a commencé à régresser chez les hommes au milieu des années 1990 ; à l'inverse, elle connaît chez les femmes une croissance continue depuis 1980 [6] [7].

En 40 ans, la consommation moyenne d'alcool pur par adulte de 15 ans et plus a diminué de plus d'un tiers pour atteindre 14 litres en 2003. Au début des années 90, la consommation d'eaux minérales et de jus de fruits a dépassé celle des boissons alcoolisées. Le vin constitue 61 % de la consommation totale d'alcool en 2003. Ceci est nettement lié à la situation professionnelle : les catégories les plus consommatrices sont les agriculteurs, les artisans et les ouvriers. La France reste l'un des pays les plus consommateurs d'alcool en Europe. Le nombre de décès annuels attribuables à l'alcool en France est évalué à 45 000 [1] [3] [6] [7].

Le cannabis est la substance illicite la plus consommée en France. Si près de 11 millions de Français l'ont expérimenté, seule une faible minorité en consomme régulièrement. L'usage de cannabis est surtout le fait des tranches d'âges les plus jeunes ; celui des autres drogues illicites est beaucoup plus marginal. Le nombre de décès par surdose, enregistré par les services de police, est passé de quelques unités au début des années 1970 à 564 cas en 1994, avant de chuter à 89 décès en 2003. En 2001, le nombre de décès liés à la drogue dans l'Union européenne s'élève à 8 306, soit une baisse de 6 % par rapport à 2000 [5] [6] [7].

DÉFINITIONS

- ***Buveur régulier.*** *Personne déclarant consommer au moins 3 fois de l'alcool dans la semaine pour les adultes et au moins 10 consommations dans le mois pour les adolescents. La consommation d'alcool est potentiellement dangereuse au-delà de quatre verres par jour pour les hommes et de deux pour les femmes.*
- ***Consommateur de drogue illicite.***
  - *– expérimentateur : au moins une fois dans la vie.*
  - *– occasionnel : au moins une fois dans l'année.*
  - *– régulier : 10 fois dans le mois.*
- ***Consommation totale de tabac.*** *Elle est mesurée en grammes de tabac par adulte et par jour, en supposant que les cigarettes contiennent 1,2 g de tabac jusqu'en 1958 puis en décroîssant jusqu'à 0,80 g en 2001. Les cigares pèsent en moyenne 4 g et les cigarillos 1,6 g jusqu'en 1979, puis un poids moyen de 3,7 g (sur le total cigares + cigarillos) à partir de 1980.*
- ***Fumeur régulier.*** *Personne déclarant fumer au moins une cigarette (ou équivalent) par jour.*
- ***OCRTIS.*** *Office Central pour la Répression du Trafic Illicite de Stupéfiants. Il dépend de la direction générale de la Police nationale et de la direction centrale de la Police judiciaire du ministère de l'Intérieur et de l'Aménagement du territoire.*
- ***OFDT.*** *Observatoire Français des Drogues et Toxicomanies. Organisme chargé de la coordination et de l'observation dans le domaine de la toxicomanie, en lien avec la Mission Interministérielle de Lutte contre la drogue et la toxicomanie.*
- ***Prix relatif du tabac.*** *Prix nominal du tabac divisé par l'indice général des prix.*

POUR EN SAVOIR PLUS

- « Consommations de produits psychoactifs des jeunes français : une approche régionale », *Tendances*, OFDT, n° 43, juin 2005.
- *Alcool actualités*, INPES, n° 22, novembre-décembre 2004.
- « Le tabac en France les vrais chiffres », Catherine Hill et Agnès Laplanche, La documentation française, 2004.
- Mission interministérielle de lutte contre la drogue et la toxicomanie (MILDT), (www.drogues.gouv.fr).

SOURCES

[1] Insee, division Synthèses des biens et services ; division Conditions de vie des ménages ; Comptes nationaux.

[2] Institut Gustave Roussy, Département de biostatistique et d'épidémiologie.

[3] « Boissons alcoolisées : 40 ans de baisse de consommation », *Insee Première*, n° 966, mai 2004.

[4] Office Central pour la Répression du Trafic Illicite de Stupéfiants (OCRTIS).

[5] Rapport annuel 2004 : axes essentiels, Observatoire européen des drogues et des toxicomanies, 2005.

[6] « Les niveaux d'usage de substances psychoactives en France », OFDT, 2005 (www.ofdt.fr).

[7] Drogues et dépendances, données essentielles, OFDT, 2005.

Fumeurs réguliers* par catégorie socioprofessionnelle en 1980 et 2003 [1]

%

	Hommes		Femmes	
	1980	2003	1980	2003
Agriculteurs	33,5	19,5	2,6	5,0
Artisans, com, chefs d'entreprise	44,8	32,9	14,9	22,9
Cadres	45,2	23,8	27,9	20,9
Professions intermédiaires	47,0	38,2	25,7	27,8
Employés	52,3	41,9	23,6	30,7
Ouvriers	55,5	48,5	18,9	30,5
Retraités	34,6	12,9	3,7	4,8
Autres inactifs	...	32,8	...	18,8
Ensemble	**46,9**	**31,8**	**16,7**	**21,7**

* Ensemble de la population de 18 ans ou plus.

Proportions de fumeurs actuels parmi les 18-75 ans* [6]

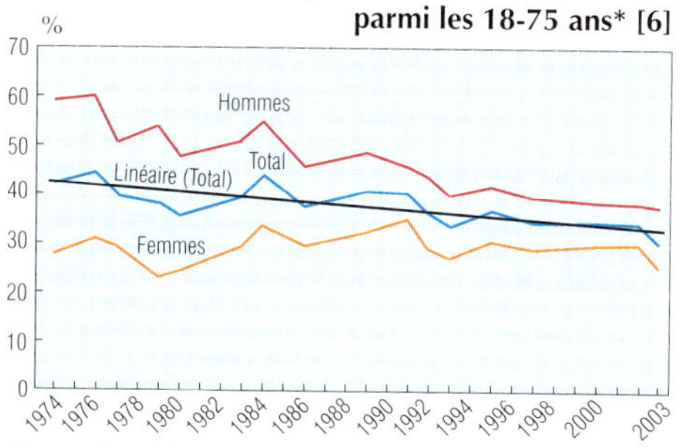

* France métropolitaine.

Consommation d'alcool [1]

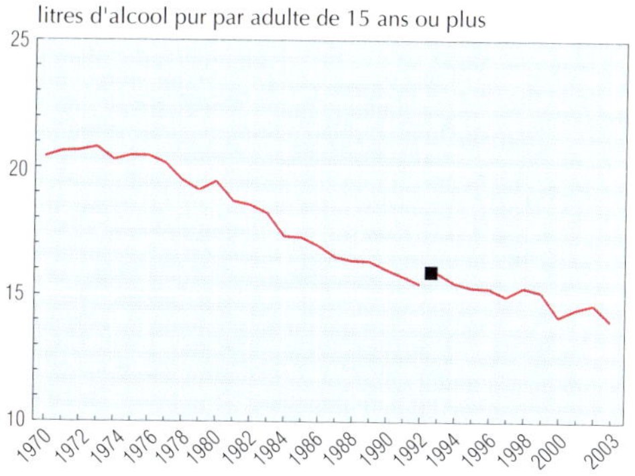

Estimation du nombre de consommateurs de drogues* en 2005 [6]

millions

	Expérimen-tateurs	Occasion-nels	Réguliers	Quotidiens
Alcool	44,4	41,8	13,1	7,8
Tabac	36,6	16,0	13,0	13,0
Médicaments psychotropes	...	8,9	3,8	2,4
Drogues illicites				
soit : Canabis	*10,9*	*4,2*	*0,9*	*0,5*
*Autres drogues***	*2,0*	*0,4*	...	...

* En France métropolitaine ; estimation faite sur l'ensemble des 12-75 ans.
** Héroïne, cocaïne, ecstasy.

Consommation* et prix relatif du tabac [1] [2]

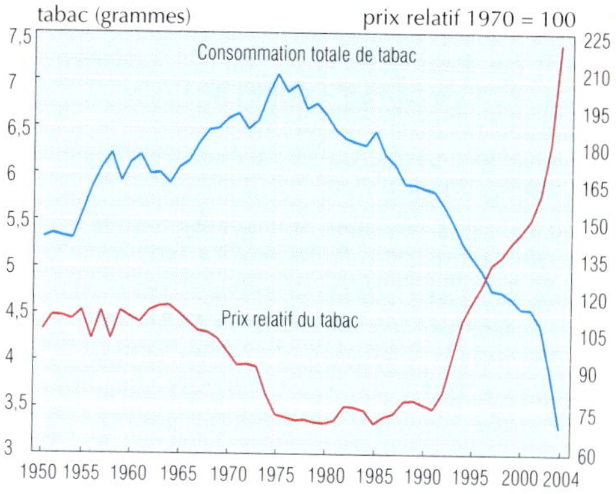

* Par adulte de 15 ans et plus et par jour.

Consommation de boissons alcoolisées [1]

litres / personne

	1987	1990	1995	*p* 2003
Vins courants	51,8	44,7	38,1	32,2
Vins AOC	20,2	22,9	24,5	24,2
Vins doux naturels	1,6	1,5	1,3	1,0
Champagne	1,8	1,9	2,0	2,1
Bière	36,5	38,6	37,0	31,0
Cidre	6,7	6,3	6,6	5,2

Interpellations pour usage* de stupéfiants [4]

	1980	1990	2000	2004
Cannabis	4 954	20 094	82 349	100 722
Héroïne	3 351	8 061	5 833	4 648
Cocaïne - Crack	300	513	3 192	4 051
Ecstasy	///	32	1 921	2 201
Autres	1 582	283	1 044	1 255
Ensemble	**10 187**	**28 983**	**94 339**	**112 877**

* Usagers simples et usagers-revendeurs.

Consommation de cannabis au cours de la vie* en 2002 [6]

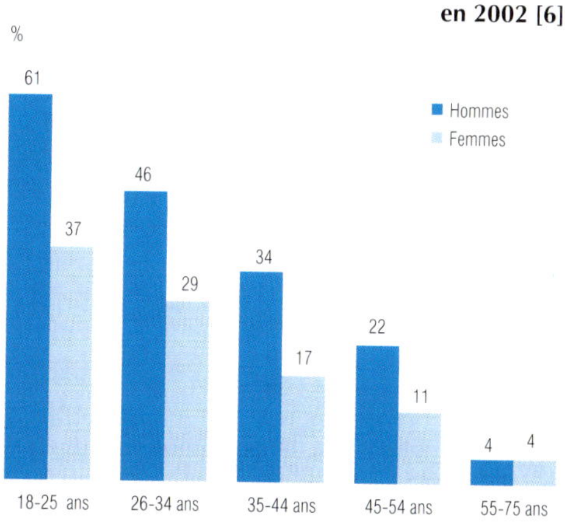

* Estimations en France métropolitaine.

8 justice

PRÉSENTATION

En 2004, les *crimes et délits constatés* en France métropolitaine par l'ensemble des services de police et de gendarmerie (3 825 442 faits) diminuent de 3,8 %, amplifiant la tendance observée en 2003 (– 3,4 %). Toutes les régions affichent une baisse de la délinquance qui va jusqu'à – 10 % en Corse, à l'exception de la Franche-Comté qui reste stable. Le *taux de criminalité* passe à 63,86 pour 1 000 habitants contre 66,66 en 2003. Le *taux d'élucidation* s'établit à 31,8 % (contre 37,5 % en 1990 et 28,8 % en 2003).

La délinquance de voie publique diminue de 8,4 % en 2004. Toutes les infractions constituant ce nouvel agrégat fléchissent, en particulier les vols d'automobile (– 15 %), les vols à main armée (– 11,7 %), les vols à la roulotte (– 9,8 %), les vols de deux roues (– 8,5 %) et les cambriolages (– 7,4 %). Le nouvel indicateur sur les violences contre les personnes (composé des violences physiques crapuleuses, des violences physiques non crapuleuses et des violences sexuelles) enregistre une baisse de 0,25 %. Selon l'ancienne comptabilisation de crimes et délits contre les personnes, l'année 2004 se solde par une hausse de 4,4 %.

En 2004, le nombre de personnes mises en cause pour crime ou délit (1 118 000) augmente de 6,4 %. Parmi elles, 185 000 sont mineures, dont 86 % d'hommes. La part des mineurs dans l'ensemble des personnes impliquées est de 18,1 % en 2004 (contre 18,8 % en 2003 et 19,9 % en 2002) [1].

En 2004, 2,5 % des ménages se déclarent victimes d'un cambriolage au cours des deux dernières années écoulées ; 9,0 % victimes d'un vol de voiture ; 5,1 % d'un autre type de vol. Le nombre de personnes se déclarant victimes d'agression ou d'actes de violence diminue pour la 2ème année consécutive, après plusieurs années de progression. Parmi ces agressions, 71 % sont qualifiées d'injures, 35 % d'agressions physiques et 14 % de bagarre. Parallèlement, la perception de la délinquance et de l'insécurité reste stable depuis 5 ans [2].

DÉFINITIONS

- ***Crimes et délits constatés en France.*** *Faits bruts portés pour la première fois à la connaissance des services de police et de gendarmerie et retenus en raison des crimes et délits qu'ils sont présumés constituer. Leur qualification peut être modifiée par l'autorité judiciaire.*
- ***Crime.*** *Infraction passible d'emprisonnement et parfois d'autres peines (amende, peines complémentaires...) jugée par la cour d'assises.*
- ***Délit.*** *Infraction dont l'auteur est punissable de peines correctionnelles.*
- ***Faits élucidés.*** *Crimes et délits qui peuvent être imputés à une ou plusieurs personnes mises en cause.*
- ***Taux d'élucidation.*** *Rapport entre le nombre de faits élucidés dans l'année, y compris ceux des années antérieures élucidés dans l'année et celui de faits constatés la même année. Ce taux peut donc être supérieur à 100 %.*
- ***Taux de criminalité.*** *Rapport entre le nombre de crimes et délits et la population considérée pour 1 000 habitants.*
- ***Les données de la page ci-contre se réfèrent à la France métropolitaine.***

POUR EN SAVOIR PLUS

- Premier rapport annuel de l'Observatoire national de la délinquance, mars 2005.
- « Évolution de la criminalité et de la délinquance constatée en 2003 », ministère de l'Intérieur et de l'Aménagement du territoire, 2004.

SOURCES

[1] Ministère de l'Intérieur et de l'Aménagement du territoire, direction centrale de la Police judiciaire.
[2] « France portrait social 2004-2005 », Insee, 2004.

Taux de criminalité [1]

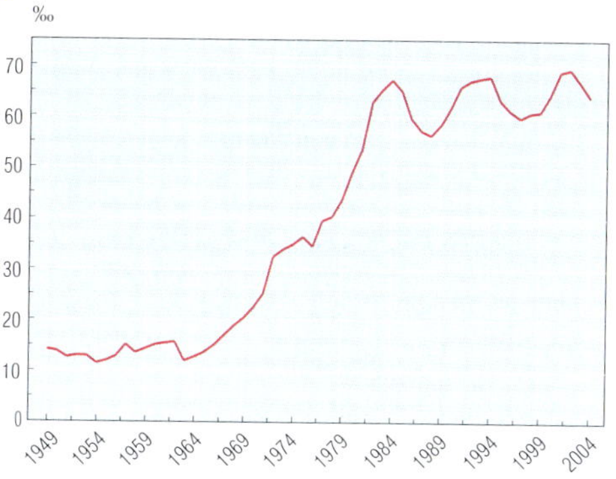

Victimes de vols et d'agressions* [2]

%

	2000	2001	2002	2003	2004
Ménages concernés par des...					
cambriolages	2,7	2,5	2,5	2,8	2,5
vols de voiture**	10,7	9,4	10,2	9,2	9,0
Personnes concernées par des...					
vols***	4,7	4,7	5,2	5,7	5,1
agressions (physiques ou verbales)	6,8	7,0	7,6	6,9	6,7

* Ménages et personnes de 15 ans ou plus ayant subi un vol ou une agression au cours des deux dernières années. ** Y compris vols dans une voiture en stationnement. *** En dehors des cambriolages et des vols de voiture.

Part des mineurs dans la criminalité et la délinquance [1]

%

	1990	1995	2003
Vols (y compris recels)	26,0	27,6	30,9
cambriolages	*31,4*	*35,7*	*42,5*
vols de véhicules motorisés à deux roues	*29,2*	*29,8*	*34,6*
vols à la roulotte et d'accessoires sur véhicules immatriculés	*54,3*	*58,4*	*58,9*
vols à l'étalage	*26,2*	*27,2*	*29,1*
autres vols avec violence sans arme à feu	*24,0*	*25,9*	*28,9*
Crimes et délits contre des personnes	7,2	10,0	13,9
coups et blessures volontaires	*9,1*	*12,2*	*15,3*
menaces ou chantages	*12,0*	*14,5*	*15,4*
viols	*14,2*	*15,2*	*21,6*
Autres infractions	8,5	11,4	15,7
infractions à la législation sur les stupéfiants	*7,1*	*10,4*	*17,0*
destructions et dégradations de biens	*26,2*	*28,4*	*32,1*
incendies volontaires	*27,5*	*41,0*	*45,3*
port et détention d'armes prohibées	*11,2*	*14,2*	*15,6*
Ensemble	**13,0**	**15,9**	**18,8**

Taux de criminalité dans l'UE en 2002 [1]

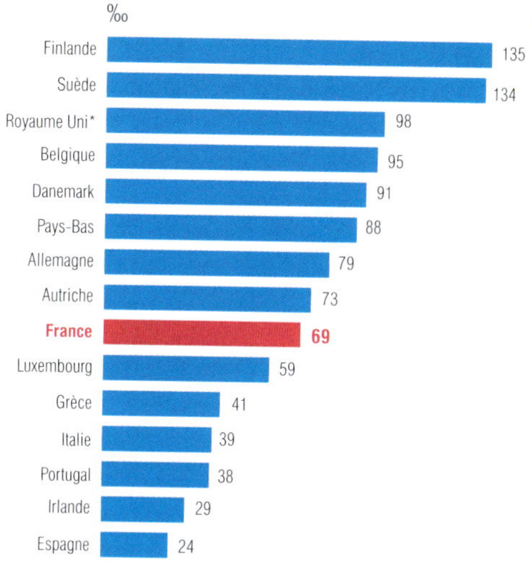

* En 2001, sauf Irlande du nord.

Crimes et délits constatés et taux d'élucidation [1]

	1990		2003		2004	
	Faits constatés milliers	Taux d'élucidation* %	Faits constatés milliers	Taux d'élucidation* %	Faits constatés milliers	2004/03 %
Vols (y compris recels)	2 305,6	15,2	2 380,8	12,2	2 243,4	– 5,8
dont : Vols à main armée	*8,7*	*39,5*	*7,4*	*31,2*	*6,5*	*– 11,7*
Cambriolages	*389,7*	*14,4*	*407,6*	*9,4*	*377,4*	*– 7,4*
Vols d'automobiles	*293,5*	*10,8*	*230,8*	*8,4*	*196,1*	*– 15,0*
Vols à la roulotte et d'accessoires sur véhicules immatriculés	*766,5*	*7,4*	*630,9*	*5,6*	*568,8*	*– 9,8*
Infractions économiques et financières	551,8	105,7	349,5	58,0	330,0	– 5,6
dont : Escroqueries, faux et contrefaçons	*315,7*	*110,8*	*322,6*	*53,1*	*304,6*	*– 5,6*
Délinquance économique et financière	*47,5*	*106,4*	*15,7*	*114,7*	*15,7*	*– 0,2*
Crimes et délits contre des personnes	134,4	76,9	325,7	69,7	339,9	4,4
dont : Homicides	*1,4*	*74,2*	*1,0*	*81,3*	*1,0*	*0,3*
Tentatives d'homicide	*1,2*	*80,7*	*1,2*	*80,8*	*1,1*	*– 6,7*
Coups et blessures volontaires	*49,0*	*72,8*	*135,0*	*72,4*	*137,9*	*2,1*
Viols	*4,6*	*85,3*	*10,4*	*74,9*	*10,5*	*0,9*
Autres infractions	501,0	54,3	918,8	46,4	912,2	– 0,7
dont : Infractions à la législation sur les stupéfiants	*56,5*	*105,7*	*125,5*	*103,5*	*141,3*	*12,6*
Destructions et dégradations de biens	*278,1*	*16,3*	*541,3*	*15,9*	*507,7*	*– 6,2*
Délits divers	*129,2*	*100,5*	*192,2*	*78,5*	*198,6*	*3,3*
Ensemble	**3 492,7**	**37,5**	**3 974,7**	**28,8**	**3 825,4**	**– 3,8**

* Y compris les faits constatés les années antérieures et élucidés dans l'année.

8 justice

PRÉSENTATION

En 2005, le budget de la justice s'élève selon la *loi de finances initiale* à 5,5 Mds d'€ (contre 5,3 Mds d'€ en 2004), soit une progression de 4 % en un an. Les effectifs se renforcent avec 1 100 emplois budgétaires nouveaux, dont 120 magistrats, 210 personnels de surveillance, 200 personnels d'insertion et de probation et 53 éducateurs [3].

En 2002, les lois d'amnistie ont fortement diminué le nombre de condamnations. Excepté en 2002, la diminution enregistrée depuis 1999 se poursuit en 2003 (– 10,4 % durant l'ensemble de cette période). Les infractions liées à la circulation routière représentent 2 condamnations sur 5. Si leur nombre augmente de 9 %, en revanche celui des grands excès de vitesse diminue de 5,3 % en 2003. 76,5 % des condamnés pour crimes et 8 % des condamnés pour délits ont subi une détention provisoire ; celle-ci a touché 35 450 condamnés, soit 4,8 % de plus qu'en 2002. Environ 6 % des condamnés sont mineurs et un condamné sur onze est une femme.

En 2003, le nombre de décisions de droit commun rendues par les *juridictions*, en matière pénale, augmente de 3,9 % par rapport à 2002 ; celles rendues par les juges et tribunaux pour enfants de 13,3 %.

Au 1er juillet 2004, on compte 188 établissements pénitentiaires disposant de 49 595 places. Au 1er janvier 2005, 58 231 personnes sont incarcérées soit 1,7 % de moins qu'un an auparavant. La densité carcérale diminue (116,2 % contre 121,9 % en 2004), l'ouverture de nouveaux établissements et l'aménagement de nouvelles places dans les établissements existants permettant d'augmenter la capacité d'accueil (+ 1 488 places en 2004). La durée moyenne de détention est de 8,4 mois en 2003, celle pour la réclusion criminelle (hors réclusion criminelle à perpétuité) s'élève à 14,4 années contre 13,7 en 1997 et 14,2 en 1995. Le nombre de mineurs détenus incarcérés atteint 623 contre 739 en 2004 et 808 en 2003. Au cours de l'année 2003, 948 placements sous bracelet électronique ont été accordés [1] [4].

DÉFINITIONS

- ***Juridictions de l'ordre administratif.*** *Tribunaux administratifs, cours administratives d'appel et Conseil d'État.*
- ***Juridictions de l'ordre judiciaire.***
  - *Tribunaux d'instance : au plan civil, ils sont compétents notamment pour toutes les affaires mettant en jeu des sommes inférieures à 7 600 €. Au plan pénal, ils connaissent des infractions qualifiées contraventions (tribunaux de police).*
  - *Tribunaux de grande instance : ils connaissent en matière civile de toutes les affaires ne relevant pas expressément d'une autre juridiction (loi 311-2 du code d'organisation judiciaire). Au plan pénal, ils connaissent des infractions qualifiées délits (tribunaux correctionnels).*
  - *Cours d'appel : elles réexaminent les affaires déjà jugées en 1er degré en matière civile, commerciale, sociale ou pénale, excepté les appels des décisions des cours d'assises qui sont jugés par une autre cour d'assises.*
  - *Cours d'assises : elles connaissent des crimes.*
  - *Cour de cassation : elle contrôle la légalité de la décision en vérifiant si les règles de droit ont été correctement appliquées. Elle ne procède pas à un nouvel examen des faits mais fixe le sens dans lequel doit être appliquée la règle de droit.*
- ***Loi de finances initiale.*** *Voir 13.3.*
- ***Milieu ouvert.*** *Les condamnés exécutant leur peine en milieu ouvert sont soumis à diverses obligations, sous le contrôle du juge de l'application des peines, qui est assisté d'un service pénitentiaire d'insertion et de probation. On distingue principalement : les probationnaires, les condamnés à un travail d'intérêt général et les libérés conditionnels. L'amnistie présidentielle de 2002 a entraîné une baisse des condamnations prononcées en 2002.*

POUR EN SAVOIR PLUS

- *Infostat justice* : « Une évaluation de l'activité des juridictions en 2004 », n° 80, mars 2005 ; « L'activité des tribunaux pour enfants en 2003 », n° 76, septembre 2004.
- *Études et statistiques Justice*, ministère de la Justice (www.justice.gouv.fr).

SOURCES

[1] *Les chiffres-clés de la Justice*, sous-direction de la Statistique, des Études et de la Documentation, ministère de la Justice.

[2] *Annuaire statistique de la Justice*, édition 2004, ministère de la Justice, la Documentation française.

[3] Projet de loi de finances 2005 (www.minefi.gouv.fr).

[4] *Communiqué de presse*, ministère de la Justice, 11 janvier 2005.

Budget et effectifs de la justice [1]

	2003	2004	2004/03%
Budgets votés* (millions d'euros)			
Crédits de paiement	5 037	5 283	4,9
Soit : Dépenses ordinaires	*4 734*	*4 962*	*4,8*
Dépenses en capital	*303*	*322*	*6,1*
Autorisations de programme	707	1 050	48,6
Effectifs budgétaires**	**69 215**	**71 390**	**3,1**
Services judiciaires	28 227	28 889	2,3
Soit : Magistrats	*7 294*	*7 434*	*1,9*
Fonctionnaires et contractuels	*20 933*	*21 455*	*2,5*
Administration pénitentiaire	28 590	29 700	3,9
dont : Personnel de surveillance	*22 358*	*23 065*	*3,2*
Protection judiciaire de la jeunesse	7 753	7 956	2,6
dont : Personnel éducatif	*4 491*	*4 645*	*3,4*
Autres services	4 645	4 845	4,3

* Lois de finances initiales. ** Budgets votés 2003 et 2004.

Condamnations selon la nature de la peine principale [1] [2]

	1994	2000	*p* 2003
Réclusion criminelle	1 203	1 179	1 243
dont : à perpétuité	*58*	*26*	*29*
Peine d'emprisonnement	281 734	283 003	281 960
dont : avec sursis total	*175 600*	*184 210*	*178 716*
Peine d'amende	137 245	205 207	171 859
Peine alternative	49 383	63 773	48 103
dont : suspension du permis de conduire	*24 729*	*33 319*	*21 482*
Mesure éducative	10 168	20 525	16 342
Dispense de peine	7 246	9 236	5 546
Total	**486 979**	**582 923**	**525 053**
dont : après détention provisoire	*41 981*	*34 351*	*35 447*
soit : crimes	*2 493*	*2 541*	*2 427*
délits	*39 473*	*31 810*	*33 012*

Activité judiciaire [1] [2]

milliers de décisions rendues*	2000	*p* 2003	2003/02 %
En matière civile et commerciale	**2 347,4**	**2 331,9**	**0,1**
Droit commun	1 315,9	1 310,2	1,4
Soit : Cour de cassation	*21,4*	*23,5*	*0,0*
Cours d'appel	*221,5*	*209,5*	*2,5*
Tribunaux de grande instance	*593,5*	*587,9*	*1,0*
Tribunaux d'instance	*479,5*	*489,4*	*1,5*
Juridictions spécialisées	767,8	756,2	– 1,5
*Soit : Juges pour enfants***	*265,3*	*300,3*	*– 0,3*
Tribunaux de commerce	*238,9*	*201,6*	*– 2,1*
Tribunaux des affaires de Sécurité Sociale	*102,7*	*89,9*	*– 3,4*
Conseils de prud'hommes	*160,7*	*164,3*	*– 2,1*
Référés	263,7	265,5	– 1,5
En matière pénale	**11 432,4**	**11 876,7**	**3,9**
Droit commun	11 365,2	11 804,3	3,9
Soit : Cour de cassation	*8,7*	*8,0*	*– 9,4*
Cours d'appel	*44,7*	*52,1*	*5,3*
Cours d'assises	*2,5*	*2,9*	*2,4*
Tribunaux correctionnels	*397,6*	*399,7*	*2,9*
Tribunaux de police	*757,7*	*634,0*	*– 12,2*
Amendes forfaitaires majorées	*10 153,9*	*10 707,5*	*5,1*
Juges et tribunaux pour enfants	67,2	72,5	13,3
En matière administrative			
Conseil d'État	12,2	11,1	– 2,2
Cours administratives d'appel	12,9	16,7	16,9
Tribunaux administratifs***	119,0	127,0	6,8

* Affaires terminées et réglées. ** Mesures nouvelles et renouvelées. *** Y c. TOM.

Condamnations selon la nature de l'infraction [1] [2]

	1994	2000	*p* 2003
Toutes infractions	**486 979**	**582 923**	**525 053**
Atteinte aux personnes	86 173	103 013	88 837
dont : homicides volontaires	*540*	*461*	*504*
viols	*1 061*	*1 623*	*1 687*
coups et violences volontaires	*36 684*	*53 755*	*45 250*
homicides et blessures involontaires	*29 368*	*22 634*	*18 219*
dont : par conducteur	*27 770*	*20 553*	*16 655*
Atteinte aux biens	140 912	153 460	126 933
dont : vols, recels, destructions, dégradations	*125 209*	*134 037*	*114 863*
Matière économique et financière	25 541	25 959	16 705
dont : chèques	*2 936*	*3 360*	*2 052*
travail illégal	*5 734*	*6 288*	*4 277*
Circulation routière et transports	157 215	227 268	218 102
dont : défaut d'assurance	*23 168*	*35 214*	*25 488*
conduite en état alcoolique	*101 274*	*108 461*	*105 130*
grand excès de vitesse	*/// *	*32 983*	*30 054*
Autres infractions	77 138	73 223	74 476
*dont : stupéfiants**	*20 580*	*22 831*	*26 745*
séjour irrégulier des étrangers	*11 845*	*4 153*	*5 606*

* Trafic, détention, transport, cession et usage.

Condamnés selon l'âge, le sexe et la nationalité [1] [2]

	1994	2000	*p* 2003
Ensemble	**486 979**	**582 923**	**525 053**
Par âge :			
Moins de 18 ans	18 365	38 170	31 272
De 18 à moins de 25 ans	149 590	167 540	162 609
De 25 à moins de 40 ans	203 864	224 416	196 442
De 40 à moins de 60 ans	102 440	136 707	120 737
60 ans et plus	12 720	16 090	13 993
Par sexe :			
Hommes	438 410	526 696	476 968
Femmes	48 569	56 227	48 085
Par nationalité :			
Français	383 126	474 430	423 174
Étrangers	74 420	71 862	70 807
Nationalité non déclarée	29 433	36 631	31 072

Population pénitentiaire pénale en milieu fermé au 1er juillet [1] %

	2003	2004
Par statut :		
Prévenus	36,0	34,1
Condamnés	64,0	65,9
Par sexe :		
Hommes	96,3	96,1
Femmes	3,7	3,9
Par nationalité :		
Français	78,5	78,7
Étrangers	21,5	21,3
Ensemble des détenus (nombre)	**60 963**	**64 813**

Mesures du milieu ouvert [1]

	1/1/2003	1/1/2004	2004/03 %
Sursis avec mise à l'épreuve	107 846	105 247	– 2,4
Travail d'intérêt général	19 106	17 990	– 5,8
Libérations conditionnelles	6 056	6 428	6,1
Autres mesures	6 353	6 056	– 4,7
Total	**139 361**	**135 721**	**– 2,6**

EMPLOI REVENUS

Emploi

Revenus

9 emploi

PRÉSENTATION

Actifs ayant un emploi ou chômeurs, 27,5 millions de personnes (14,8 millions d'hommes et 12,7 millions de femmes) sont présentes sur le marché du travail en moyenne en 2004.

La *population active* progresse de 160 000 personnes (+ 0,6 % par rapport à 2003), hausse nettement plus importante pour les femmes (+ 1,1) que pour les hommes (+ 0,2). La *population active occupée* s'élève à 24,7 millions de personnes. Après un repli entre 2002 et 2003, le nombre d'emplois augmente de près de 90 000 entre 2003 et 2004, dont 55 000 à temps partiel. L'emploi masculin perd 16 000 postes et l'emploi féminin en gagne 105 000. L'emploi salarié du secteur privé redevient dynamique alors que l'emploi non salarié repart à la baisse, l'emploi public restant stable.

Le taux d'activité de la population en âge de travailler (15 à 64 ans), atteint 69,3 % en 2004. La hausse de l'activité féminine engagée dans les années soixante se poursuit. Cependant, seulement 63,8 % des femmes de cette tranche d'âge sont actives contre 74,9 % des hommes. Entre 30 et 54 ans, âges où l'activité professionnelle est la norme pour les hommes, près d'une femme sur cinq est inactive. Le taux d'activité des femmes ayant dépassé 55 ans est en hausse sensible. À l'inverse, celui des hommes du même âge enregistre la baisse la plus marquée. Ceci est lié aux dispositions de la réforme des retraites de 2003 permettant aux salariés justifiant de longues carrières, de quitter la vie active avant 60 ans. C'est aux âges les plus jeunes et les plus élevés que le taux d'activité des hommes et des femmes sont maintenant les plus proches [1].

Dans l'Union européenne, les taux d'emploi des 15 à 64 ans en 2004 sont supérieurs à 70 % au Danemark (75,7 %), aux Pays-Bas (73,1 %), en Suède (72,1 %) et au Royaume-Uni (71,6 %). Les taux les plus faibles s'observent en Pologne (51,7 %), à Malte (54,1 %) et en Hongrie (56,8 %) [2].

DÉFINITIONS

- ***Bureau international du travail.*** *Organisme rattaché à l'ONU et chargé des questions liées au travail dans le monde. Il harmonise les concepts et définitions relatives au travail et à l'emploi, en particulier celles relatives à la population active occupée et aux chômeurs.*
- ***Population active.*** *Comprend la population active occupée (ayant un emploi) et les chômeurs.*
- ***Population active occupée au sens du BIT.*** *Comprend les personnes (âgées de 15 ans ou plus) ayant travaillé (ne serait-ce qu'une heure) au cours d'une semaine de référence, qu'elles soient salariées, à leur compte, employeurs ou aides dans l'entreprise ou l'exploitation familiale. Elle comprend aussi les personnes pourvues d'un emploi mais qui en sont temporairement absentes pour un motif tel qu'une maladie (moins d'un an), des congés payés, un congé de maternité, un conflit du travail, une formation, une intempérie, etc. Les militaires du contingent, les apprentis et les stagiaires rémunérés effectuant un travail font partie de la population active occupée.*
- ***Scénario tendanciel de projection.*** *Il s'appuie sur les hypothèses suivantes :*
  - *scénario central démographie : l'espérance de vie continue d'augmenter pour atteindre, en 2050, 84 ans pour les hommes et 91 ans pour les femmes. La fécondité se maintient à 1,8 enfant par femme. Le solde migratoire est positif (50 000 personnes par an) ;*
  - *scénario tendanciel de taux d'activité : pour les jeunes, la baisse des taux d'activité est interrompue, en lien avec l'arrêt du processus d'allongement des études. Les taux d'activité se stabilisent rapidement pour toutes les catégories de population, sauf pour les femmes de 45 à 60 ans et pour les hommes et les femmes de 60 à 64 ans, pour lesquels il continue à progresser. Le taux de chômage reste à son niveau de mars 2002, soit 8,9 %.*
- ***Taux d'activité.*** *Rapport entre le nombre d'actifs (actifs occupés et chômeurs) et la population totale correspondante.*
- ***Taux d'emploi.*** *Proportion de personnes disposant d'un emploi parmi celles en âge de travailler (15 à 64 ans).*

POUR EN SAVOIR PLUS

- « Les seniors entre formation et éviction », *Connaissance de l'emploi*, Centre d'études de l'emploi, avril 2005.
- « La parité à pas comptés », *Insee Première*, n° 1006, mars 2005.
- « Conciliation entre vie professionnelle et vie familiale », *Statistiques en bref*, thème population et conditions sociales, Eurostat, n° 4/2005.
- *Premières informations et premières synthèses*, Dares : « Accroître l'emploi des seniors », n° 04.1, janvier 2005 ; « Vingt ans de métiers », n° 43.2, octobre 2004.

SOURCES

[1] « Enquête sur l'emploi 2004 », *Insee Première*, n° 1009, mars 2005.
[2] Eurostat.
[3] Enquêtes sur l'emploi, Insee.
[4] « Les projections de population active 2003-2050 », Insee Résultats, Société, n° 13, juin 2003.

Population active observée et projetée* [4]

%

	Observation			Projection			
	1968	1992	2002	2007	2012	2020	2050
Nombre d'actifs (milliers)	21 462	25 175	26 653	26 979	26 844	26 336	24 364
Part des femmes	35,9	43,8	45,6	46,1	46,5	46,6	46,5
Part des hommes	64,1	56,2	54,4	53,9	53,5	53,4	53,5
Part des 15-24 ans	20,5	11,1	8,8	8,4	8,3	8,3	8,2
Part des 25-54 ans	60,2	79,5	81,3	79,6	79,2	78,3	77,9
Part des 55 ans et plus	19,3	9,4	9,9	12,0	12,5	13,4	14,0
Taux d'activité	56,5	54,2	54,4	53,6	52,2	49,6	44,2
Rapport actifs/inactifs de 60 ans et plus	3,0	2,3	2,2	2,0	1,8	1,5	1,1

* France métropolitaine, scénario tendanciel. Population active au 1er janvier et âge atteint en cours d'année.

Activité de la population dans l'UE en 2004 [2]

	Population en emploi 15-64 ans	Taux d'emploi 15-64 ans			Taux d'emploi 55-64 ans Ensemble
	millions	Ensemble %	*Hommes %*	*Femmes %*	%
Allemagne	35,7	65,5	*71,0*	*59,9*	39,2
Autriche	3,7	67,8	*74,9*	*60,7*	28,8
Belgique	4,1	60,3	*67,9*	*52,6*	30,0
Chypre	0,3	69,2	*80,0*	*59,1*	50,4
Danemark	2,7	75,7	*79,7*	*71,6*	60,3
Espagne	17,0	60,9	*73,7*	*48,0*	41,3
Estonie	0,6	63,0	*66,4*	*60,0*	52,4
Finlande	2,3	67,6	*69,7*	65,6	50,9
France*	**24,1**	**63,1**	***68,9***	***57,4***	**37,3**
Grèce	4,2	59,4	*73,7*	*45,2*	39,4
Hongrie	3,9	56,8	*63,1*	*50,7*	31,1
Irlande	1,8	66,3	*75,9*	*56,5*	49,5
Italie	22,1	57,6	*70,1*	*45,2*	30,5
Lettonie	1,0	62,3	*66,4*	*58,5*	47,9
Lituanie	1,4	61,2	*64,7*	*57,8*	47,1
Luxembourg	0,2	61,6	*72,4*	*50,6*	30,8
Malte	0,1	54,1	*75,2*	*32,8*	30,9
Pays-Bas	8,0	73,1	*80,2*	*65,8*	45,2
Pologne	13,5	51,7	*57,2*	*46,2*	26,2
Portugal	4,8	67,8	*74,2*	*61,7*	50,3
Rép.tchèque	4,6	64,2	*72,3*	*56,0*	42,7
Royaume-Uni	27,5	71,6	*77,8*	*65,6*	56,2
Slovaquie	2,2	57,0	*63,2*	*50,9*	26,8
Slovénie	0,9	65,3	*70,0*	*60,5*	29,0
Suède	4,2	72,1	*73,6*	*70,5*	69,1
UE à 25	**191,0**	**63,3**	***70,9***	***55,8***	**40,5**

* France métropolitaine.

Population active occupée* [1]

milliers

	2003	2004
Hommes	13 461	13 445
Femmes	11 170	11 275
Ensemble	**24 631**	**24 720**
dont : non salariés	*2 786*	*2 668*
salariés	*21 845*	*22 052*

* De 15 ans et plus, en France métropolitaine, en moyenne annuelle.

Taux d'activité selon le sexe et l'âge* [3]

%

	Mars 1975	Janvier 1990	Moyenne 2003	Moyenne 2004
Hommes (15-64 ans)	**82,5**	**70,8**	**75,1**	**74,9**
De 15 à 24 ans	55,6	39,6	37,5	37,8
25 à 29 ans	95,5	94,0	90,3	90,7
30 à 54 ans	96,7	95,7	94,4	94,3
55 à 59 ans	83,3	67,7	69,2	67,6
60 à 64 ans	56,8	15,2	18,6	19,0
Femmes (15-64 ans)	**51,5**	**53,2**	**63,5**	**63,8**
De 15 à 24 ans	45,5	33,1	30,1	30,3
25 à 29 ans	64,2	77,7	78,9	77,9
30 à 54 ans	55,7	71,7	80,1	80,7
55 à 59 ans	44,2	45,3	55,4	56,2
60 à 64 ans	30,0	10,4	15,7	16,2
Ensemble (15-64 ans)	**67,0**	**61,9**	**69,3**	**69,3**

* France métropolitaine.

Actifs occupés* selon la catégorie socioprofessionnelle [3]

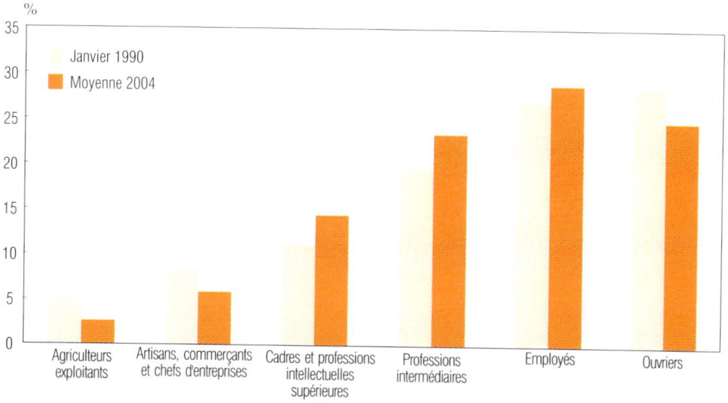

* Actifs occupés de 15 à 64 ans en France métropolitaine.

9 emploi

PRÉSENTATION

En 2004, le nombre de *chômeurs au sens du BIT*, selon *l'enquête Emploi* s'élève à 2 727 000 personnes en moyenne sur l'année, soit 71 000 de plus qu'en 2003. Le *taux de chômage* s'établit à 9,9 % de la population active contre 9,7 % en 2003. Cette hausse touche essentiellement les jeunes : le taux de chômage des 15-29 ans s'établit à 17,4 %, soit une progression de près d'un point en un an. En 2004, 7,1 % des actifs de 50 ans et plus et 8,3 % de ceux de 30 à 49 ans recherchent un emploi ; ces proportions sont quasiment stables par rapport à 2003.

Si le taux de chômage augmente un peu plus vite chez les hommes que chez les femmes, ces dernières restent les plus exposées : en 2004, une femme active sur neuf en moyenne est au chômage, contre un homme actif sur onze. Le taux de chômage augmente pour toutes les catégories socioprofessionnelles, des ouvriers (+ 1,5 point) et employés (+ 1,1 point), aux professions intermédiaires (+ 0,9 point) et aux cadres (+ 0,7 point), laissant intactes les inégalités entre les qualifications. Les cadres, dont le taux de chômage atteint 4,8 % en 2004, restent 2,5 fois moins exposés à ce risque que les ouvriers.

La fin d'un emploi à durée déterminée reste la principale raison de la recherche d'emploi : en 2004, 40,5 % des chômeurs sont dans ce cas. La part des personnes au chômage suite à un licenciement s'établit à 25,3 %.

Depuis quelques années, les personnes les moins touchées par le chômage sont celles possédant des diplômes du supérieur court à spécialités techniques ou professionnelles (DUT, BTS, diplômes de professions du secteur social ou sanitaire) et non plus les diplômés des niveaux les plus élevés. Les personnes ayant au plus le certificat d'études demeurent les plus touchées par le chômage (15 % en moyenne 2004).

L'ancienneté moyenne de chômage diminue, passant de 15,5 mois en 2003 à 14,4 mois en 2004. Quatre chômeurs sur dix (41,6 %) sont à la recherche d'un emploi depuis plus d'un an, et un sur cinq depuis plus de deux ans. Le chômage de longue durée concerne davantage les salariés les plus âgés, qu'ils soient hommes ou femmes [1].

DÉFINITIONS

- ***Chômeur au sens du BIT.*** *En application de la définition internationale adoptée en 1982 par le Bureau international du travail, un chômeur est une personne en âge de travailler (15 ans ou plus), qui répond simultanément à trois conditions :*
  - *être sans emploi, c'est-à-dire ne pas avoir travaillé, ne serait-ce qu'une heure, durant une semaine de référence ;*
  - *être disponible pour prendre un emploi dans les 15 jours ;*
  - *chercher activement un emploi ou en avoir trouvé un qui commence ultérieurement.*
- ***Enquête Emploi.*** *Réalisée par l'Insee, depuis 1950, l'enquête Emploi est la source statistique qui permet de mesurer le chômage au sens du BIT. Elle fournit aussi des données sur les professions, l'activité des femmes ou des jeunes, la durée du travail, les emplois précaires. Elle permet de mieux cerner la situation des chômeurs et les changements de situation vis à vis du travail.*
  Depuis 2003, l'enquête Emploi est trimestrielle et sa collecte auprès d'un échantillon de ménages, est réalisée en continu sur toutes les semaines de chaque trimestre.
  Suite au recensement de 2004, les estimations de population de l'Insee établies à partir des statistiques annuelles de l'état civil et calées sur les résultats du recensement ont été revues pour toute la période 2000-2004, le recensement précédent datant de 1999. De ce fait, les effectifs mesurés à partir des enquêtes Emploi ont été revus, les taux restant pratiquement inchangés.
  Seule source pour déterminer le chômage au sens du BIT, elle permet en outre de faire le lien avec les demandeurs d'emploi inscrits à l'ANPE. Ainsi, parmi les 2 727 000 chômeurs BIT de 2004, 470 000 se déclarent non inscrits à l'ANPE. À l'inverse, 1 685 000 personnes déclarent être inscrites à l'ANPE mais ne sont pas comptabilisées comme chômeurs au sens du BIT : 953 000 sont classées actives occupées et 732 000 inactives selon le BIT.
- ***Taux de chômage.*** *Proportions de chômeurs dans la populations active (actifs occupés + chômeurs).* *Voir 9.7*

POUR EN SAVOIR PLUS

- *Insee Première* : « La parité à pas comptés », n° 1006, mars 2005 ; « 1975-2002 : la part des ménages sans emploi a doublé », n° 998, janvier 2005.
- « En 2003, l'indemnisation des chômeurs progresse, le chômage non indemnisé aussi », *Premières informations et premières synthèses*, n° 10.2, Dares, mars 2005.
- « Contribution Delalande et transitions sur le marché du travail », *Économie et Statistique*, Insee, n° 372, février 2005.

SOURCES

[1] « Enquête sur l'emploi 2004 », *Insee Première*, n° 1009, mars 2005.
[2] Eurostat.
[3] Enquêtes sur l'emploi, Insee.

Nombre de chômeurs* [3]

milliers

	Janvier 1990	Mars 1995	Moyenne 2002	Moyenne 2003	Moyenne 2004
Hommes	969	1 339	1 147	1 283	1 326
Femmes	1 285	1 560	1 245	1 373	1 401
Ensemble	**2 254**	**2 899**	**2 392**	**2 656**	**2 727**

* France métropolitaine.

Taux de chômage depuis 1985* [3]

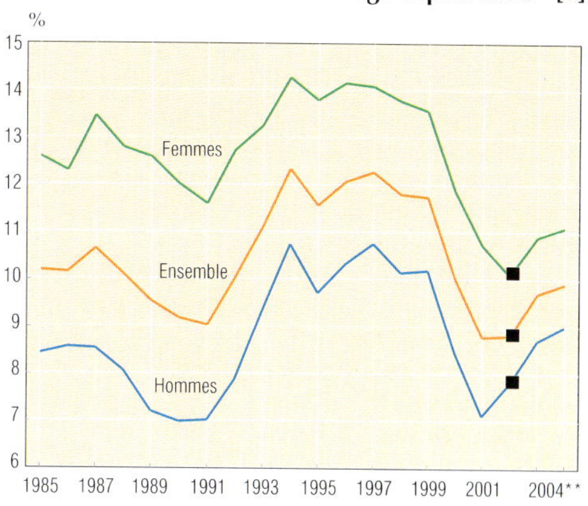

* France métropolitaine. ** Les résultats 2002, 2003 et 2004, en moyenne sur l'année ne sont pas toujours comparables à ceux des années précédentes.

Taux de chômage de quelques catégories socioprofessionnelles et selon le diplôme* [3]

%

	Janvier 1990	Mars 1995	Moyenne 2003	Moyenne 2004
Catégories socioprofessionnelles				
Cadres	2,6	5,0	4,1	4,8
Professions intermédiaires	4,1	6,7	5,0	5,9
Employés	11,9	14,6	9,1	10,2
Ouvriers	12,2	14,2	10,8	12,3
Diplôme				
Sans diplôme ou CEP	13,1	16,4	14,7	15,0
BEPC, CAP, BEP	8,5	10,7	9,0	9,2
Baccalauréat	6,7	10,1	8,7	9,5
Bac + 2	3,8	7,4	6,0	6,1
Diplôme supérieur	3,6	6,9	7,6	7,4
Ensemble	**9,2**	**11,6**	**9,7**	**9,9**

* France métropolitaine.

Taux de chômage par sexe et âge* [3]

%

	Janvier 1990	Mars 1995	Moyenne 2002	Moyenne 2003	Moyenne 2004
Hommes	**7,0**	**9,8**	**7,8**	**8,7**	**9,0**
15 à 29 ans	11,9	16,2	13,9	15,7	16,6
30 à 49 ans	5,2	8,0	6,1	6,8	7,0
50 ans et plus	5,4	7,3	6,1	6,7	6,6
Femmes	**12,0**	**13,8**	**10,1**	**10,9**	**11,1**
15 à 29 ans	18,8	23,4	15,5	17,4	18,4
30 à 49 ans	9,8	11,7	9,2	9,8	9,8
50 ans et plus	8,0	8,2	7,0	7,8	7,6
Ensemble	**9,2**	**11,6**	**8,8**	**9,7**	**9,9**

* France métropolitaine, âge atteint au 31 décembre de l'année de l'enquête.

Chômage* dans l'Union européenne en 2004 [2]

	Nombre total de chômeurs	Taux de chômage		
	milliers	Ensemble %	Hommes %	Femmes %
Allemagne	3 931	9,5	8,7	10,5
Autriche	172	4,5	3,9	5,2
Belgique	350	7,8	7,0	8,8
Chypre	18	5,0	4,0	6,3
Danemark	155	5,4	5,1	5,6
Espagne	2 072	10,8	7,9	14,9
Estonie	61	9,2	10,3	8,1
Finlande	229	8,8	8,7	8,9
France**	**2 641**	**9,7**	**8,8**	**10,7**
Grèce	506	10,5	6,6	16,2
Hongrie	243	5,9	5,8	6,0
Irlande	87	4,5	4,9	3,9
Italie	1 960	8,0	6,4	10,5
Lettonie	110	9,8	9,2	10,3
Lituanie	174	10,8	10,3	11,3
Luxembourg	8	4,2	3,4	5,3
Malte	12	7,3	6,9	8,3
Pays-Bas	387	4,6	4,3	4,8
Pologne	3 165	18,8	18,0	19,7
Portugal	366	6,7	5,9	7,6
Rép. tchèque	426	8,3	7,1	9,9
Royaume-Uni	1 381	4,7	5,1	4,2
Slovaquie	474	18,0	17,0	19,3
Slovénie	60	6,0	5,6	6,5
Suède	296	6,3	6,5	6,1
UE à 25	**19 283**	**9,0**	**8,0**	**10,2**

* Données non désaisonnalisées et harmonisées. ** France métropolitaine.

Durée et circonstances du chômage* [3]

	Janvier 1990	Mars 1995	Moyenne 2003	Moyenne 2004
Ancienneté moyenne de chômage (mois) :				
Ensemble	**13,9**	**14,7**	**15,5**	**14,4**
Hommes	13,5	14,3	15,8	14,7
Femmes	14,3	15,0	15,3	14,1
Personnes au chômage depuis 1 an ou plus (%) :**				
Ensemble	**35,2**	**39,6**	**42,9**	**41,6**
Hommes	**32,9**	**38,8**	**43,0**	**41,5**
- 15-29 ans	20,1	24,0	28,0	28,1
- 30-49 ans	38,5	45,0	47,0	44,9
- 50 ans et plus	56,1	57,8	64,6	63,1
Femmes	**37,0**	**40,4**	**42,8**	**41,8**
- 15-29 ans	23,5	27,6	28,3	27,4
- 30-49 ans	42,5	46,3	46,5	45,6
- 50 ans et plus	66,7	60,7	60,0	60,7
Circonstance de la recherche d'emploi (%) :				
Fin d'emploi à durée limitée	33,3	35,0	36,8	40,5
Licenciement	30,4	33,0	24,2	25,3
Démission	8,9	6,6	10,1	10,5
Autres circonstances	27,4	25,4	29,0	23,7

* France métropolitaine. ** En 2003 et 2004, la proportion de chômeurs de plus d'un an est calculé sur l'ensemble des chômeurs pour lesquels on sait calculer l'ancienneté. On fait l'hypothèse que les chômeurs dont l'ancienneté est inconnue ont des anciennetés de chômage comparables aux autres. En 2003, 8,9 % des anciennetés sont inconnues, 4,2 % en 2004.

9 emploi

PRÉSENTATION

L'année 2003 marque le creux du cycle d'activité. Après un 1er semestre de reflux, l'économie connaît un rebond vigoureux à partir du 3ème trimestre 2003. La reprise économique ne joue cependant pas encore sur l'emploi qui se dégrade : on compte 131 000 demandeurs d'emploi supplémentaires en 2003.

L'évolution des entrées en politiques d'emploi a un impact défavorable sur le chômage au cours de l'année 2003. En effet, 1 783 000 personnes sont entrées dans les *dispositifs spécifiques de la politique d'emploi*, soit une baisse de 5 % par rapport à l'année précédente. Dans le secteur marchand, le recul des embauches en *emplois aidés* se poursuit (– 5 %), à un rythme toutefois moindre qu'en 2002, en raison du dynamisme des entrées en *contrat initiative emploi* et de la montée en charge des *contrats jeunes en entreprises*. Dans le secteur non marchand, les entrées en contrats aidés diminuent fortement (– 17 %), la baisse concernant l'ensemble des dispositifs : *contrats emploi solidarité* (– 13 %), *contrats emploi consolidé* (– 15 %), *emploi-jeunes* (– 48 %). Alors que le nombre d'entrées en stages de formation restent stables, les mesures de retrait d'activité s'accroissent (+ 9 %). Au total, le nombre de bénéficiaires présents dans les dispositifs spécifiques de la politique de l'emploi diminue de 226 000 personnes au cours de l'année 2003.

Les *dispositifs généraux d'allégement du coût du travail* – allégements de cotisations sur les bas salaires, *réduction collective du temps de travail* ... – ont peu d'impact sur les évolutions de l'emploi et du chômage en 2003, l'essentiel des effets ayant été acquis au cours des années antérieures [1].

En 2003, la dépense pour l'emploi atteint près de 58 milliards d'€. La remontée du chômage depuis la mi-2001 entraîne une forte hausse des dépenses d'indemnisation du chômage en 2002 et 2003, tandis que les dépenses dites « actives » fléchissent en 2003. Si l'on inclut les allégements généraux de cotisations sociales sur les bas salaires et en faveur de l'aménagement et réduction du temps de travail, l'effort global en faveur de l'emploi dépasse 74 Mds d'€, soit 4,67 points de PIB [2].

DÉFINITIONS

- *Les **dispositifs spécifiques de la politique de l'emploi** prennent la forme d'aides à l'emploi, de stages de formation professionnelle ou de mesures de cessation anticipée d'activité.*
- ***Emploi aidé.** Contrat pour lequel l'employeur bénéficie d'aides de l'État. Le principe est de diminuer les coûts d'embauche pour l'employeur pour des personnes en difficulté sur le marché du travail : chômeurs de longue durée, allocataires de minima sociaux, jeunes faiblement qualifiés...*
  *– Emploi marchand aidé : Aides à l'emploi des jeunes : **Contrat Jeune en entreprise** ; Aides en faveur des chômeurs de longue durée : **Contrat initiative emploi (CIE)** ; Exonérations de cotisations sociales pour l'embauche de salariés dans des territoires en difficulté (zones franches urbaines...) ; **Contrats en alternance** : contrats d'apprentissage, de qualification, d'adaptation ou d'orientation ; **Aides à la création ou à la reprise d'entreprise** par des chômeurs ; Aides à l'**accompagnement des restructurations** : préretraite progressive ou allocation temporaire progressive ; Aides à l'**insertion par l'activité économique** : entreprises d'insertion, associations intermédiaires.*
  *– Emploi non marchand aidé : Emplois temporaires, fortement subventionnés par l'État, créés dans les collectivités territoriales, les établissements publics ou les associations. Ils visent à favoriser l'insertion professionnelle des personnes rencontrant des difficultés particulières d'accès à l'emploi, ainsi qu'à développer des activités socialement utiles. **Contrat emploi solidarité (CES)** ; **Contrat emploi consolidé** ; **Nouveaux services – Emplois-Jeunes**.*
- ***Formation professionnelle des demandeurs d'emploi.** Stages de formation organisés par l'AFPA ou les Conseils régionaux. Actions de prévention du chômage de longue durée : stages d'accès à l'entreprise, stages financés dans le cadre du plan d'aide au retour à l'emploi (PARE) ; Stages SIFE en faveur des chômeurs de longue durée ; conventions de conversion (mesure terminée en 2002).*
- ***Cessation anticipée d'activité.** Mesures de préretraites totales : Allocation spéciale du Fonds National de l'Emploi, Allocation de remplacement pour l'emploi, Cessation anticipée d'activité pour certains travailleurs salariés.*
- ***Dispositifs généraux d'allègement des cotisations sociales.** Mis en oeuvre depuis 1993 afin d'abaisser le coût du travail au voisinage du SMIC, ils contribuent aussi à accompagner la réduction du temps de travail. A partir de 2003, les divers mécanismes sont progressivement unifiés.*
- ***Réduction collective du temps de travail.** Voir 9.4.*

POUR EN SAVOIR PLUS

- *Premières informations et premières synthèses*, Dares, ministère de l'Emploi, de la Cohésion sociale et du Logement (www.travail.gouv.fr/etudes).
- « Les politiques de l'emploi et du marché du travail », Dares, éd. La Découverte, coll. Repères n° 373, 2003.

SOURCES

[1] « Bilan de la politique de l'emploi en 2003 », *Les Dossier de la Dares*, n° 1, 2005.

[2] Dares, ministère de l'Emploi, de la Cohésion sociale et du Logement.

Emploi, chômage et politiques spécifiques d'emploi [2]

stocks annuels moyens en millions

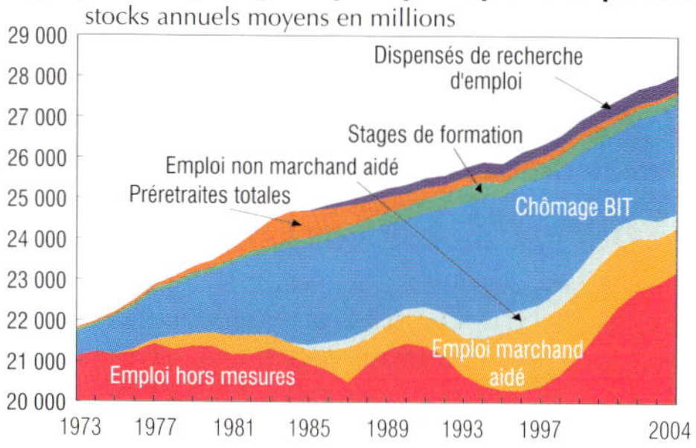

Effets des politiques de l'emploi sur le chômage et l'emploi [1]

glissement de décembre à décembre en milliers

	2001	2002	2003
Effets des dispositifs spécifiques			
Sur l'emploi	– 45	– 42	– 106
Dont : Marchand aidé	*– 27*	*– 34*	*– 26*
Non marchand aidé	*– 18*	*– 8*	*– 80*
Sur le chômage	45	56	62
Dont : Marchand aidé	*21*	*27*	*20*
Non marchand aidé	*14*	*6*	*64*
Formation des demandeurs d'emploi	*1*	*– 1*	*– 12*
Retraits d'activité	*9*	*24*	*– 10*
Effets des exonérations générales de cotisations sociales			
Sur l'emploi	0	0	*0*
Sur le chômage	0	0	*0*
Effets des RTT collectives			
Sur l'emploi total	73	76	*23*
Sur le chômage	– 58	– 61	*– 18*
Évolution de l'emploi total	***240***	***153***	***– 88***
Évolution du chômage (DEFM)*	***40***	***114***	***131***

* Demandeurs d'emploi en fin de mois, catégories 1,2 et 3 hors activités réduites.

Principaux dispositifs spécifiques de politique d'emploi * [1]

milliers

	Entrées		Stocks	
	2003	2003/02 %	2003	2003/02 %
Emploi marchand aidé	**637**	**– 5,0**	**1 146**	**– 11,0**
Soit : Aides à l'embauche de jeunes	89	79,0	97	105,0
Aides à l'embauche de CLD**	72	18,0	150	– 6,0
Autres aides à l'embauche	19	– 78,0	215	– 45,0
Aide à la création d'entreprises	45	38,0	41	43,0
Contrats en alternance	382	– 6,0	543	– 3,0
Accompagnement des restructurations	20	– 1,0	57	9,0
Insertion par l'économique	11	– 6,0	43	0,0
Emploi non marchand aidé	**397**	**– 17,0**	**384**	**– 21,0**
Formation des demandeurs d'emploi	**621**	**1,0**	**253**	**1,0**
Soit : Stages de formation	462	5,0	211	3,0
Prévention du chômage de longue durée	71	21,0	13	49,0
Stages CLD (SIFE collectifs)	88	– 20,0	29	– 21,0
Conventions de conversion	0	– 99,0	0	– 100,0
Retraits d'activité	**128**	**9,0**	**481**	**2,0**
Soit : Préretraites totales	24	33,0	81	– 13,0
Dispenses de recherche d'emploi	105	5,0	400	6,0
Ensemble	**1 783**	**– 5,0**	**2 264**	**– 9,0**

* France métropolitaine. ** Chômage de longue durée.

Bénéficiaires des principaux dispositifs de politique d'emploi en 2003 selon le sexe et l'âge [2]

%

	Sexe		Âge	
	Hommes	Femmes	Jeunes < 26 ans	50 ans et +
Emplois marchands aidés	**63,4**	**36,6**	**81,7**	**3,7**
- Abaissements des coûts salariaux	63,8	36,2	61,0	11,1
dont : Contrats Jeunes en entreprises	*68,9*	*31,1*	*100,0*	*0,0*
Contrats Initiative Emploi	*56,7*	*43,3*	*7,2*	*26,4*
- Formation en alternance	62,7	37,3	97,8	0,1
dont : Contrat de qualification adulte	*53,0*	*47,0*	*0,0*	*2,3*
Contrat d'apprentissage	*69,2*	*30,8*	*100,0*	*0,0*
Contrat de qualification	*49,7*	*50,3*	*100,0*	*0,0*
Contrat d'adaptation	*63,8*	*36,2*	*100,0*	*0,0*
Contrat d'orientation	*54,3*	*45,7*	*100,0*	*0,0*
- Aide à la création d'emploi et d'activités	68,5	31,5	7,1	10,7
dont : ACCRE	*68,5*	*31,5*	*7,1*	*10,7*
Emplois non marchands aidés	**37,3**	**62,7**	**19,3**	**18,9**
- Contrats Emploi Solidarité	37,0	63,0	19,6	15,2
- Contrats Emploi Consolidé	37,0	63,0	5,8	31,7
- Contrats Emploi Jeune	41,1	58,9	72,5	0,0
Actions d'insertion et de formation adultes	**44,3**	**55,7**	**11,1**	**10,1**
- SIFE globaux ou collectifs	39,8	60,2	7,2	10,9
- SIFE individuels	53,5	46,5	7,9	10,7
- Stages d'accès à l'entreprise	55,4	44,6	42,8	4,0
Ensemble*	**51,5**	**48,5**	**50,5**	**10,2**
Trajet d'accès à l'emploi	47,0	53,0	100,0	0,0

*Non compris les bénéficiaires de la mesure Trace.

Dépense pour l'emploi [2]

millions d'euros

	2000	2001	2002	2003
Indemnisation du chômage	20 660	21 838	26 094	29 212
Incitation au retrait d'activité	3 860	3 511	2 703	2 151
Formation professionnelle	12 698	13 083	12 741	12 861
Promotion de l'emploi et création d'emploi	9 471	9 917	10 152	9 159
Exonérations non compensées	1 708	1 553	1 401	1 093
Maintien de l'emploi	498	553	609	597
Incitation à l'activité	992	1 034	1 111	1 190
Fonctionnement du marché du travail	1 161	1 222	1 721	1 741
Total de la dépense pour l'emploi	**51 046**	**52 711**	**56 530**	**58 004**
En % du PIB	***3,54***	***3,52***	***3,65***	***3,66***
Réductions dégressives bas salaires (entreprises à 39 h.)	5 275	5 116	4 333	2 087
ARTT	554	506	539	565
Loi Aubry 1	2 073	2 423	2 362	1 949
Loi Aubry 2	3 674	6 371	8 191	4 260
Dispositif d'appui et conseil à la RTT	78	62	32	2
Allègements Fillon	///	///	///	7 230
Total des allègements généraux de cotisations sociales*	**11 655**	**14 478**	**15 457**	**16 093**
En % du PIB	***0,80***	***0,96***	***1,00***	***1,02***
Total Dépense pour l'emploi + Allègements généraux	**62 701**	**67 189**	**71 987**	**74 096**
En % du PIB	***4,34***	***4,48***	***4,65***	***4,67***

* Rupture de série : dépenses en "encaissements/décaissements" jusqu'en 2000 ; en "droits constatés" à partir de 2001.

9 emploi

PRÉSENTATION

Entre mars 1995 et mars 2001, la *durée du travail* hebdomadaire des salariés à temps complet et aux horaires réguliers a baissé en moyenne de 1 h 20, sous l'effet des lois sur les 35 heures. Depuis 2002, cette durée reste stable : 39 heures en moyenne pour les salariés à temps complet contre 23 heures pour ceux travaillant à temps partiel [1].

Après une progression soutenue, le taux d'emploi à *temps partiel* se stabilise s'approchant de 17 % en 2004. Dans l'UE à 25, parmi les femmes ayant un emploi, les mères sont plus souvent à temps partiel : c'est le cas de plus d'une femme sur trois ayant des enfants en 2003, contre une sur cinq parmi les femmes sans enfant [1] [4].

En 2004, les *emplois à durée limitée* sont plus nombreux. La part *des formes particulières d'emploi* dans l'emploi salarié augmente légèrement, passant de 13,1 % à 13,3 % en un an. En baisse régulière depuis 1998, le *sous-emploi* augmente en 2004 : près de 1 260 000 personnes ayant un emploi travaillent moins qu'elles ne le souhaitent. Ce sont pour plus des trois-quarts des femmes à temps partiel et plus souvent des ouvriers et employés que des cadres.

En 2001, plus des deux tiers des salariés travaillent les mêmes jours de la semaine avec des horaires identiques d'une semaine à l'autre. Plus d'un sur dix travaille selon des rythmes réguliers mais organisés sur des périodes de plusieurs semaines. Les autres salariés ont un *rythme de travail* irrégulier. Depuis 1995, les rythmes de travail ont peu évolué. Les femmes continuent d'avoir des rythmes de travail plus réguliers que les hommes [1].

En 2003, l'exposition des salariés aux risques et aux pénibilités du travail s'accroît. Depuis 1994, les longues journées deviennent plus rares et le travail répétitif moins répandu, mais les contraintes organisationnelles ainsi que les pénibilités physiques augmentent. L'exposition à des agents biologiques reste stable, mais celle aux produits chimiques progresse.

En 2003, le nombre de jours de grève dans les entreprises privées baisse pour la 3ème année et atteint son plus bas niveau depuis 1998. Dans la fonction publique d'État et les transports, la contestation de la réforme des retraites a provoqué une forte recrudescence des grèves en 2003 [2].

DÉFINITIONS

- **Contrat aidé.** *Voir 9.3.*
- **Comptes nationaux base 2000.** *Voir 11.1.*
- **Durée du travail.** *Depuis 1982, la durée légale du travail effectif des salariés était fixée à 39 heures par semaine. La loi d'orientation et d'incitation relative à la réduction du temps de travail (n° 98-461 du 13 juin 1998) fixe la durée légale hebdomadaire du travail effectif des salariés à 35 heures par semaine à compter du 1/1/2000 pour les entreprises de plus de 20 salariés et du 1/1/2002 pour les entreprises de 20 salariés ou moins. La loi n° 2000-37 du 19 janvier 2000, relative à la réduction négociée du temps de travail, en fixe les modalités de mise en œuvre (heures supplémentaires, aménagement du temps de travail, dispositions pour les cadres, travail à temps partiel, congés, etc.).*
- **Emploi à durée limitée.** *Contrats à durée déterminée, emplois intérimaires, stages et contrats aidés, apprentissage.*
- **Enquête Emploi.** *Voir 9.2*
- **Formes particulières d'emploi.** *Regroupent les statuts d'emploi qui ne sont pas des contrats à durée indéterminée à temps plein. Ce sont l'emploi à temps partiel, l'intérim, les contrats à durée déterminée, l'apprentissage et les contrats aidés.*
- **Salarié à temps partiel.** *Salarié pour lequel la durée de travail mensuelle est inférieure d'au moins 1/5 à celle de la durée légale.*
- **Sous-emploi.** *Comprend les personnes actives occupées au sens du BIT (Bureau International du Travail) qui remplissent l'une des conditions suivantes : elles travaillent à temps partiel, souhaitent travailler davantage et sont disponibles ; elles travaillent à temps complet mais ont travaillé moins que d'habitude pendant une semaine de référence en raison de chômage partiel, ralentissement des affaires, réduction saisonnière d'activité ou mauvais temps.*
- **Rythme de travail.** *Succession des plages de travail et de repos dans le cadre de l'activité professionnelle. Ce concept n'a pas de rapport avec l'intensité du travail. On distingue les rythme « régulier hebdomadaire », les rythmes « cycliques » et les rythmes « irréguliers ».*

POUR EN SAVOIR PLUS

- *Premières informations et Premières synthèses*, Dares, « Le télétravail en France », n° 51.3, décembre 2004.

SOURCES

[1] *Insee Première* : « Enquête sur l'emploi 2004 », n° 1009, mars 2005; « Les rythmes de travail entre 1995 et 2001 », n° 994, décembre 2004 ; « La baisse de la durée du travail entre 1995 et 2001 », n° 881, janvier 2003 ; division Emploi, Insee.

[2] *Premières informations et Premières synthèses*, Dares : « Les conflits du travail en 2002 et 2003 », n° 18.4, mai 2005 ; « La durée annuelle collective du travail et les heures supplémentaires en 2003 », n° 15.3, avril 2005 ; « L'exposition aux risques et aux pénibilités du travail de 1994 à 2003 », n° 52.1, décembre 2004.

[3] Comptes nationaux, Insee.

[4] « Conciliation de la vie professionnelle et familiale dans l'UE 25 en 2003 », *Communiqué de presse*, n°49/2005, Eurostat, 12 avril 2005.

Sous-emploi* [1]

	2002	2003	2004
Personnes en sous-emploi (milliers)	**1 193**	**1 194**	**1 258**
Hommes	288	279	298
Femmes	905	915	960
Sous-emploi parmi les emplois à temps partiel (%)	***27,8***	***27,6***	***29,1***
Hommes	*33,0*	*30,7*	*35,0*
Femmes	*26,7*	*26,9*	*27,9*

* France métropolitaine.

Temps partiel et durée du travail dans l'Union européenne en 2004 [4]

	Taux d'emploi à temps partiel*			Durée**
	Hommes %	Femmes %	Ensemble %	heures
Allemagne***	6,1	40,8	21,7	35,9
Autriche	4,8	38,0	19,7	39,5
Belgique	6,9	40,5	21,5	***37,4
Chypre	4,7	13,4	8,5	***40,1
Danemark	12,4	33,3	22,1	35,4
Espagne	2,9	17,7	8,7	39,6
Estonie	6,1	9,4	7,7	39,8
Finlande	9,4	19,7	14,4	***37,7
France	**5,5**	**30,3**	**16,9**	**38,0**
Grèce	2,2	8,5	4,6	***43,4
Hongrie	3,3	6,4	4,7	40,3
Irlande	5,9	31,4	16,7	***37,2
Italie	4,8	25,2	12,8	38,6
Lettonie	8,2	14,1	11,1	40,8
Lituanie	6,0	10,1	8,0	***37,8
Luxembourg	2,4	40,2	17,8	***38,1
Malte	3,8	20,6	8,9	***39,8
Pays-Bas	22,7	74,6	45,8	***30,9
Pologne	8,4	14,5	11,1	40,7
Portugal	7,3	16,5	11,5	39,0
République tchèque	2,2	8,3	4,9	41,9
Royaume-Uni	10,2	43,0	25,4	37,2
Slovaquie	1,3	4,2	2,6	40,8
Slovénie	7,6	10,3	8,8	40,8
Suède	12,4	36,9	24,1	36,2

* En pourcentage de l'emploi total pour les 15 ans et plus. ** Nombre moyen d'heures de travail par semaine de l'ensemble des personnes en emploi, à temps partiel et à temps plein. *** Données 2003.

Emplois à durée limitée* [1]

milliers

	2002	2003	2004
Secteur privé	**2 275**	**2 186**	**2 265**
Intérimaires	482	473	490
Apprentis	296	268	300
Contrats à durée déterminée**	1 174	1 147	1 187
Stagiaires et contrats aidés***	323	298	288
Secteur public	**716**	**665**	**662**
Contrats à durée déterminée**	478	457	496
Stagiaires et contrats aidés***	238	208	166
Total	**2 991**	**2 851**	**2 927**
Part dans l'ensemble des salariés (%)	*13,7*	*13,1*	*13,3*

* Moyenne annuelle en France métropolitaine. ** Hors contrats aidés. *** CES, CIE, emplois jeunes...

Durée annuelle du travail des salariés par branche* [3]

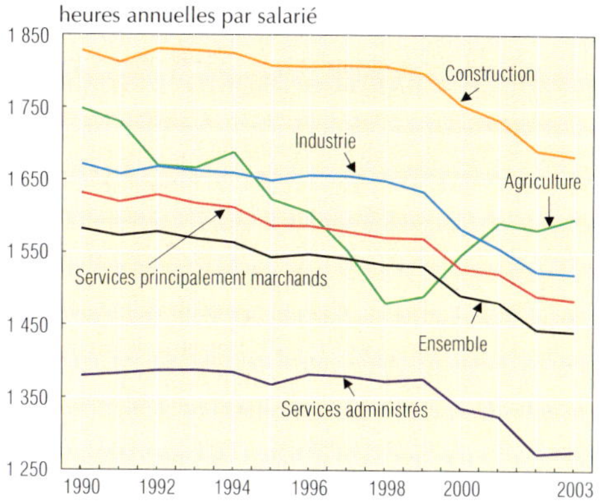

* Comptes nationaux Base 2000.

Durée hebdomadaire moyenne de travail selon la profession* [1]

	2002	2004	
			dont femmes
Cadres et prof.intel.supérieures	42 h 40	42 h 50	*39 h 35*
Professions intermédiaires	38 h 10	38 h 35	*37 h 10*
Employés	38 h 10	38 h 10	*37 h 50*
Ouvriers	37 h 50	37 h 35	*36 h 20*
Ensemble	**38 h 50**	**38 h 55**	***37 h 40***

* Salariés à temps complet, en France métropolitaine.

Durée collective annuelle du travail fin 2003 selon la taille de l'entreprise* [2]

heures

	Durée annuelle moyenne		Part des salariés dont la durée < 1 620 heures**
	heures	écart 2003-2002	%
10 à 19 salariés	1 675	0	49
20 à 49 salariés	1 637	– 5	61
50 à 99 salariés	1 606	– 9	79
100 à 249 salariés	1 604	– 3	76
250 à 499 salariés	1 598	1	85
500 salariés et plus	1 586	– 2	88
Ensemble	**1 609**	**– 5**	**77**

* Salariés à temps complets, hors cadres au forfait, des entreprises de 10 salariés et plus du secteur marchand non agricole. ** Part des salariés travaillant dans un étab.dont la durée coll. du travail est inférieure ou égale à 1620 heures soit 36 heures par semaine sur 45 semaines travaillées.

Conflits du travail* [2]

milliers de journées individuelles non travaillées

	1996	2000	2002	2003
Entreprises privées	363	581	248	224
Entreprises de transports	**54	218	137	505
Fonction publique d'Etat***	686	1 459	605	3 660

* Conflits localisés pour les entreprises privées hors transports et conflits localisés et généralisés pour les transports et la fonction publique d'État. ** Hors RATP et Air France, SNCF partiel. *** Hors France Télécom, la Poste, et les fonctions publiques hospitalière et territoriale.

9 emploi

PRÉSENTATION

Fin 2002, la *Fonction publique* compte 5,8 millions de personnes (y compris les emplois aidés), dont 3,1 millions d'agents de la Fonction publique d'État, 1,7 million de la Fonction publique territoriale et 934 300 de la *Fonction publique hospitalière*. Entre 1980 et 2002, l'emploi public a augmenté presque deux fois plus vite que l'emploi total, la Fonction publique territoriale enregistrant la plus forte progression [1] [6].

Outre 2,3 millions d'agents des ministères, la *Fonction publique d'État* comprend 288 200 employés de La Poste, 152 300 enseignants du privé sous contrat, 291 600 employés des établissements publics et 95 800 emplois aidés. Dans les ministères, les trois quarts des agents sont *titulaires* civils, 14 % militaires et 11 % *non-titulaires*. Plus de la moitié des effectifs appartiennent à l'Éducation nationale et 18 % à la Défense. Près de 12 % du personnel travaille à temps partiel. Les agents de l'État sont âgés en moyenne de 41,1 ans [1] [4].

Les effectifs de la *Fonction publique territoriale* progressent fortement (+ 3 % en 2002). Près de 80 % des salariés travaillent dans des organismes communaux ou intercommunaux contre 17 % dans les organismes régionaux et départementaux. Près d'un emploi sur deux appartient à la filière technique, environ un quart à la filière administrative et un dixième à la filière sociale (hors assistantes maternelles, emplois aidés et apprentis). Près de 73 % de l'ensemble des effectifs (hors emplois aidés) sont titulaires et 28 % travaillent à temps partiel. Fin 2002, 144 600 personnes occupent un *emploi aidé* [1] [3].

Les femmes sont majoritaires dans la Fonction publique au sens large : elles représentent 60 % des effectifs dans les ministères civils et les collectivités territoriales et 76 % dans la Fonction publique hospitalière. Elles sont cependant peu présentes dans la haute fonction publique (13 % fin 2002). Pour la première fois en 2002, la Fonction publique d'État compte plus de femmes que d'hommes (50,3 %) en raison de la progression des effectifs de l'Éducation nationale. En 10 ans, leur position hiérarchique a évolué : les femmes sont désormais 47,3 % de catégorie A, contre 31,8 % en 1992 [1] [2] [4].

DÉFINITIONS

- **Fonction publique.** *Comprend la* **Fonction publique d'État** *(ensemble des agents employés dans les différents ministères et leurs établissements publics sous tutelle), la* **Fonction publique territoriale** *(personnel des collectivités locales et leurs établissements publics) et la* **Fonction publique hospitalière** *(personnel des hôpitaux publics et des maisons de retraite publiques).*
  Pour l'Insee, la définition de la Fonction publique d'État est élargie : sont inclus les effectifs de la Poste, de certains établissements publics industriels et commerciaux (EPIC), ceux des caisses nationales de sécurité sociale ainsi que les enseignants de l'enseignement privé sous contrat.
  Selon l'Observatoire de l'emploi public, relève de la Fonction publique tout agent qui travaille dans des organismes soumis au droit administratif recrutant majoritairement des agents de droit public. Cet observatoire a été créé par décret le 13 juillet 2000.
- **Titulaires, catégories statutaires.** *Les personnes titulaires appartiennent à des corps regroupés en catégories d'après leur niveau de concours de recrutement :*
  - *catégorie A, assure des fonctions d'études générales, de conception et de direction ;*
  - *catégorie B, chargée des fonctions d'application ;*
  - *catégories C, assurent les tâches d'exécution.*
- **Non-titulaires.** *Ouvriers d'État, contractuels (dont certains, régis par des textes statutaires, ont un déroulement de carrière organisé et une quasi-stabilité d'emploi), auxiliaires, vacataires, collaborateurs extérieurs et emplois aidés.*
- **Contrat aidé, emploi aidé.** *Contrat pour lequel l'employeur bénéficie d'aides de l'État ; le principe est de diminuer, par des aides directes ou indirectes, les coûts d'embauche pour l'employeur. Ces emplois aidés sont, en général, réservés à des personnes en difficulté sur le marché du travail. Ils peuvent relever du secteur marchand (c'est le cas par exemple des contrats « initiative emploi ») ou du secteur non marchand (par exemple contrats « emploi-solidarité »). Dans le second cas, ils sont le plus souvent conclu par des associations , des collectivités territoriales ou des entreprises publiques.*

POUR EN SAVOIR PLUS

- « Les emplois de direction dans les grandes collectivités », *Synthèse*, observatoire de la Fonction publique territoriale, n° 7, mars 2005, (www.observatoire.cnfpt.fr).
- « Les effectifs des collectivités territoriales au 31 décembre 2000, 2001 et 2002 », *Insee Résultats*, série société, n° 39, mars 2005.

SOURCES

[1] *Insee Première* : « Les agents de l'État au 31 décembre 2002 », n° 987 ; « L'emploi dans les collectivités locales au 31 décembre 2002 », n° 986, septembre 2004.

[2] « Lente féminisation de la haute fonction publique en 2002 », *Point stat*, ministère de la Fonction publique, n° 4-2004.

[3] *Annuaire Statistique de la France*, Insee, édition 2005.

[4] « Fonction publique : faits et chiffres 2003 », *La documentation française*, 2004.

[5] *Les collectivités locales en chiffres 2005*, DGCL, ministère de l'Intérieur.

[6] « L'emploi public », *Économie et Statistique*, Insee, n° 369-370, juillet 2004.

Effectifs de la Fonction publique d'État* [1] [4]

	1990	2000	2001	2002	
	milliers	milliers	milliers	milliers	dont titulaires et militaires %
Ministères civils	1 752,0	1 861,9	1 880,5	1 899,5	*89,3*
Ministère de la Défense et Anciens combattants	416,9	414,6	415,8	418,6	*87,6*
Emplois aidés des ministères	...	15,0	16,4	14,3	*///*
Ensemble des ministères	**2 168,9**	**2 291,5**	**2 312,7**	**2 332,4**	***88,5***
Établissements publics administratifs à recrutement de droit public**	128,6	197,0	204,0	211,0	*37,3*
Emplois aidés des EPA de droit public	...	92,0	91,8	79,7	*///*
Ensemble État au sens strict* **	**2 297,5**	**2 580,5**	**2 608,5**	**2 623,1**	***81,7***
Établissements publics administratifs à recrutement de droit privé****	5,8	14,7	15,3	15,9	*0,5*
Établissements publics industriels et commerciaux et GIP	54,2	54,7	59,7	64,7	...
La Poste	334,8	292,9	292,5	288,2	*74,8*
Emplois aidés des EPA de droit privé, EPIC et de la Poste	...	3,4	3,5	1,8	*///*
Enseignement privé sous contrat	132,1	148,9	150,8	152,3	*1,0*
Ensemble État au sens large	**2 824,4**	**3 095,1**	**3 130,4**	**3 146,0**	***77,6***

* Au 31 décembre, en métropole, Dom-Tom et étranger. ** Hors emplois aidés, CNRS, Inra, établissements d'enseignement supérieur, etc. *** Champ OEP. **** Caisses nationales de Sécurité sociale.

Effectifs des collectivités locales* [3] milliers

	1994	1996	1998	r 2000	r 2001	p 2002
Organismes régionaux et départementaux	**211,6**	**219,9**	**233,9**	**262,6**	**276,0**	**287,5**
Régions	7,2	8,7	9,7	11,0	11,6	12,5
Départements	158,5	160,5	168,5	176,9	181,4	187,2
Établissements publics	45,9	50,7	55,7	74,8	83,0	87,8
Organismes communaux et intercommunaux	**1 192,6**	**1 219,8**	**1 255,4**	**1 313,1**	**1 326,1**	**1 363,2**
Communes	992,1	1 008,7	1 032,7	1 074,6	1 077,8	1 093,3
Organismes communaux	96,8	98,5	100,1	103,6	105,7	109,5
Organismes intercommunaux	103,7	112,6	122,6	134,9	142,7	160,4
Organismes privés d'action locale**	**101,8**	**108,8**	**110,5**	*///*	*///*	*///*
Éts publics administratifs divers***	**31,7**	**29,3**	**28,0**	**28,1**	**26,6**	**26,3**
Éts publics, industriels et commerciaux****	**30,3**	**32,9**	**36,0**	**37,7**	**39,7**	**41,1**
Ensemble	**1 568,0**	**1 610,5**	**1 663,8**	**1 641,5**	**1 668,4**	**1 718,1**
dont : titulaires	*921,4*	*964,6*	*1 011,3*	*1 067,8*	*1 101,4*	*1 143,0*
non titulaires	*446,4*	*442,2*	*441,0*	*354,0*	*357,0*	*370,0*
assistantes maternelles à domicile	*60,6*	*59,5*	*58,4*	*57,3*	*56,6*	*55,9*
C.E.S et emplois-jeunes	*139,6*	*144,3*	*153,1*	*158,2*	*148,8*	*144,6*
apprentis	*///*	*///*	*///*	*4,1*	*4,5*	*4,6*

* Au 31 décembre. ** Y compris les sociétés d'économie mixte non marchandes (SAFER, etc). *** Offices publics d'HLM, caisses de crédit municipal, associations syndicales autorisées (ASA). **** Y c. régies dotées de la personnalité morale et à partir de 2000, non compris les organismes privés d'action locale.

Effectifs de la Fonction publique hospitalière en 2002* [4]

	milliers	dont femmes %	dont titulaires %
Hôpitaux	888,3	*75,0*	*77,6*
*Soit : médecins***	*93,0*	*39,3*	*///*
personnel non médical	*795,2*	*79,2*	*86,7*
Étab. hébergement personnes âgées	46,0	*84,6*	*91,5*
Ensemble	**934,3**	***75,5***	***78,3***

* Effectifs au 31 décembre, hors emplois aidés. ** Y compris internes et résidents, hors praticiens hospitalo-universitaires.

Statuts des agents selon le type de Fonction publique fin 2002* [5]

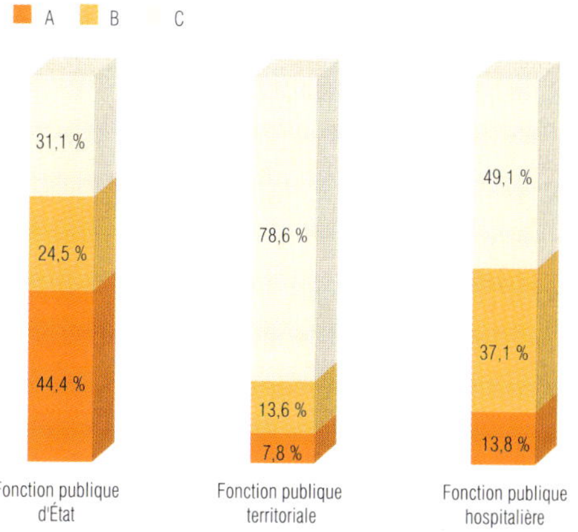

* Observatoire de l'emploi public hors emplois aidés.

9 emploi

PRÉSENTATION

En 2004, selon l'*enquête Emploi,* le nombre d'actifs *étrangers* est estimé à 1,5 million en France métropolitaine. La très grande majorité (72,9 %) est salariée. Plus de 4 sur 10 sont ouvriers et près de 3 sur 10 employés ; à peine 9 % d'entre eux sont cadres. La présence de travailleurs étrangers est par ailleurs plus forte dans certains secteurs comme les services aux particuliers et aux entreprises et dans la construction. Parmi les hommes actifs occupés, la part des étrangers est la plus élevée entre 50 à 60 ans (6,6 %) et 30 à 39 ans (6,2 %) ; chez les femmes, c'est parmi les actives de 40 à 49 ans qu'elle est la plus haute (4,8 %).

Les étrangers sont plus affectés par le chômage que les autres actifs. En 2004, 19,0 % des étrangers sont chômeurs contre 9,9 % pour l'ensemble de la population. Le taux de chômage varie fortement selon les pays d'origine, affectant davantage les ressortissants des pays du Maghreb que ceux de l'Union européenne. Pour tous, le chômage touche plus les femmes que les hommes [1].

Les étrangers représentent 5,7 % de la *population active* de l'Union européenne à 15. Cette proportion varie de 8 % et plus en Allemagne, en Autriche et en Belgique, à environ 6 % en Grèce et en Irlande et 1,5 % en Finlande. L'augmentation du nombre de travailleurs étrangers en Europe en 2004 révèle des évolutions contrastées selon les pays : de + 21,1 % en Espagne à – 9,5 % en Autriche. Sept travailleurs étrangers sur dix en Europe sont âgés de 25 à 49 ans [4].

En 2003, les envois de fonds des travailleurs étrangers en France vers leur pays d'origine représentent 2,6 Mds d'€, soit une baisse de 1,2 % par rapport à 2002. Les principaux pays destinataires restent le Portugal (871 millions d'€) et l'ensemble des pays du Maghreb (1,1 Md d'€) [5].

DÉFINITIONS

- ***Étranger.*** *Notion fondée sur le critère de la nationalité. Un étranger est une personne qui n'a pas la nationalité française. Les personnes nées en France de parents étrangers sont étrangères.*
- ***Enquête Emploi.*** *Réalisée par l'Insee, depuis 1950, l'enquête Emploi est la source statistique qui permet de mesurer le chômage au sens du BIT. Elle fournit aussi des données sur les professions, l'activité des femmes ou des jeunes, la durée du travail, les emplois précaires. Elle permet de mieux cerner la situation des chômeurs et les changements de situation vis à vis du travail. Depuis 2003, l'enquête Emploi est trimestrielle et sa collecte auprès d'un échantillon de ménages, est réalisée en continu sur toutes les semaines de chaque trimestre.*
- ***Population active.*** *Regroupe la population active occupée (appelée aussi « population active ayant un emploi «) et les chômeurs.*
- ***Population active occupée.*** *Ensemble des personnes qui ont un emploi.*
  La mesure de la population active et de la population active occupée diffère selon l'observation statistique qui en est faite. On peut actuellement distinguer trois approches principales : au sens du BIT, au sens du recensement de la population, au sens de la Comptabilité nationale.
- ***Taux d'activité.*** *Rapport entre le nombre d'actifs (actifs occupés et chômeurs) et la population totale correspondante.*
- ***Les données de la page ci-contre sont en moyenne annuelle à partir de 2003 en France métropolitaine.***

POUR EN SAVOIR PLUS

- « Tendances des migrations internationales : Sopemi – édition 2004 » OCDE, février 2005.
- « Migration et emploi : Les accords bilatéraux à la croisée des chemins », OCDE, décembre 2004.

SOURCES

[1] Enquête Emploi 2004, Insee.

[2] « Les étrangers en France », *Contours et Caractères*, Insee, mai 1994.

[3] « Les salariés étrangers : loin des secteurs porteurs et des positions valorisées », *Premières synthèses*, Dares, n° 46.1, novembre 2000.

[4] Enquête communautaire sur les forces de travail, Eurostat.

[5] La balance des paiements et la position extérieure de la France en 2003, ministère de l'Économie, des Finances et de l'Industrie ; Banque de France.

Salariés étrangers selon l'activité économique en 2004 [1]

Activité économique	Effectifs milliers	Effectifs %	Proportion d'étrangers* %
Agriculture, sylviculture, pêche	45,2	4,0	14,3
Industries agroalimentaires	20,2	1,8	3,4
Industries de biens de consommation	26,1	2,3	4,1
Industrie automobile	14,9	1,3	4,6
Industries de biens d'équipement	30,8	2,7	3,9
Industries de biens intermédiaires	65,2	5,8	4,7
Énergie	3,9	0,3	1,6
Construction	166,4	14,8	13,2
Commerce	112,2	10,0	4,0
Transports	43,6	3,9	4,2
Activités financières	7,0	0,6	1,1
Activités immobilières	27,8	2,5	9,8
Services aux entreprises	189,5	16,9	6,5
Services aux particuliers	203,2	18,1	11,3
Éducation, santé, action sociale	115,3	10,3	2,7
Administrations	45,2	4,0	1,7
Activité indéterminée	5,1	0,5	7,0
Total	**1 121,5**	**100,0**	**5,1**

* Dans l'activité.

Étrangers actifs selon la catégorie socioprofessionnelle en 2004 [1]

	Effectifs milliers	Effectifs %	Proportion d'étrangers dans la CS %
Agriculteurs exploitants	8,4	0,5	1,2
Artisans, commerçants et chefs d'entreprise	106,5	6,9	6,9
Cadres et professions intellectuelles supérieures	137,2	8,9	3,7
Professions intermédiaires	160,9	10,5	2,6
Employés	416,6	27,1	5,3
Ouvriers	651,2	42,3	9,3
Chômeurs n'ayant jamais travaillé	56,3	3,7	12,7
CS indéterminée	2,2	0,1	17,6
Total	**1 539,2**	**100,0**	**5,6**
dont : salariés	*1 121,5*	*72,9*	*5,1*

Population active étrangère dans l'UE à 15 en 2004 [4]

	Ensemble milliers	Ensemble * %	*dont pays hors UE milliers*	*dont pays hors UE * %*
Allemagne**	3 562	9,0	*2 453*	*6,2*
Autriche	320	8,5	*252*	*6,7*
Belgique	357	8,0	*99*	*2,2*
Danemark	92	3,2	*65*	*2,3*
Espagne	832	4,4	*719*	*3,8*
Finlande	41	1,5	*30*	*1,1*
France	1 445	5,5	*857*	*3,2*
Grèce	303	6,4	*294*	*6,2*
Irlande	121	6,4	*54*	*2,9*
Italie	759	3,2	*702*	*2,9*
Luxembourg**	87	45,0	*8*	*4,0*
Pays-Bas	299	3,6	*171*	*2,1*
Portugal	150	2,9	*130*	*2,5*
Royaume-Uni	1 557	5,4	*1 031*	*3,6*
Suède	204	4,5	*106*	*2,3*
Union européenne à 15	**10 127**	**5,7**	***6 970***	***4,0***

* Par rapport à la population active totale. ** 2003.

Part des étrangers dans la population active depuis un siècle [1] [2]

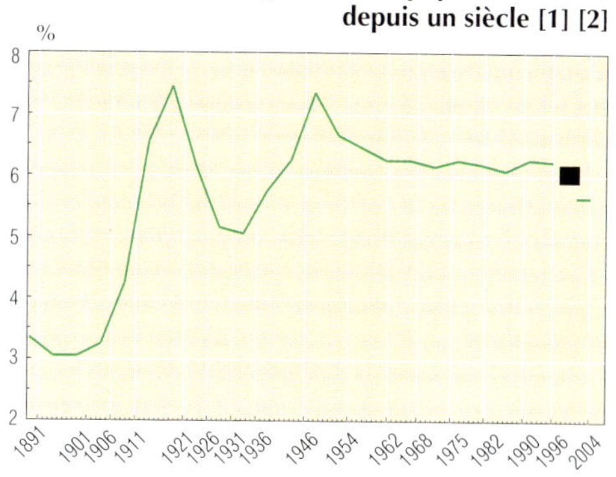

Proportion d'étrangers dans l'emploi* [1] [3]

%

	1985 Hommes	1985 Femmes	2004 Hommes	2004 Femmes
20 à 29 ans	5,5	4,4	4,6	2,8
30 à 39 ans	8,5	4,9	6,2	4,2
40 à 49 ans	10,4	4,1	5,5	4,8
50 à 60 ans	6,8	3,2	6,6	4,3
Ensemble	**7,9**	**4,3**	**5,8**	**4,1**

* Taux pour 100 actifs occupés (salariés du privé et du public, non-salariés), hors militaires du contingent.

Taux de chômage selon la nationalité en 2004 [1]

%

Nationalité	Ensemble	*dont jeunes de 15 à 24 ans*	*dont femmes*
Français	**9,4**	***22,4***	***10,5***
- de naissance	9,2	*22,3*	*10,2*
- par acquisition	14,4	*30,5*	*16,9*
Étrangers	**19,0**	***32,8***	***22,6***
Ressortissants de l'UE	7,3	*17,4*	*10,4*
dont : Portugais	*5,1*	*12,5*	*7,7*
Autres membres de l'UE	*10,6*	*30,1*	*14,4*
Étrangers hors UE	10,0	*22,8*	*11,1*
Africains	27,8	*44,2*	*34,3*
dont : Algériens	*28,0*	*55,8*	*39,5*
Marocains	*25,7*	*41,3*	*31,6*
Autres étrangers hors UE	9,6	*22,4*	*10,6*
Ensemble	**9,9**	***22,7***	***11,0***

Étrangers actifs et taux d'activité selon l'âge en 2004 [1]

	Actifs milliers	*dont femmes %*	Taux d'activité % Ensemble	Taux d'activité % *dont femmes*
15 à 24 ans	80,7	*43,4*	33,8	*25,5*
25 à 39 ans	628,6	*36,4*	71,9	*54,5*
40 à 49 ans	430,1	*45,2*	77,5	*66,8*
50 à 59 ans	345,1	*36,7*	67,5	*53,9*
60 ans et plus	54,8	*29,7*	9,9	*6,8*
Ensemble	**1 539,2**	***39,1***	**56,3**	***45,5***

9 emploi

PRÉSENTATION

Entre 2003 et 2004, le chômage augmente surtout chez les jeunes. Le *taux de chômage* des 15 à 29 ans progresse de près d'un point en un an, passant de 16,5 % en moyenne en 2003 à 17,4 % en 2004. Les jeunes de 15 à 24 ans sont particulièrement touchés par cette hausse : le taux de chômage s'élève pour eux à 22,7 % (+ 1,5 point). Ainsi, 24,2 % des jeunes actives et 21,6 % des jeunes actifs, âgés de 15 à 24 ans sont au chômage.

En 2004, en moyenne annuelle, le *taux d'activité* des 15 à 29 ans, s'établit à 54,8 % pour les hommes et à 45,8 % pour les femmes. Parmi les jeunes de 15 à 29 ans, 50,4 % sont actifs et 48,8 % sont scolarisés. La part des chômeurs atteint 8,8 % et *le taux d'emploi* 41,6 %.

Les diplômes constituent un atout essentiel face au chômage. Depuis quelques années les diplômes professionnels de l'enseignement supérieur confirment leur bonne adéquation au marché du travail. En 2004, dès le début de la vie active, soit entre un an et quatre ans après la fin des études, près de 45 % des non diplômés recherchent un emploi. Seulement un diplômé du supérieur sur dix, près d'un bachelier sur cinq et un titulaire d'un CAP ou BEP sur quatre sont dans cette situation [1].

Quatre jeunes sur dix occupent, ne serait-ce que quelques mois, un emploi non qualifié dans les trois ans qui suivent leur sortie de l'école ou de l'université. Ceci est plus fréquent pour les moins diplômés, mais les jeunes de tous niveaux de formation sont concernés. Au bout de trois ans, les deux tiers des diplômés du supérieur qui occupaient un emploi non qualifié ont trouvé un emploi qualifié. Ce n'est le cas que de 28 % des jeunes diplomés d'un CAP/BEP et de 40 % des bacheliers [2].

En 2003, trois emplois sur dix occupés par des jeunes de moins de 26 ans, bénéficient d'une aide de l'État, moins d'un sur cinq si l'on exclut l'apprentissage. Au total, 820 000 jeunes occupent un emploi aidé [5].

DÉFINITIONS

- ***Chômeur.*** *Voir 9.2.*
- ***Emplois aidés.*** *Voir 9.3.*
- ***Enquête sur l'emploi.*** *Voir 9.2.*
- ***Part des chômeurs.*** *Proportion de chômeurs dans la population totale. Cet indicateur est plus faible que le taux de chômage qui mesure la proportion de chômeurs dans la seule population active. Il est utilisé pour nuancer le très fort taux de chômage parmi les jeunes de moins de 25 ans, par exemple. Comme beaucoup de jeunes sont scolarisés et relativement peu ont un emploi, leur taux de chômage est très élevé alors que la proportion de chômeurs dans la classe d'âge est beaucoup plus faible.*
- ***Taux d'activité.*** *Rapport entre le nombre d'actifs (actifs occupés et chômeurs) et la population totale correspondante.*
- ***Taux de chômage.*** *Pourcentage de chômeurs dans la population active (actifs occupés + chômeurs). On peut calculer un taux de chômage par âge en mettant en rapport les chômeurs d'une classe d'âge avec les actifs de cette classe d'âge.*
- ***Taux de chômage selon le diplôme de 1 à 4 ans après les études.*** *Une rupture de série est observée en 2003 sur le taux de chômage des personnes ayant fini leurs études dans les quatre années précédentes. Celle-ci est due au fait que les résultats de 2003 sont obtenus à partir de la nouvelle enquête Emploi, réalisée tout au long de l'année, alors que l'ancienne enquête n'avait lieu qu'en mars. Les personnes interrogées plus tard dans l'année ont plus de chance d'avoir trouvé un emploi au moment de l'enquête ce qui explique que le taux de chômage soit plus faible. Ainsi, si l'on retenait le seul premier trimestre 2003 pour le calcul, on obtiendrait un taux de chômage de 20 % contre 17,1 % en moyenne annuelle pour l'ensemble des personnes ayant achevé leurs études dans les quatre années précédentes.*
- ***Taux d'emploi.*** *Proportion de personnes ayant un emploi dans la population totale considérée.*

POUR EN SAVOIR PLUS

- « Les jeunes actifs : nombreux dans les secteurs dynamiques à haute qualification », *Premières informations et premières synthèses*, Dares, n° 10.3, mars 2005.
- *Bref*, Céreq : « Les mobilités en début de vie professionnelle », n° 216, février 2005 ; « Génération 2001 : s'insérer lorsque la conjoncture se dégrade », n° 214, décembre 2004.
- « Candidat de plus de 40 ans, non diplômé ou débutant s'abstenir », *Connaissance de l'emploi*, Centre d'études de l'emploi, n° 11, janvier 2005.

SOURCES

[1] « Enquête sur l'emploi 2004 », *Insee Première*, n° 1009, mars 2005.

[2] « L'emploi non qualifié dans les trajectoires des jeunes débutants », *Premières informations et premières synthèses*, Dares, n° 49.2, décembre 2004.

[3] Enquêtes sur l'emploi, Insee.

[4] Eurostat.

[5] Dares.

Taux de chômage des jeunes de 15 à 24 ans* [3]

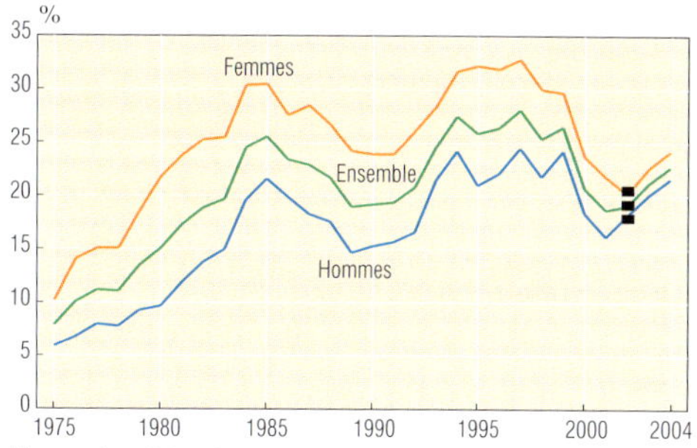

* France métropolitaine. Rupture de série à partir de 2002, suite à la nouvelle enquête emploi. Le taux de chômage est en moyenne annuelle à partir de cette date.

Situation des jeunes de 15 à 29 ans* [3]

%

	Janvier 1990	Mars 1995	Moyenne 2003	Moyenne 2004
Taux d'activité**	**54,8**	**49,0**	**50,3**	**50,4**
Hommes	57,7	53,1	54,5	54,8
Femmes	48,4	45,0	46,1	45,8
Taux d'emploi***	**45,1**	**39,5**	**42,0**	**41,6**
Hommes	50,8	44,5	46,0	45,7
Femmes	39,2	34,5	38,0	37,4
Part du temps partiel	**12,8**	**17,1**	**15,5**	**16,4**
Hommes	5,5	8,2	8,1	8,6
Femmes	22,4	28,7	24,7	26,1
Part du chômage*****	**8,0**	**9,5**	**8,3**	**8,8**
Hommes	6,8	8,6	8,5	9,1
Femmes	9,1	10,5	8,0	8,4
Taux de chômage	**15,0**	**19,5**	**16,5**	**17,4**
Hommes	11,9	16,2	15,7	16,6
Femmes	18,8	23,4	17,4	18,4
Taux de scolarité*******	**41,0**	**45,8**	**48,3**	**48,8**
Hommes	40,3	44,8	47,0	47,4
Femmes	41,8	46,9	49,6	50,3
Taux d'inactivité non scolaire	**5,9**	**5,1**	**6,1**	**6,2**
Hommes	2,0	2,1	3,7	3,6
Femmes	9,9	8,2	8,6	9,0

* France métropolitaine. ** Y c. contingent. *** Non compris contingent. **** Proportion de chômeurs dans la population totale des 15-29 ans. ***** Non compris les scolaires actifs.

Taux de chômage* selon le diplôme de 1 à 4 ans après la fin des études [3]

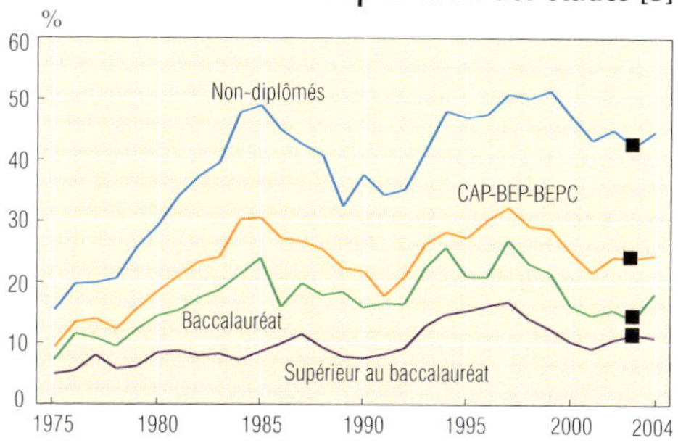

* France métropolitaine. Rupture de série en 2003, suite à la nouvelle enquête emploi. Le taux de chômage est en moyenne annuelle à partir de 2003.

Jeunes de moins de 26 ans dans les différents dispositifs de politique de l'emploi* [5]

effectifs en milliers

	1990	1999	2003
Alternance	**434**	**552**	**543**
Apprentissage	225	353	359
Contrats de qualification **	209	199	184
Emploi marchand hors alternance	**71**	**336**	**172**
Temps partiel avec abatt.de charges	0	229	52
Contrat initiative emploi (CIE)	0	49	11
Soutien emploi jeunes en entreprise***	0	0	97
Autres mesures	71	59	12
Emploi non marchand	**120**	**181**	**104**
Contrats emploi-solidarité	115	44	22
Emplois jeunes	0	127	76
Contrats emploi-consolidé, emploi-ville	5	11	7
Ensemble	**625**	**1070**	**820**
Part dans l'emploi des jeunes (%)	*19*	*43*	*30*
Ensemble hors apprentissage	**400**	**716**	**461**
Part dans l'emploi des jeunes (%)	*12*	*29*	*17*

* France métropolitaine. ** Y compris contrats d'orientation et d'adaptation. *** SEJE.

Situation des jeunes de 15 à 24 ans dans l'Union européenne en 2004 [4]

%

	Taux d'emploi	Taux de chômage	Proportion de jeunes au chômage
Allemagne	41,9	15,1	5,5
Autriche	51,9	9,7	5,6
Belgique	27,8	19,8	7,5
Chypre	37,3	10,6	4,2
Danemark	62,3	8,2	5,6
Espagne	34,2	22,0	9,6
Estonie	27,2	21,0	7,5
Finlande	39,4	20,7	10,3
France	**30,4**	**22,0**	**8,1**
Grèce	26,8	26,9	9,9
Hongrie	23,6	14,8	4,3
Irlande	47,7	8,3	4,7
Italie	27,6	23,6	8,5
Lettonie	30,5	19,0	6,8
Lituanie	20,3	19,9	5,9
Luxembourg	21,4	12,9	4,8
Malte	47,7	16,7	9,2
Pays-Bas	65,9	8,0	5,7
Pologne	21,7	39,5	14,2
Portugal	37,1	15,4	6,7
République tchèque	27,8	21,1	7,4
Royaume-Uni	55,4	12,1	7,6
Slovaquie	26,3	32,3	13,0
Slovénie	33,8	14,3	6,5
Suède	39,2	16,3	8,0
UE à 25	**36,7**	**18,6**	**8,2**

9 emploi

PRÉSENTATION

En 2004, 24,9 millions de personnes occupent un emploi dans l'économie française, à temps plein ou à temps partiel. En « *équivalent temps plein* », l'emploi intérieur total s'élève en moyenne à 24,5 millions ; il baisse de 34 000 postes après une diminution de 25 000 en 2003. La reprise de l'activité entre mi-2003 et mi-2004 ne conduit qu'à une modeste inflexion de l'emploi. Les services, avec 18 millions d'ETP, représentent près des trois quarts de l'emploi total. Les services principalement marchands en comptent 11,4 millions, dont 3,1 millions dans le commerce, 1,1 million dans les transports, 4 millions dans les services aux entreprises et 2,1 millions dans les services aux particuliers. Les services administrés (éducation, santé, action sociale et administration) en comptabilisent 6,6 millions. L'industrie (y compris l'*énergie* et les *IAA*) regroupe 3,7 millions d'emplois, la construction 1,7 millions et la *branche* agriculture 1,1 million. Les non salariés représentent environ 10 % de l'emploi total en équivalent temps plein.

Malgré la faible reprise de l'activité, la baisse de l'emploi salarié s'amplifie dans *l'industrie manufacturière* en 2004 (– 2,8 % de salariés en ETP en moyenne annuelle après – 1,2 % en 2003) alors que l'emploi reprend dans la construction (+ 2,1 % après – 0,1 % en 2003) et dans les services principalement marchands (+ 0,7 % après – 0,1 %). Cette différentiation reflète un écart structurel entre l'évolution de la productivité dans les branches manufacturières et dans les autres. Dans les branches principalement non marchandes, la baisse de l'emploi vient essentiellement de la réduction du nombre de bénéficiaires des divers dispositifs d'aide à l'emploi non marchand (302 000 fin 2004 contre 483 000 deux ans plus tôt). Cette évolution est en rupture par rapport à une tendance lourde ; l'emploi non marchand a doublé depuis 1970 et, suite à la réduction de la durée de travail, a continué d'augmenter jusqu'en 2003. En 2004, la baisse de l'emploi des branches non marchandes se fait essentiellement dans les administrations [4].

DÉFINITIONS

- ***Branche.*** *Une branche (ou branche d'activité) regroupe des unités de production homogènes, c'est à dire qui fabriquent des produits (ou rendent des services) qui appartiennent au même item de la nomenclature d'activité économique considérée. Ces unités de production peuvent être des portions d'établissement. Au contraire un secteur regroupe des établissements entiers classés selon leur activité principale.*
- ***Emploi au sens de la comptabilité nationale.*** *Ensemble des personnes, salariés et travailleurs indépendants, exerçant une activité rentrant dans le domaine de la production.*
- ***Emploi équivalent temps plein.*** *Nombre total d'heures travaillées dans l'activité considérée divisé par la moyenne annuelle des heures travaillées dans des emplois à plein temps sur le territoire économique (France métropolitaine et DOM).*
- ***Emploi en nombre de personnes.*** *L'emploi peut se mesurer en nombre de personnes ayant travaillé, même pendant une durée limitée. On peut aussi mesurer les emplois en équivalent temps-plein.*
- ***Énergie.*** *Comprend les branches : « Production de combustibles et carburants » et « Eau, gaz et électricité ».*
- ***Industries agricoles et alimentaires (IAA).*** *Comprend les branches : « Industries de la viande et du lait » et « Autres industries agricoles et alimentaires ».*
- ***Industrie manufacturière.*** *Comprend les branches des biens de consommation, des biens intermédiaires, des biens d'équipement et de l'industrie automobile.*
- ***Secteur.*** *Un secteur regroupe des établissements de fabrication, de commerce ou de service qui ont la même activité principale (au regard de la nomenclature d'activité économique considérée). L'activité du secteur n'est donc pas tout à fait homogène et comprend des productions ou services secondaires qui relèveraient d'autres items de la nomenclature que celui du secteur considéré. Au contraire, une branche regroupe des unités de production homogènes.*

POUR EN SAVOIR PLUS

- *Premières Informations et premières Synthèses*, Dares : « L'intérim redémarre en 2004 », n° 24.1, juin 2005 ; « L'emploi dans l'industrie entre 1992 et 2002 », n° 16.3, avril 2005.
- « Les créations nettes d'emplois : la partie visible de l'iceberg », *Insee Première*, n° 1014, mai 2005.
- *Notes de conjoncture*, Insee (www.insee.fr).
- « L'emploi des femmes dans l'industrie », *Le 4 Pages*, Sessi, ministère de l'Économie, des Finances et de l'Industrie, n° 200, janvier 2005.

SOURCES

[1] Comptes nationaux base 2000, Insee.
[2] Eurostat.
[3] Département de l'emploi et des revenus d'activité, Insee.
[4] *L'économie française*, Édition 2005-2006, Insee, juin 2005.

Structure de l'emploi intérieur total par branche d'activité [1]

%

	1990	1995	2000	2004
Agriculture	**5,7**	**4,6**	**3,9**	**3,5**
Industrie	**19,5**	**17,4**	**15,9**	**14,8**
IAA	2,4	2,4	2,3	2,4
Biens de consommation	3,9	3,3	2,7	2,3
Industrie automobile	1,1	1,0	0,9	0,9
Biens d'équipement	4,0	3,5	3,3	3,0
Biens intermédiaires	7,1	6,3	5,8	5,4
Énergie	1,1	1,0	0,8	0,8
Construction	**7,5**	**6,5**	**6,1**	**6,3**
Services marchands	**40,6**	**42,0**	**44,9**	**46,6**
Commerce	13,4	13,0	13,0	13,1
Transports	4,1	4,1	4,3	4,5
Activités financières	3,3	3,2	3,0	3,1
Activités immobilières	1,2	1,1	1,0	1,0
Services aux entreprises	11,8	12,9	15,4	16,1
Services aux particuliers	6,7	7,5	8,1	8,8
Services administrés	**26,7**	**29,5**	**29,2**	**28,7**
Éducation, santé, action sociale	17,0	19,0	19,0	19,4
Administration	9,7	10,5	10,2	9,2
Ensemble (milliers)	**22 848**	**22 678**	**24 305**	**24 873**

Emploi par grand secteur [3]

Effectifs en millions en moyenne annuelle

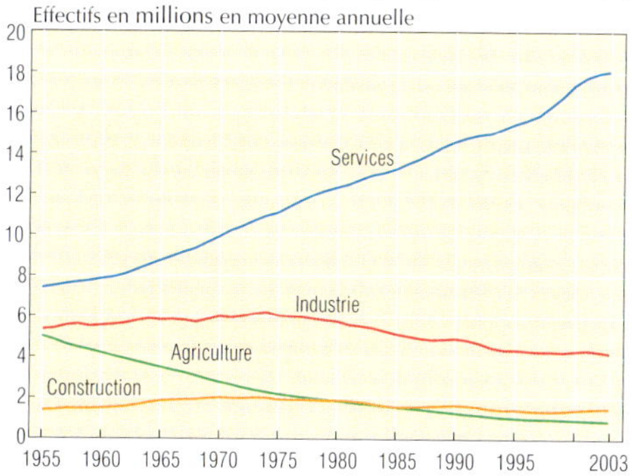

Emploi intérieur total par branche d'activité [1]

milliers de personnes ETP

	2004	Évolution annuelle %			
		2001	2002	2003	2004
Agriculture	**1 069,3**	**– 0,6**	**– 1,7**	**– 1,6**	**– 2,2**
Industrie	**3 708,9**	**1,0**	**– 2,6**	**– 0,6**	**– 2,3**
IAA	579,8	– 0,2	2,5	3,0	– 0,8
Biens de consommation	591,0	0,3	– 7,2	– 3,7	– 3,2
Industrie automobile	232,0	2,2	– 0,5	1,0	– 0,6
Biens d'équipement	760,9	0,6	– 4,1	0,1	– 2,4
Biens intermédiaires	1 351,5	2,0	– 2,2	– 1,2	– 3,0
Énergie	193,7	0,1	– 1,4	– 1,7	– 1,4
Construction	**1 693,3**	**2,1**	**1,6**	**0,2**	**2,2**
Services marchands	**11 419,7**	**3,8**	**2,9**	**– 0,1**	**0,7**
Commerce	3 141,7	2,2	3,2	– 2,3	0,5
Transports	1 124,0	4,1	1,8	0,4	– 0,4
Activités financières	748,3	3,2	2,3	0,5	– 0,1
Activités immobilières	268,9	2,0	1,5	2,0	0,7
Services aux entreprises	4 022,1	5,7	2,1	0,4	0,9
Services aux particuliers	2 114,7	2,9	5,0	1,5	1,4
Services administrés	**6 631,8**	**0,3**	**0,2**	**0,4**	**– 0,6**
Éducation, santé, action sociale	4 483,7	1,1	2,2	0,8	– 0,1
Administration	2 148,1	– 1,4	– 3,7	– 0,5	– 1,4
Ensemble	**24 522,9**	**2,0**	**1,0**	**– 0,1**	**– 0,1**

Emploi intérieur salarié par branche d'activité [1]

milliers de personnes ETP

	2004	Évolution annuelle %			
		2001	2002	2003	2004
Agriculture	**376,1**	**3,4**	**0,8**	**0,7**	**– 2,9**
Industrie	**3 530,3**	**1,1**	**– 2,8**	**– 0,6**	**– 2,5**
IAA	509,5	– 0,2	2,8	3,5	– 0,9
Biens de consommation	538,0	0,3	– 7,8	– 3,9	– 3,4
Industrie automobile	230,9	2,3	– 0,5	1,0	– 0,6
Biens d'équipement	739,8	0,6	– 4,2	0,1	– 2,5
Biens intermédiaires	1 319,3	2,1	– 2,2	– 1,2	– 3,1
Énergie	192,7	0,1	– 1,3	– 1,8	– 1,4
Construction	**1 394,5**	**2,3**	**1,5**	**– 0,1**	**2,1**
Services marchands	**10 400,3**	**4,2**	**3,2**	**– 0,1**	**0,7**
Commerce	2 781,0	2,7	3,6	– 2,6	0,5
Transports	1 066,5	4,4	1,9	0,4	– 0,4
Activités financières	719,5	3,4	2,4	0,5	– 0,1
Activités immobilières	242,7	2,3	1,7	2,2	0,7
Services aux entreprises	3 788,8	6,0	2,2	0,5	0,9
Services aux particuliers	1 801,7	3,6	5,9	1,6	1,4
Services administrés	**6 341,0**	**0,3**	**0,2**	**0,4**	**– 0,6**
Éducation, santé, action sociale	4 197,0	1,3	2,4	0,9	– 0,2
Administration	2 143,9	– 1,4	– 3,7	– 0,5	– 1,4
Ensemble	**22 042,1**	**2,4**	**1,1**	**0,0**	**– 0,2**

Structure de l'emploi total par grand secteur dans l'Union européenne en 2004 [2]

%

	Agriculture	Industrie	Services	Emploi total milliers
Allemagne	2,3	26,7	71,0	38 439
Autriche	13,0	22,4	64,5	4 186
Belgique	2,4	21,0	76,6	4 169
Chypre	7,4	19,8	72,8	363
Danemark	3,6	21,5	74,8	2 759
Espagne	5,7	29,0	65,3	16 998
Estonie	5,7	34,6	59,6	592
Finlande	5,0	25,6	69,4	2 363
France	**4,1**	**22,0**	**73,9**	**24 859**
Grèce	13,8	23,3	62,9	4 068
Hongrie	5,3	32,8	61,9	3 901
Irlande	6,8	28,0	65,2	1 871
Italie	4,4	29,0	66,6	24 496
Lettonie	12,5	26,6	60,9	1 007
Lituanie	15,8	28,1	56,1	1 441
Luxembourg	1,4	21,8	76,9	300
Malte	2,2	34,3	63,4	149
Pays-Bas	3,3	18,9	77,7	8 190
Pologne	19,3	27,0	53,8	13 086
Portugal	10,9	38,1	51,0	5 015
République tchèque	3,7	39,1	57,2	4 704
Royaume-Uni	0,9	17,9	81,3	28 437
Slovaquie	3,9	34,3	61,8	2 056
Slovénie	10,4	36,4	53,1	893
Suède	2,4	22,5	75,1	4 321
UE à 25	**5,1**	**25,4**	**69,5**	**198 661**

PRÉSENTATION

En 2003, le *salaire* mensuel moyen d'un salarié à temps complet d'une entreprise du privé ou semi-public s'élève à 2 377 € bruts et 1 811 € nets de tous prélèvements à la source, soit respectivement 2,4 % et 1,8 % de plus qu'en 2002. En effet la mauvaise conjoncture économique n'est pas favorable aux augmentations salariales. Compte-tenu de la hausse des prix à la consommation de 2,1 % en moyenne en 2003, le *pouvoir d'achat du salaire* net moyen diminue pour la première fois depuis 1996 : – 0,3 % entre 2002 et 2003, après + 0,6 % entre 2001 et 2002.

Au cours de l'année 2003, le processus de *RTT* arrive progressivement à son terme. Du fait de la légère réduction de la durée moyenne du travail, le salaire horaire net progresse de 0,1 % en euros constants pour les salariés à temps complet.

En 2003, un cadre à temps complet perçoit un salaire mensuel moyen net de 3 577 euros, soit 2,7 fois plus qu'un ouvrier et 2,8 fois plus qu'un employé. Ces rapports sont stables depuis plusieurs années. La conjoncture économique limitant le versement de *primes* de performance par les entreprises aux cadres, c'est cette catégorie socioprofessionnelle ainsi que celle des employés qui connaissent les évolutions de salaires nets les moins favorables (respectivement – 0,8 % et – 1,1 % en euros constants), loin derrière les ouvriers (– 0,2 %) et les professions intermédiaires (+ 0,1 %).

Le salaire moyen des femmes ne se rapproche que très lentement de celui des hommes. En 2003, le salaire mensuel net moyen d'une femme travaillant à temps complet est inférieur de 19,7 % à celui de son collègue masculin.

Entre 2002 et 2003, la part des cadres parmi les salariés à temps complet reste stable (16,4 %) ; celle des ouvriers continue à diminuer, passant de 37,2 % à 36,5 %. Ces *effets de structure* expliquent 0,5 point de l'évolution du salaire moyen net entre 2002 et 2003, contre 0,8 point entre 2001 et 2002. Une fois corrigée de cet effet, l'évolution en euros constants du salaire moyen à *structure constante* est de – 0,2 % en brut et – 0,8 % en net [1].

DÉFINITIONS

- **Effet de structure.** *Lorsqu'une population est répartie en sous-populations, il peut arriver qu'une grandeur évolue dans un sens sur chaque sous-population et dans le sens contraire sur l'ensemble de la population. Ce paradoxe s'explique parce que les effectifs de certaines sous-populations augmentent alors que d'autres régressent : c'est l'effet de structure.*
  Par exemple, le salaire de chaque profession peut stagner alors que le salaire moyen augmente fortement.
  A contrario, la variation à **structure constante** *se calcule comme une moyenne pondérée des variations des moyennes de chaque sous-population, les pondérations étant les masses de la grandeur pour chaque sous-population.*
- **Pouvoir d'achat des salaires.** *Son évolution s'obtient en divisant l'évolution des salaires sur une période donnée par l'évolution de l'indice des prix à la consommation sur la même période.*
- **Primes et compléments de salaires.** *Comprend les primes d'ancienneté, les primes de contraintes de poste, le complément familial, les primes liées à la performance individuelle ou collective et les primes compensatoires liées à la RTT.*
- **RTT (Réduction du temps de travail).** *Voir 9.4.*
- **Salaire.** *Paiement du travail convenu entre un salarié et son employeur. Le salaire brut correspond à l'intégralité des sommes perçues par le salarié au titre de son contrat de travail, avant toute déduction de cotisations obligatoires. Il intègre les participations. Le salaire net (de prélèvements sociaux) est le salaire que perçoit effectivement le salarié. Calculé dans les secteurs privé et semi-public à partir du salaire net fiscal disponible dans la DADS, il est net de toutes cotisations sociales, y compris CSG (contribution sociale généralisée) et CRDS (contribution au remboursement de la dette sociale). Il ne comprend pas les participations (qui ne sont pas imposables).*
- ***Les tableaux de la page ci-contre concernent les salariés à temps complet du secteur privé et semi-public.***

POUR EN SAVOIR PLUS

- « Les salaires dans l'industrie, le commerce et les services en 2002 », *Insee Résultats, série Société*, n° 38, décembre 2004.
- « La rémunération des salariés des entreprises de 10 salariés ou plus en 2002 », *Premières informations et premières synthèses* », Dares, n° 33.2, août 2004.
- *Insee Première*, « Les salaires dans les entreprises en 2002 », n° 980, juillet 2004 ; « Une dirigeante de société gagne un tiers de moins que son homologue masculin », n° 951, mars 2004 .
- « La modération salariale en France depuis le début des années 1980 », *Economie et Statistique*, n° 367, février 2004.

SOURCES

[1] « Les salaires dans les entreprises en 2003 », *Insee Première*, n° 1007, mars 2005.
[2] Eurostat.
[3] Insee, DADS définitifs.

Salaires annuels moyens nets de tous prélèvements selon le sexe et la catégorie socioprofessionnelle en 2003 [1]

	Montants annuels en euros courants				Évolution 2003/02 en euros constants en %		
	Hommes	Femmes	Ensemble	*H/F en %*	Hommes	Femmes	Ensemble
Cadres*	45 651	35 062	42 928	*30,2*	– 0,6	– 1,0	– 0,8
Professions intermédiaires	23 300	20 383	22 143	*14,3*	0,1	0,3	0,1
Employés	16 069	14 970	15 327	*7,3*	– 1,3	– 1,0	– 1,1
Ouvriers	16 313	13 483	15 906	*21,0*	– 0,1	– 1,0	– 0,2
Ensemble	**23 315**	**18 730**	**21 735**	***24,5***	**– 0,1**	**– 0,3**	**– 0,3**

* Y compris les chefs d'entreprise salariés.

Évolution en euros constants des salaires moyens à structure constante [1]

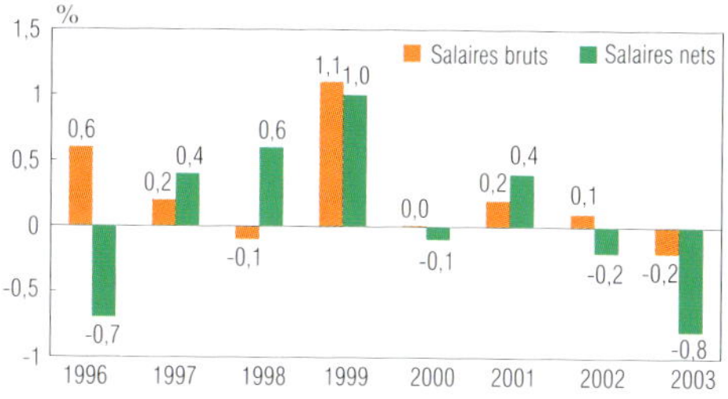

Distribution des salaires annuels nets de tous prélèvements en 2003 [1] euros courants

Déciles*	Hommes	Femmes	Ensemble	*H/F en %*
D1	12 208	11 108	11 736	*9,9*
D2	13 720	12 327	13 140	*11,3*
D3	15 099	13 390	14 440	*12,8*
D4	16 568	14 551	15 846	*13,9*
Médiane	**18 290**	**15 981**	**17 463**	***14,4***
D6	20 434	17 731	19 462	*15,2*
D7	23 454	19 942	22 108	*17,6*
D8	28 325	23 005	26 346	*23,1*
D9	38 245	28 895	34 913	*32,4*
D9/D1	3,1	2,6	3,0	

* 10 % des salariés à temps complet ont perçu un salaire net inférieur à 11 736 €

Salaires horaires nets de tous prélèvements en 2002 et 2003 [1] euros courants

	2002	2003	2003/02* %
Salariés à temps complet	**11,60**	**11,86**	**0,1**
Hommes	12,35	12,63	0,2
Femmes	10,12	10,36	0,2
Cadres**	22,67	23,04	– 0,5
Professions intermédiaires	11,77	12,07	0,4
Employés	8,32	8,45	– 0,6
Ouvriers	8,50	8,70	0,2
SMIC	**5,34**	**5,52**	**1,3**
Salariés à temps non complet	**9,49**	**9,81**	**1,2**
Hommes	11,05	11,45	1,5
Femmes	8,70	9,00	1,3
Cadres**	20,72	21,28	0,6
Professions intermédiaires	11,41	11,76	0,9
Employés	7,40	7,62	0,9
Ouvriers	7,94	8,17	0,9

* En euros constants. ** Y compris chefs d'entreprise salariés.

Salaires horaires moyens nets de tous prélèvements selon le secteur d'activité [1] euros courants

Secteur d'activité	2002	2003	2003/02* %
Industries agroalimentaires	9,79	10,06	0,7
Industries des biens de consommation	12,09	12,52	1,5
Industrie automobile	12,09	12,70	3,0
Industries des biens d'équipement	12,75	13,08	0,5
Industries des biens intermédiaires	11,13	11,49	1,2
Énergie	15,82	16,02	– 0,9
Construction	10,46	10,61	– 0,6
Commerce	10,52	10,80	0,5
Transports	10,74	11,06	0,9
Activités financières	16,66	16,76	– 1,4
Activités immobilières	11,71	11,96	0,0
Services aux entreprises	13,13	13,29	– 0,9
Services aux particuliers	9,53	9,70	– 0,3
Ensemble**	**11,60**	**11,86**	**0,1**

* En euros constants. ** Y compris la partie marchande du secteur "Éducation, santé, action sociale".

Évolution* du salaire net annuel moyen [3]

Indice base 100 en 1951

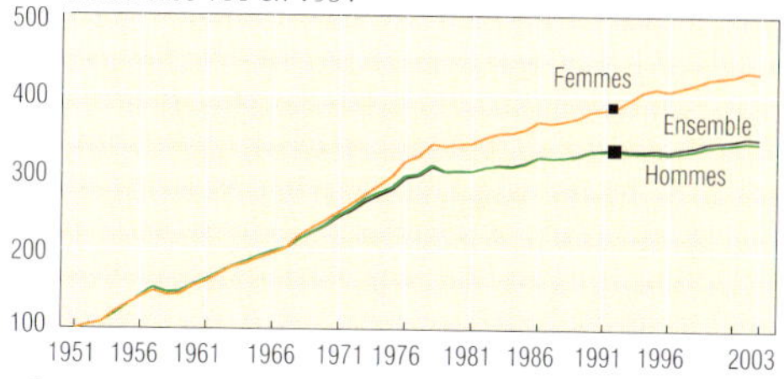

* Évolution en euros constants. Estimations pour 1981, 1983 et 1990. Rupture de série en 1993.

Écart de rémunérations* entre hommes et femmes dans quelques pays de l'UE en 2001 [2]

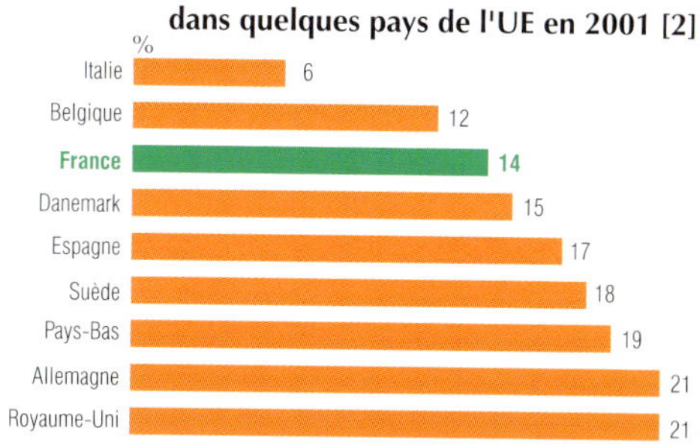

* En % de la rémunération horaire brute moyenne des hommes, pour les salariés de 16 à 64 ans travaillant au minimum 15 heures par semaine.

10 revenus

PRÉSENTATION

En 2002, les 1,87 million d'*agents* titulaires et non titulaires *des ministères civils de l'État* travaillant en métropole perçoivent en moyenne un *salaire* brut de 2 404 € par mois, dont 13,8 % sous forme de primes et rémunérations diverses. Déduction faite des prélèvements sociaux, le salaire net moyen s'élève à 2 026 € par mois : il augmente de 2,1 % en un an. Cette croissance est due pour 1,8 % aux revalorisations salariales et pour 0,3 % à l'évolution de la qualification moyenne des agents.

En 2002, compte tenu d'une hausse des prix de 1,9 %, le salaire net moyen progresse en euros contants de 0,2 % pour l'ensemble des agents, après 0,3 % en 2001. Le salaire net à *structure constante* diminue de 0,2 % en brut et de 0,1 % en net. Cette évolution s'explique par deux facteurs : d'une part, deux valorisations générales sont intervenues en 2002 (+ 0,6 % en mars et + 0,7 % en décembre) ; et d'autre part, les mesures catégorielles statutaires prises en 2001 ont eu un effet report en 2002. Le renouvellement (*effet entrées-sorties*) et les promotions des agents en place (*effet de carrière*) se sont globalement compensés : l'accroissement de la qualification moyenne a contribué pour 0,3 % seulement à l'évolution du salaire net moyen.

Le salaire annuel net moyen évolue différemment selon la catégorie socioprofessionnelle : celui des employés et ouvriers augmente de 1,5 %, alors qu'il diminue de 0,1 % pour les professions intermédiaires et de 1,3 % pour les cadres. Entre 2001 et 2002, l'effet de carrière des cadres et professions intermédiaires atteint respectivement + 2,2 % et + 2,7 % (contre + 2,2 % l'année précédente pour ces deux catégories socioprofessionnelles) ; celui des ouvriers augmente de 0,2 point par rapport à 2001 pour atteindre + 1,8 %. En 2002, comme les deux années précédentes, les enseignants connaissent à structure constante une évolution salariale négative. Ils continuent cependant à bénéficier des modifications de structure par catégorie : le passage des « instituteurs et PEGC » aux « cadres enseignants » se poursuit au même rythme que les années précédentes.

L'écart de salaires entre hommes et femmes reste stable : en 2002, les hommes perçoivent des salaires en moyenne supérieurs de 16,5 % à ceux des femmes [1].

DÉFINITIONS

- **Agent des ministères civils de l'État.** *Le champ est constitué des agents des ministères civils de l'État, titulaires et non titulaires, en poste en métropole. Sont inclus les enseignants des établissements d'enseignement privé sous contrat ainsi que les emplois jeunes de la Police nationale et de la Justice. Sont exclus les salariés des établissements publics (notamment les emplois jeunes en poste dans les établissements d'enseignement), ceux en congé de fin d'activité ainsi que les personnels de La Poste.*
- **Traitement indiciaire brut.** *Il s'obtient en multipliant l'indice hiérarchique par la valeur du point. Elle a progressé de 0,6 % en mars et 0,7 % en décembre 2002, la valeur annualisée du point d'indice passant de 51,8175 € en janvier à 52,4933 € au 31 décembre.*
- **Salaire moyen des agents de l'État.** *Il s'obtient en divisant la masse salariale par le nombre de salariés évalué en années-travail. Ces résultats sont établis à partir d'une exploitation au 1/12e des fichiers de paie provisoires 2001 et 2002 de la Fonction publique d'État. En revanche, les effectifs sont issus du fichier complet.*
- **Évolution de salaire à structure constante.** *Elle est calculée en figeant au niveau atteint l'année (n-1) la structure des effectifs par corps, grade et échelon et en appliquant les variations d'indices et de valeur du point d'indice. Elle retrace l'effet de ces seules variations.*
- **Effet de structure ou GVT (glissement vieillissement-technicité) « solde ».** *Différence entre l'évolution du salaire moyen et l'évolution à structure constante. Il mesure l'effet des modifications de la répartition des agents de l'État entre les différents corps, grades et échelons. Il peut se décomposer entre effet de carrière ou GVT «positif» et effet des départs et des embauches ou «entrées-sorties» généralement négatif.*
- **Effet de carrière ou GVT « positif ».** *Il mesure la contribution à l'évolution du salaire moyen des avancements et promotions des personnes en place et inclut l'impact des mesures statutaires et individuelles.*

POUR EN SAVOIR PLUS

- « Les salaires des agents de l'État en 2000 », *Insee-Résultats*, série Société, n° 24, février 2004.

SOURCES

[1] « Les salaires des agents de l'État en 2002 », *Insee-Première*, n° 977, juillet 2004.

[2] « L'évolution des salaires jusqu'en 2000 », *Synthèses*, Statistique publique, n° 68, février 2003.

Éléments du salaire net annuel moyen des agents de l'État [1]

euros

	Niveau moyen 2001	Niveau moyen 2002	2002/01 en euros constants %
Traitement brut	23 839	24 286	0,0
Indemnité de résidence*	265	266	– 1,5
Supplément familial*	305	308	– 0,9
Primes et rémunérations annexes	3 878	3 992	1,0
dont nouvelle bonification indiciaire (n.b.i)	*95*	*105*	*8,5*
Salaire brut	**28 289**	**28 852**	**0,1**
– Cotisations sociales « salariés »	2 321	2 358	– 0,3
– Contributions sociales**	2 170	2 187	– 1,1
= Salaire net de prélèvements	**23 798**	**24 308**	**0,2**

* Rapportés à l'effectif total et non à celui des seuls bénéficiaires. ** CSG et CRDS.

Décomposition de l'évolution en euros constants du salaire moyen des agents de l'État [1]

%

	1999/98	2000/99	2001/00	2002/01
Salaire moyen				
Traitement indiciaire brut	1,5	– 0,2	– 0,2	0,0
Salaire brut	1,2	0,4	0,2	0,1
Salaire net de prélèvements	1,2	0,4	0,3	0,2
dont : effet de structure	*0,4*	*0,4*	*0,2*	*0,3*
Salaire à structure constante				
Traitement indiciaire brut	1,1	– 0,6	– 0,4	– 0,2
Salaire brut	0,8	0,0	0,0	– 0,2
Salaire net de prélèvements	0,8	0,0	0,0	– 0,1
Salaire net des personnes en place*	**3,0**	**2,3**	**2,2**	**2,6**
dont : effet de carrière	*2,2*	*2,2*	*2,1*	*2,3*
Indice des prix à la consommation	0,5	1,7	1,7	1,9

* Rémunération moyenne des personnes présentes l'année n et l'année (n– 1).

Comparaison de l'évolution du pouvoir d'achat du salaire net dans le privé et le public [2]

évolution annuelle moyenne, en %

	82-88	88-02	82-02
Salaire moyen net			
- du privé et des entreprises publiques*	0,7	0,6	0,7
- de la Fonction publique d'État	– 0,2	1,0	0,6

* Exploitation des DADS, estimations de 90 à 93.

Distribution des salaires mensuels nets des agents de l'État selon le sexe et la catégorie socioprofessionnelle en 2002 [1]

euros

	Salaire médian	D9/D1	Salaire moyen
Hommes	**2 007**	**2,7**	**2 206**
Cadres	2 494	2,4	2 729
Professions intermédiaires	1 737	2,2	1 798
Employés ou ouvriers	1 592	2,0	1 623
Femmes	**1 771**	**2,3**	**1 893**
Cadres	2 105	2,0	2 235
Professions intermédiaires	1 669	2,0	1 681
Employées ou ouvrières	1 365	1,8	1 403
Ensemble	**1 857**	**2,5**	**2 026**
Cadres	2 239	2,2	2 442
Professions intermédiaires	1 690	2,1	1 727
Employés ou ouvriers	1 450	2,0	1 506

Salaires annuels moyens nets des agents de l'État en 2002 selon la catégorie socioprofessionnelle et le statut [1]

	Effectifs*		Salaires nets de prélèvements**		Évolution du pouvoir d'achat 2002/01 ***		
	2002 milliers	2002/01 %	2001 euros	2002 euros	Salaires moyens %	À structure constante %	Personnes en place**** %
Ensemble	**1 867,4**	**0,5**	**23 798**	**24 308**	**0,2**	**– 0,1**	**2,6**
dont : total enseignants	*1 053,6*	*0,6*	*25 333*	*25 703*	*– 0,4*	*– 0,5*	*2,5*
Cadres	**946,5**	**4,3**	**29 124**	**29 303**	**– 1,3**	**– 0,2**	**2,3**
Administratifs et techniques	119,0	1,2	39 522	40 436	0,4	1,1	2,7
Professeurs agrégés, certifiés et enseignants du supérieur	827,5	4,8	27 517	27 640	– 1,4	– 0,5	2,2
Professions intermédiaires	**426,6**	**– 6,4**	**20 357**	**20 721**	**– 0,1**	**– 0,4**	**3,2**
dont : Instituteurs, PEGC, maîtres auxil. et surveillants	*226,1*	*– 12,4*	*18 648*	*18 560*	*– 2,3*	*– 0,3*	*3,5*
Professions administratives	*103,9*	*1,5*	*22 968*	*23 415*	*0,0*	*– 0,2*	*2,1*
Professions de la police et des prisons	*12,0*	*– 0 0,8*	*27 826*	*29 485*	*4,0*	*– 9,1*	*8,0*
Techniciens	*66,7*	*1,5*	*21 185*	*21 656*	*0,3*	*0,4*	*2,5*
Employés et ouvriers	**494,2**	**– 0,3**	**17 461**	**18 067**	**1,5**	**1,3**	**3,1**
dont : Employés administratifs	*210,1*	*– 0,6*	*17 612*	*17 927*	*– 0,1*	*– 0,4*	*1,3*
Professions de la police et des prisons	*117,8*	*1,4*	*21 550*	*22 866*	*4,1*	*4,5*	*6,9*
Ouvriers, agents de service	*146,8*	*– 1,1*	*14 899*	*15 233*	*0,3*	*0,2*	*1,5*
Titulaires	**1 558,9**	**0,6**	**24 767**	**25 281**	**0,2**	**– 0,2**	**2,3**
Catégorie A	824,7	3,4	29 878	30 071	– 1,2	– 0,7	2,0
Catégorie B	265,2	– 6,1	22 156	22 715	0,6	– 0,3	2,5
Catégorie C	469,1	– 0,2	17 923	18 554	1,6	1,4	3,0

* Effectifs évalués en "année-travail à temps plein". ** En euros courants. *** Évolution en euros constants. **** Rémunération moyenne des personnes présentes en 2000 et 2001.

PRÉSENTATION

Au 1er juillet 2005, le montant mensuel brut du *Smic* est de 1 217,88 € pour 35 heures de travail hebdomadaires au taux horaire de 8,03 €, soit une revalorisation sur 12 mois de 5,5 %. Les *garanties mensuelles de rémunération (GMR)* disparaissent au 1er juillet 2005, avec le retour d'un Smic unique [4].

Au 1er juillet 2005, le *minimum mensuel garanti de la Fonction publique* est de 1 221 € en brut et de 1 030,50 € en net (CSG et CRDS déduits) [1].

Au 1er juillet 2004, 15,6 % des salariés des entreprises non agricoles et hors intérim, soit 2 360 000 personnes, ont bénéficié de la hausse du Smic ou des GMR, contre 13,4 % un an auparavant. Dans l'ensemble de l'économie, le nombre de salariés concernés s'élève à 3,3 millions, si l'on y ajoute les 120 000 intérimaires, les 100 000 salariés agricoles, les 260 000 salariés dans les services domestiques et les 450 000 agents de l'État et des collectivités locales. Les salariés au Smic ou aux GMR travaillent souvent dans les petites entreprises : dans les entreprises (non agricoles, hors intérim) de moins de 10 salariés, 32,3 % des effectifs sont concernés contre 6,3 % dans celles de 500 salariés et plus. Les secteurs d'activité qui emploient le plus de personnel au Smic ou aux GMR sont les services aux particuliers hors secteur domestique (39 %), le commerce (23 %) et l'industrie agroalimentaire (20 %) [3].

En 2000, un salarié à temps complet coûte en moyenne près de 40 000 euros par an à son employeur, dans les entreprises de 10 salariés et plus du secteur privé et semi-public. Le coût horaire du travail s'élève à 25 euros environ. Ce coût correspond, pour 65 %, aux rémunérations brutes perçues par le salarié et pour 26 % aux cotisations sociales payées par l'employeur. Le reste est composé de versements complémentaires et de diverses charges et taxes. Ces coûts varient selon le secteur d'activité et la taille de l'entreprise [6].

DÉFINITIONS

- ***Coût salarial.*** *Ensemble des dépenses qui incombent à l'entreprise pour l'emploi d'un salarié. Il se répartit en :*
  - *un coût direct, composé principalement des salaires bruts auxquels s'ajoutent différents avantages salariaux (avantages en nature, intéressement et participation) ;*
  - *un coût indirect formé essentiellement des cotisations patronales légales et conventionnelles et de diverses charges (formation professionnelle, frais de transport, œuvres sociales).*
- ***Garantie mensuelle de rémunération (GMR).*** *Instaurée lors du passage aux 35 heures, elle permet aux salariés payés au Smic, dont l'horaire de travail a été réduit, de bénéficier du maintien de leur rémunération antérieure. Les différentes GMR sont : GMR 1 (RTT avant le 30/6/1999) ; GMR 2 (RTT avant le 30/6/2000) ; GMR 3 (RTT avant le 30/6/2001) ; GMR 4 (RTT avant le 30/6/2002) ; GMR 5 (RTT après le 01/7/2002). La loi du 17 janvier 2003 prévoit la disparition du système de garanties mensuelles de rémunération et le retour à un Smic unique au 1er juillet 2005 par un mécanisme de convergence par le « haut ». La revalorisation du 1er juillet 2005 parachève ainsi ce processus de convergence et permet un retour à un Smic unique.*
- ***Minimum mensuel garanti dans la Fonction publique.*** *Il correspond au traitement afférent à l'indice majoré 275, depuis le 1er juillet 2005. Le minimum de rémunération mensuelle joue, dans la Fonction publique, un rôle analogue à celui du Smic dans le secteur privé.*
- ***Smic (salaire minimum interprofessionnel de croissance).*** *Salaire minimum légal en France. Il se réfère à l'heure de travail. Il a été institué par une loi du 2 janvier 1970 et a pris la succession du Smig (salaire minimum interprofessionnel garanti), créé en 1950.*
- ***Salaire minimum dans l'Union européenne.*** *Un salaire minimum légal national s'applique dans 18 États membres de l'UE : Belgique, Espagne, Estonie, France, Grèce, Hongrie, Irlande, Lettonie, Lituanie, Luxembourg, Malte, Pays-Bas, Pologne, Portugal, République tchèque, Royaume-Uni, Slovaquie et Slovénie.*

POUR EN SAVOIR PLUS

- « Les salaires dans les entreprises en 2003 », *Insee Première*, n° 1007, mars 2005.
- « Les salaires en France », *Références*, Insee, édition 2005.
- « Le coût de la main-d'œuvre en 2000 », *Insee Résultats*, série société, n° 36, octobre 2004.

SOURCES

[1] *Bulletin Mensuel de Statistique*, Insee.

[2] Eurostat (epp.eurostat.cec.eu.int).

[3] « Les bénéficiaires de la revalorisation du SMIC et des garanties mensuelles de rémunération au 1er juillet 2004 », *Premières informations et Premières synthèses*, Dares, n° 26.1, juin 2005.

[4] Ministère de l'Emploi, de la Cohésion sociale et du Logement (www.travail.gouv.fr).

[5] Division Salaires et Revenus d'activité, Insee.

[6] « Le coût de la main-d'œuvre en France et en Allemagne », *Insee Première*, n° 970, juin 2004.

Coût du travail salarié en 2000* [6]

euros

Activités Nace Rév.1	Coût horaire du travail	Coût total par salarié en EQTC**
Industrie manufacturière	**24,7**	**37 941**
Industries alimentaires	22,3	33 394
Textile, Habillement	19,1	29 152
Chimie, caoutchouc, plastiques	28,0	42 144
Métallurgie	22,7	35 806
Machines et équipements	25,8	40 588
Equipements électriques et électroniques	27,7	42 627
Industrie automobile	25,4	37 933
Construction navale, aéronautique, ferroviaire	31,4	47 105
Construction	**20,6**	**33 376**
Commerce	**22,2**	**35 265**
Commerce de détail	17,9	28 680
Hôtels et restaurants	**18,5**	**30 369**

* Établissements des entreprises de 10 salariés ou plus. ** Salarié en équivalent temps complet.

Part des salariés rémunérés sur la base du Smic ou d'une GMR au 1er juillet 2004* [3]

%

	SMIC	GMR
Ensemble	**10,1**	**5,5**
dont : Industries agroalimentaires	10,7	9,5
Industries des biens de consommation	5,8	7,9
Industrie des biens intermédiaires	5,6	6,5
Construction	9,5	4,6
Commerce	14,2	8,7
Activités immobilières	11,8	4,7
Services aux particuliers	31,1	7,7
Éducation, santé, action sociale	7,3	4,7
Activités associatives	11,7	4,2

* Ensemble des salariés, sauf apprentis, État et collectivités locales, secteur agricole, intérim et secteur domestique.

Pouvoir d'achat du salaire moyen et du salaire minimum annuels nets [5]

indices (1951=100) en euros constants

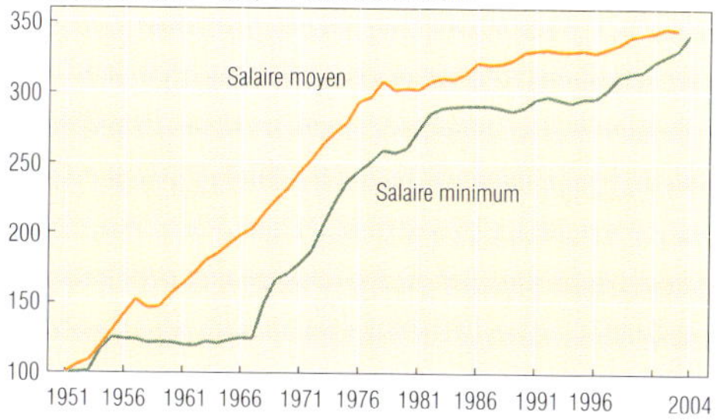

Montant brut du Smic [4]

	Smic horaire euros	Smic mensuel* euros	Augmentation %
1er juillet 2000	6,41	1 083,29	3,2
1er juillet 2001	6,67	1 127,23	4,0
1er juillet 2002	6,83	1 154,27	2,4
1er juillet 2003	7,19	1 215,11	5,3
1er juillet 2004	7,61	1 286,09	5,8
1er juillet 2005	8,03	1 357,07	5,5

* Pour 169 h de travail par mois (39 h par semaine).

Revalorisation des GMR [4]

Garanties mensuelles	Montant au 1/7/2004 euros	Revalorisation au 1/7/2005 %	Montant* au 1/7/2005 euros
GMR 1	1 178,54	3,34	1 217,88
GMR 2	1 183,40	2,91	1 217,88
GMR 3	1 190,14	2,33	1 217,88
GMR 4	1 195,03	1,91	1 217,88
GMR 5	1 197,37	1,71	1 217,88

* Montant mensuel brut du smic pour 35h de travail hebdomadaires.

Salaires minima et coûts horaires de la main-d'œuvre dans l'industrie et les services dans l'UE [2]

	Salaire minimum brut janvier 2005 euros par mois	Coût de la main d'œuvre en 2003 euros par heure
Allemagne	///	27,9
Autriche	///	*22,9
Belgique	1 210	29,6
Chypre	///	10,7
Danemark	///	30,3
Espagne	599	*p* 14,2
Estonie	172	4,0
Finlande	///	25,3
France	**1 286**	**27,7**
Grèce	668	13,4
Hongrie	232	5,1
Irlande	1 183	*17,3
Italie	///	**20,0
Lettonie	116	2,4
Lituanie	145	3,1
Luxembourg	1 467	27,0
Malte	557	7,8
Pays-Bas	1 265	26,8
Pologne	205	4,7
Portugal	437	9,2
République tchèque	235	5,5
Royaume-Uni	1 197	23,6
Slovaquie	167	4,0
Slovénie	490	10,5
Suède	///	30,4

* 2000. ** 2002.

Pouvoir d'achat du Smic et du salaire horaire de base ouvrier [5]

	1990	1995	1996	1997	1998	1999	2000	2001	2002	2003	2004
Smic horaire brut* (euros)	4,70	5,53	5,73	5,90	6,07	6,17	6,31	6,54	6,75	7,01	7,40
Évolution* du pouvoir d'achat (%) :											
- du Smic horaire brut	0,8	1,4	1,6	1,7	2,3	1,1	0,5	1,9	1,3	1,7	3,4
- du Smic horaire net**	0,9	1,1	0,6	3,3	7,9	0,8	0,5	2,1	1,4	1,3	3,3
- du salaire horaire de base des ouvriers***	1,5	0,7	0,5	1,5	1,5	1,8	3,4	2,6	1,8	0,8	0,8
Indice des prix à la consommation****	3,4	1,7	2,0	1,2	0,7	0,5	1,7	1,7	1,9	2,1	2,1

* En moyenne annuelle. ** CSG et CRDS non déduites. *** L'indice de salaire horaire de base des ouvriers remplace depuis décembre 1998 le taux de salaire horaire des ouvriers. **** Y compris tabac.

10 revenus

PRÉSENTATION

En 2004, le *revenu disponible* brut des ménages progresse de 3,2 %, après seulement 1,7 % en 2003. Le prix de la dépense de consommation croît de 1,8 %, tiré notamment par les prix des produits alimentaires, des loyers et des produits pétroliers. Ainsi le pouvoir d'achat du revenu disponible brut des *ménages* progresse de 1,4 %, grâce à une accélération des revenus d'activité et du patrimoine.

Nets de cotisations sociales, les revenus d'activité augmentent de 2,8 %, après une hausse limitée à 1,7 % en 2003. La masse salariale progresse plus vite en 2004 (+ 2,8 %) qu'en 2003 (+ 2,0 %) malgré la faible croissance de l'emploi. Elle bénéficie de la revalorisation du salaire minimum (+ 5,8 %) ; sa hausse est particulièrement accentuée dans la construction. La masse des rémunérations progresse de façon équivalente dans le secteur privé (+ 2,8 %) et les administrations (+ 2,9 %). Plus encore qu'en 2003, la hausse de la masse salariale est marquée dans les hôpitaux et les collectivités locales. Le revenu d'activité des entrepreneurs individuels progresse de 3,8 %, après 2,6 % en 2003.

En 2004, les revenus du patrimoine, y compris les loyers, contribuent pour 1 point à la croissance du revenu disponible des ménages (contre – 0,2 point en 2003). Les loyers nets de taxe foncière augmentent de 5,6 %, contribuant sensiblement à la hausse du revenu. Dans le même temps les revenus financiers augmentent de 3,5 %, grâce à la croissance des dividendes distribués par les entreprises. A l'inverse, la baisse des indemnités d'assurance, liée au recul de la sinistralité, pèse sur le revenu disponible [3].

Selon les déclarations de revenus de 2002, 4 millions de foyers (soit 12 % des foyers taxés à l'impôt sur le revenu) déclarent des revenus fonciers, pour un montant de 16,6 milliards d'€. Pour la grande majorité, il s'agit d'un revenu secondaire qui représente en moyenne 15 % de leur revenu global. Le nombre de foyers concernés augmente de 2,4 % par an en moyenne depuis 10 ans [2].

DÉFINITIONS

- ***Révision des comptes nationaux en base 2000.*** *La base 2000 prend en compte des changements de concepts en conformité avec les règlements européens. Le principal changement concerne la mise en application du nouveau traitement européen relatif aux services d'intermédiation financière. Comme dans l'ensemble des pays européens, l'affectation aux différents acteurs économiques de leur consommation (marges sur intérêts des institutions financières) appelés SIFIM a un impact important au niveau du PIB et sur un certain nombre de ratios et résultats. Voir aussi le site Internet de l'Insee (www.insee.fr/rubrique comptes nationaux annuels).*
- ***Ménages.*** *Voir 4.1.*
- ***Prestations sociales.*** *Transferts, en espèces ou en nature, aux ménages qui sont destinés à alléger la charge financière que représente pour ceux-ci la protection contre un certain nombre de risques ou de besoins ; ils sont effectués par l'intermédiaire de régimes organisés de façon collective ou, en dehors de ces régimes, par des unités des administrations publiques ou des ISBLSM.*
- ***Revenu primaire.*** *Revenu directement lié à une participation des ménages au processus de production. La majeure partie des revenus primaires des ménages est constituée de la rémunération des salariés, laquelle comprend les salaires et les cotisations sociales. Ces revenus comprennent aussi des revenus de la propriété résultant du prêt ou de la location d'actifs financiers ou de terrains (intérêts, dividendes, revenus fonciers...).*
- ***Revenu disponible.*** *Il comprend les revenus d'activité, les revenus du patrimoine, les transferts en provenance d'autres ménages et les prestations sociales (y compris les pensions de retraite et les indemnités de chômage), nets des impôts directs. Quatre impôts directs sont généralement pris en compte : l'impôt sur le revenu, la taxe d'habitation et les contributions sociales généralisées (CSG) et contribution à la réduction de la dette sociale (CRDS).*
- ***Revenu mixte.*** *Solde du compte d'exploitation pour les entreprises individuelles. Il contient deux éléments indissociables : la rémunération du travail effectué par le propriétaire et éventuellement les membres de sa famille, et son profit en tant qu'entrepreneur.*

POUR EN SAVOIR PLUS

- « Les revenus d'activité des commerçants », *Insee Première*, n° 1020, mai 2005.
- « Le revenu selon l'origine sociale», *Économie et statistique*, Insee, n° 371, décembre 2004.

SOURCES

[1] Comptes nationaux, Insee.

[2] « Les revenus fonciers des Français », *Notes bleues de Bercy* n° 283, janvier 2005.

[3] « Les comptes de la Nation en 2004 », *Insee Première*, n° 1017, mai 2005.

[4] *Principaux indicateurs économiques*, OCDE.

Revenus et pouvoir d'achat des revenus des ménages* [1]

	2001	2002		2003		p 2004	
	Mds d'€	Mds d'€	Pouvoir d'achat 2002/01 %	Mds d'€	Pouvoir d'achat 2003/02 %	Mds d'€	Pouvoir d'achat 2004/03 %
Revenus salariaux et sociaux	788,2	824,1	3,5	844,8	1,2	871,8	1,4
soit : Salaires et traitements nets	*504,5*	*524,9*	*3,0*	*533,1*	*0,2*	*547,6*	*0,9*
*Prestations sociales***	*283,7*	*299,2*	*4,3*	*311,7*	*2,8*	*324,2*	*2,2*
EBE*** et revenu mixte	224,0	229,1	1,2	237,1	2,1	248,0	2,8
Revenu disponible brut	**970,4**	**1 015,5**	**3,6**	**1 032,9**	**0,4**	**1 065,6**	**1,4**
*Prix à la consommation**** *			*1,1*		*1,3*		*1,8*

* Comptes nationaux base 2000. ** Autres que transferts sociaux en nature. *** Excédent brut d'exploitation. **** Indice de prix de la dépense de consommation finale des ménages.

Du revenu primaire au revenu disponible brut des ménages* [1]

% du revenu primaire

	1993	1995	2000	2001	2002	2003	p 2004
Revenu primaire brut (milliards d'euros)	**846,6**	**890,6**	**1 059,3**	**1 110,9**	**1 150,7**	**1 171,6**	**1 209,7**
Soit : EBE** et revenu mixte	19,7	20,0	19,8	20,2	19,9	20,2	20,5
Rémunération des salariés	69,8	70,2	71,2	71,0	71,4	71,8	71,6
Revenus du patrimoine	10,5	9,8	9,0	8,8	8,7	7,9	7,9
– Transferts nets de redistribution	**– 11,0**	**– 11,2**	**– 12,9**	**– 12,6**	**– 11,8**	**– 11,8**	**– 11,9**
Soit : Prestations sociales reçues	26,4	26,6	25,8	25,5	26,0	26,6	26,8
Cotisations sociales versées	– 30,1	– 30,2	– 27,3	– 27,2	– 27,4	– 27,9	– 27,9
Impôts sur le revenu et le patrimoine	– 8,3	– 8,5	– 12,6	– 12,3	– 11,8	– 12,0	– 11,9
Autres transferts courants	– 1,0	– 0,9	– 1,2	– 1,3	– 1,4	– 1,4	– 1,1
= Revenu disponible brut	**89,0**	**88,8**	**87,1**	**87,4**	**88,2**	**88,2**	**88,1**

* Comptes nationaux base 2000. ** Excédent brut d'exploitation.

Revenu disponible par habitant dans quelques pays du monde en 2002* [4]

	dollars		dollars		dollars
Allemagne	16 218	Finlande	15 639	Pays-Bas	16 332
Australie	17 747	**France**	**17 094**	Pologne***	7 966
Autriche**	17 538	Grèce***	13 234	Portugal	11 061
Belgique**	16 895	Irlande	17494	République tchèque***	7 848
Canada	19 335	Italie	17 045	Royaume-Uni***	16 874
Corée	13 088	Japon	16 601	Slovaquie**	6 481
Danemark	15 535	Mexique**	7 011	Suède	15 250
Espagne	14 843	Nouvelle-Zélande**	13 302	Suisse**	21 775
États-Unis	25 946	Norvège	21 556	Turquie	4 971

Part des prestations sociales dans le revenu des ménages* [1]

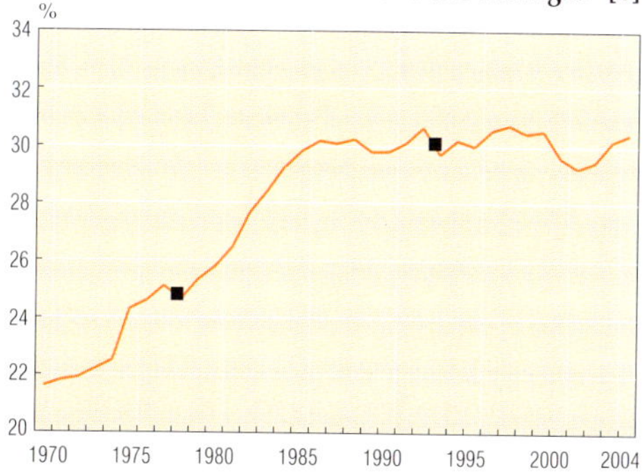

* Revenu disponible brut. Comptes nationaux base 80 jusqu'à 1977, base 95 de 1978 à 1992, base 2000 à partir de 1993.

Contributions à l'évolution du revenu disponible des ménages* [1]

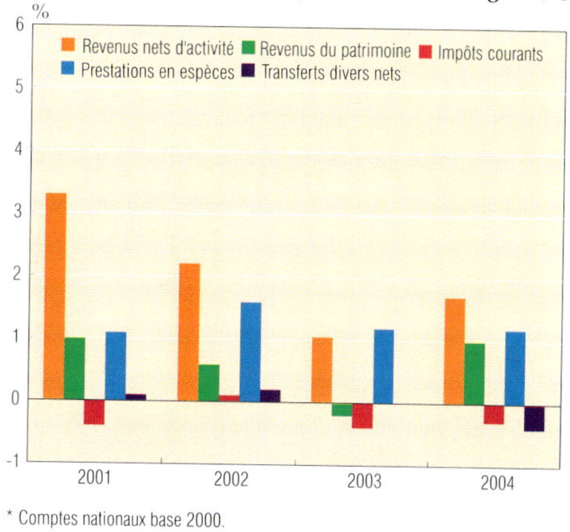

* Comptes nationaux base 2000.

10 revenus

PRÉSENTATION

En 2001, le *niveau de vie* moyen annuel des personnes vivant en France métropolitaine s'élève à 16 540 euros, soit une augmentation de 2,4 % en euros constants par rapport à 2000 et de 10,1 % en cinq ans. Toutes les catégories de population connaissent une amélioration de leur niveau de vie, mais ce sont celles pour lesquelles les revenus sont les plus sensibles à la conjoncture qui en profitent le plus. Ainsi globalement pour les actifs, le niveau de vie progresse de 2,4 % par an depuis 1997, date à partir de laquelle le chômage régresse fortement. C'est aux deux extrémités de l'échelle des revenus que le niveau de vie moyen croît le plus sur cette période : pour les 10 % d'individus aux revenus les plus faibles, il augmente de 16 % ; pour les 10 % aux revenus les plus élevés de 13 %. Ces évolutions se compensent et n'entraînent pas de modification significative des inégalités.

Entre 1996 et 2001, la *pauvreté monétaire* a légèrement baissé en France : le taux de pauvreté diminue d'1 point, que l'on considère le *seuil de pauvreté* à 50 % ou 60 % du revenu médian. Ainsi, selon le premier seuil, la France métropolitaine compte 3,6 millions de personnes pauvres en 2001, soit 6,1 % de la population, contre 7,2 % en 1996. Dans un contexte de conjoncture favorable, la baisse de la pauvreté concerne surtout les actifs et les jeunes. En revanche les retraités et autres inactifs représentent une part croissante de la population pauvre [1].

En 2002, 2,8 millions de *ménages* sont des *ménages à bas revenus*. Leur population est très hétérogène. Ils sont plus jeunes en moyenne que par le passé et davantage localisés en milieu urbain. En 2002, plus d'un ménage à bas revenus sur deux est composé d'une personne seule ou d'une famille monoparentale [2].

Entre 1998 et 1999, un million d'enfants environ vivaient dans des familles en dessous du seuil de pauvreté (50 % du revenu médian). Ainsi, le *taux de pauvreté monétaire relative* des enfants s'élevait à 8 % contre 6,5 % pour l'ensemble de la population. La moitié des enfants pauvres vit avec des parents sans emploi [3].

DÉFINITIONS

- **Ménage.** *Ensemble des occupants d'une résidence principale, qu'ils aient ou non des liens de parenté. Un ménage peut ne comprendre qu'une seule personne.*
- **Ménage à bas revenu.** *Ménage dont le niveau de vie est inférieur à la demi-médiane des niveaux de vie, soit 7 300 euros en 2002.*
- **Ménage modeste.** *Ménage dont le niveau de vie est inférieur au 3ème décile de la distribution des niveaux de vie et supérieur à la demi-médiane, soit compris entre 7 300 et 10 900 euros en 2002.*
- **Niveau de vie.** *Revenu disponible du ménage divisé par le nombre d'unités de consommation (UC). Le niveau de vie est donc le même pour tous les individus d'un même ménage. Les unités de consommation sont généralement calculées selon l'échelle d'équivalence dite de l'OCDE modifiée qui attribue 1 UC au premier adulte du ménage, 0,5 UC aux autres personnes de 14 ans ou plus et 0,3 UC aux enfants de moins de 14 ans.*
- **Pauvreté monétaire.** *Un individu (ou un ménage) est considéré comme pauvre lorsqu'il vit dans un ménage dont le niveau de vie est inférieur au seuil de pauvreté. L'Insee, comme Eurostat et les autres pays européens, mesure la pauvreté monétaire de manière relative alors que d'autres pays (comme les États-Unis ou le Canada) ont une approche absolue. Dans l'approche en termes relatifs, le seuil est déterminé par rapport à la distribution des niveaux de vie de l'ensemble de la population. L'Insee le fixe habituellement à 50 % du niveau de vie médian tandis qu'Eurostat privilégie le seuil de 60 % du niveau de vie médian.*
- **Seuil de pauvreté.** *En 2001, le seuil de pauvreté à 50 % de la médiane s'élève à 602 € par mois pour une personne seule et 903 € pour un couple sans enfant, auquel il faut ajouter 181 € pour chaque enfant de moins de 14 ans et 301 € pour les personnes de plus de 14 ans dans le ménage.*
- **Taux de pauvreté monétaire relative.** *Proportion de personnes ayant un niveau de vie inférieur au seuil de pauvreté.*
- **Taux de risque de pauvreté.** *Part de la population des ménages ayant un « revenu équivalent disponible » inférieur à 60 % du revenu équivalent médian du pays dans lequel elle réside.*

POUR EN SAVOIR PLUS

- « Les ménages à bas revenus et le logement social », *Insee Première*, n° 962, avril 2004.
- Observatoire National de la Pauvreté et de l'Exclusion Sociale (www.social.gouv.fr).
- « Les opinions des Français sur la pauvreté et l'exclusion début 2004 », *Études et résultats*, Drees, ministère de l'Emploi, de la Cohésion sociale et du Logement, n° 357, décembre 2004.

SOURCES

[1] « France Portrait social », édition 2004-2005, Insee.

[2] « Les conditions de logement des ménages à bas revenus », *Insee Première* n° 950, février 2005.

[3] « La pauvreté chez les enfants », *Insee Première*, n° 896, avril 2003.

[4] Enquêtes Revenus fiscaux, Insee – DGI.

[5] « Pauvreté et exclusion sociale dans l'UE », *Statistiques en bref*, thème 3, Eurostat, n° 16/2004.

Niveau de vie annuel moyen des individus selon le type de ménage en 2001* [4]

	Nombre total d'individus milliers	Niveau de vie euros
Personnes seules		
dont : hommes vivant seuls actifs	*1 868*	*17 080*
femmes vivant seules actives	*1 510*	*16 730*
Familles monoparentales		
dont : mères inactives	*681*	*9 130*
mères actives	*2 769*	*12 940*
Couples		
dont : homme actif - femme inactive sans enfant	*1 247*	*20 100*
homme actif - femme inactive avec deux enfants	*2 696*	*14 400*
homme actif - femme inactive avec trois enfants ou plus	*3 412*	*12 590*
couples d'actifs sans enfant	*4 647*	*21 350*
couples d'actifs avec deux enfants	*9 236*	*17 630*
couples d'actifs avec trois enfants ou plus	*4 766*	*15 890*
Ménages de plusieurs personnes sans lien de parenté	681	16 380
Ensemble	**43 912**	**16 780**

* Individus appartenant aux ménages dont la personne de référence a moins de 60 ans, hors retraités et étudiants, et dont le revenu déclaré est positif ou nul. Sont considérés comme enfants, les enfants célibataires de la personne de référence ou de son conjoint sans limite d'âge.

Enfants pauvres* et autres enfants selon le type de ménage et l'activité des parents en 1999 [3]

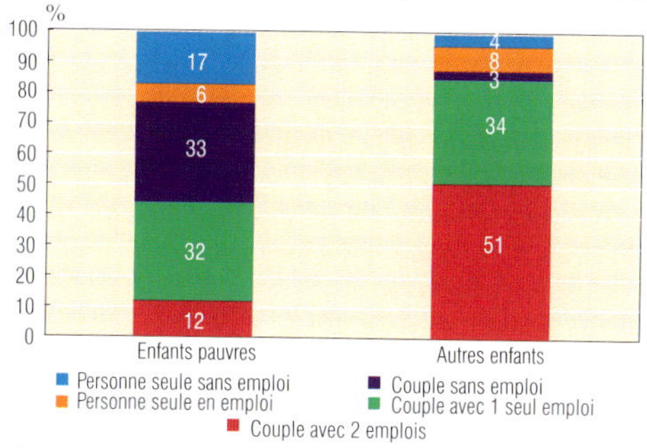

* Enfants de moins de 18 ans vivant dans un ménage ordinaire dont la personne de référence n'est pas étudiante. Seuil à 50 % de la médiane.

Nombre de personnes pauvres et taux de pauvreté selon le seuil* [4]

	Seuil à 50 %		Seuil à 60 %	
	Nombre milliers	Taux %	Nombre milliers	Taux %
1970	5 785	12,0	8 649	17,9
1975	5 194	10,2	8 491	16,6
1979	4 359	8,3	7 454	14,2
1984	4 154	7,7	7 235	13,5
1990	3 751	6,6	7 848	13,8
1996	4 089	7,2	7 628	13,5
2000	3 742	6,5	7 328	12,7
2001	3 557	6,1	7 167	12,4

* Individus des ménages dont le revenu déclaré au fisc est positif ou nul et dont la personne de référence n'est ni étudiante ni militaire du contingent.

Niveau de vie annuel moyen selon l'âge* [4]

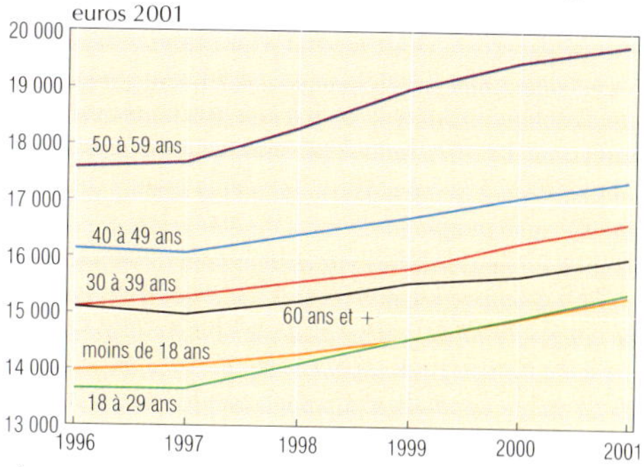

* Âge atteint au cours de l'année de perception des revenus des individus des ménages dont le revenu déclaré au fisc est positif ou nul et dont la personne de référence n'est ni étudiante ni militaire du contingent.

Statut d'occupation des logements selon le type de ménage en 2002 [2] %

Statut d'occupation	Ménages à bas revenus	Ménages modestes	Autres ménages	**Ensemble**
Propriétaires non accédants	27,9	35,0	37,4	**35,8**
Accédants à la propriété	7,2	13,5	25,9	**21,5**
Locataires du secteur social	32,1	24,7	13,2	**17,5**
Locataires du secteur privé	24,3	19,6	19,1	**19,8**
Autres statuts	8,5	7,2	4,4	**5,4**
Total	**100,0**	**100,0**	**100,0**	**100,0**

Nombre et taux de personnes pauvres selon l'âge et le sexe en 2001* [4]

Âge au 31 décembre	Femmes		Hommes	
	Nombre milliers	Taux** %	Nombre milliers	Taux** %
moins de 18 ans	514	7,8	533	7,7
18 à 29 ans	343	8,1	289	6,7
30 à 49 ans	523	6,1	462	5,5
50 à 59 ans	233	6,3	234	6,5
60 à 74 ans	135	3,3	118	3,3
75 ans ou plus	137	5,4	34	2,2
Ensemble	**1 886**	**6,3**	**1 670**	**5,9**

* Individus des ménages dont le revenu déclaré est positif ou nul et dont la personne de référence n'est pas étudiante. ** Seuil à 50 %.

Taux de risque de pauvreté dans l'UE en 2001 [5]

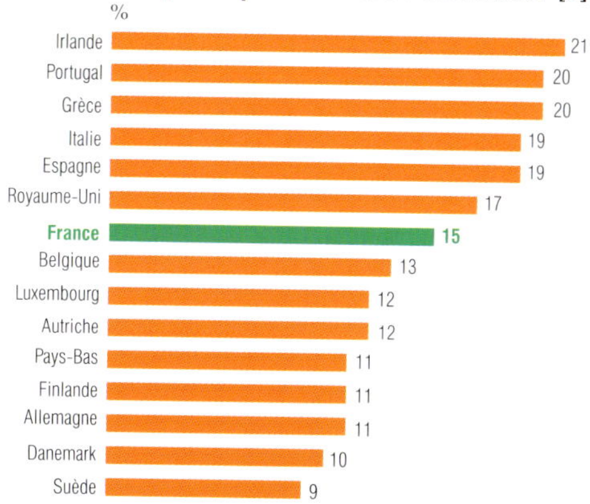

PRÉSENTATION

Créé dès 1853 pour les fonctionnaires et étendu à l'ensemble des salariés en 1945, le système français de *retraite* est géré par répartition : il repose sur le principe de la solidarité entre les générations, les cotisations versées par les actifs servant à payer les pensions des retraités. Or la France connaît trois évolutions majeures de sa démographie : sa population vieillit, la génération du baby boom arrivera à l'âge de la retraite dès 2006 et enfin l'espérance de vie au-delà de 60 ans passera de 22 ans aujourd'hui à 28 ans en 2040. Pour conserver son régime de retraite par répartition, la France a donc mis en œuvre une *réforme du système de retraite*.

En 2003, on compte 13,2 millions de retraités, ayants droit du système de retraite français tous droits confondus. Près des trois quarts perçoivent des pensions de plusieurs régimes de base. Cette proportion devrait augmenter du fait notamment de la réforme des retraites en 2003, instaurant une retraite complémentaire pour les fonctionnaires. En 2003, le nombre de retraités de droit direct augmente dans les régimes de base, sauf à la MSA et à la SNCF. Avec une hausse de 1,7 %, les pensionnés de la CNAV sont plus de 9,4 millions. L'année 2003 se caractérise par une hausse globale des effectifs de liquidants, tous régimes confondus, dont l'origine est en premier lieu démographique avec l'arrivée à l'âge de la retraite de cohortes d'actifs plus nombreuses. En outre les mouvements d'anticipation des départs à la retraite, déjà observés en 2002 en réaction à la réforme des retraites d'août 2003, semblent se prolonger au sein des régimes de retraite de la Fonction publique.

Le jeu des revalorisations et variations du niveau de vie conduit en 2003, dans les principaux régimes, à une diminution des montants bruts des pensions en euros constants. Les taux de prélèvements sociaux n'ayant pas évolué depuis 1998, les variations du montant net des pensions sont pour tous les régimes identiques à celles des montants bruts [1].

Devenir propriétaire est une aspiration que sont parvenus à réaliser trois ménages retraités sur quatre. Ceux qui ne possèdent aucun bien immobilier sont les plus âgés des retraités et comptent parmi eux 70 % d'anciens ouvriers ou employés [6].

DÉFINITIONS

- *FOREC. Fonds de financement de la réforme des cotisations patronales de sécurité sociale.*
- *Minimum vieillesse. Ensemble de prestations destinées à garantir, sous certaines conditions, un revenu minimum à toute personne âgée de 65 ans ou plus (ou 60 ans en cas d'inaptitude au travail), française ou étrangère, résidant en France. Depuis le 1er janvier 1994, elles sont financées par le Fonds de solidarité vieillesse.*
- *Réforme du système de retraite. La loi du 21 août 2003, entrée en vigueur au 1er janvier 2004, tend à préserver le financement par répartition tout en faisant face au défi démographique et financier des décennies à venir. Les principaux changement introduits par la loi sont : l'alignement de la durée de cotisation des agents de la Fonction Publique sur celle des salariés du privé (40 ans) entre 2004 et 2008, puis le passage progressif à 41 ans pour tous les salariés en 2012 ; l'indexation des pensions sur les prix.*
- *Retraite. Ensemble des prestations sociales que perçoit une personne au-delà d'un certain âge du fait qu'elle-même ou son conjoint a exercé une activité professionnelle et a cotisé à un régime d'assurance vieillesse. Il existe deux sortes de pensions : celles de droits directs (droits acquis par un individu en contrepartie de ses cotisations passées) et celles de droits dérivés ou pensions de réversion qui profitent au veuf, à la veuve ou à l'orphelin du cotisant après le décès de celui-ci.*
- *Régime général de la sécurité sociale. Régime de base obligatoire pour tous les salariés du privé. Les retraites sont versées par la Caisse Nationale d'Assurance Vieillesse (CNAV). AGIRC : Association générale des institutions de retraites des cadres. ARRCO : Association des régimes complémentaires des salariés du régime général. CANCAVA : Caisse autonome nationale de compensation de l'assurance vieillesse artisanale. CNRACL : Caisse nationale de retraite des collectivités locales. IRCANTEC : Institut de retraite complémentaire des agents non titulaires de l'État et des collectivités locales. MSA : Mutualité sociale agricole. ORGANIC : Organisation autonome nationale de l'industrie et du commerce.*

POUR EN SAVOIR PLUS

- *Rapports du Conseil d'orientation des retraites*, La Documentation française, 2001 et 2004 (www.cor-retraite.gouv.fr) et (www.retraites.gouv.fr).
- « Tassement des préretraites en 2004 », *Premières informations*, Dares, n° 19.3, mai 2005.
- Drees : « Vieillissement et protection sociale en Europe et aux États-Unis », *Études et résultats*, n° 355, novembre 2004 ; « Les indicateurs sociaux dans l'UE », *Dossiers Solidarité et santé*, n° 2, avril-juin 2004.

SOURCES

[1] « Les retraites en 2003 », *Études et Résultats*, Drees, n°362, décembre 2004.

[2] *Recueil statistique 2003*, Cnav (www.cnav.fr).

[3] Eurostat.

[4] « France, portrait social » 2004/2005, Insee.

[5] « L'allocation supplémentaire du minimum vieillesse », *Document de travail*, Drees, n° 73, janvier 2005.

[6] « Le patrimoine immobilier des retraités », *Insee Première*, n° 984, septembre 2004.

Données de cadrage selon le régime * [1]

Au 31 décembre

	Bénéficiaires d'un droit direct				Liquidants d'un droit direct au cours de l'année			
	Effectifs		Montant mensuel brut moyen		Effectifs		Montant mensuel brut moyen	
	2003 milliers	2003/2002 %	Avantage principal euros	Total euros	2003 milliers	2003/2002 %	Avantage principal euros	Total euros
CNAV (métropole)	9 468	1,7	466	537	467	1,4	509	** 554
ARRCO**	8 371	2,1	233	256	478	2,0	262	276
MSA exploitants	1 814	– 2,6	298	365	42	– 0,5	294	321
MSA salariés	1 799	0,0	157	180	86	2,7	170	184
Fonction publique	1 477	3,3	1 568	1 673	86	11,8	1 743	1 803
AGIRC	1 447	3,2	712	****749	87	– 0,8	609	****635
IRCANTEC	1 242	1,6	75	77	69	– 4,5	76	76
ORGANIC	739	0,8	254	262	52	3,1	266	273
CNRACL	519	5,8	1 072	1 125	48	45,6	1 170	1 215
CANCAVA	515	1,3	218	290	28	1,6	...	...
SNCF	193	– 1,1	1 490	1 522	7	– 5,3	1 640	1 666
IEG pensions***	104	1,9	1 973	2 055	5	– 8,3	2 021	2 080
RATP	30	1,3	1 716	...	1	53,7	2 107	...

* Au 31 décembre en France métropolitaine. ** Rupture de série en 2003. *** Au 1er janvier 2004. **** Hors réversion éventuelle.

Nombre de retraités [1] [5]

millions

	1999	2000	2001	2002	2003
Retraités ayants-droit*	12,6	12,5	12,7	12,8	13,2
*Bénéficiaires du minimum vieillesse**	*0,8*	*0,8*	*0,7*	*0,7*	*0,6*

* Au 31 décembre.

Cotisants, retraités et rapport démographique du régime général* [2]

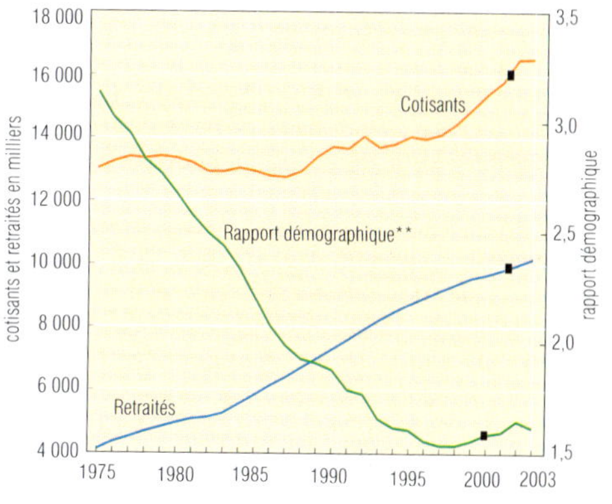

* Effectifs au 31 décembre jusqu'en 1981, au 1er juillet à partir de 1982. ** Nb de cotisants/nb de retraités.

Recettes et dépenses du régime général* [2]

millions d'euros

	2002	2003	2003/02 %
Total des recettes	**70 334**	**73 058**	**3,9**
dont : Cotisations sociales	*50 272*	*51 638*	*2,7*
FOREC	*4 492*	*4 693*	*4,5*
Transferts entre organismes	*3 831*	*3 916*	*2,2*
Fonds de solidarité vieillesse	*10 154*	*10 990*	*8,2*
Total des dépenses	**68 675**	**72 112**	**5,0**
dont : Prestations vieillesse et veuvage	*62 068*	*64 411*	*3,8*
Transferts	*4 698*	*5 864*	*24,8*
Solde	**1 659**	**946**	

* Droits constatés.

Niveau de vie annuel moyen des retraités [4]

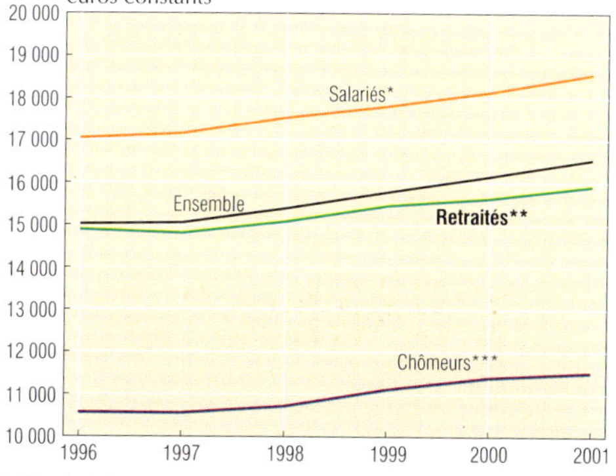

* 12 mois et plus. ** Y compris inactifs de 60 ans et plus. *** 6 mois au moins.

Part des prestations Vieillesse-Survie dans l'UE à 15 en 2001 [3]

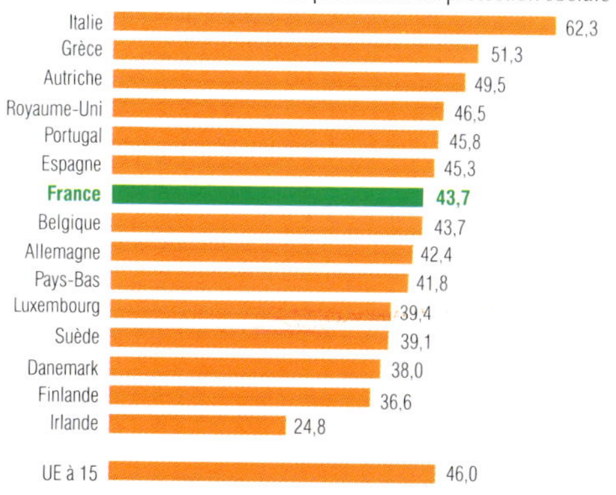

10 revenus

PRÉSENTATION

En 2003, les *dépenses de protection sociale* augmentent de 4,3 % en valeur et 2,3 % en volume. Les *prestations sociales* perçues par les ménages, soit 95 % des dépenses, progressent de 4,9 % en valeur et 2,8 % en volume par rapport à 2002, représentant 29,9 % du PIB (contre 29,0 % en 2002).

Dans un contexte de croissance économique ralentie et de montée du chômage, la dynamique des prestations sociales s'explique par celle des prestations maladie (+ 6,7 % en valeur) et des prestations liées à la perte d'un emploi (+ 9,8 % en valeur). Y contribuent également les prestations vieillesse (+ 4,1 %), en raison notamment de la rapide montée en charge de l'Allocation Personnalisée d'Autonomie. Les prestations liées à la pauvreté et à l'exclusion sociale confirment leur reprise avec + 6,8 % en 2003 et + 8,7 % pour le *RMI*.

Les régimes d'assurance sociale sont prépondérants dans le système de la protection sociale et supportent 81 % des dépenses. En 2003 la croissance des ressources de l'ensemble des régimes de protection sociale (+ 2,9 % en valeur) demeure sensiblement plus faible que celle des dépenses. Depuis 1995, la part des *cotisations sociales* dans le financement de la protection sociale a néanmoins tendance à se réduire au profit du financement fiscal : les impôts et taxes affectés représentent désormais près de 20 % des recettes, soit 12 points de plus qu'en 1995 [3].

En 2004, les administrations de sécurité sociale restent déficitaires. Leur besoin de financement atteint 15,9 Mds d'€ après 9,8 Mds en 2003 [2].

Fin 2003, plus de 1 400 000 personnes bénéficient d'une prise en charge au titre de *l'aide sociale* départementale. Le *nombre de bénéficiaires* de l'aide sociale aux personnes âgées demeure très élevé depuis 2002, date de mise en œuvre de l'Allocation Personnalisée d'Autonomie. En 2003, les conseils généraux dépensent près de 16,7 Mds d'€ d'aide sociale en France. Depuis 1999, l'augmentation des dépenses nettes des départements est de 7 % par an en moyenne [4].

DÉFINITIONS

- ***Aide sociale.*** *Ensemble des prestations dont les conditions d'attribution sont fixées par la loi (Code de la Famille et de l'Aide Sociale). Elle est destinée aux personnes dont les ressources sont trop faibles pour faire face aux besoins liés au handicap, à la maladie, à la vieillesse et à des difficultés sociales ou économiques. Elle dispense des prestations et des services répartis en trois secteurs principaux : l'aide aux personnes âgées, l'aide aux personnes handicapées et l'aide sociale à l'enfance. Depuis le 1er janvier 1984, date d'entrée en vigueur des lois de décentralisation, la quasi-totalité de l'aide sociale a été transférée aux départements, l'État ne gardant qu'une compétence d'exception pour certaines prestations bien définies.*
- ***Cotisations sociales.*** *Ensemble des versements que les individus et leurs employeurs effectuent aux administrations de sécurité sociale et aux régimes privés. Elles se décomposent en cotisations à la charge des employeurs, cotisations à la charge des salariés et cotisations à la charge des travailleurs indépendants et des personnes n'occupant pas d'emploi.*
- ***Dépenses de protection sociale.*** *Somme des ressources consacrées par les différents secteurs de l'économie nationale au financement des régimes de protection sociale.*
- ***Nombre de bénéficiaires.*** *Chaque personne pouvant bénéficier de plusieurs aides, on comptabilise le nombre de mesures d'aide et non les individus.*
- ***Prestations sociales.*** *Transferts, en espèces ou en nature, aux ménages qui sont destinés à alléger la charge financière que représente pour ceux-ci la protection contre un certain nombre de risques ou de besoins ; ils sont effectués par l'intermédiaire de régimes organisés de façon collective ou, en dehors de ces régimes, par des unités des administrations publiques ou des ISBLSM.*
- ***Revenu minimum d'insertion (RMI).*** *La loi sur le RMI (votée le 1er décembre 1988 et renouvelée le 23 juillet 1992), garantit un revenu minimum à toute personne d'au moins 25 ans dont les ressources n'atteignent pas un certain montant.*
- ***Transferts sociaux.*** *Voir 10.4.*

POUR EN SAVOIR PLUS

- « France, portrait social », édition 2004/2005, Insee.
- « Vingt ans de comptes de la protection sociale en France», *Etudes et résultats*, Drees, n° 278, décembre 2003.

SOURCES

[1] Comptes de la protection sociale, Drees.

[2] « Les comptes des administrations publiques en 2004 », *Insee Première*, n° 1018, mai 2005.

[3] *Etudes et résultats*, Drees : « Les retraites en 2003 », n° 362, décembre 2004 ; « Les comptes de la protection sociale en 2003 », n° 345, octobre 2004 ; « Les prestations sociales en 2003 », n° 338, septembre 2004.

[4] *Etudes et résultats*, Drees : « Les dépenses d'aide sociale des départements en 2003 », n° 365, décembre 2004 ; « Les bénéficiaires de l'aide sociale départementale en 2003 », n° 332, août 2004.

Bénéficiaires de prestations sociales [3]

nombre de familles ou de bénéficiaires en milliers au 31 décembre

	1995	2003	2003/02 %
Prestations familiales			
Allocations familiales	4 710	4 790	0,7
Complément familial	1 035	915	– 0,8
Allocation de rentrée scolaire	3 059	3 089	– 1,8
Allocation pour jeune enfant courte	485	403	– 2,2
Allocation pour jeune enfant longue	1 167	1 040	– 2,6
Allocation parentale d'éducation	303	563	0,2
Allocation de parent isolé	164	189	4,2
Allocation de soutien familial	571	672	2,5
Prestations logement	**5 927**	**6 085**	**1,1**
Prestations chômage			
Allocation d'Assurance-chômage*	1 487	2 281	6,7
Allocation de solidarité spécifique*	486	e 349	– 6,3
RMI*	**841**	**999**	**5,0**
Prestations vieillesse-survie			
Pensions de retraites (ayant-droits)	...	13 200	3,1
Allocation supplémentaire vieillesse*	909	558	– 5,6
Allocation personnalisée d'autonomie**	///	792	32,0
Allocation aux adultes handicapés*	**594**	**741**	**1,8**

* France métropolitaine. ** A compter du 1/1/2002, l'APA a remplacé la PSD.

Dépenses nettes* d'aide sociale des départements en 2003 [4]

millions d'euros constants 2003

	2003	2003/02 %
Aide sociale aux personnes âgées**	4 324	32,9
Aide sociale aux personnes handicapées	3 005	4,5
Aide sociale à l'enfance	4 785	1,2
Charges d'insertion du RMI	753	5,6
Total	**12 867**	**11,2**

* En France métropolitaine, hors aide médicale, service social départemental, frais communs, aide sociale facultative et services sociaux sans comptabilité distincte. ** Y compris dépenses d'Allocation compensatrice pour tierce personne des 60 ans ou plus.

Bénéficiaires de l'aide sociale départementale* [4]

effectifs au 31 décembre

	2002	e 2003	2003/02 %
Aide aux personnes âgées	**818 660**	**952 099**	**16,3**
Aide à domicile	387 438	481 260	24,2
dont : Alloc. perso. d'autonomie	*296 134*	*420 598*	*42,0*
Aide en établissement	431 222	470 839	9,2
dont : Accueil en établissement au titre de l'ASH	*112 856*	*117 803*	*4,4*
Allocation personnalisée d'autonomie	*304 177*	*347 729*	*14,3*
Aide aux personnes handicapées	**208 699**	**216 198**	**3,6**
Aide à domicile	96 358	97 808	1,5
*dont : Allocation pour tierce personne des moins de 60 ans***	*82 849*	*83 011*	*0,2*
Aide en établissement	112 341	118 390	5,4
dont : Accueil en établissement	*81 339*	*83 770*	*3,0*
Aide sociale à l'enfance	**261 881**	**263 505**	**0,6**
Enfants accueillis à l'ASE	134 400	135 547	0,9
Actions éducatives	127 481	127 958	0,4

* France métropolitaine. ** Droits ouverts.

Compte de la protection sociale [3]

milliards d'euros

	1990	2003	2003/02 %
Prestations sociales	239,6	414,3	4,8
soit : Prestations en espèces	*179,5*	*303,3*	*4,7*
Prestations en nature	*60,1*	*111,0*	*5,1*
Prestations des services sociaux	28,3	50,7	5,4
Total des prestations de protection sociale	**267,9**	**465,0**	**4,9**
en % du PIB	*26,5*	*29,9*	*/// *
Frais de gestion	11,4	18,5	– 0,6
Transferts	34,9	84,4	2,8
Frais financiers	0,3	1,0	4,0
Autres dépenses	2,0	4,5	– 1,0
Total des emplois	**316,6**	**573,4**	**4,3**
Total des emplois hors transferts	**281,7**	**489,0**	**4,6**
Cotisations totales	227,4	323,2	3,4
Impôts et taxes affectés	8,9	91,4	2,9
Contributions publiques	39,7	53,7	1,1
Produits financiers	3,4	4,2	0,3
Autres recettes	6,7	8,5	1,7
Total des ressources	**286,0**	**481,1**	**2,9**

Prestations de protection sociale [1]

milliards d'euros

	2003	2003/02 %
Santé	164,2	6,1
Soit : Maladie	*134,1*	*6,7*
Invalidité	*22,5*	*2,4*
Accidents du travail	*7,6*	*6,1*
Vieillesse-survie	199,6	4,1
Soit : Vieillesse	*168,8*	*4,2*
Survie	*30,9*	*3,7*
Maternité-famille	43,9	0,9
Soit : Maternité	*5,8*	*3,5*
Famille	*38,2*	*0,5*
Emploi	36,9	9,8
Soit : Insertion et réinsert. professionnelle	*2,7*	*6,4*
Chômage	*34,2*	*10,0*
Logement	13,8	1,8
Pauvreté-Exclusion	6,5	6,8
Total des prestations sociales	**465,0**	**4,9**

Capacité(+) ou besoin(-) de financement des administrations de sécurité sociale [2]

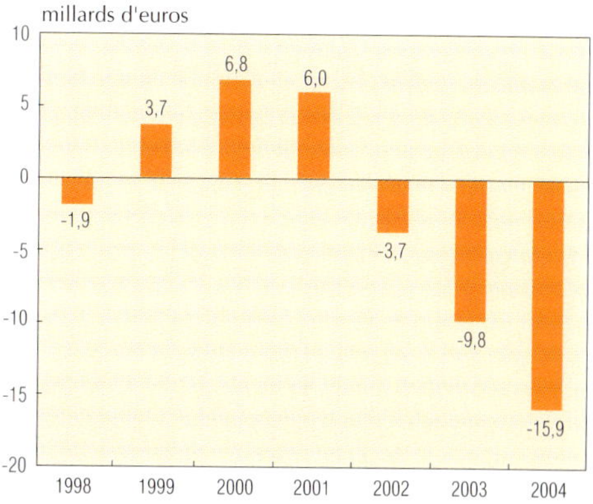

ÉCONOMIE FINANCES

Économie générale

Monnaie - Marchés financiers

Finances publiques

Échanges extérieurs

11 économie générale

PRÉSENTATION

En 2004, le *produit intérieur brut* s'accroît de 2,3 % en volume, après 0,8 % en 2003 et 1,2 % en 2002. La consommation effective des ménages reste le principal soutien de la croissance. L'investissement des entreprises rebondit et vient également soutenir l'activité économique. Ces 2 moteurs de la croissance sont en partie contrebalancés par le commerce extérieur, dont le solde pour les échanges de biens devient négatif pour la 1ère fois depuis 2000.

En 2004, le *revenu disponible brut* des ménages progresse de 3,2 %, après 1,7 % en 2003. Le prix de la dépense de consommation croit de 1,8 %, tiré notamment par les prix des produits alimentaires, des loyers et des produits pétroliers. Ainsi le pouvoir d'achat du revenu disponible brut des ménages progresse de 1,4 % après 0,4 % en 2003.

En 2004, la consommation effective des ménages, qui inclut les dépenses supportées par les *administrations publiques*, s'accélère (+ 2,1 %). La progression de la dépense de *consommation des ménages* (+ 2,0 % après + 1,4 % en volume) trouve son origine dans la reprise d'achats automobiles et la vive croissance des achats de biens de nouvelles technologies, des services de transport et financiers. En 2004, les ménages puisent dans leur épargne pour accroître leurs dépenses de consommation. Leur *taux d'épargne* recule, passant de 16,0 % en 2003 à 15,4 % en 2004.

La *formation brute de capital fixe* des entreprises non financières repart en 2004 (+ 2,8 %) après avoir stagné en 2003 (+ 0,1 %) et baissé en 2002 (– 2,9 %). Après 3 années de recul, leur taux de marge se redresse à 30,8 %, grâce à une reprise de la croissance de la valeur ajoutée (+ 3,6 % en valeur) supérieure à celle de la masse salariale.

La forte progression des rentrées fiscales permet une réduction du déficit public, qui demeure toutefois élevé. Il s'établit à 59,7 Mds d'€ au sens de Maastricht en 2004 et à 3,6 % du PIB contre 4,2 % en 2003. Le taux de prélèvements obligatoires progresse de 0,3 point pour s'établir à 43,4 % du PIB. Les soldes sociaux se creusent, malgré une décélération des dépenses [1].

DÉFINITIONS

- ***Révision des comptes nationaux en base 2000.*** *La base 2000 prend en compte des changements de concepts en conformité avec les règlements européens. Le principal changement concerne la mise en application du nouveau traitement européen relatif aux services d'intermédiation financière. Comme dans l'ensemble des pays européens, l'affectation aux différents acteurs économiques de leur consommation (marges sur intérêts des institutions financières) appelés SIFIM a un impact important au niveau du PIB et de certains ratios et résultats. Voir aussi (www.insee.fr).*
- ***Administrations publiques.*** *Voir 13.1.*
- ***Consommation finale des ménages.*** *Voir 4.1.*
- ***Formation brute de capital fixe (FBCF).*** *Acquisitions moins cessions d'actifs fixes réalisées par les producteurs résidents. Les actifs fixes sont les actifs corporels ou incorporels issus de processus de production et utilisés de façon répétée ou continue dans d'autres processus de production pendant au moins un an.*
- ***Institutions sans but lucratif au service des ménages (ISBLSM).*** *Ensemble des unités privées dotées de la personnalité juridique qui produisent des biens et services non marchands au profit des ménages. Leurs ressources principales proviennent de contributions volontaires en espèces ou en nature effectuées par les ménages en leur qualité de consommateurs, de versements provenant des administrations publiques, ainsi que de revenus de la propriété.*
- ***Produit intérieur brut (PIB).*** *Voir 11.2.*
- ***Revenu disponible des ménages.*** *Voir 12.2.*
- ***Taux d'épargne.*** *Rapport de l'épargne des ménages au revenu disponible brut (non ajusté).*
- ***Valeur ajoutée.*** *Voir 11.3.*

POUR EN SAVOIR PLUS

- « L'économie française », Édition 2005-2006, Insee, juin 2005.
- « Produit intérieur brut 2003 », *Statistiques en bref*, thème 2, Eurostat, n° 8/2005.

SOURCES

[1] « Les comptes de la Nation en 2004 », *Insee Première*, n° 1017, mai 2005.
[2] Comptes de la Nation 2004 (www.insee.fr).
[3] Note de conjoncture, Insee, juin 2005.

Évolution en volume du PIB des principaux pays de l'OCDE [3]

1995=100

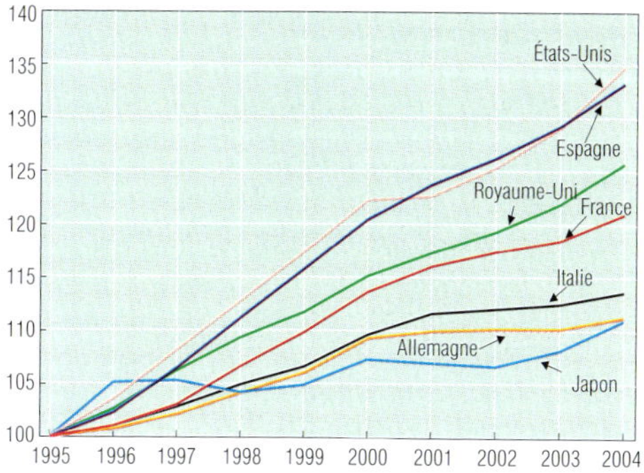

Évolution du PIB en France [2]

évolution par rapport à l'année précédente en %

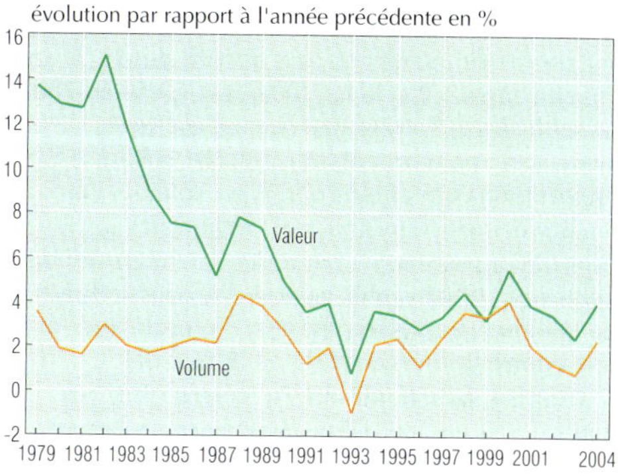

FBCF par secteur institutionnel* [2]

Secteurs institutionnels	Évolution en volume** (%) 2002/01	2003/02	2004/03	Valeur 2004 Mds d'€
Sociétés non financières	– 2,9	0,1	2,8	165,2
Sociétés financières	– 6,0	10,4	– 11,1	10,3
Administrations publiques	– 1,0	8,3	3,3	52,5
Ménages***	1,2	3,9	3,1	85,8
ISBLSM	5,1	2,5	6,1	2,1
Ensemble	**– 1,7**	**2,7**	**2,5**	**316,0**

* Comptes nationaux base 2000. ** À prix chaînés. *** Hors ent. individuels.

Principaux agrégats par habitant* [2]

euros

	2003	2004
Produit intérieur brut	25 650	26 511
Revenu disponible des ménages	16 714	17 138
soit : Consommation des ménages	*14 045*	*14 494*
Épargne brute des ménages	*2 667*	*2 644*
Capacité de financement des ménages	1 147	1 028

* Comptes nationaux Base 2000.

Capacité (+) ou besoin (–) de financement des secteurs institutionnels* [2]

milliards d'euros

Secteurs institutionnels	2002	2003	2004
Sociétés non financières	– 25,5	– 18,7	– 28,3
Sociétés financières	– 0,7	9,0	13,1
Administrations publiques	– 49,1	– 66,6	– 60,1
soit : Administration centrale	*– 47,4*	*– 57,3*	*– 42,3*
État	*– 56,5*	*– 62,2*	*– 52,2*
Organismes div. d'adm. centrale	*9,1*	*4,9*	*9,9*
Administrations locales	*2,0*	*0,5*	*– 1,9*
Administrations de sécurité sociale	*– 3,7*	*– 9,8*	*– 15,9*
Ménages**	86,4	70,9	63,9
ISBLSM	1,2	1,2	1,0
Nation	12,3	– 4,2	– 10,4

* Comptes nationaux Base 2000. ** Y compris entreprises individuelles.

Taux de marge et taux d'investissement des entreprises* [2]

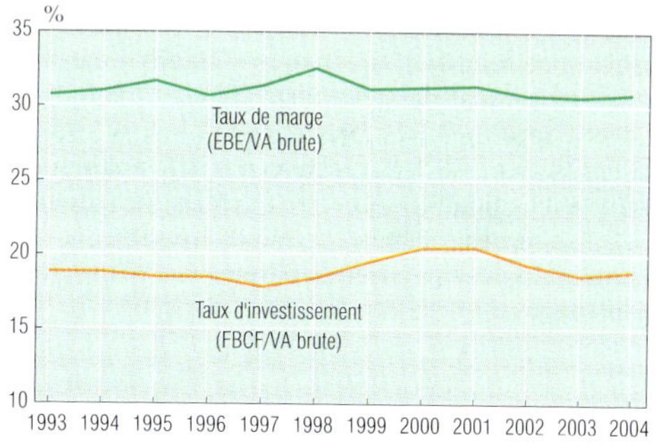

* Hors entreprises individuelles. Comptes nationaux base 2000.

Ressources et emplois de biens et services en 2004* [2]

Ressources	Valeur Mds d'€	2004/03** %
Produit intérieur brut (PIB)	1 648,4	2,3
soit : valeur ajoutée au prix de base	*1 478,2*	
impôts sur les produits	*188,5*	
subventions sur les produits	*– 18,4*	
Importations	424,0	6,9
soit : biens	*349,3*	
services	*74,7*	
Total des ressources et des emplois	**2 072,4**	**3,2**

Emplois	Valeur Mds d'€	2004/03** %
Consommation finale effective	1 318,7	2,3
soit : dépense de consommation des ménages	*901,2*	*2,0*
dépense de consommation des APU	*394,4*	*2,6*
dépense de consommation des ISBLSM	*23,1*	*4,1*
FBCF	316,0	2,5
Acquisitions, nettes de cessions, d'objets de valeur	0,7	– 2,9
Variations de stocks	8,9	///
Exportations	428,1	3,1
soit : biens	*342,7*	
services	*85,4*	

* Comptes nationaux base 2000. ** En volume aux prix chaînés.

11.1 économie générale

PRÉSENTATION

En France, l'activité économique repart en 2004. Le *produit intérieur brut* s'accroît de 2,3 % en volume après + 0,8 % en 2003 et + 1,2 % en 2002. Le solde des échanges extérieurs pèse sur la croissance, notamment en raison de la hausse des importations qui atteint 6,9 % en volume. Dans un environnement international porteur, les exportations sont dynamiques (+ 3,1 % en volume) après deux années plus calmes. En 2004 le solde du commerce extérieur pèse sur la croissance avec une contribution record de – 0,9 %.

En 2004, la production s'accélère (+ 2,7 % après 0,6 % en 2003) dans la plupart des branches, sauf l'énergie. Ceci permet de reconstituer les stocks : après le déstockage de 2003, le stockage important de 2004 contribue fortement à la croissance du PIB (+ 1,0 point). Ce phénomène exceptionnel est en grande partie dû à l'agriculture. En effet, la filière agricole et agroalimentaire explique à elle seule plus de 40 % de la contribution des stocks au PIB.

Principal moteur de la croissance en 2004, la *consommation effective des ménages*, qui inclut leurs dépenses de consommation ainsi que les transferts sociaux en nature, s'accélère (+ 2,1 %). La contribution à la croissance du PIB de la seule dépense de consommation des ménages s'élève à 1,1 %, à laquelle s'ajoute 0,3 % de contribution des transferts sociaux.

En 2004, l'investissement des entreprises non financières repart (+ 2,8 %). Sa contribution à la croissance redevient positive et s'établit à 0,3 %. L'investissement des *administrations publiques* ralentit après une très forte accélération en 2003 ; sa croissance (+ 3,3 %) reste cependant soutenue. Leur consommation effective accélère fortement (+ 3,5 % après + 0,3 % en 2003). Au total l'ensemble des dépenses publiques contribue à hauteur de 0,4 % à la croissance de 2004 [2].

DÉFINITIONS

- ***Révision des comptes nationaux en base 2000.*** *voir 11.1.*
- ***Administrations publiques.*** *Voir 13.1.*
- ***Consommation des ménages.*** *Voir 4.1.*
- ***Contribution à la croissance du PIB.*** *Rapport de l'accroissement en volume d'une composante du PIB entre l'année (n – 1) et l'année n à la valeur du PIB (n – 1).*
- ***Productivité horaire apparente du travail.*** *Son indice met en relation la variation en volume de la valeur ajoutée brute d'une année par rapport à la précédente et la variation sur la même période du volume d'heures travaillées. Ce dernier est évalué par la somme des heures travaillées par les salariés, les non-salariés, les inactifs et multi-actifs agricoles et le volume d'heures travaillées « au noir ». La croissance de la productivité horaire apparente du travail résulte souvent d'une plus grande consommation de capital, et le qualificatif « apparente » prévient qu'il ne faut pas en attribuer les causes à la seule productivité du travail.*
- ***Produit intérieur brut (PIB).*** *Agrégat représentant le résultat final de l'activité de production des unités productrices résidentes. Il peut se définir de trois manières :*
  – La somme des valeurs ajoutées brutes des différents secteurs institutionnels ou des différentes branches d'activité, augmentée des impôts moins les subventions sur les produits (lesquels ne sont pas affectés aux secteurs et aux branches d'activité) ;
  – La somme des emplois finals intérieurs de biens et de services (consommation finale effective, formation brute de capital fixe, variations de stocks), plus les exportations, moins les importations ;
  – La somme des emplois des comptes d'exploitation des secteurs institutionnels : rémunération des salariés, impôts sur la production et les importations moins les subventions, excédent brut d'exploitation et revenu mixte.
- ***Valeur ajoutée.*** *Voir 11.3.*

POUR EN SAVOIR PLUS

- « L'économie française », Insee, juin 2005.
- *Perspectives économiques de l'OCDE* (www.oecd.org).
- « Produit intérieur brut 2003 », *Statistiques en bref*, thème 2, Eurostat n° 8/2005.

SOURCES

[1] Comptes nationaux, Insee (www.insee.fr).
[2] « Les comptes de la nation en 2004 », *Insee Première*, n° 1017, mai 2005.
[3] Notes de conjoncture nationale et internationale, Insee, mars et juin 2005.

Productivité horaire du travail par branche* [1]

%

Branches en NES 16	2000	2001	2002	p 2003
Agriculture	– 2,5	– 0,4	12,1	– 9,8
Industries agroalimentaires	0,5	– 3,3	1,4	0,1
Indus. des biens de consommation	14,6	6,6	9,9	5,3
Industrie automobile	5,4	– 9,0	2,8	– 3,8
Indus. des biens d'équipement	6,2	3,3	5,2	– 2,9
Indus. des biens intermédiaires	6,3	1,8	4,1	0,6
Énergie	2,8	10,9	7,9	3,8
Construction	5,1	2,5	– 1,1	4,3
Commerce	5,2	1,2	– 0,4	3,5
Transports	– 0,1	– 5,9	2,5	0,5
Activités financières	13,6	– 3,3	2,9	0,7
Activités immobilières	9,3	2,0	2,4	2,0
Services aux entreprises	– 0,9	– 2,8	3,9	0,8
Services aux particuliers	2,3	2,6	5,8	0,4
Éducation, santé, action sociale	2,6	3,5	1,1	– 0,2
Administration	2,3	3,0	6,4	1,1
Ensemble	**3,7**	**1,1**	**3,2**	**1,1**

* Évolution par rapport à l'année précédente. Comptes nationaux base 2000.

Contributions à l'évolution du PIB* [1]

en points de PIB

	2002	2003	p 2004
Dépenses de consommation finale des ménages	1,2	0,8	1,1
Dépenses de conso. finale des adm. publiques	0,7	0,5	0,6
Formation brute de capital fixe	– 0,3	0,5	0,5
Sociétés non financières	*– 0,3*	*0,0*	*0,3*
Ménages (hors entrepreneurs individuels)	*0,1*	*0,2*	*0,2*
Administrations publiques	*0,0*	*0,2*	*0,1*
Sociétés financières	*0,0*	*0,1*	*– 0,1*
ISBLSM	*0,0*	*0,0*	*0,0*
Solde extérieur des biens et services	0,0	– 0,6	– 0,9
Exportations	*0,4*	*– 0,5*	*0,8*
Importations	*– 0,5*	*– 0,2*	*–1,7*
Variation de stocks	– 0,3	– 0,3	1,0
Produit intérieur brut	**1,2**	**0,8**	**2,3**

* Aux prix de l'année précédente. Comptes nationaux base 2000.

Partage de la valeur ajoutée brute [1]

%

	1993	2000	p 2004
Rémunération des salariés	58,3	57,9	58,0
Salaires et traitements bruts	*42,1*	*42,4*	*42,5*
Cotisations sociales à la charge des employeurs	*16,2*	*15,5*	*15,5*
Impôts sur la production	4,4	4,7	4,7
Subventions d'exploitation	– 1,3	– 1,1	– 1,1
Excédent brut d'exploitation	30,0	30,7	30,5
Revenu mixte brut	8,6	7,8	7,9
Valeur ajoutée brute	**100,0**	**100,0**	**100,0**
En milliards d'euros à prix courants	***1 004,5***	***1 290,7***	***1 478,2***

Contributions à la croissance du PIB* [2]

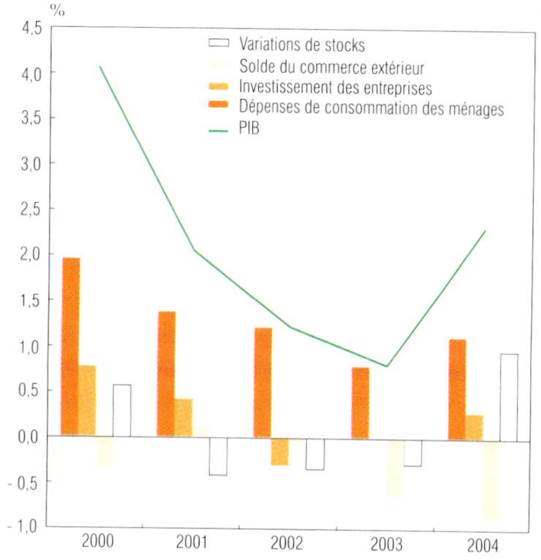

* Comptes nationaux base 2000.

Taux de croissance du PIB en volume dans quelques pays du monde* [1] [3]

%

Pays	2002	2003	p 2004
Monde	**2,8**	**3,6**	**4,5**
États-Unis	1,9	3,0	4,4
Japon	– 0,3	1,4	2,6
Union européenne à 15	**1,0**	**0,8**	**2,1**
Zone euro	***0,9***	***0,5***	***1,9***
Dont : Allemagne	*0,2*	*0,0*	*1,0*
Belgique	*0,7*	*1,1*	*2,6*
Espagne	*2,2*	*2,5*	*3,1*
France	***1,2***	***0,8***	***2,3***
Italie	*0,4*	*0,4*	*1,0*
Pays-Bas	*0,6*	*–0,9*	*1,1*
Royaume-Uni	1,8	2,2	3,1
Nouveaux pays de l'UE à 25			
Hongrie	3,5	2,9	3,2
Pologne	1,4	3,7	5,5
République tchèque	2,0	2,9	3,6

Pays	2002	2003	p 2004
Asie hors Japon	**6,1**	**7,4**	**6,7**
Chine	8,0	9,1	8,0
Inde	4,6	8,2	6,3
Indonésie	4,2	4,5	4,6
Malaisie	4,1	5,3	5,6
Philippines	3,2	4,7	5,5
Thaïlande	5,5	6,7	4,8
Singapour	2,2	1,1	8,4
Taiwan	3,6	3,3	4,9
Corée	6,3	3,1	4,9
Hong-Kong	1,9	3,2	7,8
Amérique latine	**– 1,3**	**1,5**	**4,9**
Argentine	– 10,9	8,8	6,8
Brésil	1,5	– 0,2	4,3
Chili	2,1	3,3	4,2
Venezuela	– 8,9	– 9,2	10,6

* En moyenne annuelle. Données provisoires pour 2004.

économie générale

PRÉSENTATION

En 2004, la *production des branches* s'élève à 2 968 milliards d'€, soit une progression de 4,4 % en valeur et 2,7 % en volume par rapport à 2003. La production accélère dans la plupart des branches sauf dans l'énergie. Elle est soutenue dans la filière agricole et agroalimentaire par une reconstitution des stocks érodés en 2003, suite à la canicule. Les services marchands profitent du dynamisme de la demande des entreprises et des ménages. La construction bénéficie de la croissance toujours importante de l'investissement, tant des administrations publiques que des ménages. Seule la production d'énergie ralentit avec une croissance de 2,5 % en volume après + 4,4 % en 2003 ; son utilisation en consommation intermédiaire est en forte accélération, en raison de l'activité des autres branches, mais la consommation des ménages ralentit sur ce poste et les exportations baissent.

La *valeur ajoutée* totale s'élève à 1 478 milliards d'€ en 2004, soit une hausse de 3,7 % en valeur et 2,3 % en volume par rapport à 2003. L'activité se redresse légèrement dans les *branches manufacturières*, où la valeur ajoutée augmente de 1,6 % en volume après avoir baissé de 1,2 % en 2003. La reprise dans l'industrie se traduit par une accélération de ses achats aux entreprises de services. La valeur ajoutée des services aux entreprises accélère nettement (+ 3,2 % en volume après + 0,7 % en 2003). En revanche, elle s'effrite dans les services aux particuliers (– 0,5 %). L'agriculture, connaît un retour à la normale en 2004, qui se traduit par une forte hausse de sa valeur ajoutée (+ 11,8 % en volume après – 11,6 % en 2003). Celle des industries agroalimentaires connaît au contraire une baisse (– 2,7 % en volume). La valeur ajoutée de la branche construction ralentit légèrement : + 2,5 % en volume après + 3,7 % en 2003 [3] [4].

DÉFINITIONS

- **Branche.** *Une branche (ou branche d'activité) regroupe des unités de production homogènes, c'est-à-dire qui fabriquent des produits (ou rendent des services) qui appartiennent au même item de la nomenclature d'activité économique considérée. Ces unités de production peuvent être des portions d'établissement. Au contraire, un secteur regroupe des établissements entiers classés selon leur activité principale.*
- **Branches manufacturières.** *Branches des biens de consommation, des biens intermédiaires, des biens d'équipement et de l'automobile.*
- **Comptes nationaux base 2000.** *Voir 11.1.*
- **Production au sens de la comptabilité nationale.** *Activité exercée sous le contrôle et la responsabilité d'une unité institutionnelle qui combine des ressources en main-d'œuvre, capital et biens et services pour fabriquer des biens ou fournir des services, et résultat de cette activité. Les processus purement naturels sans intervention ou contrôle humain ne font pas partie de la production.*
- **Services principalement marchands.** *Commerce, transports, activités financières et immobilières, services aux entreprises et aux particuliers.*
- **Sociétés non financières.** *Ensemble des unités institutionnelles qui sont des producteurs marchands dont la fonction principale consiste à produire des biens et des services non financiers, et dont les opérations de répartition et les opérations financières sont séparées de celles de leurs propriétaires.*
- **Taux d'investissement.** *Rapport de l'investissement à la valeur ajoutée.*
- **Unité institutionnelle.** *Centre élémentaire de décision économique caractérisé par une unicité de comportement et une autonomie de décision dans l'exercice de sa fonction principale. Une unité résidente est dite institutionnelle dès lors qu'elle dispose d'une autonomie de décision dans l'exercice de sa fonction principale et qu'elle dispose d'une comptabilité complète, ou au moins qu'elle serait en mesure d'en établir une pertinente du point de vue économique ou juridique.*
- **Valeur ajoutée.** *Solde du compte de production. Elle est égale à la valeur de la production diminuée de la consommation intermédiaire.*

POUR EN SAVOIR PLUS

- *Insee Première* : « L'industrie manufacturière en 2004 », n° 1031, juillet 2005 ; « Les services marchands en 2004 », n° 1030, juillet 2005 ; « Le commerce en 2004 », n° 1023, juin 2005 ; « La construction en 2004 », n° 1021, juin 2005.
- « La production industrielle en 2004 : reprise inégale », *Le 4 Pages*, Sessi, ministère de l'Économie, des Finances et de l'Industrie.
- *Note de conjoncture*, Insee (www.insee.fr).
- *Panorama trimestriel des statistiques d'entreprises européennes*, Eurostat.

SOURCES

[1] Comptes nationaux base 2000, Insee.

[2] Division comptes et études de l'industrie, Insee.

[3] *L'économie française*, édition 2005-2006, Insee.

[4] « Les comptes de la Nation en 2004 », *Insee Première*, n° 1017, mai 2005.

Production et valeur ajoutée en 2004 [1]

Branches NES	Production	Évolution 2004/2003		Valeur ajoutée	Évolution 2004/2003	
	millions d'€	en valeur %	en volume %	millions d'€	en valeur %	en volume %
Agriculture	79 296	1,5	8,0	36 814	0,1	11,8
Industries agricoles et alimentaires	119 143	0,9	– 0,2	27 035	– 1,4	– 2,7
dont : Viande et lait	*50 264*	*1,0*	*– 0,6*	*9 440*	*1,4*	*– 1,9*
Industrie des biens de consommation	123 916	2,5	3,0	38 199	– 0,3	2,9
Habillement, cuir	*14 573*	*0,7*	*0,7*	*4 672*	*– 4,1*	*– 3,0*
Édition, imprimerie, reproduction	*32 114*	*1,8*	*1,2*	*12 167*	*2,2*	*2,4*
Pharmacie, parfumerie, entretien	*51 574*	*4,0*	*5,1*	*12 808*	*– 0,3*	*5,5*
Équipements du foyer	*25 655*	*1,3*	*2,2*	*8 552*	*– 1,5*	*3,1*
Industrie automobile	97 693	4,9	4,3	16 307	1,5	0,2
Industrie des biens d'équipement	156 691	3,6	3,5	42 172	0,1	1,5
Construction navale, aéronautique et ferroviaire	*43 035*	*3,4*	*1,9*	*6 394*	*– 2,0*	*– 12,3*
Équipements mécaniques	*67 792*	*4,6*	*3,7*	*23 583*	*2,7*	*4,1*
Équipements électriques et électroniques	*45 864*	*2,4*	*4,9*	*12 195*	*– 3,7*	*3,9*
Industrie des biens intermédiaires	255 860	5,9	2,3	79 355	6,6	1,4
Produits minéraux	*27 612*	*3,3*	*2,8*	*10 147*	*– 0,5*	*2,3*
Textile	*13 351*	*– 3,9*	*– 2,4*	*3 760*	*– 6,5*	*– 1,3*
Bois et papier	*30 484*	*2,2*	*1,9*	*8 877*	*– 0,1*	*2,4*
Chimie, caoutchouc, plastiques	*74 555*	*5,7*	*2,5*	*19 155*	*5,1*	*– 1,3*
Métallurgie et transformation des métaux	*80 618*	*11,5*	*2,4*	*28 179*	*17,1*	*1,5*
Composants électriques et électroniques	*29 240*	*3,5*	*3,4*	*9 236*	*1,8*	*5,5*
Énergie	105 557	8,8	2,5	30 558	6,7	3,4
Combustibles et carburants	*41 956*	*14,7*	*– 0,8*	*4 989*	*37,4*	*– 19,3*
Eau, gaz, électricité	*63 601*	*5,2*	*4,5*	*25 570*	*2,2*	*6,8*
Construction	191 589	7,4	2,8	87 812	9,9	2,5
Commerce	289 919	3,5	2,7	153 747	2,2	2,3
Transport	136 023	5,8	4,3	61 221	2,0	1,6
Activités financières	143 812	3,9	2,9	68 279	0,8	2,0
Activités immobilières	242 736	5,6	2,8	194 673	5,9	3,0
Services aux entreprises	442 592	4,1	2,9	236 454	3,5	3,2
Postes et télécommunications	*62 825*	*5,5*	*3,7*	*32 809*	*7,9*	*6,2*
Conseils et assistance	*194 691*	*2,9*	*3,4*	*96 805*	*0,1*	*3,7*
Services opérationnels	*151 644*	*5,0*	*2,1*	*92 916*	*6,1*	*2,5*
Recherche et développement	*33 432*	*4,3*	*2,0*	*13 924*	*1,1*	*– 2,7*
Services aux particuliers	154 239	3,4	0,8	82 863	2,9	– 0,5
dont : Hôtels et restaurants	*68 985*	*1,3*	*– 0,6*	*33 886*	*– 1,3*	*– 3,3*
Activités culturelles, récréatives et sportives	*64 688*	*5,5*	*2,6*	*32 117*	*6,7*	*2,5*
Éducation, santé et action sociale	261 444	3,7	1,4	206 252	3,6	0,9
dont : Éducation	*98 755*	*1,7*	*1,3*	*81 434*	*0,7*	*0,5*
Santé	*113 218*	*4,5*	*1,6*	*85 368*	*4,9*	*1,2*
Administration	167 433	4,7	3,4	116 450	4,2	2,8
dont : Administration publique	*159 283*	*4,9*	*3,4*	*112 600*	*4,3*	*2,7*
Ensemble	**2 967 943**	**4,4**	**2,7**	**1 478 192**	**3,7**	**2,3**

Taux d'investissement et utilisation des capacités de production [2]

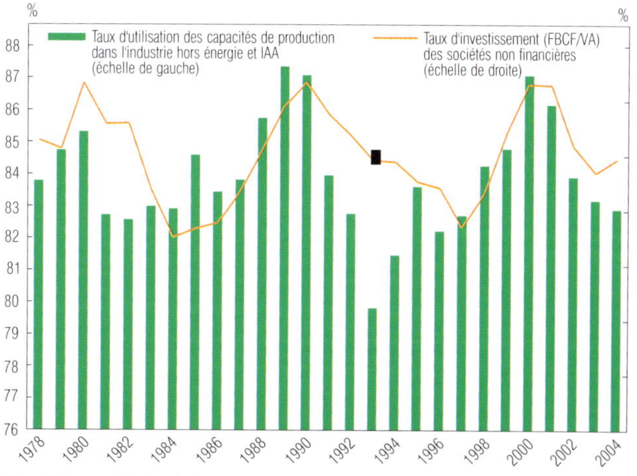

* Base 1995 avant 1993, base 2000 à partir de 1993.

PRÉSENTATION

En 2004, *l'indice des prix à la consommation* pour l'ensemble des ménages augmente de 2,1 %, en *glissement* annuel, après + 2,2 % en 2003. L'année est marquée par une flambée des prix de l'énergie. À cela s'ajoutent les hausses de prix des services, plus particulièrement des services à fort contenu en main-d'œuvre, des loyers et du tabac. L'*inflation* sous-jacente qui reflète les tendances de fond des évolutions de prix en éliminant notamment les composantes énergétiques, produits frais, santé et tabac, s'établit à 1,3 % en 2004 (contre 1,6 % en 2003).

Après avoir baissé de 0,1 % en 2003, l'indice des prix du secteur de l'énergie gagne 10,2 % en 2004. Les prix des combustibles liquides augmentent de 29,9 %, ceux des carburants de 14,2 % et ceux des gaz liquéfiés de 13,7 %.

Après une augmentation de 1,1 % au cours des huit premiers mois de 2004, les prix de l'alimentation hors produits frais baissent, de septembre à décembre, de 0,9 %. L'inflexion de septembre s'inscrit comme l'une des conséquences de l'accord de baisse des prix du 17 juin 2004 entre producteurs et « grande distribution ». La progression des prix est de 2,2 % pour le prix du pain et de 1,7 % pour les prix des viandes. À l'inverse, sont en recul les prix des boissons non alcoolisées (– 1,5 %), du lait, fromage et œufs (– 1,0 %), des huiles et graisses (– 0,8 %). Les prix des fruits frais diminuent de 4,5 % et ceux des légumes frais augmentent de 3,0 %.

Dans les services les prix augmentent de 2,6 %. La revalorisation annuelle du SMIC pèse sur les prix des services domestiques (+ 6,2 %) et ceux des crèches et assistantes maternelles (+ 3,9 %). Les prix du secteur des loyers, eau et enlèvement des ordures ménagères s'élèvent de 3,6 %.

Les évolutions des prix des produits manufacturés (– 0,1 %) restent largement en deçà de celles de l'indice d'ensemble. Les mouvements saisonniers consécutifs aux soldes et promotions rythment les évolutions de ce secteur, en particulier pour l'habillement et chaussures (+ 0,5 %).

Les relèvements tarifaires du tabac amorcés en octobre et novembre 2003 se poursuivent. Au cours des deux premiers mois de 2004, les tarifs augmentent de 9,7 %.

En France, l'inflation mesurée à partir de *l'indice des prix à la consommation harmonisé (IPCH)* s'établit à + 2,2 % en 2004. Dans l'UE, cet indice varie de moins de 1 % (Finlande et Suède) à plus de 3 % pour la Grèce, l'Espagne et le Luxembourg [1].

DÉFINITIONS

- ***Glissement.*** *Une évolution en glissement compare la valeur d'une grandeur à deux dates séparées d'un an (par exemple décembre n par rapport à décembre n – 1). En revanche, une évolution en moyenne annuelle compare la moyenne d'une année à la moyenne de l'année précédente.*
- ***Indice des prix à la consommation (IPC).*** *Instrument de mesure de l'inflation, il permet d'estimer, entre deux périodes données, la variation moyenne des prix des produits consommés par les ménages. C'est une mesure synthétique de l'évolution de prix des produits, à qualité constante. Il est publié chaque mois au Journal Officiel. L'indice des prix hors tabac sert à indexer de nombreux contrats privés, des pensions alimentaires, des rentes viagères ainsi que le SMIC. L'indice retenu pour le SMIC est celui des « ménages urbains dont le chef est ouvrier ou employé, hors tabac ».*
  Remarque : l'indice des prix à la consommation n'est pas un indice du coût de la vie.
- ***Indices des prix à la consommation harmonisés (IPCH).*** *Indicateur permettant d'apprécier le respect du critère de convergence portant sur la stabilité des prix, dans le cadre du traité de l'Union européenne (Maastricht). Cet indice est conçu pour des comparaisons internationales. La différence essentielle avec l'indice des prix à la consommation national tient dans le traitement de la protection sociale et de l'enseignement.*
- ***Inflation.*** *Perte du pouvoir d'achat de la monnaie qui se traduit par une augmentation générale et durable des prix. Elle doit être distinguée de l'augmentation du coût de la vie. La perte de valeur des unités de monnaie frappe l'économie nationale, sans discrimination entre les catégories d'agents. En revanche, l'augmentation du coût de la vie affecte la répartition fonctionnelle et personnelle des revenus, sans toucher à la relation entre la masse monétaire et le produit national définissant le pouvoir d'achat de la monnaie. La plupart du temps, pour évaluer le taux d'inflation on utilise l'indice des prix à la consommation. Cette mesure n'est pas toujours exacte car les variations de l'indice des prix ne sont pas toutes d'origine inflationniste.*
- ***Pondération.*** *Dans un indice de prix à la consommation, la pondération de chaque poste de dépense est proportionnelle à la part de ce poste (coefficient budgétaire) dans la dépense totale de la population prise comme référence.*

POUR EN SAVOIR PLUS

- *Indices et séries statistiques*, (www.insee.fr).
- *Annuaire statistique de la France*, édition 2005, Insee.
- *Informations rapides, série H*, Premiers résultats (mensuel), Insee.

SOURCES

[1] Division Prix à la consommation, Insee.
[2] Annuaire rétrospectif de la France, Insee, 1990.
[3] « Indices des prix à la consommation harmonisés – décembre 2004 », *Statistiques en bref*, série économie et finances, Eurostat, n° 4-2005.

Indice des prix à la consommation pour l'ensemble des ménages en 2004 [1]

Fonction de consommation	Pondération 2004	Évolution 2004/03 Moyenne annuelle %	Glissement de déc. à déc. %
Ensemble (y c. tabac)	**10 000**	**2,1**	**2,1**
Ensemble (hors tabac)	**9 791**	**1,7**	**1,9**
Alimentation, boissons non alcoolisées	1 539	0,4	0,0
Produits alimentaires	*1 418*	*0,4*	*0,1*
Boissons non alcoolisées	*121*	*0,7*	*– 1,5*
Boissons alcoolisées et Tabac	381	14,4	5,7
Boissons alcoolisées	*172*	*1,7*	*1,0*
Tabac	*209*	*24,5*	*9,5*
Habillement et chaussures	485	0,3	0,5
Habillement	*373*	*0,0*	*0,3*
Chaussures y c. réparation	*112*	*1,0*	*1,3*
Logement, chauffage, éclairage	1 335	3,0	4,5
Loyers d'habitation	*610*	*3,1*	*3,4*
Entretien et réparation courante du logement	*147*	*3,4*	*3,5*
Distribution d'eau et autres services	*197*	*3,5*	*4,5*
Chauffage, éclairage	*381*	*2,2*	*6,5*
Meubles, équipement ménager, entretien maison	611	1,2	1,3
Meubles, tapis, revêtements de sol	*158*	*1,0*	*0,9*
Articles de ménage en textile	*59*	*0,6*	*0,7*
Appareils ménagers	*102*	*– 2,3*	*– 1,2*
Verrerie, vaisselle, ustens. ménage	*54*	*1,7*	*1,3*
Outillage maison et jardin	*32*	*0,7*	*0,2*
Entretien courant de l'habitation	*206*	*3,2*	*3,2*
Santé	992	0,1	0,1
Médicaments et produits pharmaceutiques	*459*	*– 0,7*	*– 0,8*

Fonction de consommation	Pondération 2004	Évolution 2004/03 Moyenne annuelle %	Glissement de déc. à déc. %
Médecine non hospitalière	*533*	*0,8*	*0,7*
Transport	1 632	3,4	4,5
Achats de véhicules	*434*	*1,5*	*1,0*
Utilisation de véhicules personnels	*951*	*4,9*	*7,2*
Services de transports	*247*	*1,0*	*0,9*
Communications	255	0,2	– 1,3
Loisirs et culture	858	– 0,5	– 0,2
Équipements audio-visuels, photo et informatiques	*182*	*– 7,7*	*– 8,2*
Autres biens durables (loisirs)	*22*	*1,0*	*0,7*
Autres articles et équipements de loisirs	*190*	*– 0,6*	*– 0,9*
Services récréatifs et culturels	*297*	*2,5*	*2,2*
Presse, livres et papeterie	*142*	*1,6*	*2,0*
Voyages touristiques tout compris	*25*	*1,8*	*18,8*
Éducation	23	2,8	3,3
Hôtellerie, cafés, restaurants	821	2,7	2,5
Restauration et cafés	*673*	*2,6*	*2,6*
Services d'hébergement	*148*	*3,4*	*2,3*
Autres biens et services	1 068	2,6	2,4
Soins personnels	*310*	*1,7*	*0,4*
Effets personnels (non définis ailleurs)	*119*	*0,5*	*0,6*
Protection sociale	*264*	*4,7*	*5,1*
Assurances	*167*	*3,7*	*3,7*
Services financiers	*68*	*1,0*	*0,9*
Autres services	140	2,0	2,4

Indices des prix à la consommation harmonisés [3]

décembre 2004/décembre 2003

* L'IPCH couvre 15 États jusqu'en avril 2004 et 25 États membres à partir de mai 2004.

Variation annuelle de l'indice des prix à la consommation depuis 1950 [1] [2]

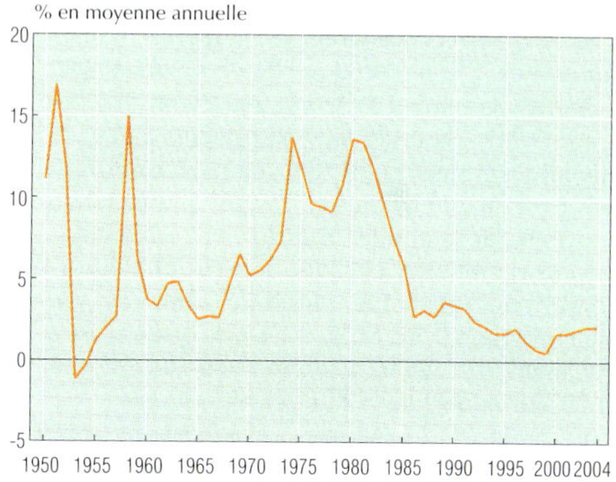

Quelques baisses et hausses de prix entre décembre 2003 et décembre 2004 [1] %

Hausses	Déc. 2004/déc. 2003	Baisses	Déc. 2004/déc. 2003
Combustibles liquides	+ 29,9	Équipements téléphoniques et de télécopie	– 19,0
Carburants	+ 14,2	Équipements photo et cinéma	– 16,4
Gaz liquéfiés	+ 13,7	Micro-ordinateurs, calculettes	– 14,0
Tabac	+ 9,5	Équipements audio-visuels	– 10,7
Enlèvement des ordures ménagères	+ 6,9	Fruits frais	– 4,5
Pneumatiques	+ 6,4	Supports d'enregistrement de l'image et du son	– 4,2
Réparation de véhicules personnels	+ 6,4	Poissons et crustacés préparés, en conserve, surgelés	– 3,4
Services domestiques	+ 6,2	Jeux et jouets	– 3,3
Maisons de retraite, services pers. âgées	+ 6,0	Cafés	– 3,1
Assurance habitation	+ 5,7	Œufs	– 2,9

12 monnaie - marchés financiers

PRÉSENTATION

En 2004, les agents privés non financiers accentuent leurs recours au crédit. Les prêts obtenus auprès des institutions financières résidentes augmentent de 6,8 %. Outre les *ménages*, cette progression est le fait des *sociétés non financières*, dont l'encours des crédits retrouve une évolution positive (+ 5,7 % après – 1,3 %), alors que celui des *administrations publiques* enregistre un léger tassement (– 0,6 % après + 13 %).

En 2004, la croissance de l'*endettement intérieur total* s'atténue légèrement (+ 6,1 % après + 6,4 % en 2003). La progression de l'endettement des administrations publiques ralentit (+ 5,9 % après + 11,3 %). En revanche celle de l'endettement du secteur privé se renforce nettement. Ainsi l'endettement des ménages accélère de nouveau (+ 9,5 %), du fait principalement de l'expansion soutenue des crédits à l'habitat. Après 2 ans de ralentissement, la croissance de l'endettement des sociétés non financières se redresse (+ 4,5 %), en lien avec la reprise de l'activité économique [4].

En 2004, le coût d'opportunité de la détention d'encaisses monétaires reste faible, en raison du bas niveau des taux d'intérêt. Dans ce contexte, la progression des placements monétaires dans la zone euro, correspondant à l'*agrégat M3*, conserve un rythme soutenu quoiqu'en léger recul par rapport à l'année précédente (+ 6,3 % après + 7,0 % fin 2003). La progression de l'*agrégat M1* est modérée, revenant à + 8,1 % après +10,2 % en 2003 ; celle de l'*agrégat M2* ralentit légèrement (+ 6,4 %) en 2004.

En France, la croissance des dépôts à vue fléchit légèrement (+ 5,8 % en 2004 après + 6,6 % en 2003), tout en restant en deçà de la moyenne de la zone euro. La progression des dépôts remboursables avec préavis inférieur à 3 mois, qui rassemblent les différentes catégories de comptes sur livret, décélère (+ 7,3 %). En revanche, les dépôts à terme d'une durée inférieure ou égale à 2 ans subissent une contraction (– 7,6 % après – 16,9 %). Contrairement à l'évolution de la zone euro, le rythme de progression des placements en titres d'*OPCVM* monétaires reste inchangé à + 8,4 %. En 2004 la croissance des dépôts à terme d'une durée supérieure à 2 ans, qui regroupent les PEL et PEP, ralentit nettement revenant à + 1,7 % [4].

DÉFINITIONS

- ***Administrations publiques.*** *Voir 13.1.*
- ***Agrégats monétaires (M1, M2, M3).*** *Le passage en phase III de l'Union économique et monétaire, le 1er janvier 1999, a nécessité la mise en place de nouveaux agrégats monétaires homogènes, se substituant aux anciens agrégats nationaux, afin de couvrir l'ensemble de la Zone euro. Ils recensent les moyens de paiements, détenus par les agents de la Zone euro sauf les institutions financières (IFM) et les administrations centrales, qui sont directement utilisables dans les transactions et ceux de leurs placements financiers auprès des IFM. L'agrégat M1 est représentatif des moyens de paiements (dépôts à vue). M2 comprend, en plus de M1, les dépôts à court terme (comptes sur livrets). M3 inclut, outre M2, les instruments monétaires négociables (OPCVM monétaires et certificats de dépôts en France).*
- ***Comptes financiers base 2000.*** *Les comptes financiers sont désormais publiés en base 2000. Les principales modifications portent sur la valorisation des actions non cotées et la répartition de leur détention entre ménages et sociétés non financières.*
- ***Endettement intérieur total (EIT).*** *Il mesure l'ensemble des financements des agents non financiers résidents obtenus par voie d'endettement (donc à l'exclusion des émissions d'actions ou des renforcements de fonds propres), que ce soit auprès des établissements de crédit ou sur les marchés de capitaux, tant auprès des résidents que des non-résidents. L'EIT se compose des crédits obtenus auprès des agents résidents, des financements obtenus en contrepartie d'émissions de titres sur les marchés internes monétaire ou obligataire ; enfin, des crédits obtenus directement à l'étranger et des obligations émises sur les marchés internationaux.*
- ***Ménages.*** *Voir 4.1.*
- ***Organisme de placement collectif en valeurs mobilières (OPCVM).*** *Voir 12.3.*
- ***Sociétés non financières.*** *Ensemble des unités institutionnelles qui sont des producteurs marchands dont la fonction principale consiste à produire des biens et des services non financiers, et dont les opérations de répartition et les opérations financières sont séparées de celles de leurs propriétaires.*

POUR EN SAVOIR PLUS

- *Bulletin de la Banque de France,* mensuel.
- *Bulletin de la Banque centrale européenne,* mensuel.

SOURCES

[1] Banque de France.

[2] « Les comptes financiers de la nation en 2004 », *Insee Première*, n° 1019, mai 2005.

[3] *Principaux indicateurs économiques,* OCDE.

[4] « L'Économie française », *Références,* Insee, juin 2005.

Principaux indicateurs monétaires en France et dans la zone euro en 2004 [4]

encours bruts en fin de période en milliards d'euros

	France*		Zone euro **	
	2004	2004/03 %	2004	2004/03 %
Billets et pièces	91,4	17,0	468,4	17,7
Dépôts à vue	402,3	5,8	2 472,6	6,4
M1			**2 941,0**	**8,1**
Dépôts à terme à 2 ans	45,5	– 7,6	1 043,4	0,6
Dépôts avec préavis à 3 mois	377,5	7,3	1 642,9	7,4
M2			**5 627,3**	**6,4**
Pensions	43,2	40,3	227,5	9,5
Titres d'OPCVM monétaires	275,8	8,4	603,8	3,7
Titres de créance à 2 ans	46,4	13,6	101,2	10,7
M3			**6 559,9**	**6,3**

* Opérations des institutions financières et monétaires françaises avec les autres résidents français. ** Opérations des institutions financières et monétaires de la zone euro avec les autres résidents de la zone euro.

Endettement intérieur total en 2004 [4]

encours brut en fin de période en milliards d'euros

	Encours	2004/03 %
Crédits obtenus auprès des IF résidentes*	**1 367,0**	**6,8**
Soit : Ménages et assimilés**	652,8	9,5
Sociétés non financières	573,1	5,7
Administrations publiques	141,0	– 0,6
Crédits obtenus auprès des non-résidents***	**270,8**	**8,8**
Financements de marchés	**1 186,3**	**4,8**
Soit : Sociétés non financières	297,1	– 1,8
≤ 1 an	*35,6*	*3,9*
> 1 an	*261,4*	*– 2,5*
Administrations publiques	889,3	7,2
≤ 1 an	*101,3*	*– 6,8*
> 1 an	*788,0*	*9,3*
Endettement intérieur total	**2 824,2**	**6,1**

* Institutions financières monétaires et autres intermédiaires financiers (CNA, CNT, comité interprofessionnel du logement, OPCVM non monétaires, fonds communs de créances). ** Y c. les institutions sans but lucratif au service des ménages. *** Prêts entre unités n'appartenant pas au même groupe + prêts obtenus dans le cadre d'investissements directs + crédits commerciaux + dépôts des non-résidents auprès du Trésor Public.

Taux d'intérêt à court et à long terme en France, en Allemagne et aux États-Unis [3]

moyennes annuelles

	2002	2003	2004
France			
Court terme *	**3,32**	**2,34**	**2,11**
Long terme **	**4,86**	**4,13**	**4,10**
Allemagne			
Court terme *	3,32	2,34	2,11
Long terme **	4,80	4,10	4,00
États-Unis			
Court terme *	1,73	1,15	1,56
Long terme **	4,61	4,02	4,27

* Taux interbancaire à trois mois. ** Les taux à long terme se réfèrent au rendement des obligations d'État.

Évolution des crédits à l'économie* [2]

%

	2002	2003	2004
Total des crédits à l'économie	**4,2**	**2,8**	**6,2**
dont : Crédits aux sociétés non financières	*2,4*	*– 3,4*	*4,5*
Crédits aux ménages	*6,4*	*7,0*	*8,9*
Crédits aux administrations publiques	*3,1*	*11,7*	*1,5*

* Comptes financiers base 2000.

Crédits des banques aux sociétés non financières et aux ménages* [1]

encours en fin de période en milliards d'euros

	2002	2003	2004
Crédits aux sociétés non financières*			
Investissement	201,0	207,1	216,8
Trésorerie	162,4	136,6	142,2
Autres objets	165,6	171,2	181,4
Encours total	**529,0**	**514,8**	**540,3**
Crédits aux ménages			
Habitat	350,7	385,5	430,7
Trésorerie**	108,2	113,7	118,4
Autres objets	82,9	81,3	81,9
Encours total***	**541,8**	**580,5**	**631,0**

* Y compris crédits titrisés. ** Non compris crédits de trésorerie distribués aux entrepreneurs individuels. *** Non compris crédits distribués aux ISBLSM.

Endettement des ménages et des sociétés hors actions* [1] [2]

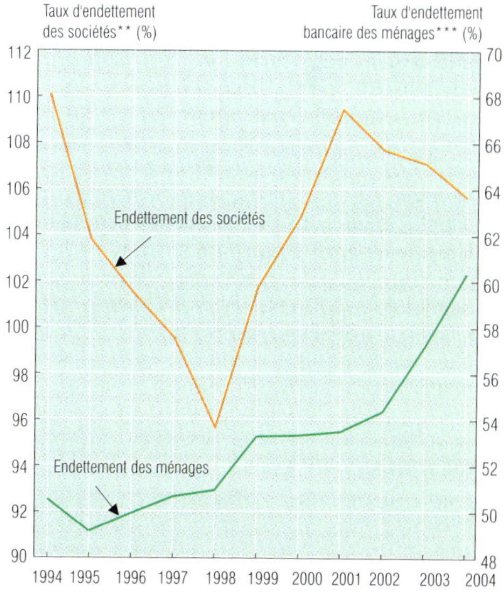

* Comptes financiers Base 2000. ** % des crédits et titres de dettes au 31/12 sur valeur ajoutée. *** % des crédits au 31/12 sur revenu disponible brut.

PRÉSENTATION

En 2004, les revenus du patrimoine progressent de 4,7 % et contribuent pour 1 point à la croissance du *revenu disponible* des ménages. Les revenus financiers rebondissent (+ 3,5 %), grâce à la croissance des dividendes distribués par les entreprises. Malgré l'accélération de leur revenu, les ménages puisent dans leur *épargne* pour augmenter leur dépense de consommation. Leur *taux d'épargne* recule, passant de 16,0 % en 2003 à 15,4 % en 2004. La capacité de financement des ménages se réduit pour la 3ème année consécutive (63,9 Mds, soit 7,0 Mds de baisse). Leur *taux d'épargne financière* s'établit à 6 % après 6,9 % en 2003.

En 2004, les *ménages* accentuent encore leur recours à l'emprunt, essentiellement pour financer leurs achats immobiliers. Pourtant ils augmentent de 42,9 Mds d'€ leurs dépôts, à un rythme qui n'avait plus été atteint depuis 1997. Le flux des dépôts à vue croit fortement (15,9 Mds d'euros), retrouvant un niveau comparable à 2001. Les placements à vue progressent dans la moyenne des 3 années précédentes. La désaffection des placements à échéance se poursuit en s'atténuant. Si les dépôts d'épargne contractuelle baissent (4,3 Mds d'€), les flux de placements en contrats d'assurance vie sont toujours aussi étoffés (57,6 Mds d'€). Les ménages sont par ailleurs vendeurs nets de titres d'OPCVM pour la 1ère fois depuis 1997. En 2004, ils se portent davantage que par le passé vers les placements directs en actions.

Début 2004, neuf ménages sur dix disposent d'un patrimoine financier, sous forme d'épargne liquide (livrets d'épargne) ou d'épargne plus longue (épargne-logement, assurance-vie...). Ces 20 dernières années, les ménages ont élargi la palette de leurs actifs financiers. Ils sont de plus en plus nombreux à posséder une assurance-vie. L'épargne salariale connaît un fort développement. Portée par des mesures fiscales incitatives, elle concerne 17 % des ménages début 2004 [2] [3].

Fin 2002, le *patrimoine* national s'établit à 7 189 Mds d'euros, soit 4,7 années de PIB. Sa progression reste soutenue (+ 6,5 %). Le patrimoine non financier est constitué pour l'essentiel de constructions (51 %), de terrains (30 %) et de machines (8,5 %) [3].

DÉFINITIONS

- ***Comptes de patrimoine.*** *État de la valeur des actifs détenus et des engagements contractés par une unité ou un secteur institutionnel, dressé à un moment précis dans le temps. Son solde est la valeur nette. Les actifs et passifs sont comptabilisés à leur valeur de marché, de transaction ou au coût technique de renouvellement (cas des actifs fixes productifs). La valeur des actions non cotées est estimée par référence à celle des actions cotées. Les plus-values latentes sur l'immobilier sont imputées aux terrains sous-jacents.*
- ***Comptes nationaux base 2000.*** *Voir 11.1.*
- ***Épargne au sens de la comptabilité nationale.*** *Solde du compte d'utilisation du revenu disponible ou du compte d'utilisation du revenu disponible ajusté. Pour les ménages, celui-ci est égal au revenu disponible diminué de la dépense de consommation, ou au revenu disponible ajusté diminué de la consommation finale effective. L'épargne peut être calculée nette, si l'on retranche la consommation de capital fixe.*
- ***Ménages.*** *Voir 4.1.*
- ***Revenu disponible au sens de la comptabilité nationale.*** *Revenu résultant de la répartition de la valeur ajoutée, de la distribution des revenus de la propriété et des opérations de redistribution.*
- ***Taux d'épargne.*** *Rapport entre l'épargne des ménages et le revenu disponible brut (non ajusté).*
- ***Taux d'épargne financière.*** *Rapport entre la capacité de financement et le revenu disponible brut.*
- ***Taux d'investissement immobilier.*** *Rapport entre la FBCF des ménages hors entrepreneurs individuels et le revenu disponible.*

POUR EN SAVOIR PLUS

- « Les comportements de l'épargnant à l'égard du risque et du temps », *Économie et statistique*, Insee, n° 374-375, mai 2005.

SOURCES

[1] Comptes nationaux, Insee.

[2] *Insee Première* : « Les comptes financiers de la Nation en 2004 », n° 1019, mai 2005 ; « Les comptes de la Nation en 2004 », n° 1017, mai 2005 ; « Patrimoine : quand les ménages prennent de l'assurance », n° 1015, mai 2005 ; « Patrimoine des ménages début 2004 », n° 985, septembre 2004.

[3] « L'économie française », *Références*, Insee, juin 2004 et 2005.

[4] « Actifs et passifs financiers des ménages en Europe », *Statistiques en bref*, Eurostat, thème 2, n° 22/2004.

Détention d'assurance vie début 2004* [2]

% de ménages détenant ...	
Assurance en cas de vie et bons de capitalisation	**34,5**
dont : bons de capitalisation	*0,8*
PEP assurances	*4,6*
retraite entreprise	*9,7*
autres assurance vie	*26,2*
Assurance en cas de décès	**41,5**
dont : contrats emprunteurs	*30,8*
autres assurance décès	*21,5*
Total Assurance vie	**58,8**
Total Assurance vie hors emprunteurs	*45,0*

* Y compris les contrats d'assurance décès associés à un emprunt, dit contrats emprunteurs, et les contrats décès en entreprises.

Taux d'épargne des ménages [1]

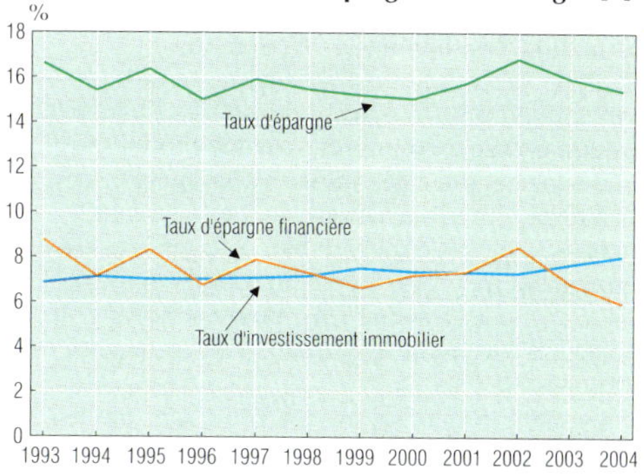

Taux de détention d'actifs de patrimoine par les ménages selon l'âge et la catégorie socioprofessionnelle début 2004* [2]

% des ménages

	Répartition des ménages	Livrets d'épargne	Épargne-logement	Valeurs mobilières	Assurance-vie**, PEP, Épargne retraite	Épargne salariale	Patrimoine immobilier	*dont : résidence principale*
Ensemble	**100,0**	**83,2**	**41,3**	**24,2**	**43,7**	**16,7**	**60,5**	*55,7*
Âge de la personne de référence								
Moins de 30 ans	10,2	85,4	42,7	13,8	25,5	16,4	17,3	*13,7*
De 30 à 39 ans	18,5	83,7	47,5	23,4	44,8	27,0	51,2	*46,1*
De 40 à 49 ans	19,8	84,8	45,7	23,1	48,8	26,2	65,5	*60,9*
De 50 à 59 ans	17,9	82,2	47,5	30,5	51,0	21,9	74,0	*67,5*
De 60 à 70 ans	13,1	79,9	38,7	27,3	45,9	5,6	74,2	*69,5*
70 ans et plus	20,5	82,9	26,9	23,9	38,9	1,1	65,2	*61,4*
CSP de la personne de référence								
Agriculteur	1,4	91,6	72,7	42,3	65,3	7,7	88,9	*84,3*
Artisan, commerçant, industriel	5,2	74,7	50,5	42,0	60,9	12,8	71,4	*63,0*
Profession libérale	1,0	82,9	67,9	61,2	82,0	14,8	81,8	*73,0*
Cadre	9,4	90,6	65,7	50,3	58,2	39,2	73,8	*65,8*
Profession intermédiaire	13,6	88,2	53,2	25,2	48,5	31,5	64,1	*59,2*
Employé	11,5	84,7	38,6	14,4	39,5	16,7	41,7	*35,9*
Ouvrier qualifié	14,8	81,7	40,3	12,4	38,0	27,0	54,0	*51,5*
Ouvrier non qualifié	4,9	78,3	28,0	7,4	34,6	14,4	34,9	*31,4*
Agriculteur retraité	3,1	85,9	34,9	26,4	39,8	1,1	71,8	*68,7*
Indépendant retraité	3,4	81,4	31,1	40,4	49,7	1,2	80,5	*76,5*
Salarié retraité	25,8	83,1	32,9	23,8	42,3	3,9	68,8	*64,6*
Autre inactif	6,0	70,1	19,6	8,8	17,0	2,7	32,4	*28,1*

* En France métropolitaine. ** Non compris les contrats d'assurance décès associés à un prêt et les contrats décès entreprises.

Actifs financiers des ménages dans l'UE en 2002 [4]

	Stocks		*Dont %*		
	Mds d'€	% du PIB	*Dépôts*	*Actions**	*Assurances***
Allemagne	3 731	177	*36*	*32*	*30*
Autriche	288	132	*56*	*22*	*22*
Belgique	666	256	*30*	*52*	*17*
Danemark	279	152	*27*	*28*	*44*
Espagne	1 131	162	*42*	*39*	*15*
Finlande	143	102	*34*	*40*	*21*
France	**2 888**	**190**	***32***	***35***	***29***
Italie	2 494	198	*29*	*55*	*16*
Pays-Bas	1 100	247	*24*	*16*	*57*
Portugal	258	199	*44*	*37*	*17*
Royaume-Uni	4 092	247	*28*	*17*	*52*
Suède	393	154	*18*	*33*	*40*
Union européenne	**17 462**	**197**	***32***	***32***	***33***

* Et obligations. ** Provisions.

Assurance en cas de vie selon l'ancienneté des contrats en cours en 2003-2004 [2]

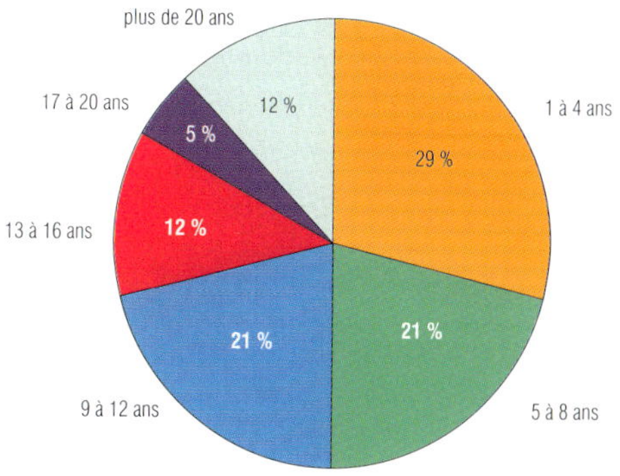

12 monnaie - marchés financiers

PRÉSENTATION

En 2004, les supports de type actions s'apprécient : le CAC 40 augmente de 7 %, le SBF 250 de 9 %. La hausse du MIDCAC (+ 22 %) traduit un regain d'intérêt pour les capitalisations moyennes et pour des sociétés plus spécialisées. En revanche, après une hausse de 53 % en 2003, l'ITCAC s'inscrit en légère baisse. Pour les valeurs étrangères, les évolutions sont du même ordre : + 7,5 % pour l'indice FTSE 100 de Londres et le Nikkei, + 9 % pour le Nasdaq et + 3,6 % pour le Dow Jones.

En 2004, les émissions d'actions sont moins importantes qu'en 2003 : 78 Mds d'€ contre 88 Mds ; celles des sociétés cotées s'élèvent à 12 Mds en termes bruts et à 9 Mds nets. Sur les marchés financiers parisiens, 46 sociétés, représentant 78 Mds de capitalisation, sont radiées, tandis que 16 sont introduites pour un montant de 15 Mds d'€ au premier cours coté.

En 2004, le volume des émissions nettes d'obligations et d'euro médium term notes (EMTN) effectuées par les résidents se contracte nettement (– 34 %). En dépit de taux d'intérêt très bas, les sociétés non financières ont moins recours à l'endettement sous forme de titres et leurs remboursements nets s'élèvent à 7 Mds. Cette évolution traduit la poursuite de leur effort de désendettement engagé depuis 2003.

Les institutions financières maintiennent leurs émissions brutes (91 Mds) à un niveau voisin de celui des années précédentes mais leurs émissions nettes (27 Mds) baissent de 23 %. Elles sollicitent davantage les programmes d'EMTN et les marchés internationaux au détriment du marché parisien.

Le secteur des administrations publiques demeure le principal émetteur sur la place de Paris. L'État réalise 77 Mds d'émissions d'Obligations Assimilables du Trésor (OAT). Au total, les émissions nettes de titres à long terme de l'État s'élèvent à 39 Mds. Les autres administrations publiques, dont la CADES, procèdent à 9 Mds d'émissions nettes, auxquelles s'ajoutent 5 Mds émis sur les marchés internationaux.

L'actif net des OPCVM monétaires augmente de 8 %, comme en 2003. Celui des OPCVM généraux croît davantage (+ 13 %), en raison de la progression des souscriptions et d'effets de valorisation positifs [2].

DÉFINITIONS

- ***Caisse d'amortissement de la dette sociale (CADES).*** *ODAC chargé d'apurer la dette de la Sécurité sociale.*
- ***Capitalisation boursière.*** *Valeur, au prix du marché, de l'ensemble des titres représentatifs d'une entreprise. Elle est égale au nombre de titres en circulation multiplié par le cours de l'action.*
- ***Comptes nationaux base 2000.*** *Voir 11.1.*
- ***Euro medium term note.*** *Valeur mobilière matérialisant un titre de créance émise sur le marché international.*
- ***Indices de Euronext Paris SA.*** *Euronext calcule plusieurs indices dont le* ***CAC 40*** *et le* ***MIDCAC*** *ainsi que deux indices technologiques, destinés à suivre l'essor de la nouvelle économie : l'****ITCAC*** *et l'ITCAC 50.*
- ***Indices boursiers européens.*** *Depuis 1998, les Bourses de Paris, Francfort et Zurich, ont créé des indices européens, en association avec la société Dow-Jones. On distingue deux indices de référence : le* ***Dow Jones*** *STOXX pour l'Europe (y compris la Norvège et la Suisse) et le Dow Jones Euro STOXX pour la zone euro.*
- ***Marchés financiers.*** *Chaque valeur se négocie en bourse sur un marché déterminé. Ces marchés regroupent les sociétés selon leur taille, la part de capital détenue par le public (le flottant) et leur capitalisation. On distingue : le Premier marché, qui regroupe les entreprises les plus importantes (capitalisation d'au moins 700 millions d'€ et 25 % de son capital dans le public) ; le Second marché, qui regroupe des petites et moyennes entreprises ayant besoin de nouveaux financements (10 % du capital dans le public) ; le Nouveau marché, qui regroupe les jeunes entreprises innovantes ayant besoin de capitaux propres pour alimenter leur croissance.*
- ***Nasdaq.*** *National Association of Securities Dealers Automated Quotation, créé aux États-Unis en 1971.*
- ***OPCVM (Organisme de Placement Collectif en Valeurs Mobilières).*** *Prend la forme soit de Société d'Investissement à Capital Variable (SICAV), soit de Fonds Commun de Placement.*

POUR EN SAVOIR PLUS

- *Bulletin de la Banque de France.*
- *Insee Première* : « Les comptes financiers de la nation en 2004 », n° 1019, mai 2005 ; « Les comptes de la nation en 2004 », n° 1017, mai 2005.

SOURCES

[1] Division Synthèse conjoncturelle, Insee.
[2] « L'économie française », *Références*, Insee, juin 2005.
[3] Euronext Paris SA (www.bourse-de-paris.fr).
[4] World Federation of Exchanges.

Marchés financiers [2]

milliards d'euros

	2002	2003	2004
Émissions brutes de valeurs mobilières par les résidents	**267**	**318**	**297**
Actions - émissions contre apport en espèces	89	88	78
Obligations *	179	230	219
Soit : Place de Paris	*86*	*121*	*113*
Hors place de Paris	*93*	*109*	*106*
Capitalisation boursière**	**1 745**	**1 883**	**1 961**
Actions (premier marché)	884	1 024	1 093
Actions (second marché)	37	43	48
Actions (nouveau marché)	7	8	6
Obligations (marché officiel)	817	808	814
Transactions sur l'année			
Actions (premier marché)	3 846	2 975	3 664
Nombre de sociétés françaises cotées au 31-12	**737**	**694**	**663**
Premier marché	275	260	246
Second marché	319	306	298
Nouveau marché	143	128	119
OPCVM			
OPCVM monétaires			
Actif net au 31-12	*304*	*328*	*353*
Souscriptions nettes	*45*	*24*	*24*
Autres OPCVM (y compris FCPE)***			
Actif net au 31-12	*556*	*647*	*724*
Souscriptions nettes	*37*	*49*	*44*
Nombre de Sicav au 31-12	1 177	1 108	965
Nombre de FCP au 31-12	7 011	7 271	7 493
Nombre de FCPE au 31-12	3 600	3 352	3 197

* Y compris emprunts d'État, titres participatifs et EMTN. ** En fin d'année.
*** Fonds communs de placement en entreprises.

Indices boursiers [1]

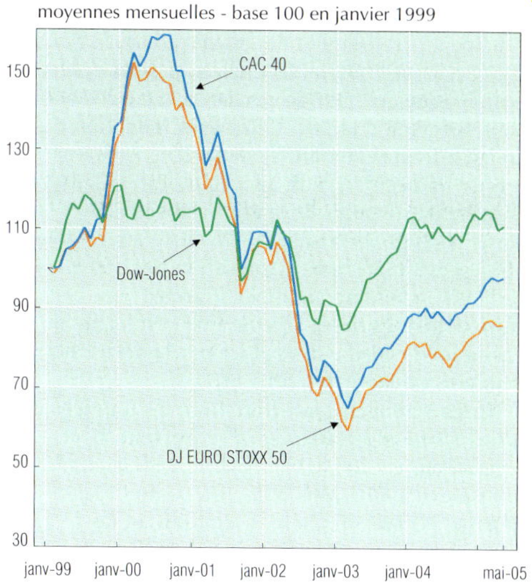

Les 25 plus fortes capitalisations boursières en actions françaises du premier marché [3]

Rang	Nom des valeurs	Capitalisation au 31/05/2005 milliards d'euros	Évolution sur 5 mois* %
1	Total	114,0	12,1
2	Sanofi - Aventis	103,5	26,4
3	France Télécom	57,4	– 4,5
4	BNP Paribas	48,4	2,6
5	L'Oréal	38,8	2,8
6	Axa	37,8	9,0
7	Société Générale	34,7	4,9
8	Crédit Agricole	31,0	– 5,2
9	LVMH	28,4	2,9
10	Carrefour	28,4	13,2
11	Vivendi Universal	26,6	5,6
12	Suez Lyonnaise des eaux	22,3	11,4
13	Renault	19,8	12,9
14	Danone	19,8	8,7
15	EADS	19,5	12,6
16	Dexia	19,3	0,3
17	Saint-Gobain	15,9	5,2
18	Air Liquide	15,4	3,7
19	Schneider Electric	13,5	13,1
20	Lafarge	12,6	3,9
21	Veolia environnement	12,5	15,5
22	AGF	12,4	19,1
23	Peugeot	11,8	3,9
24	Alcatel	11,6	– 22,3
25	ST Microelectronics	11,4	– 12,2

* Évolution du 1/01/2005 au 31/05/2005.

Capitalisation boursière des principales places financières dans le monde* [4]

milliards de dollars

	2003	2004	2004/2003 %
Europe			
London SE	2 460,1	2 865,2	16,5
Euronext**	**2 076,4**	**2 441,3**	**17,6**
Deutsche Börse	1 079,0	1 194,5	10,7
Spanish Exchanges (BME)	726,2	940,7	29,5
Swiss Exchange	727,1	826,0	13,6
Borsa Italiana	614,8	789,6	28,4
OMX Stockholm SE	289,9	376,8	30,0
Amérique			
New-York Stock Exchange	11 329,0	12 707,6	12,2
Nasdaq	2 844,2	3 532,9	24,2
Toronto (TSX Group)	888,7	1 177,5	32,5
Sao Paulo SE	226,4	330,3	45,9
Afrique			
JSE South Africa	260,7	442,5	69,7
Asie			
Tokyo SE	2 953,1	3 557,7	20,5
Osaka SE	1 951,5	2 287,0	17,2
Hong-kong Exchanges	714,6	861,5	20,6
Taïwan SE Corp.	379,1	441,4	16,5
Korea Exchanges	293,9	389,5	32,5
BSE, The SE Mumbai	278,7	386,3	38,6
National Stock Exchanges India	252,9	363,3	43,6
Shangai SE	360,1	314,3	– 12,7
Pacifique			
Australian SE	585,4	776,4	32,6

* Fin décembre. ** Euronext comprend les bourses d'Amsterdam, Bruxelles, Lisbonne et Paris.

13 finances publiques

PRÉSENTATION

Après le ralentissement économique de 2003 et face au creusement du déficit public, la *Loi de finances* pour 2005 réaffirme le cap de la politique économique de l'État de ces dernières années. Au plan budgétaire, la priorité reste la réduction du déficit à travers la maîtrise de la dépense, pour revenir en deçà du seuil de 3 % du PIB en 2005 et faire refluer le poids de la dette dans le PIB à partir de 2006. Le Projet de Loi de Finances pour 2005 prévoit ainsi une stabilisation des dépenses de l'État en volume pour la 3ème année consécutive. La mise en œuvre de la réforme de l'assurance maladie devrait freiner la dérive des dépenses de santé dès 2005 [1].

Après 3 années de dégradation, les finances des *administrations publiques* se redressent légèrement en 2004. Toutefois le déficit public, qui s'élève à 59,7 Mds d'€ (3,6 % du PIB), dépasse le seuil du pacte de stabilité et de croissance (3 %). La réduction du déficit de 0,6 point résulte à la fois d'une croissance moins forte des dépenses (+ 3,6 % après + 4,2 % en 2003) et plus vive des recettes (+ 4,7 % après + 2,2 %). Malgré une amélioration, le déficit global des administrations centrales, État et *ODAC*, reste élevé en 2004. Les collectivités locales, ayant fortement investi, ne sont plus excédentaires pour la 1ère fois depuis 10 ans alors que le déficit des administrations de sécurité sociale atteint un niveau record. La *dette publique* au sens du *traité de Maastricht* continue de progresser et atteint 64,7 % du PIB en 2004.

S'il reste élevé (52,2 Mds d'€), le *besoin de financement* de l'État se réduit de 10 Mds d'€ en 2004, essentiellement en raison de la progression soutenue des recettes fiscales. Structurellement excédentaires, les ODAC dégagent une capacité de financement plus élevée qu'en 2003 (9,9 Mds d'€), en grande partie en raison de transferts de l'État plus importants. Le besoin de financement des administrations de sécurité sociale atteint 15,9 Mds d'€, montant jamais atteint par le passé [3].

DÉFINITIONS

- ***Administrations publiques.*** *Ensemble des unités institutionnelles dont la fonction principale est de produire des services non marchands ou d'effectuer des opérations de redistribution du revenu et des richesses nationales. Elles tirent la majeure partie de leurs ressources de contributions obligatoires. Le secteur des administrations publiques comprend les administrations publiques centrales, les administrations publiques locales et les administrations de sécurité sociale.*
- ***Capacité et besoin de financement.*** *Solde du compte de capital. Il est égal à l'épargne brute augmentée des transferts nets en capital et diminuée des dépenses faites à des fins d'accumulation : FBCF, variations de stocks, acquisitions nettes d'objets de valeur et d'actifs non financiers non produits (terrains, actifs incorporels...). On parle de capacité de financement si le solde est positif, et de besoin de financement s'il est négatif.*
- ***Comptes spéciaux du Trésor.*** *Comptes distincts du budget général, retraçant des dépenses et des recettes de l'État entre lesquelles on veut établir un lien.*
- ***Dette publique.*** *Définie dans le traité de Maastricht, elle est évaluée en valeur nominale et consolidée des créances détenues par une administration publique sur une autre administration publique.*
- ***Loi de finances initiale.*** *Loi prévoyant et autorisant, pour chaque année civile, l'ensemble des ressources et des charges de l'État.*
- ***Loi de réglement****. Loi constatant les résultats financiers de chaque année civile et approuvant les différences entre les résultats et les prévisions de la loi de finances de l'année, complétée, le cas échéant, par ses lois de finances rectificatives.*
- ***Organismes divers d'administration centrale (ODAC)****. Établissements publics ou privés financés par des taxes affectées ou par des subventions de l'État.*
- ***Opérations définitives****. Opérations de dépenses de l'État non remboursables.*
- ***Opérations temporaires****. Prêt, avance et toute opération analogue dans laquelle la dépense pourra être récupérée à terme par remboursement.*
- ***Traité de Maastricht.*** *Il impose aux États membres de satisfaire simultanément à 5 critères de convergence pour participer à la monnaie unique : stabilité des prix, maîtrise des déficits publics, stabilité des changes et caractère durable de la convergence mesuré par le niveau du taux d'intérêt nominal à long terme. Voir 13.5.*

POUR EN SAVOIR PLUS

- « Structure de la dette publique en Europe », *Statistiques en bref*, thème 2, Eurostat , n° 2-2005.

SOURCES

[1] « Projet de loi de finances pour 2005 » ; « Loi de finances initiale pour 2004 » (www.minefi.gouv.fr).

[2] Agence France Trésor (www.aft.gouv.fr).

[3] « Les comptes des administrations publiques en 2004 », *Insee Première*, n° 1018, mai 2005.

Équilibre des lois de finances pour 2004 et 2005 [1]

milliards d'euros

	2004*	2005**	2005***/04* %
Charges du budget général			
Dette publique et garanties	39,0	40,3	3,3
dont Dette publique nette	*38,6*	*39,8*	*3,3*
Budgets civils	203,1	205,8	1,5
Pouvoirs publics	*0,8*	*0,8*	*1,6*
Moyens des services	*109,1*	*112,3*	*3,0*
Interventions publiques	*79,4*	*75,8*	*– 4,3*
Dépenses civiles en capital	*13,9*	*16,8*	*22,5*
Défense	41,6	42,4	2,1
Total des charges du budget général	**283,7**	**288,5**	**1,8**
Solde des comptes spéciaux du Trésor	– 0,3	– 0,6	
Charges nettes de l'État	**283,4**	**287,9**	
Ressources nettes du budget général	**228,3**	**243,0**	
Solde général du budget de l'État	**– 55,1**	**– 44,9**	

* Loi de finances initiale. **Projet de loi de finances, y compris les changements de périmètre (- 396 millions d'€ pour les charges). *** Projet de loi de finances pour 2005 à structure 2004, hors changement de périmètre.

Charge budgétaire de la dette de l'État* [1]

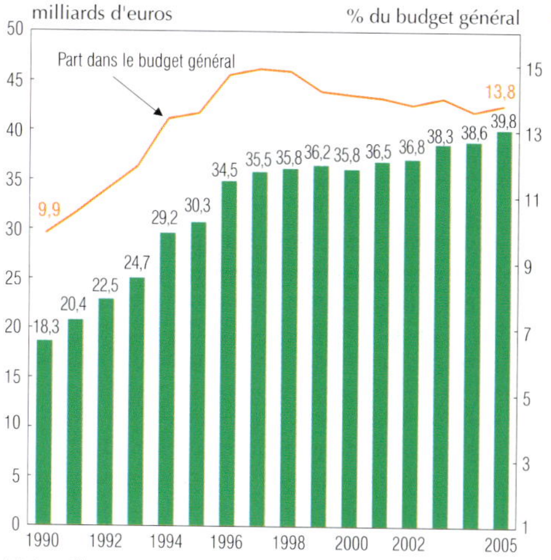

* Dette publique nette des lois de finances initiales.

Dette des administrations publiques en 2004 [2]

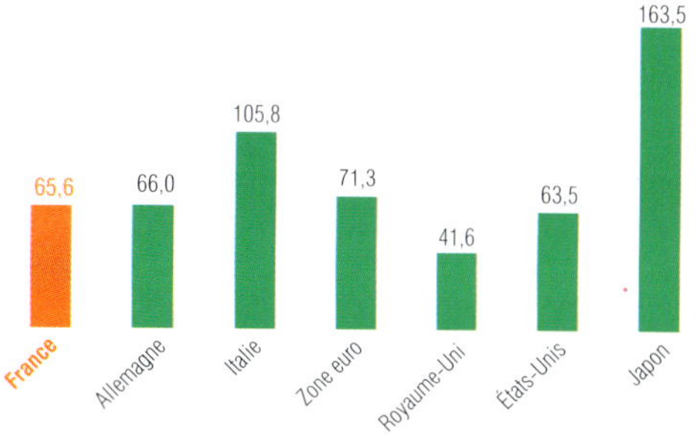

Ratios de finances publiques [3]

% du PIB

	2001	2002	2003	2004
Déficit public*	– 1,5	– 3,2	– 4,2	– 3,6
Dette publique*	56,2	58,2	62,8	64,7
Dépenses publiques	51,7	52,7	53,7	53,5
Prélèvements obligatoires	43,8	43,1	43,1	43,4
Déficit (-) ou Excédent (+) public de la zone euro*	*– 1,7*	*– 2,4*	*– 2,8*	*– 2,7*

* Au sens du traité de Maastricht.

Dette publique* [3]

	2003		2004	
	Mds d'€	% du PIB	Mds d'€	% du PIB
État	798,8	50,4	839,9	51,0
ODAC	55,3	3,5	90,2	5,5
Administrations locales	109,8	6,9	112,4	6,8
Administrations de S.S.	31,7	2,0	24,5	1,5
Total des administrations publiques	**995,6**	**62,8**	**1 067,0**	**64,7**

* Au sens du traité de Maastricht, au 31 décembre.

Capacité (+) ou besoin (-) de financement des administrations publiques [3]

milliards d'euros

	2001	2002	2003	2004
État	– 35,7	– 56,5	– 62,2	– 52,2
ODAC	4,5	9,1	4,9	9,9
Administrations publiques locales	2,0	2,0	0,5	– 1,9
Administrations de sécurité sociale	6,0	– 3,7	– 9,8	– 15,9
Ensemble des administrations publiques	**– 23,3**	**– 49,1**	**– 66,6**	**– 60,1**

Exécution des lois de finances* [1]

milliards d'euros

	Budget général			Comptes d'affectation spéciale***			Opérations définitives	Opérations temporaires	Solde général d'exécution****
	Dépenses**	Recettes	Solde	Dépenses	Recettes	Solde	Solde	Solde	Solde
1985	161,4	137,9	– 23,6	1,7	1,7	0,1	– 23,5	– 0,8	– 24,3
1990	195,4	180,7	– 14,7	2,0	2,2	0,2	– 14,5	– 0,4	– 14,9
1995	243,4	197,1	– 46,3	6,1	6,4	0,3	– 46,0	– 3,2	– 49,2
2000	262,3	233,0	– 29,3	5,5	5,9	0,4	– 28,9	– 0,1	– 29,0
2002	280,1	230,1	– 50,0	10,1	10,4	0,3	– 49,7	0,4	– 49,3
2003	280,8	224,1	– 56,7	6,6	6,2	– 0,4	– 57,1	0,2	– 56,9

* Lois de règlement. ** Hors remboursements et dégrèvements. *** Opérations définitives. **** Hors FMI.

13 finances publiques

PRÉSENTATION

En 2004, l'amélioration conjoncturelle stimulant la *taxe sur la valeur ajoutée (TVA)* et l'*impôt* sur les sociétés, les recettes fiscales des administrations publiques progressent de 6,2 % après + 1,2 % en 2003. Ainsi, après une baisse continue entre 2000 et 2003, le taux de *prélèvements obligatoires* augmente en 2004 à 43,4 % du PIB.

Les recettes fiscales de l'État sont les principales contributrices de ce retournement. Les prélèvements obligatoires au profit de l'État progressent nettement (+ 11,8 %), soit + 7,2 % après neutralisation des changements de périmètre (transfert de TIPP et budgétisation du FOREC). L'impôt sur les sociétés est en forte croissance (+ 12,4 %) après un recul sensible en 2003 (– 8,6 %). Les recettes de la taxe intérieure sur les produits pétroliers progressent de 3,1 %, tirées notamment par celles sur le gazole. En revanche, l'*impôt sur le revenu* baisse (– 0,9 %), en raison de salaires et pensions atones en 2003 et de mesures d'allègements (baisse des taux du barème et revalorisation de la prime pour l'emploi).

En 2004, les prélèvements obligatoires reçus par les *administrations publiques* locales augmentent de 10,1 %, chiffre ramené à 4,4 % en excluant le transfert de TIPP au titre de la décentralisation du RMI. Comme en 2003, les administrations publiques locales votent des hausses de taux, tout en bénéficiant d'assiettes qui progressent nettement (+ 3,2 %) sous l'effet de la revalorisation forfaitaire des valeurs locatives cadastrales et de la hausse des prix de l'immobilier. Les taxes foncières et d'habitation croissent toutes deux de 5,5 %. De même, la taxe professionnelle augmente rapidement (+ 7,4 % après 1,9 % en 2003), notamment en raison de la disparition des effets de la suppression de la part de l'assiette assise sur les salaires.

Les impôts et cotisations sociales perçus par les administrations de sécurité sociale baissent de 1,3 % en 2004. En revanche, en excluant la budgétisation du FOREC, ils progressent de 3,3 %. Les cotisations sociales (+ 3,1 %) et la *CSG* (+ 3,3 %) croissent toutefois plus rapidement que la masse salariale (+ 2,7 %) [3].

DÉFINITIONS

- ***Administrations publiques.*** *Voir 13.1.*
- ***Contribution sociale généralisée (CSG).*** *Instituée par la loi de finances pour 1991, elle est destinée à financer les régimes de protection sociale. Elle porte sur les revenus d'activité et de remplacement et sur les revenus du patrimoine.*
- ***FOREC.*** *Fonds de financement de la réforme des cotisations patronales.*
- ***Impôts sur la production et les importations*** *Versements obligatoires sans contrepartie, en espèces ou en nature, prélevés par les administrations publiques ou par les institutions de l'UE et qui frappent la production et l'importation de biens et de services, l'emploi de main d'oeuvre et la propriété ou l'utilisation de terrains, bâtiments et autres actifs utilisés à des fins de production. Ces impôts sont dus indépendamment de la réalisation de bénéfices d'exploitation. Ils comprennent les impôts sur les produits et les autres impôts sur la production.*
- ***Impôt sur les produits.*** *Ils sont constitués essentiellement de la taxe sur la valeur ajoutée (TVA), de la taxe intérieure sur les produits pétroliers, des droits de mutation à titre onéreux, des droits sur les alcools et les tabacs.*
- ***Impôt sur le revenu.*** *Pour les ménages, cet impôt comprend essentiellement l'impôt sur le revenu, la CSG et la CRDS. Pour les entreprises, il s'agit principalement de l'impôt sur les sociétés.*
- ***Loi de finances initiale.*** *Voir 13.1.*
- ***Prélèvements obligatoires.*** *Impôts et cotisations sociales effectives reçues par les administrations publiques et les institutions européennes. Cotisations sociales et impôts sont comptabilisés pour leurs montants dus, mais les prélèvements obligatoires sont nets des montants dus non recouvrables. Le taux de prélèvements obligatoires est le rapport des prélèvements au PIB.*
- ***Taxe sur la valeur ajoutée (TVA).*** *Impôt qui se calcule sur le prix de vente hors taxes de tous les biens et services. Elle est payée dans sa totalité par le consommateur final. Les entreprises (fabricants, commerçants...) encaissent la TVA à chaque vente et la reversent à l'État, déduction faite de la TVA qu'elles ont elles-mêmes payée lors de l'achat du produit ou des matières premières.*

POUR EN SAVOIR PLUS

- « Les recettes fiscales dans les États membres de l'UE », *Statistiques en bref*, thème Économie et finances, Eurostat, n° 3/2005.

SOURCES

[1] « Projet de loi de finances pour 2005 » ; « Loi de finances initiale pour 2005 », Minefi (www. finances.gouv.fr).

[2] Direction Générale des Impôts.

[3] « Les comptes des administrations publiques en 2004 », *Insee Première*, n° 1018, mai 2005.

[4] Eurostat.

[5] Comptes nationaux Base 2000, Insee.

Recettes nettes du budget général en 2004 et 2005* [1]

milliards d'€

	2004	2005	2005/04 %
Impôt sur le revenu	53,5	55,0	2,9
Impôts sur les sociétés**	37,2	42,6	14,4
Taxe intérieure sur les produits pétroliers	20,3	20,2	– 0,1
Taxe sur la valeur ajoutée**	120,5	127,3	5,6
Autres recettes fiscales	30,0	27,0	– 10,0
Recettes fiscales nettes	**261,5**	**272,1**	**4,1**
Recettes non fiscales nettes	**36,0**	**35,6**	**– 1,1**
Prélèvements sur recettes	**– 60,8**	**– 62,3**	**2,5**
Soit : au profit des collectivités locales	*– 45,4*	*– 45,7*	*0,8*
au profit des Communautés européennes	*– 15,4*	*– 16,6*	*7,6*
Recettes totales nettes	**236,7**	**245,5**	**3,7**

* Loi de finances révisées pour 2004 et projet de loi de finances pour 2005.
** Produits nets des restitutions, des remboursements et dégrèvements.

Principaux prélèvements obligatoires* par type d'impôt en 2004 [3]

	Mds d'€	% du PIB	2004/2003 %
Taxe sur la valeur ajoutée	119,3	7,2	6,1
Taxe intérieure sur les produits pétroliers	24,7	1,5	3,1
Impôt sur le revenu	46,8	2,8	– 0,9
Contribution sociale généralisée	67,1	4,1	3,3
Impôt sur les sociétés**	41,2	2,5	12,4
Taxe professionnelle	20,0	1,2	7,4
Taxes foncières (propriétés bâties et non bâties)	18,8	1,1	5,5
Taxe d'habitation	10,6	0,6	5,5
Cotisations sociales effectives	268,0	16,2	3,1

* Prélèvements sans déduction des prélèvements dus non recouvrables.
** Y compris l'imposition forfaitaire annuelle.

Impôts sur les revenus des personnes physiques* [2]

	1990	2001	2002
Revenus nets (millions d'€)	**343 139**	**502 880**	**526 952**
Contribuables imposables	269 479	400 538	419 984
Contribuables non imposables	73 660	102 342	106 968
Nombre de contribuables (milliers)	**28 030**	**33 365**	**33 897**
Contribuables imposables	14 297	17 311	17 593
Contribuables non imposables	13 733	16 054	16 304
Montant de l'impôt net (millions d'€)**	**42 279**	**45 876**	**46 041**

* Situation des rôles émis en année n et n+1. ** Contribuables imposables.

Poids des recettes fiscales* dans l'UE [4]

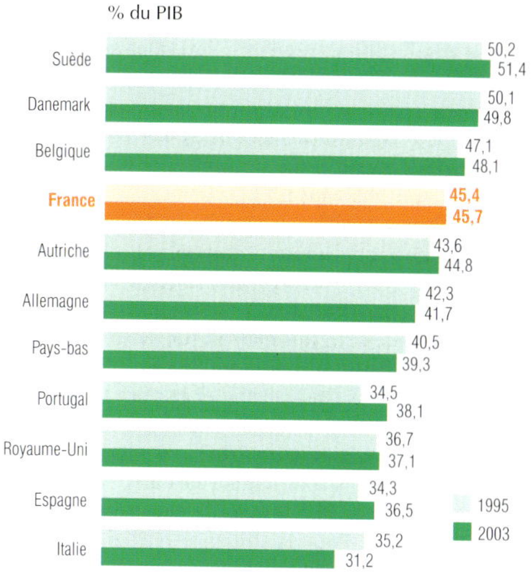

* Recettes fiscales perçues par les administrations publiques.

Structure des recettes fiscales brutes du budget général de l'État* [1]

%

	1995	2000	2002	2003
Impôts directs	**37,8**	**40,9**	**40,7**	**40,4**
Impôt sur le revenu	19,5	18,0	16,6	17,6
Autres impôts perçus par voie de rôles	3,4	2,8	2,9	1,5
Impôts sur les sociétés	9,9	15,2	15,6	15,8
Impôt sur le revenu des capit. mobiliers	1,0	0,6	0,7	0,6
Taxe sur les salaires	2,9	2,6	2,8	2,8
Autres impôts directs	1,1	1,8	2,2	2,1
Impôts indirects	**62,2**	**59,1**	**59,3**	**59,6**
Enregistrement, timbre, bourse	5,3	4,9	4,2	4,1
Taxe intérieure sur produits pétroliers	9,4	8,2	7,9	7,9
Autres produits des douanes	0,8	0,6	0,5	0,5
TVA	43,9	45,0	45,9	46,5
Droits de conso. sur les tabacs	2,7	0,2	0,0	0,0
Autres droits indirects	0,2	0,3	0,6	0,6
Recettes fiscales brutes (milliards d'euros)	***232,3***	***296,2***	***301,6***	***306,0***

* Lois de règlement.

Prélèvements obligatoires des administrations publiques et des institutions communautaires* [5]

	2001		2002		2003		2004	
	Mds d'€	% du PIB	Mds d'€	% du PIB	Mds d'€	% du PIB	Mds d'€	% du PIB
Impôts**	**416,7**	**27,8**	**419,4**	**27,1**	**425,4**	**26,8**	**450,1**	**27,3**
Administrations publiques centrales	246,5	16,5	247,3	16,0	248,2	15,7	278,5	16,9
dont : État	*236,2*	*15,8*	*234,0*	*15,1*	*234,5*	*14,8*	*262,8*	*15,9*
Administrations publiques locales	74,4	5,0	76,5	4,9	79,9	5,0	88,0	5,3
Administrations de sécurité sociale	86,9	5,8	88,6	5,7	90,5	5,7	78,3	4,8
Institutions de l'Union européenne***	8,9	0,6	7,1	0,5	6,8	0,4	5,3	0,3
Cotisations sociales effectives******	**239,0**	**16,0**	**248,4**	**16,0**	**257,9**	**16,3**	**265,7**	**16,1**
Prélèvements obligatoires effectifs	**655,7**	**43,8**	**667,8**	**43,1**	**683,3**	**43,1**	**715,8**	**43,4**

* Comptes nationaux base 2000. ** Les impôts sont comptabilisés après transferts de recettes fiscales et nets des impôts dus non recouvrables. *** Non compris la "4ème ressource" inscrite en dépense de l'État. **** Nettes des cotisations dues non recouvrables.

13 finances publiques

PRÉSENTATION

Le Projet de Loi de Finances pour 2005 prévoit une stabilisation en volume des *dépenses* de l'État. A structure constante, elles devraient augmenter comme l'inflation prévisionnelle (+ 1,8 %) et s'établir à 288,8 Mds d'€ en 2005. En intégrant les mesures de périmètre, elles atteindront 288,5 Mds d'€.

La maîtrise des dépenses dans la durée suppose un effort de redéploiement important, afin de dégager des moyens au profit des priorités budgétaires. En 2005, les secteurs prioritaires sont les lois de programmation (défense, sécurité intérieure et justice), l'aide publique au développement, la recherche et le plan de cohésion sociale, qui bénéficiera d'1 Md d'€ pour sa mise en œuvre en 2005.

Grâce aux gains d'efficacité liés aux efforts de modernisation, le PLF prévoit la suppression de 10 200 emplois. Tous les budgets enregistrent des suppressions d'emplois, à l'exception des secteurs prioritaires, pour lesquels près de 3 000 emplois supplémentaires sont créés. Au total les effectifs des ministères diminuent de près de 7 200 emplois.

L'accumulation continue de déficits budgétaires depuis 23 ans conduit l'État à supporter un service de la dette qui représente aujourd'hui 14 % du *budget général*. En 2005, les charges de la *dette publique* augmenteront de 1,3 Mds d'€, selon le PLF 2005. L'État devra par ailleurs faire face à la montée en charge des dépenses de pensions des fonctionnaires dans un contexte démographique où les départs à la retraite s'accélèrent : les dépenses de pensions civiles et militaires augmenteraient de 2 Mds d'€ en 2005 [1].

En 2004, les dépenses publiques progressent à un rythme ralenti (+ 3,6 % après + 4,2 % en 2003). Hors changement de périmètre – budgétisation du FOREC et décentralisation du RMI – elles augmentent de 2,3 %, en raison principalement de la modération salariale (+ 1,6 %). La croissance des dépenses des administrations publiques locales est particulièrement vive (+ 8,5 %) ; celle des administrations de sécurité sociale toujours soutenue (+ 4,5 % après + 5,2 % en 2003) [3].

DÉFINITIONS

- ***Administrations publiques.*** *Voir 13.1.*
- ***Budget général.*** *Part du budget regroupant les recettes et les dépenses des services publics administratifs, par opposition aux budgets annexes et aux comptes spéciaux du Trésor.*
- ***Dépenses ordinaires.*** *Dépenses de fonctionnement et d'intervention. Les dépenses de fonctionnement comprennent : les dépenses de rémunérations et de matériel. Les dépenses d'intervention concernent les interventions sociales (allocations aux adultes handicapés, fonds national de solidarité, etc), économiques et diverses (subventions aux collectivités locales, etc).*
- ***Dépenses en capital.*** *Dépenses d'investissement. Elles donnent lieu à des autorisations de programme (AP), provisionnées pour plusieurs années, qui autorisent les services à engager des dépenses d'équipement, puis annuellement à des crédits de paiement (CP) qui autorisent l'« ordonnancement » des dépenses après exécution des travaux.*
- ***Dette publique.*** *Ensemble des dettes des administrations publiques résultant des emprunts que l'État a émis ou garantis.*
- ***Loi de Finances initiale (LFI).*** *Loi prévoyant et autorisant, pour chaque année civile, l'ensemble des ressources et des charges de l'État.*

POUR EN SAVOIR PLUS

- « Dépenses et recettes des administrations publiques dans l'UE en 2003 », *Statistiques en bref*, thème Économie et finances, Eurostat, n° 41/2004.

SOURCES

[1] « Projet de loi de finances pour 2005 » et « Loi de finances initiale pour 2004 », Minefi (www.finances.gouv.fr).

[2] Eurostat.

[3] « Les comptes des administrations publiques en 2004 », *Insee Première*, n° 1018, mai 2005.

Dépenses du budget général par ministère [1]

milliards d'euros

	2004*	2005**	2005**/2004* %
Affaires étrangères	4,2	4,4	4,4
Agriculture, alimentation, pêche et affaires rurales	5,0	4,9	– 1,8
Anciens combattants	3,4	3,4	0,1
Charges communes	53,5	55,2	3,2
Culture et communication	2,6	2,8	5,9
Écologie et développement durable	0,9	0,8	– 3,6
Économie, finances et industrie	15,0	14,8	– 1,1
Éducation nationale, enseignement supérieur et recherche	70,7	72,5	2,5
Budget Civil de Recherche et Développement	*8,9*	*9,3*	*3,8*
Équipement, transports, aménagement du territoire, tourisme et mer	15,0	14,8	– 0,9
Intérieur, sécurité intérieure et libertés locales	13,2	13,5	2,2
Rappel concours de l'État aux collectivités locales	*60,0*	*61,8*	*3,1*
Jeunesse, sports et vie associative	0,5	0,5	– 4,1
Justice	5,3	5,5	3,4
Outre-mer	1,1	1,7	49,3
Services du Premier ministre	1,3	0,9	– 25,8
Travail, santé et cohésion sociale	50,5	50,7	0,4
Défense	41,6	42,4	2,1
Total des dépenses	**283,7**	**288,8**	**1,8**

* Montants retraités de la loi de finances initiale 2004. ** PLF 2005 à périmètre constant 2004.

Principales dépenses des administrations publiques en 2004 [3]

milliards d'€

	État	APUL	Ensemble APU
Total des dépenses	**374,6**	**178,7**	**881,8**
Dont : Dépenses de fonctionnement	*133,2*	*91,4*	*316,9*
Intérêts	*38,5*	*2,8*	*45,3*
*Prest. sociales en espèces et autres transferts sociaux**	*47,3*	*14,7*	*384,0*
*Transferts courants et exceptionnels en capital***	*148,2*	*31,6*	*80,7*
Formation brute de capital fixe	*7,2*	*36,0*	*52,5*

*Transferts sociaux en nature marchands. ** Les transferts entre administrations publiques sont consolidés.

Évolution des effectifs autorisés* en 2005 [1]

	Suppressions	Créations	Emplois autorisés
Ensemble	**– 10 211**	**3 023**	**2 217 932**
dont : Économie, finances et industrie	*– 2 210*	*0*	*175 454*
Enseignement scolaire	*– 4 816*	*0*	*1 001 382*
Enseignement supérieur	*0*	*1 000*	*132 127*
Équipement	*– 1 401*	*0*	*95 843*
Intérieur, sécurité intérieure et libertés locales	*0*	*737*	*174 312*
Justice	*0*	*1 069*	*72 460*
Défense	*– 1 018*	*0*	*454 009*

* Projet de loi de finances.

Évolution en volume des dépenses du budget général [1]

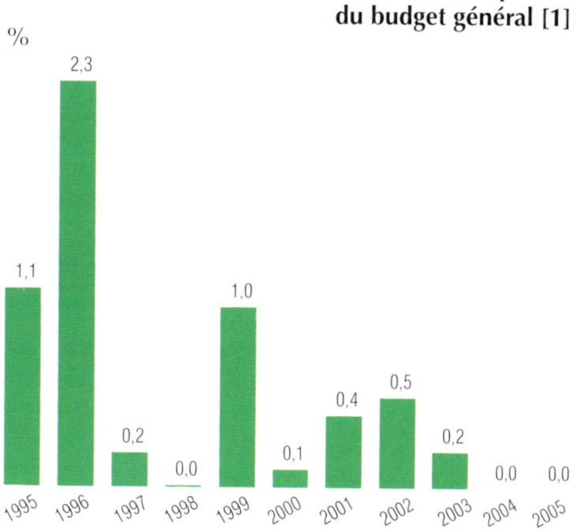

Structure des dépenses du budget général* [1]

%

	1995	2000	2003
Dette publique	15,5	15,0	14,5
Pouvoirs publics	0,2	0,3	0,3
Rémunérations et charges sociales	26,6	27,9	27,9
dont : civiles	*21,7*	*22,9*	*22,8*
Pensions	9,9	11,2	11,9
Subventions de fonctionnement	3,1	3,3	3,3
Matériel, entretien et charges diverses de fonctionnement	4,6	4,2	4,4
Interventions économiques	10,6	8,5	6,4
Interventions sociales	11,2	11,7	11,5
Autres interventions	7,2	7,9	9,6
Dépenses ordinaires	**89,0**	**89,9**	**89,7**
Investissements civils directs	1,6	1,3	1,5
Subventions d'investissements civils	4,8	4,7	4,6
Équipement militaire	4,7	4,1	4,2
Dépenses en capital	**11,0**	**10,1**	**10,3**

* Lois de règlement.

Dépenses des administrations publiques en 2003 [2]

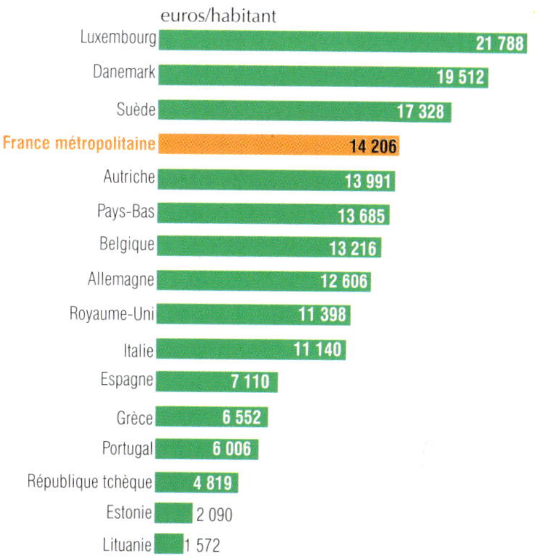

13 finances publiques

PRÉSENTATION

Au cours des 20 dernières années, des mutations importantes ont modifié l'environnement juridique et financier des *collectivités locales*. Pendant les années de forte croissance, elles ont accompagné la décentralisation par un important effort d'équipement, financé par un recours massif à l'emprunt. Subissant les effets de la crise de 1993, elles ont diminué leur investissement. Leur situation financière s'est améliorée depuis 1996, leur niveau d'endettement diminuant régulièrement.

Les dépenses de gestion ont progressé de manière soutenue jusqu'en 2003, du fait de la hausse des frais de personnel et de la mise en place des nouvelles compétences. Malgré l'émergence de besoins nouveaux, charges du RMI-RMA en 2004 pour les départements et régionalisation des transports ferroviaires de voyageurs pour les régions, elles maîtrisent l'évolution des charges courantes et retrouvent en 2004 un bon niveau d'épargne.

La crise de 1993 a également eu des répercussions sur les recettes courantes : le rendement de la *fiscalité* indirecte, qui constituait une ressource essentielle pour les régions et départements, a brutalement chuté. Ceci a dû être compensé par un recours supplémentaire à la pression fiscale directe, qui a fortement cru jusqu'en 1994 puis s'est stabilisée à partir de 1997. En 2002, les taux d'imposition ont renoué avec la croissance ; en 2004, ils augmentent moins qu'en 2003 (+ 1,2 % en moyenne contre + 2,2 % en 2003).

Depuis 5 ans, les dépenses d'équipement des collectivités locales augmentent au même rythme que la *FBCF* de la Nation. L'année 2003 marque le retour de l'effort d'équipement pour l'ensemble des collectivités locales, qui assurent plus de 70 % des investissements publics. Cette tendance se poursuit en 2004, où les budgets affichent de fortes hausses des crédits d'investissements (+ 15 % pour les communes) [1].

Relancée par la loi de 1992 puis celle de 1999, l'intercommunalité à fiscalité propre s'est développée dès les années 90. Le nombre d'*EPCI à fiscalité propre* est passé de 466 en 1993 à 2 525 au 1er janvier 2005 et la population regroupée de 16 à 52 millions d'habitants [2].

DÉFINITIONS

- ***Collectivités locales.*** *Elles comprennent les communes, les départements et les régions, qui sont devenues collectivités territoriales depuis la loi du 2 mars 1982. Depuis les lois Deferre de décentralisation, de nombreux décrets et lois ont modifié les compétences et règlements budgétaires des collectivités locales. La dernière, en date du 13 août 2004, relative aux libertés et responsabilités locales conforte leur place dans la vie quotidienne des citoyens.*
- **Fiscalité locale.** *Elle comprend la fiscalité directe (taxe foncière sur les propriétés bâties, taxe foncière sur les propriétés non bâties, taxe d'habitation, taxe professionnelle) et la fiscalité indirecte (droits de mutation, carte grise...).*
- ***Dépenses de fonctionnement.*** *Elles comprennent les dépenses de personnel, l'achat de fournitures indispensables, les frais financiers, etc.*
- ***Dépenses d'investissement.*** *Elles comprennent essentiellement les achats de matériels et mobiliers, de bâtiments, les travaux d'infrastructure ainsi que le remboursement de la dette.*
- ***FBCF (Formation brute de capital fixe).*** *Voir 11.1.*
- ***EPCI à fiscalité propre (établissements publics de coopération intercommunale).*** *Regroupements de communes ayant pour objet l'élaboration de « projets communs de développement au sein de périmètres de solidarité ». Ils sont soumis à des règles communes, homogènes et comparables à celles de collectivités locales. Les communautés urbaines, communautés d'agglomération, communautés de communes, syndicats d'agglomération nouvelle, syndicats de communes et les syndicats mixtes sont des EPCI.*

POUR EN SAVOIR PLUS

- *Collection Statistiques et finances locales*, DGCL, ministère de l'Intérieur et de l'Aménagement du Territoire (www.dgcl.interieur.gouv.fr).
- « Décentralisation et recomposition des territoires : 1982-2002 », *Problèmes économiques et sociaux*, La Documentation française, n° 870, février 2002.

SOURCES

[1] *Les collectivités locales en chiffres 2005*, DGCL, ministère de l'Intérieur et de l'Aménagement du Territoire.

[2] Bilan de l'intercommunalité au 1er janvier 2005, DGCL, ministère de l'Intérieur et de l'Aménagement du Territoire, février 2005.

Finances de l'ensemble des collectivités territoriales* [1]

milliards d'euros

Dépenses	1990	2002	2003	2004
Fonctionnement	54,00	88,28	91,64	100,05
dont : personnel	*16,94*	*31,83*	*32,93*	*33,96*
intérêts	*5,61*	*3,68*	*3,25*	*3,02*
transferts versés	*14,48*	*25,33*	*26,99*	*31,93*
Investissement	33,58	48,25	51,37	57,13
dont : équipement brut	*20,31*	*23,71*	*25,20*	*28,67*
remboursement de dette	*5,70*	*14,08*	*14,91*	*15,42*
Total des dépenses	**87,58**	**136,53**	**143,01**	**157,19**

Recettes	1990	2002	2003	2004
Fonctionnement	68,01	110,15	114,12	123,56
dont : impôts et taxes	*41,19*	*70,51*	*73,43*	*76,17*
dotations d'État	*15,06*	*25,01*	*25,52*	*36,90*
Investissement	19,50	26,72	28,86	31,75
dont : dotations, subventions	*7,99*	*9,70*	*9,96*	*10,71*
emprunts	*8,69*	*13,94*	*15,07*	*17,27*
Total des recettes	**87,51**	**136,87**	**142,98**	**156,96**
Variation du fonds de roulement	**– 0,08**	**0,34**	**0,03**	**– 0,23**

* Données non consolidées des collectivités territoriales au sens strict : communes, départements et régions. Pour 2003 et 2004, estimations et données des budgets primitifs.

Groupements à fiscalité propre depuis 1993 * [1]

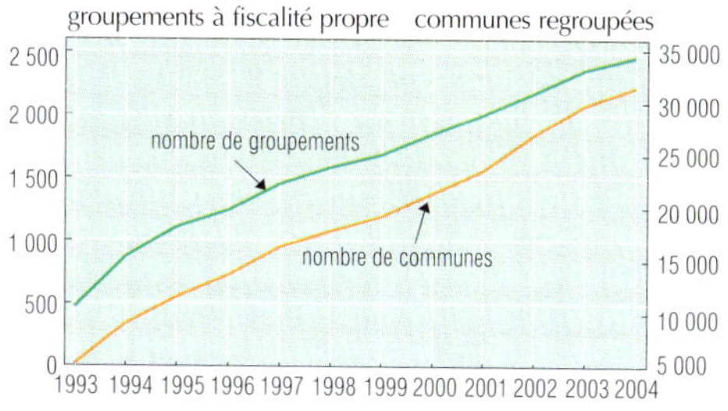

* Au 1er janvier.

Dépenses transférées aux régions et départements* [1]

millions d'euros

	1987	1997	2004
Aux départements			
Aide sociale	8 079	14 002	23 171
Collèges	981	2 657	3 491
dont : investissements	*410*	*1 520*	*2 508*
SDIS (fonctionnement)**	///	///	1 523
Aux régions			
Formation professionnelle***	666	1 900	2 953
Lycées	886	2 892	3 545
dont : investissements	*451*	*2 143*	*2 465*
Régionalisation ferroviaire	///	443	2 334

* Budgets primitifs pour 2004, comptes administratifs en 87 et 97. ** Services départementaux d'incendie et de secours. *** Y compris l'apprentissage.

Dépenses et recettes fiscales selon le type de collectivités territoriales* [1]

euros par hab.

	1990	2002	2003	2004
Dépenses totales	**1 486**	**2 238**	**2 346**	**2 581**
Régions	123	268	289	311
Départements	449	703	762	904
Communes	914	1 267	1 295	1 366
Dont : de 500 à 2 000 hab.	***633*	*902*	*989*	*1 106*
de 20 000 à 50 000 hab.	*1 047*	*1 437*	*1 482*	*1 535*
plus de 300 000 hab.	*1 422*	*1 863*	*1 905*	*2 043*
Impôts et taxes***	**687**	**964**	**1 003**	**1 120**
Régions	66	84	83	85
Départements	240	330	351	447
Communes	381	550	569	588
dont : de 500 à 2 000 hab.	***223*	*240*	*247*	*255*
de 20 000 à 50 000 hab.	*468*	*477*	*468*	*477*
plus de 300 000 hab.	*638*	*561*	*539*	*567*

* Réalisations jusqu'en 2002, estimations à partir des B. P. pour 2003 et 2004. ** En 1990, communes de 700 à 2 000 habitants. *** Directs et indirects, hors compensations fiscales (communes hors groupements).

Structure de la fiscalité locale en 2003 [1]

milliards d'euros

Nature des impôts	Communes et groupements	Départements	Régions	Total
Taxe d'habitation	8,33	3,73	0,00	12,06
Taxe sur le foncier bâti	10,26	4,46	1,12	15,84
Taxe sur le foncier non bâti	0,85	0,04	0,01	0,90
Taxe professionnelle	13,78	6,60	1,93	22,31
Autre fiscalité directe*	8,48	0,02	///	8,50
Fiscalité directe	**41,70**	**14,85**	**3,06**	**59,61**
Taxe pub. foncière et droit d'enr.	///	4,94	///	4,94
Vignette automobile	///	0,21	///	0,21
Taxe sur l'électricité	0,79	0,40	///	1,19
Taxe add. droits de mutation	1,53	0,08	0,00	1,61
Taxe sur les cartes grises	///	///	1,47	1,47
Taxes sur permis de cond.	0,00	0,00	0,02	0,02
Autres taxes	0,53	0,01	0,03	0,57
Fiscalité indirecte	**2,85**	**5,64**	**1,52**	**10,01**
Taxes liées à l'urbanisme	0,39	0,16	0,14	0,69
Total	**44,94**	**20,65**	**4,72**	**70,31**

* Dont taxe d'enlèvement des ordures ménagères pour 3,74 Mds d'€.

Concours financiers de l'État aux collectivités locales [1]

millions d'euros

	2004*	2005**
Dotations et subventions de fonctionnement	38 091	39 202
Dotations et subventions d'équipement	6 392	6 445
Financement des transferts de compétence	3 799	4 089
Compensations d'exonérations et de dégrèvements législatifs	11 871	12 543
Ensemble	**60 153**	**62 279**
Fiscalité transférée (pour mémoire)	11 365	13 124

* Loi de finances initiale révisée et prévisions d'éxécution. ** Projet de loi de finances.

Poids des impôts locaux dans quelques pays européens en 2003 [1]

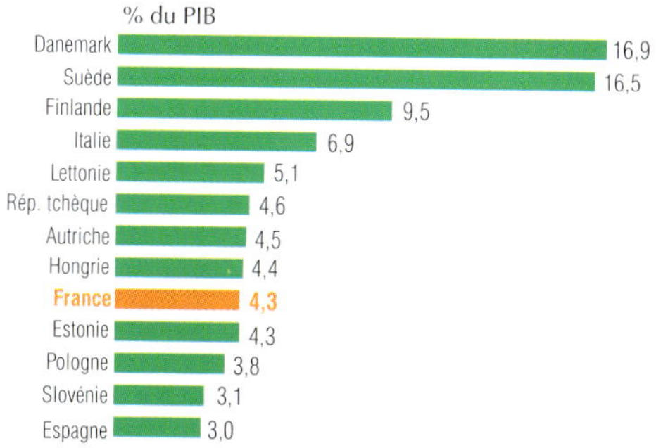

13 finances publiques

PRÉSENTATION

Depuis le 1er janvier 2002, l'euro est la monnaie officielle des 12 pays de l'Union européenne qui, ayant satisfait aux *critères de convergence* du Traité de Maastricht, constituent la *zone euro*.

En 2004, malgré la reprise de l'économie mondiale depuis la mi-2003, la croissance de la zone euro reste modérée : le *PIB* augmente de + 1,7 % en volume après 0,7 % en 2003. Les États de la zone poursuivent les réformes structurelles favorables à l'offre sur le long terme et ne sollicitent pas la politique budgétaire pour stimuler la demande. Bien que la demande des ménages soit vigoureuse en Espagne et en France, la demande intérieure de la zone euro reste peu dynamique ; le pouvoir d'achat des ménages progresse faiblement (+ 1,3 %) et le taux d'épargne augmente légèrement (13,8 % contre 13,7 %).

On assiste à des rebonds de croissance hétérogènes dans les pays de la zone euro. Ceci ne permet pas un recul notable du chômage. En effet la reprise de la production tarde à produire des effets sur l'emploi. Les taux de chômage ne diminuent pas globalement et les hausses des rémunérations restent faibles, tandis que la hausse du prix du pétrole pèse sur les prix. Seules les réductions d'impôts dans certains pays, dont la France, soutiennent la progression du revenu disponible des ménages. Comme en 2003, l'inflation en zone euro atteint 2,1 % en données harmonisées en 2004.

La zone euro souffre en 2004 de la forte appréciation de l'euro intervenue entre le second trimestre 2002 et la fin 2003 (20 % environ). La balance commerciale de la zone se dégrade. Parmi les pays de la zone, l'Allemagne continue à se distinguer par ses performances : ses exportations augmentent de 7,5 % en 2004. La restructuration de l'appareil de production après le choc de la réunification allemande et une intégration plus profonde des *PECO* explique ces bons résultats.

En 2004, malgré la reprise économique et des politiques budgétaires restrictives, la réduction du déficit public de la zone euro au sens de Maastricht est très faible. Il s'établit à 2,7 % du PIB après 2,8 % en 2003 [3].

DÉFINITIONS

- ***Capitalisation boursière.*** *Voir 12.3.*
- ***Critères de convergence.*** *Le traité de Maastricht impose aux États membres de satisfaire simultanément aux cinq critères de convergence suivants pour participer à la monnaie unique (Euro) :*
  - *le critère de stabilité des prix : le taux d'inflation ne devra pas dépasser de plus de 1,5 % la moyenne des taux des trois États membres les moins inflationnistes.*
  - *les critères de maîtrise des déficits publics : le déficit des finances publiques ne devra pas dépasser 3 % du PIB pour l'ensemble des administrations publiques et la dette publique devra être limitée à 60 % maximum du PIB.*
  - *le critère de stabilité des changes impose le respect des marges normales de fluctuation prévues par le SME, sans dévaluation de la monnaie par rapport à celle d'un autre État membre depuis au moins deux ans.*
  - *le caractère durable de la convergence mesuré par le niveau du taux d'intérêt nominal à long terme qui ne devra pas dépasser de plus de 2 % la moyenne des taux d'intérêt des trois pays les moins inflationnistes.*
- ***Formation brute de capital fixe (FBCF).*** *Voir 11.1.*
- ***Pays de la zone euro.*** *Allemagne, Autriche, Belgique, Espagne, Finlande, France, Grèce, Irlande, Italie, Luxembourg, Pays-Bas et Portugal.*
- ***PECO.*** *Pays d'Europe Centrale et Orientale : Bulgarie, Estonie, Hongrie, Lettonie, Lituanie, Pologne, Roumanie, Slovénie, Slovaquie, République tchèque.*
- ***PIB.*** *Voir 11.2. Dans le tableau ci-contre, le PIB est converti en euro à l'aide des parités de pouvoir d'achat (PPA), afin d'éliminer les différences de niveaux de prix nationaux.*

POUR EN SAVOIR PLUS

- « Le commerce extérieur de la zone euro », *Les Notes Bleues de Bercy*.
- « *Zone €uro* », Banque de France (www.banque-france.fr).

SOURCES

[1] Eurostat, juillet 2005 (epp.eurostat.cec.eu.int).
[2] Banque centrale européenne (www.ecb.int).
[3] « L'économie française », *Références*, Insee, juin 2005.
[4] *Principaux indicateurs économiques*, OCDE, mai 2005.
[5] World Federation of Exchanges.

Valeur de l'euro dans les monnaies nationales des pays de la zone euro [1]

	1 euro égale	
Allemagne	1,95583	mark allemand
Autriche	13,7603	schillings autrichiens
Belgique	40,3399	francs belges
Espagne	166,386	pesetas espagnoles
Finlande	5,94573	marks finlandais
France	**6,55957**	**francs français**
Grèce	340,75	drachmes grecques
Irlande	0,787564	livre irlandaise
Italie	1936,27	lires italiennes
Luxembourg	40,3399	francs luxembourgeois
Pays-Bas	2,20371	florins néerlandais
Portugal	200,482	escudos portugais

La zone euro en 2004 [1]

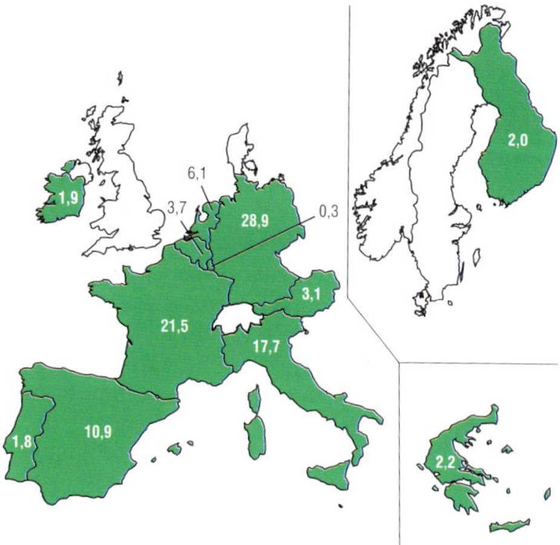

Pays membres de la zone euro

21,5 Part du pays dans le PIB de la zone euro en 2004 (%)

Cours de l'euro [2]

	dollar	yen	franc suisse	livre sterling
2000	0,924	99,5	1,558	0,609
2003	1,131	131,0	1,521	0,692
2004	1,244	134,4	1,544	0,679
juillet 2005	1,217	135,3	1,556	0,688

Situation des 25 pays de l'UE par rapport aux critères de convergence [1]

%

	Solde public*			Dette publique**			Inflation***			Taux d'intérêt****		
	2002	2003	2004	2002	2003	2004	2002	2003	2004	2002	2003	2004
Allemagne	– 3,7	– 3,8	– 3,7	60,9	64,2	66,0	1,3	1,0	1,8	4,8	4,1	4,0
Autriche	– 0,2	– 1,1	– 1,3	66,7	65,4	65,2	1,7	1,3	2,0	5,0	4,2	4,2
Belgique	0,1	0,4	0,1	105,4	100,0	95,6	1,6	1,5	1,9	5,0	4,2	4,2
Chypre	– 4,5	– 6,3	– 4,2	65,2	69,8	71,9	2,8	4,0	1,9	5,4	4,7	6,1
Danemark	1,7	1,2	2,8	47,2	44,7	42,7	2,4	2,0	0,9	5,1	4,3	4,3
Espagne	– 0,3	0,3	– 0,3	55,0	51,4	48,9	3,6	3,1	3,1	5,0	4,1	4,1
Estonie	1,4	3,1	1,8	5,3	5,3	4,9	3,6	1,4	3,0	...	...	...
Finlande	4,3	2,5	2,1	42,5	45,3	45,1	2,0	1,3	0,1	5,0	4,1	4,1
France	**– 3,2**	**– 4,2**	**– 3,7**	**59,0**	**63,9**	**65,6**	**1,9**	**2,2**	**2,3**	**4,9**	**4,1**	**4,1**
Grèce	– 4,1	– 5,2	– 6,1	112,2	109,3	110,5	3,9	3,4	3,0	5,1	4,3	4,3
Hongrie	– 8,5	– 6,2	– 4,5	55,5	56,9	57,6	5,2	4,7	6,8	7,1	6,8	8,2
Irlande	– 0,4	0,2	1,3	32,6	32,0	29,9	4,7	4,0	2,3	5,0	4,1	4,1
Italie	– 2,6	– 2,9	– 3,0	108,0	106,3	105,8	2,6	2,8	2,3	5,0	4,3	4,3
Lettonie	– 2,7	– 1,5	– 0,8	14,1	14,4	14,4	2,0	2,9	6,2	...	...	4,9
Lituanie	– 1,5	– 1,9	– 2,5	22,4	21,4	19,7	0,4	– 1,1	1,1	6,0	5,2	4,4
Luxembourg	2,3	0,5	– 1,1	7,5	7,1	7,5	2,1	2,5	3,2	...	...	...
Malte	– 5,9	– 10,5	– 5,2	62,7	71,8	75,0	2,6	1,9	2,7	5,7	5,0	4,7
Pays-Bas	– 1,9	– 3,2	– 2,5	52,6	54,3	55,7	3,9	2,2	1,4	4,9	4,1	4,1
Pologne	– 3,6	– 4,5	– 4,8	41,2	45,4	43,6	1,9	0,7	3,6	7,3	5,8	6,9
Portugal	– 2,7	– 2,9	– 2,9	58,5	60,1	61,9	3,7	3,3	2,5	5,0	4,2	4,1
République tchèque	– 6,8	– 11,7	– 3,0	30,7	38,3	37,4	1,4	– 0,1	2,6	4,9	...	...
Royaume-Uni	– 1,7	– 3,4	– 3,2	38,3	39,7	41,6	1,3	1,4	1,3	4,9	4,6	4,9
Slovaquie	– 5,7	– 3,7	– 3,3	43,3	42,6	43,6	3,5	8,5	7,4	6,9	5,0	5,0
Slovénie	– 2,4	– 2,0	– 1,9	29,5	29,4	29,4	7,5	5,7	3,6	...	...	...
Suède	– 0,3	0,2	1,4	52,4	52,0	51,2	2,0	2,3	1,0	5,3	4,6	4,4
Valeur de référence	**– 3,0**	**– 3,0**	**– 3,0**	**60,0**	**60,0**	**60,0**	**3,0**	**2,7**	**2,6**	**6,9**	**6,9**	**6,1**

* Besoin ou capacité de financement des administrations publiques en % du PIB. ** Dette brute consolidée des administrations publiques en % du PIB. *** Indice des prix à la consommation harmonisés en moyenne annuelle. **** À long terme en moyenne annuelle.

Comparaison de la zone euro aux États-Unis et au Japon [1] [4] [5]

	Zone euro	États-Unis	Japon
Population en 2004 (millions)	311,1	293,0	127,6
Évolution PIB 2004/03 en volume (%)	+ 1,7	+ 4,4	+ 2,6
PIB en 2004 (Mds d'euros PPA*)	7 341	10 164	3 210
PIB par habitant en 2004 (euros PPA*)	23 730	34 580	25 170
Déficit public/PIB en 2004 (%)	– 2,7	– 4,3	– 6,1
Dette publique/PIB en 2004 (%)	71,3	63,4	157,6
FBCF/PIB en 2004 (%)	19,0	18,3	25,4

	Zone euro	États-Unis	Japon
Inflation en mai 2005/mai 2004 (%)	1,9	2,8	0,2
Taux de chômage en mai 2005 (%)	8,8	5,1	4,4
Production industrielle 2004/2003 (%)	1,9	4,8	5,3
Capitalisation boursière en 2004 (Mds de $)	5 923,7	16 240,5	5 844,7
Exportations/PIB en 2003 (%)	17,0	9,6	11,8
Importations/PIB en 2003 (%)	18,7	14,1	10,2
Solde Échanges extérieurs /PIB en 2003 (%)	0,3	– 4,7	3,2

* Convertis aux parités de pouvoir d'achat.

14 échanges extérieurs

PRÉSENTATION

En 2004, les exportations de *biens et de services* en valeur rebondissent (+ 5,0 %), après deux ans de déclin (– 2,9 % en 2003 et – 0,3 % en 2002) ; mais la hausse des importations est encore plus vive (+ 8,7 %, après – 0,8 % et – 2,6 %). La facture énergétique s'accroît notamment de 5,9 Mds d'€ (+ 26,8 %) en raison de la hausse des cours du pétrole. Ainsi, le solde des échanges de biens se dégrade nettement : mesuré FAB-FAB, il passe d'un excédent de + 3,4 Mds d'€ en 2003 à un déficit de – 6,6 Mds d'€ en 2004.
Le solde des échanges de services, autres que touristiques, reste excédentaire mais diminue de 2,1 Mds d'€. L'excédent touristique baisse également, de 1,3 Md d'€. Au total, le solde des échanges de biens et de services (FAB-FAB) cède 13,4 milliards, mais demeure excédentaire.

Le solde des opérations de répartition s'améliore. Il reste déficitaire (– 14,5 Mds d'€ après – 21,8 en 2003) mais revient à un niveau voisin de celui de l'année 2002. Le déficit des échanges de revenus de la propriété, apparu en 2002, ne s'aggrave pas. En 2004, les intérêts reçus, en baisse depuis deux ans, se redressent (+ 7,7 %) sous l'effet, principalement, d'une hausse sensible des encours de titres étrangers détenus par des résidents.

En dépit de l'amélioration du solde des opérations de répartition, la France est en situation de besoin de financement (– 10,4 Mds d'€) vis-à-vis du Reste du monde, pour la deuxième année consécutive (– 4,2 Mds d'€ en 2003) [2].

DÉFINITIONS

- ***Comptes nationaux base 2000.*** *Voir 11.1.*
- ***Correction territoriale.*** *Dépenses des résidents à l'étranger moins les dépenses des non-résidents en France.*
- ***Industries manufacturières.*** *Branches des biens de consommation, des biens intermédiaires, des biens d'équipement et de l'automobile.*
- ***Taux de couverture.*** *Rapport de la valeur des exportations (E) divisées par celle des importations (I) relatives au même produit ou ensemble de produits ou au même pays. Le taux de couverture est le rapport E/I alors que le solde du commerce extérieur est la différence E– I.*

POUR EN SAVOIR PLUS

- « Les comptes de la Nation en 2004 : Une reprise tirée par la demande », *Insee Première*, n° 1017, mai 2005.
- « Les comptes extérieurs de la France en 2004 », *Insee Première*, n° 1035, juillet 2005.

SOURCES

[1] Comptes nationaux, Base 2000, Insee.

[2] « L'Économie française », édition 2005-2006, Insee *Références*, juin 2005.

[3] « Le commerce extérieur de la France en 2004 » *Les Notes Bleues de Bercy*, n° 285, février 2005.

[4] « External and intra-European Union trade », *Tableaux détaillés*, thème 6, Eurostat.

Solde des échanges extérieurs [2]

milliards d'euros

	2001	2002	2003	2004
Échanges de biens FAB-FAB	2,4	8,4	3,4	– 6,6
Échanges de services hors tourisme	1,2	4,5	2,5	0,4
Soit : Négoce international	*1,5*	*0,8*	*– 0,7*	*– 1,1*
Transports	*– 1,0*	*0,3*	*– 0,3*	*– 1,1*
Télécommunications	*0,1*	*0,5*	*0,5*	*1,0*
Services rendus aux entreprises	*2,3*	*2,6*	*1,9*	*1,3*
Activités culturelles et récréatives	*– 0,4*	*– 0,5*	*– 0,3*	*0,0*
Assurance	*0,3*	*– 0,5*	*– 0,3*	*– 0,6*
Organismes financiers	*– 1,8*	*1,2*	*1,5*	*0,6*
Tourisme	13,6	13,6	11,6	10,3
Opérations de répartition	– 0,3	– 14,3	– 21,8	– 14,5
dont : Rémunération des salariés	*7,5*	*8,2*	*7,8*	*7,9*
Impôts sur la prod. et les import.	*– 8,9*	*– 7,1*	*– 6,8*	*– 5,3*
Subventions	*9,6*	*9,4*	*9,7*	*9,6*
Revenus de la propriété	*9,6*	*– 6,2*	*– 3,5*	*– 3,4*
Primes d'assurance	*0,7*	*0,9*	*0,8*	*0,9*
Indemnités d'assurance	*– 1,1*	*– 1,0*	*– 0,7*	*– 1,1*
Coop. internationale courante	*– 3,4*	*– 3,9*	*– 3,7*	*– 4,5*
Transferts courants divers	*– 8,6*	*– 9,0*	*– 12,0*	*– 13,6*
Transferts en capital	*– 0,7*	*0,0*	*– 7,7*	*– 0,8*
Capacité de financement de la Nation	**16,9**	**12,3**	**– 4,2**	**– 10,4**

Taux de couverture de l'ensemble des biens et services FAB-FAB [1]

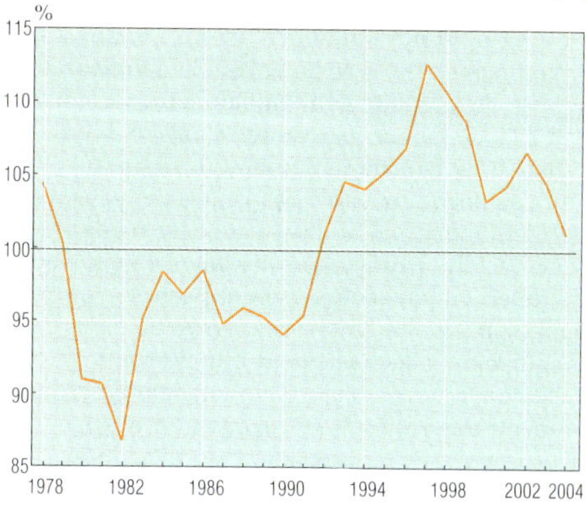

Importations et exportations par groupe de produits en 2004 [1]

milliards d'euros

	Exportations FAB	Importations CAF
Agriculture, sylviculture et pêche	10,3	8,6
Industries	332,4	347,9
soit : IAA	*30,0*	*23,5*
biens de consommation	*52,2*	*59,9*
automobile	*53,6*	*41,4*
biens d'équipement	*81,4*	*74,1*
biens intermédiaires	*103,1*	*108,9*
énergie	*12,3*	*40,2*
Services principalement marchands	52,2	52,0
soit : commerce	*3,7*	*4,8*
transports	*17,7*	*18,8*
activités financières	*3,7*	*3,6*
services aux entreprises	*24,8*	*22,5*
services aux particuliers	*2,3*	*2,2*
Correction CAF-FAB	///	– 7,2
Correction territoriale	32,8	22,5
Total FAB	**428,1**	**424,0**

Commerce extérieur de l'UE avec ses 20 principaux clients en 2004 [4]

Rang		Exportations		Importations		Balance commerciale
		Mds d'€	2004/03 %	Mds d'€	2004/03 %	Mds d'€
1	États-Unis	234,1	3,4	157,7	0,2	76,5
2	Chine	48,1	16,9	126,9	20,4	– 78,8
3	Suisse	75,0	5,3	61,5	4,5	13,6
4	Russie	45,7	23,3	80,5	18,7	– 34,8
5	Japon	43,2	5,5	73,7	2,4	– 30,5
6	Norvège	30,8	11,6	56,0	10,0	– 25,3
7	Turquie	38,0	29,1	31,0	19,7	7,1
8	Corée du sud	17,8	8,8	30,3	17,6	– 12,4
9	Canada	22,0	2,0	16,3	2,6	5,7
10	Taiwan	12,8	16,8	23,6	5,7	– 10,8
11	Brésil	14,1	14,1	21,1	12,5	– 7,0
12	Inde	17,0	17,3	16,2	16,2	0,8
13	Singapour	16,1	12,7	17,0	14,8	– 1,0
14	Roumanie	18,0	21,9	14,1	14,4	3,9
15	Afrique du Sud	16,1	18,5	15,7	4,9	0,4
16	Hong Kong	19,2	4,7	9,9	0,2	9,2
17	Arabie Saoudite	12,6	– 7,5	16,1	24,1	– 3,5
18	Australie	19,9	13,4	8,7	– 2,6	11,2
19	Algérie	9,4	18,7	15,3	4,5	– 5,8
20	Malaisie	8,7	3,9	15,8	0,2	– 7,1
	Total Monde	**968,2**	**9,6**	**1 029,5**	**9,4**	**– 61,2**

Concentration sectorielle des échanges en 2004 [3]

%

Secteurs d'activité	Importateurs		Exportateurs	
	Répartition des opérateurs	Répartition des flux	Répartition des opérateurs	Répartition des flux
Agriculture, sylviculture, pêche	1,3	0,2	6,3	0,4
Énergie	0,2	0,1	0,3	0,2
Industries alimentaires	2,8	3,8	3,1	6,2
Industries manufacturières	25,7	49,1	29,8	66,7
Production et distribution d'électricité, de gaz et d'eau	0,3	2,1	0,2	0,8
Construction	2,0	0,2	1,7	0,2
Commerce, réparation automobile et articles domestiques	51,4	40,0	41,7	20,7
Services marchands	9,6	4,4	10,2	4,7
Autres services	7,0	0,2	6,8	0,1
Ensemble	**100,0**	**100,0**	**100,0**	**100,0**

14 échanges extérieurs

PRÉSENTATION

En 2004, le solde de *la balance commerciale* (FAB-FAB) devient déficitaire de 6,6 Mds d'€.

Les exportations de biens, qui bénéficient de la reprise de la demande mondiale, progressent de + 6,2 % en valeur. Les ventes d'automobiles (+ 8,9 %) y contribuent pour + 1,35 point. Le dynamisme retrouvé des ventes de biens de consommation contraste avec les tendances récentes : les exportations de biens d'équipement du foyer, en particulier, rebondissent (+ 5,4 % après – 8,7 % en 2003). Les ventes de biens d'équipement se retournent franchement. Cela concerne les biens d'équipement électriques et électroniques (+ 5,3 % après – 11,8 %), le gros matériel de transport (+ 8,0 % après – 8,5 %), mais aussi les biens d'équipement mécaniques (+ 5,7 % après – 3,5 %). La progression des exportations de biens intermédiaires est également très vive. Dans le cas des produits de la métallurgie, la hausse des valeurs (+ 13 %) subit le contrecoup de l'envolée des cours de matières premières.

Les importations de biens (CAF) en valeur progressent de + 9,3 % en 2004, alors qu'elles baissaient depuis deux ans (– 1,3 % en 2003 et – 2,3 % en 2002). Les importations de produits énergétiques (+ 21,6 %) contribuent à cette hausse pour plus de deux points et les achats de produits de l'automobile pour 1,2 point (+ 10,0 %). Presque tous les autres postes des importations sont très dynamiques, en réponse notamment aux commandes des entreprises. Les achats de biens d'équipement électriques et électroniques progressent de + 10,5 %, les importations de biens intermédiaires de la métallurgie, dopées elles aussi par un fort effet prix, augmentent de 22,0 %. Les achats de biens d'équipement du foyer sont très vigoureux également (+ 9,2 %) [2].

DÉFINITIONS

- ***Balance commerciale.*** *Dans les échanges extérieurs, la balance commerciale ne prend en compte que les biens, les services étant exclus. La comptabilité nationale procède à l'évaluation dans la nomenclature d'activités française (NAF) des importations et des exportations de biens à partir des statistiques douanières de marchandises. Des correctifs sont apportés à celles-ci : d'une part, les échanges se rapportant à la récupération sont déduits des flux douaniers, d'autre part, on y ajoute ceux de matériel militaire ainsi que l'avitaillement des navires et des avions.*
- ***Comptes nationaux Base 2000.*** *Voir 11.1.*
- ***Taux de couverture.*** *Rapport de la valeur des exportations (E) divisées par celle des importations (I) relatives au même produit ou ensemble de produits ou au même pays. Le taux de couverture est le rapport E/I alors que le solde du commerce extérieur est la différence E– I.*
- ***Terme de l'échange.*** *Rapport, pour un produit donné, entre l'indice du prix des exportations et celui des importations.*

POUR EN SAVOIR PLUS

- « Le commerce extérieur en 2004 », *Les Notes Bleues de Bercy*, n° 285, février 2005.
- « Les comptes extérieurs de la France en 2004», *Insee Première*, n° 1035, juillet 2005.
- « Le commerce extérieur de la France de 1993 à 2002 », *Le 4 Pages*, Sessi, n° 199, décembre 2004.
- « Échanges internationaux de services de l'UE en 2003 », *Statistiques en bref*, Eurostat, n° 17/2005.

SOURCES

[1] Comptes nationaux Base 2000, Insee.

[2] « L'Économie française », *Insee Références*, juin 2005.

Balance commerciale de la France par groupe de biens [1]

milliards d'euros CAF-FAB

NES 16	2001	2002	2003	2004
Agriculture, sylviculture, pêche				
Exportations	9,7	10,4	10,5	10,3
Importations	8,5	8,6	8,7	8,6
Solde	1,2	1,8	1,8	1,7
Industries agricoles et alimentaires				
Exportations	28,6	29,7	29,5	30,0
Importations	22,3	22,8	22,7	23,5
Solde	6,3	6,9	6,8	6,5
Biens de consommation				
Exportations	48,8	50,7	49,7	52,2
Importations	54,8	56,6	56,1	59,9
Solde	– 6,0	– 5,9	– 6,4	– 7,7
Automobile				
Exportations	46,9	48,3	49,2	53,6
Importations	35,7	37,2	37,7	41,4
Solde	11,2	11,1	11,5	12,2
Biens d'équipement				
Exportations	86,7	83,0	76,5	81,4
Importations	78,0	72,1	68,3	74,1
Solde	8,7	10,9	38,2	7,3
Biens intermédiaires				
Exportations	101,9	99,4	96,6	103,1
Importations	106,0	101,7	99,7	108,9
Solde	– 4,1	– 2,3	– 3,1	– 5,8
Énergie				
Exportations	11,4	10,9	11,0	12,3
Importations	33,2	31,5	33,0	40,2
Solde	– 21,8	– 20,6	– 22,0	– 27,9
Total				
Exportations de biens (FAB)	**334,1**	**332,3**	**323,2**	**342,7**
Importations de biens (CAF)	**338,4**	**330,5**	**326,2**	**356,5**
Importations de biens (FAB)	**331,7**	**323,9**	**319,7**	**349,3**
Solde (FAB-CAF)	**– 4,4**	**1,8**	**– 3,0**	**– 13,8**
Taux de couverture (FAB-CAF)	**98,7**	**100,6**	**99,1**	**96,1**
Solde (FAB-FAB)	**2,4**	**8,4**	**3,4**	**– 6,6**

Termes de l'échange par groupe de produits [1]

indice base 100 en 2000

NES 16	2002	2003	2004
Agriculture, sylviculture, pêche			
Prix des exportations	99,2	89,0	94,4
Prix des importations	97,6	88,6	90,1
Terme de l'échange	101,6	100,5	104,8
Industries agricoles et alimentaires			
Prix des exportations	102,8	99,6	100,4
Prix des importations	101,3	99,1	97,9
Terme de l'échange	101,5	100,5	102,6
Biens de consommation			
Prix des exportations	98,3	98,8	97,8
Prix des importations	98,0	97,1	94,8
Terme de l'échange	100,3	101,8	103,2
Automobile			
Prix des exportations	103,6	101,8	106,4
Prix des importations	102,7	103,2	102,7
Terme de l'échange	100,9	98,6	103,6
Biens d'équipement			
Prix des exportations	94,1	91,9	91,3
Prix des importations	87,8	82,9	82,4
Terme de l'échange	107,2	110,9	110,8
Biens intermédiaires			
Prix des exportations	94,3	92,8	95,1
Prix des importations	95,7	94,4	97,4
Terme de l'échange	98,5	98,3	97,6
Énergie			
Prix des exportations	86,4	85,2	104,0
Prix des importations	90,2	92,0	106,6
Terme de l'échange	95,8	92,6	97,6
Ensemble de l'industrie			
Prix des exportations	**96,6**	**95,1**	**96,9**
Prix des importations	**94,7**	**93,0**	**94,8**
Terme de l'échange	**102,0**	**102,3**	**102,2**

Solde FAB-CAF de la balance commerciale [1]

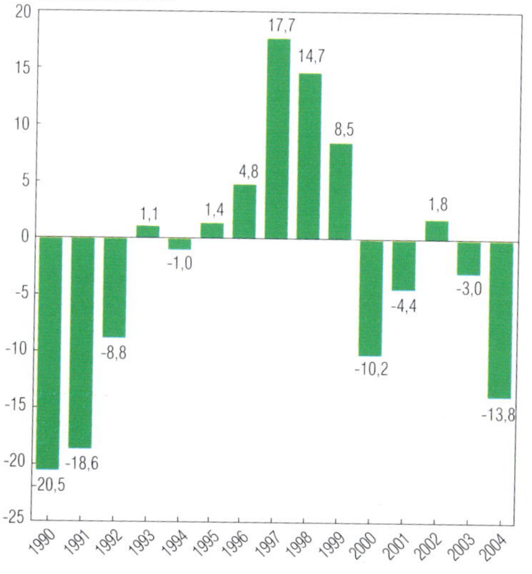

Taux de couverture FAB-CAF en valeur par groupe de produits [1]

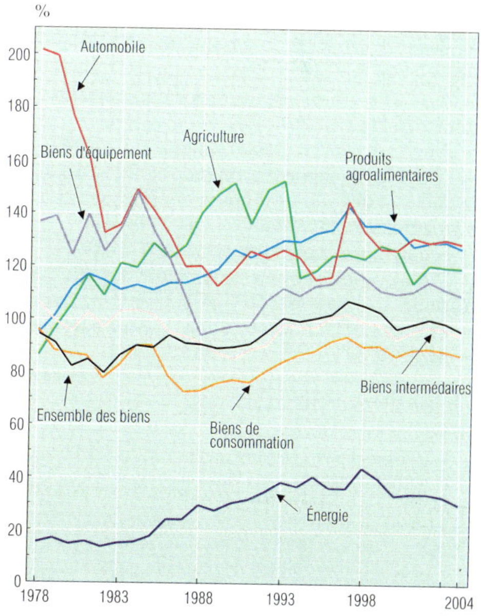

14 échanges extérieurs

PRÉSENTATION

En 2004, les échanges de la France avec l'Union européenne redémarrent après trois années de stabilité. Les exportations et les importations avec cette zone augmentent respectivement de 4,5 % et 6,2 %. Les ventes à l'Allemagne, notre principal partenaire commercial, augmentent de 5,1 %.
En liaison avec l'organisation des jeux olympiques, les ventes à la Grèce sont particulièrement dynamiques (+ 21,3 %), notamment pour les biens intermédiaires et les biens d'équipement.
La très forte hausse des exportations vers l'Irlande (+ 18 %) est liée à la livraison de 7 airbus.
Hors *zone euro*, les échanges avec le Royaume-Uni progressent de 1,4 % à l'exportation et de 4,3 % à l'importation. Les échanges de la France avec les dix nouveaux pays adhérents à l'UE, bien que restant modestes, poursuivent une croissance soutenue (+ 7,4 % à l'exportation et + 14,3 % à l'importation). Près des trois quarts de ces échanges s'effectuent avec la Hongrie, la République tchèque et la Pologne, qui reste notre 1er partenaire commercial dans cette zone.

Les échanges avec les États-Unis, en contraction depuis 2001, se redressent légèrement en 2004 (+ 4,9 % pour les exportations) avec de bons résultats dans le commerce des transports et des produits pharmaceutiques. L'Asie est la zone avec laquelle les échanges extérieurs de la France sont les plus dynamiques. Le niveau des flux entre la France et l'Asie dépasse depuis deux ans celui des échanges avec le continent américain.
Les exportations vers les *pays d'Asie* s'accélèrent (+ 10,9 %) tandis que les importations en provenance de ce continent progressent de 13,1 %. Les exportations vers Singapour (+ 28,9 %) et Taiwan (+ 27,4 %) intègrent d'importantes livraisons d'airbus. Les échanges avec l'Inde, à fort potentiel de croissance économique, décollent (+ 29,1 %) en raison des ventes d'équipements industriels. Les importations depuis les pays du Proche et Moyen Orient progressent (+ 34 %), majorées par l'augmentation du prix du pétrole.
Le montant des exportations vers l'Afrique augmente ne compensant que partiellement le repli de 2003. Les échanges avec les pays du *Maghreb* constituent plus de la moitié des flux avec l'Afrique. L'Algérie est le 1er partenaire de la France sur ce continent. Les exportations vers ce partenaire augmentent de 14,5 % en 2004 [1] [2] [3].

DÉFINITIONS

- **Maghreb.** *Pays d'Afrique du Nord : Algérie, Maroc et Tunisie.*
- **Pays d'Asie.** *Pays d'Asie nouvellement industrialisés : Chine, Corée du sud, Hong Kong, Indonésie, Malaisie, Singapour, Taiwan, Thaïlande.*
- **Zone euro.** *Ensemble géographique constitué par les douze pays de l'Union européenne qui ont adopté l'euro comme monnaie unique. Onze pays satisfont depuis le 2 mai 1998 aux critères de convergence définis par le Traité de Maastricht : l'Allemagne, l'Autriche, la Belgique, l'Espagne, la Finlande, la France, l'Irlande, l'Italie, le Luxembourg, les Pays-Bas et le Portugal. La Grèce, qui n'avait pas pu respecter précédemment ces critères de convergence, est intégrée à la zone euro depuis le 1er janvier 2001.*
  La Suède a différé son entrée dans la zone euro. Le Royaume-Uni et le Danemark souhaitent conserver leur monnaie nationale.

POUR EN SAVOIR PLUS

- *Insee Première* : « Les échanges extérieurs de la France en 2004 », n° 1035, juillet 2005 ; « La France et les nouveaux pays de l'Union européenne », n° 1012, avril 2005.
- « Le commerce extérieur de la France en 2004 », *Les Notes Bleues de Bercy*, n° 285, février 2005.
- « Le commerce extérieur des pays des Balkans occidentaux », *Statistiques en bref*, Commerce extérieur, Eurostat, n° 1/2005.

SOURCES

[1] Comptes nationaux base 2000, Insee.
[2] « Le commerce extérieur de l'année 2004 », Minefi, Direction générale des douanes et droits indirects (www.douane.gouv.fr).
[3] « L'Économie française 2005-2006 », *Insee Références*, juin 2005.

Principaux partenaires commerciaux de la France en Europe et dans le monde en 2004 [2]

milliards d'euros

	Exportations*	Importations**	Solde	Rappel solde 2003
En Europe :				
Allemagne	50,3	61,1	– 10,8	– 8,8
Belgique	25,7	25,6	0,0	2,2
Espagne	33,6	26,0	7,6	7,9
Danemark	2,6	2,8	– 0,2	– 0,1
Grèce	3,4	0,5	2,9	2,3
Hongrie	2,1	2,2	– 0,1	– 0,2
Irlande	2,6	6,5	– 3,9	– 4,6
Italie	31,3	31,6	– 0,4	– 0,6
Pays-Bas	13,2	15,6	– 2,3	– 2,9
Pologne	4,3	3,1	1,1	1,2
Portugal	4,4	3,7	0,7	0,8
République tchèque	2,3	2,1	0,2	0,4
Royaume-Uni	31,3	22,8	8,5	9,0
Suède	4,6	4,5	0,0	0,0
Dans le monde :				
Chine	5,3	16,6	– 11,3	– 8,9
États-Unis	23,1	22,5	0,6	0,9
Japon	5,3	10,7	– 5,4	– 5,2
Russie	3,1	7,4	– 4,2	– 3,4
Suisse	10,2	8,0	2,3	3,5

* de biens (FAB). ** de biens (CAF).

Les 20 premiers fournisseurs et les 20 premiers clients de la France en 2004 [2]

milliards d'euros

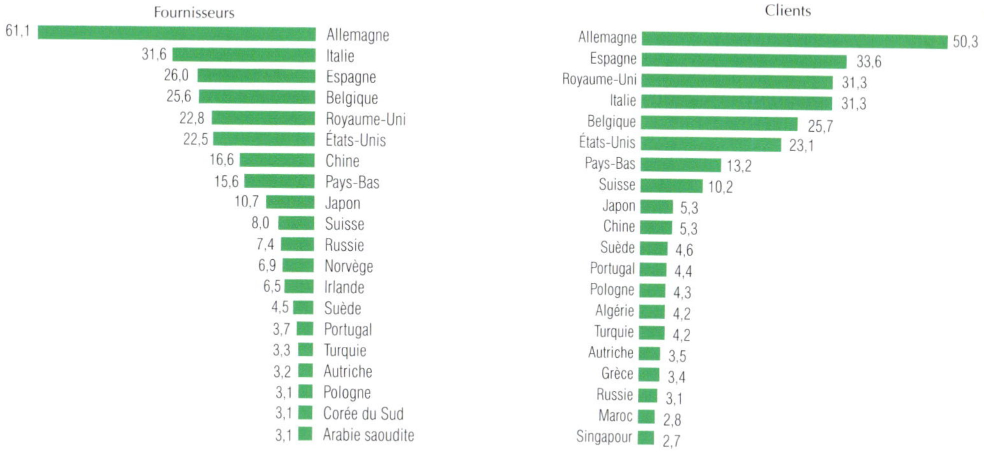

Les principaux excédents et déficits des partenaires de la France* en 2004 [2]

milliards d'euros

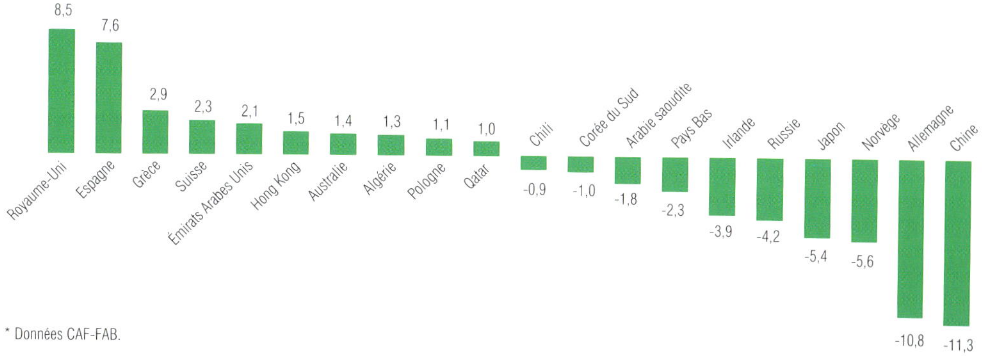

* Données CAF-FAB.

14 échanges extérieurs

PRÉSENTATION

En 2003, les *flux d'investissements directs* mondiaux repartent à la hausse, en particulier dans le secteur des services. Si les sorties mondiales d'investissements étrangers directs (IED) augmentent de 32 %, les entrées diminuent pour la 3ème année consécutive (– 18 %). Le montant des opérations de fusions-acquisitions, principal moteur d'IED dans le monde depuis les années 80, baisse de 20 % et atteint 297 Mds de $ en 2003 [4].

En France, sous l'effet d'une moindre présence des investisseurs résidant hors zone Euro, les flux d'investissements directs étrangers diminuent en 2003 à 41,6 Mds d'euros (– 20 %). La France et la Chine (41,6 Mds) se situent au 2ème rang mondial des pays d'accueil, derrière le Luxembourg (77,6 Mds) et devant les États-Unis (36,4 Mds). Les flux d'investissements directs français à l'étranger baissent légèrement (– 3,2 %). Ils ont été divisés par 4 en 3 ans. La France reste néanmoins parmi les premiers investisseurs mondiaux, ses flux se réorientant vers les pays de l'UE. Les principaux pays d'accueil des investissements français sont le Royaume-Uni (25,6 %), les Pays-Bas (13,2 %), l'Allemagne (12,4 %) et les États-Unis (12,4 %). En 2003, le *solde des flux d'investissements directs* est débiteur et atteint 9,2 Mds d'€ [1].

Le stock d'investissements directs français à l'étranger s'accroit légèrement en 2003 (+ 2,2 % après – 3,2 % en 2002), s'élevant en valeur comptable à 571,3 Mds d'euros. Les stocks d'investissements directs étrangers en France progressent de 9,7 % à 404,5 Mds d'euros en valeur comptable. Au total, la position nette des investissements directs connaît une baisse importante (– 12,4 % après – 21,5 % en 2002), s'établissant à 166,8 Mds d'euros fin 2003 [2].

Pour la 1ère fois depuis trois ans, les emplois créés par les investisseurs étrangers progressent de 20 % (27 335 contre 22 861 en 2002) et les projets de 25 % (547 contre 438 en 2002). La France retrouve quasiment son niveau de croissance de 1998, après les fortes chutes de 2001 et 2002, liées à l'éclatement de la bulle Internet et à la crise des marchés financiers. En 2003, les investisseurs étrangers ont également sauvé 6 303 emplois dans des entreprises en difficulté [3].

DÉFINITIONS

- ***Investissement direct.*** *Investissement qu'une unité institutionnelle résidente d'une économie effectue dans le but d'acquérir un intérêt durable dans une unité institutionnelle résidente d'une autre économie et d'exercer, dans le cadre d'une relation à long terme, une influence significative sur sa gestion. Par convention, une relation d'investissement direct est établie dès lors qu'un investisseur acquiert au moins 10 % du capital social de l'entreprise investie.*
Les investissements directs comprennent non seulement l'opération initiale qui établit la relation entre les deux unités, mais également toutes les opérations en capital ultérieures entre elles et entre les unités institutionnelles apparentées, qu'elles soient ou non constituées en sociétés.
- ***Solde des flux d'investissements directs.*** *Différence entre les flux d'investissements étrangers d'un pays (entrée de capitaux) et les flux d'investissements de ce pays vers l'extérieur (sortie de capitaux). Ce solde est positif quand un pays est plus investi par l'étranger qu'il n'investit lui-même à l'extérieur, et négatif dans le cas inverse.*
- ***Stock en valeur comptable des investissements directs.*** *Il comprend les capitaux propres des entreprises « investies » (y compris les bénéfices réinvestis), augmentés des prêts à long terme consentis par les maisons mères. Il est calculé en valeur comptable par opposition à la valeur de marché (qui prend en compte la fluctuation des cours des actions en Bourse). Il ne prend en considération que les filiales directes.*

POUR EN SAVOIR PLUS

- « La mesure de l'investissement international et de la présence étrangère », *Notes Bleues de Bercy*, Minefi, n° 278, octobre 2004.

SOURCES

[1] « Balance des paiements et position extérieure 2003 », Rapport annuel du Minefi, Banque de France, octobre 2004.

[2] *Bulletin de la Banque de France* : « La position extérieure de la France à fin 2003 », n° 126, juin 2004 ; « Stock des investissements directs français à l'étranger au 31 décembre 2002 » et « Stock des investissements directs étrangers en France au 31 décembre 2002 », n° 125, mai 2004.

[3] Agence Française pour les Investissements Internationaux, avril 2005, (www.afii.fr).

[4] « Rapport sur l'investissement dans le monde 2004 », Onu, (www.unctad.org).

Principaux pays d'origine des flux d'investissements directs étrangers en France [1]

milliards d'euros

Pays	2002 Flux	2002 %	p 2003 Flux	p 2003 %
Union européenne à 15	**39,6**	**76,2**	**30,1**	**72,4**
dont : Union monétaire	*22,7*	*43,7*	*23,8*	*57,2*
Belgique	*1,4*	*2,7*	*9,2*	*22,1*
Allemagne	*10,8*	*20,8*	*6,3*	*15,1*
Pays-Bas	*– 0,7*	*– 1,3*	*4,7*	*11,3*
Luxembourg	*9,6*	*18,5*	*3,9*	*9,4*
Royaume-Uni	*16,4*	*31,5*	*5,7*	*13,7*
Canada	0,5	1,0	4,6	11,1
États-Unis	6,2	11,9	3,5	8,4
Suisse	0,5	1,0	1,9	4,6
Japon	3,3	6,3	– 0,4	– 1,0
Autres pays	1,9	3,7	1,9	4,6
Total	**52,0**	**100,0**	**41,6**	**100,0**

Principaux pays d'accueil des flux d'investissements directs français à l'étranger [1]

milliards d'euros

Pays	2002 Flux	2002 %	p 2003 Flux	p 2003 %
Union européenne à 15	**– 24,0**	**45,7**	**– 36,7**	**72,2**
dont : Union monétaire	*– 19,7*	*37,5*	*– 23,4*	*46,1*
Belgique	*– 6,9*	*13,1*	*0,3*	*– 0,6*
Luxembourg	*0,0*	*0,0*	*– 2,5*	*4,9*
Irlande	*– 2,5*	*4,8*	*– 3,9*	*7,7*
Allemagne	*– 5,9*	*11,2*	*– 6,3*	*12,4*
Pays-Bas	*– 1,5*	*2,9*	*– 6,7*	*13,2*
Royaume-Uni	*– 4,2*	*8,0*	*– 13,0*	*25,6*
Brésil	– 1,0	1,9	0,3	– 0,6
Japon	– 2,5	4,8	– 0,2	0,4
Canada	– 0,3	0,6	– 1,1	2,2
Suisse	– 1,9	3,6	– 4,2	8,3
États-Unis	– 16,5	31,4	– 6,3	12,4
Autres pays	– 6,3	12,0	– 2,6	5,1
Total	**– 52,5**	**100,0**	**– 50,8**	**100,0**

Investissements directs étrangers en France et français à l'étranger [2]

	31-12-1992	31-12-2002
Investissements étrangers en France		
Stocks* (Mds d'euros)	107,4	368,6
Entreprises résidentes investies	7 095	10 713
Investisseurs non résidents	9 271	12 029
Investissements français à l'étranger		
Stocks* (Mds d'euros)	131,2	558,9
Entreprises non résidentes investies	8 662	5 866
Investisseurs résidents	2 243	1 267

* Stocks en valeur comptable.

Flux d'investissements directs entre la France et l'étranger* [1]

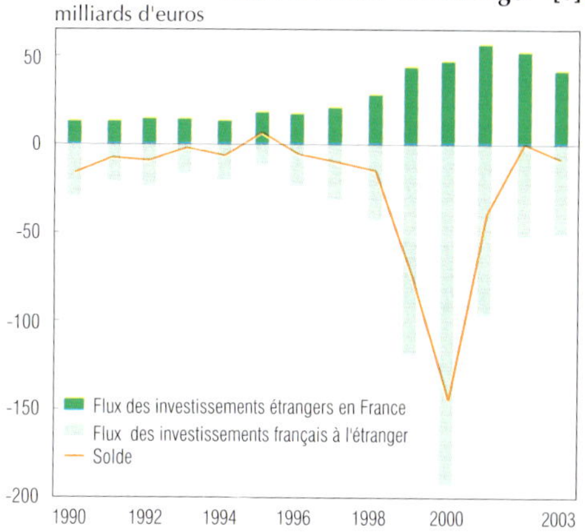

* Données établies conformément à la nouvelle méthodologie de la balance des paiements.

Stock mondial d'investissements directs à l'étranger [4]

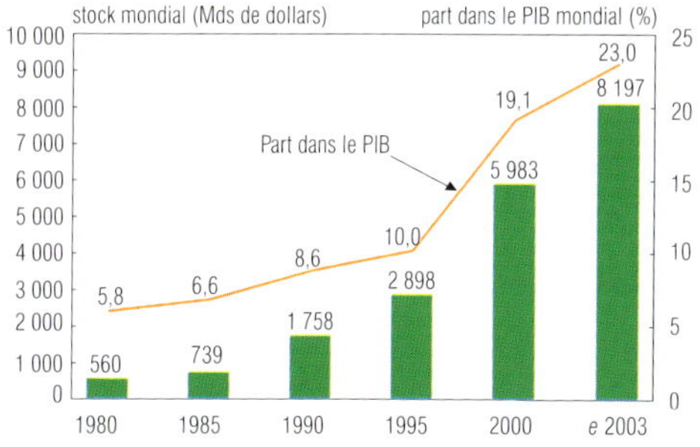

Flux d'investissements directs sortants des principaux opérateurs mondiaux en 2002 et 2003 [4]

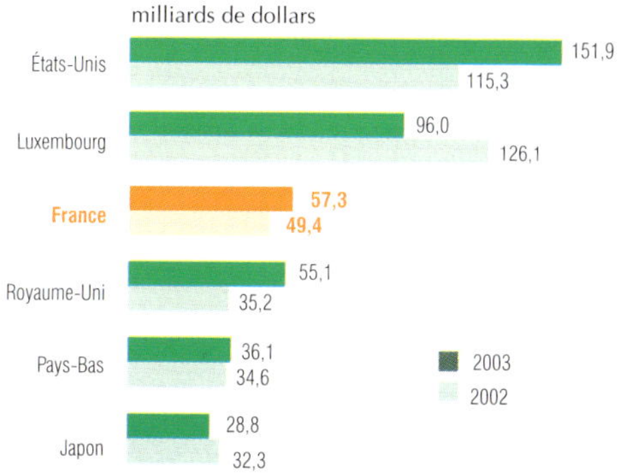

Stocks des investissements directs* au 31-12-2002 [2]

	Investissements à l'étranger Mds d'euros	Investissements à l'étranger %/PIB	Investissements de l'étranger Mds d'euros	Investissements de l'étranger %/PIB
États-Unis	1 670,5	16,8	1 434,6	14,4
Royaume-Uni	885,6	55,2	565,1	35,2
Allemagne	624,5	29,6	486,5	23,1
France	**558,9**	**36,8**	**368,6**	**24,3**
Pays-Bas	369,7	83,2	337,5	75,9
Japon	293,3	7,3	75,3	1,9
Canada	260,7	37,4	210,9	30,3
Italie	206,9	17,0	120,6	9,6
Espagne	206,0	29,7	207,7	29,9
Belgique	192,0	73,6	227,0	87,1

* Valeur comptable.

SYSTÈME PRODUCTIF

Entreprises

Agriculture - Pêche

Industrie - Construction

Énergie

Commerce - Services

15 entreprises

PRÉSENTATION

En 2004, 320 000 entreprises sont créées ou reprises. Après une période de stabilité de 1997 à 2002 (environ 270 000 créations par an), la hausse de 2003 (+ 8,7 %) se poursuit donc en 2004 (+ 9 %). Les *créations pures*, qui constituent les deux tiers des *créations d'entreprises*, augmentent de 12,5 %. En 2004 le *taux de création* est de 12,4 % contre 11,7 % en 2003. Il est plus important dans l'immobilier (16,3 %), la construction (14,5 %) et les services aux entreprises (14,4 %). En revanche, il est beaucoup plus faible dans les secteurs de l'éducation, santé, action sociale (6,8 %), de l'industrie et des transports (7,9 %). Les créateurs financièrement aidés sont plus nombreux en 2004. En particulier, le nombre de chômeurs qui ont bénéficié d'une aide spécifique progresse de 46 % pour les dix derniers mois de 2004 [1] [3].

En 2003, 51 % des entreprises créées cinq ans plus tôt sont toujours actives. En 1998, plus de 160 000 entreprises ont été créées ex-nihilo et environ 40 000 par reprise. Le *taux de survie* de cette « génération 1998 » est bien meilleur que celui de la « génération 1994 », qui n'était que de 46 %. La survie des entreprises varie selon plusieurs critères : les entreprises reprises résistent mieux que les créations nouvelles, les filiales mieux que les entreprises indépendantes ; les entreprises des secteurs de la santé, de l'éducation, de la construction et de l'industrie agroalimentaire sont plus nombreuses à passer le cap de la cinquième année ; l'importance des moyens mis en œuvre au démarrage favorise également les résultats de survie de l'entreprise. Enfin, la survie de l'entreprise dépend aussi d'autres facteurs liés au profil du créateur d'entreprise, comme l'âge et le niveau de diplôme [2].

Le nombre de *défaillances d'entreprises* s'élève en 2004 à 40 579, en hausse de 2,1 % par rapport à 2003. Les secteurs les plus touchés sont les industries agroalimentaires, le secteur des services aux particuliers et celui du commerce [4].

DÉFINITIONS

- ***Création d'entreprises.*** *La statistique des créations d'entreprises est constituée à partir des informations du répertoire SIRENE. Les créations d'entreprise sont classées en trois catégories : créations pures, créations par reprise et réactivation.*
  Toute entreprise personne morale ou personne physique n'ayant pas eu antérieurement d'activité non salariée est inscrite au répertoire lors de sa déclaration de démarrage d'activité et reçoit alors un numéro d'identification. Elle est comptabilisée dans la statistique de créations, à partir de sa date de début d'activité économique :
  *– en **création pure** si l'activité exercée ne constitue pas la poursuite d'une activité de même type exercée antérieurement au même endroit par une autre entreprise. On parle aussi de création « ex nihilo » ;*
  *– en **création par reprise** dans les cas contraires (reprise de tout ou partie des moyens de production d'une autre entreprise,...)*
  *Dans le cas d'une personne physique ayant eu une activité non salariée et reprenant une activité non salariée, cette personne retrouve le numéro d'identification qui lui avait été précédemment attribué. L'opération est alors comptabilisée, dans tous les cas, en **création par réactivation**.*
  Les statistiques sur la création d'entreprises concernent l'ensemble des secteurs marchands du champ ICS (industrie, commerce et services) (hors secteur des services financiers).
- ***Défaillance d'entreprise.*** *Une entreprise est en situation de défaillance ou de dépôt de bilan à partir du moment où une procédure de redressement judiciaire est ouverte à son encontre. Cette procédure intervient lorsqu'une entreprise est en état de cessation de paiement, c'est-à-dire qu'elle n'est plus en mesure de faire face à son passif exigible avec son actif disponible.*
- ***Sine (Système d'information sur les nouvelles entreprises).*** *Voir 15.2.*
- ***Taux de création.*** *Rapport du nombre des créations d'entreprises d'une année au stock d'entreprises au 1er janvier de cette même année.*
- ***Taux de survie.*** *La durée de vie des entreprises est obtenue par la différence entre la date de cessation économique et celle de création. Le taux de survie à 1, 3, 5 ou 7 ans est donc égal au nombre des entreprises de la génération N encore actives lors de leur 12e, 36e, 60e ou 84e mois, divisé par le nombre d'entreprises créées l'année N.*

POUR EN SAVOIR PLUS

- *Insee Résultats, Économie* : « Créations et créateurs d'entreprises – Enquête SINE de 2003 : la génération 1998 cinq ans après », n° 19, décembre 2004 ; « Créations et créateurs d'entreprises – Enquête SINE, profil du créateur 2002 », n° 16, août 2004.
- « Démographie des entreprises dans 10 États membres et en Norvège », *Statistiques en bref*, série industrie, commerce et services, Eurostat, n° 32-2004.

SOURCES

[1] Répertoire Sirene, Insee.

[2] Système d'information sur les nouvelles entreprises (Sine), Insee.

[3] « La hausse des créations d'entreprises se poursuit en 2004 », *Insee Première*, n° 1002, janvier 2005.

[4] « Défaillances d'entreprises », *Informations rapides*, Insee, n° 155, mai 2005 ; Insee, BODACC.

Créations d'entreprises [1]

	1993	2003	2004
Ensemble (nombre)	**272 264**	**291 986**	**318 757**
Selon l'origine (%)			
Créations pures	62,3	67,7	69,9
Reprises	17,7	13,7	13,2
Réactivations	20,0	18,6	16,9
Par secteur (%)			
IAA	2,4	2,1	2,2
Industrie (hors IAA)	6,7	4,7	4,6
Construction	12,3	14,5	15,6
Commerce	32,1	27,1	26,9
Transports	3,7	2,5	2,2
Activités immobilières	2,6	3,7	4,1
Services aux entreprises	15,1	18,5	19,2
Services aux particuliers	18,3	19,1	18,1
dont hôtels cafés restaurants	*11,4*	*11,0*	*10,3*
Education, santé, action sociale	6,8	7,8	7,1
Selon la taille (%)			
0 salarié + non déterminé	73,4	80,1	83,1
1 à 2 salariés	18,1	13,7	12,2
3 à 9 salariés	6,8	4,9	3,7
10 salariés et plus	1,7	1,3	1,0
Selon la catégorie juridique (%)			
Personnes morales	36,2	41,9	44,4
Personnes physiques	63,8	58,1	55,6

Répartition des entreprises créées selon l'activité préalable du créateur [2]

%

	1994	1998	2002
En activité	42,2	50,3	53,8
Chômeur de moins d'un an	27,4	18,6	18,1
Chômeur de plus d'un 1 an	16,4	16,2	14,7
Inactif	14,0	14,9	13,4
Total	**100,0**	**100,0**	**100,0**

Répartition des entreprises créées selon la situation antérieure à la création et le secteur d'activité de l'entreprise en 2002 [2]

%

	Ind.*	Const.	Comm.	Serv.	Total**
Ensemble	**7,9**	**17,8**	**27,3**	**46,9**	**100**
Indépendant ou à votre compte	8,2	13,9	29,1	48,8	100
Chef d'entreprise, PDG	9,8	11,1	30,5	48,6	100
Salarié	8,1	20,8	24,8	46,4	100
Étudiant, scolaire	5,4	7,5	22,4	64,6	100
Sans activité professionnelle	6,8	15,5	35,4	42,4	100

* Y compris IAA. ** Champ ICS (Industrie, Construction, Commerce, Services), hors entreprises agricoles et financières.

Défaillances d'entreprises selon l'activité économique [4]

milliers

	1991	r 2002	r 2003	p 2004
Industrie	8,3	5,0	5,3	4,9
Construction	10,9	8,5	9,1	9,5
Commerce - Réparation	16,0	9,9	10,2	10,8
Autres services	17,7	14,6	15,2	15,4
Total	**52,9**	**38,0**	**39,7**	**40,6**

Stocks d'entreprises et taux de création par secteur [1]

	1993		2004	
	Stock*	Taux de création	Stock*	Taux de création
	milliers	%	milliers	%
IAA	75,2	8,7	65,7	10,8
Industrie (hors IAA)	205,3	9,0	185,8	7,9
Construction	332,4	10,1	342,8	14,5
Commerce	653,4	13,4	638,4	13,4
Transports	91,9	10,8	90,2	7,9
Activités immobilières	64,5	11,0	79,1	16,3
Services aux entreprises	279,5	14,7	426,0	14,4
Services aux particuliers	343,1	14,5	405,2	14,2
Education, santé, action sociale	262,4	7,1	335,3	6,8
Ensemble	**2 307,6**	**11,8**	**2 568,6**	**12,4**

* Au 1er janvier.

Créations et défaillances d'entreprises* [1] [4]

milliers

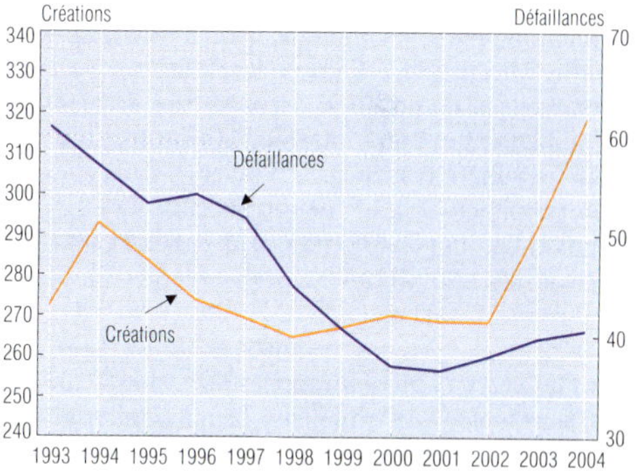

* Champ : industrie, commerce et services.

Taux de survie des entreprises [2]

%

	Créées en 1994		Créées en 1998	
	Survie à 3 ans	Survie à 5 ans	Survie à 3 ans	Survie à 5 ans
Par secteur				
IAA	67,4	57,2	70,4	58,2
Industrie hors IAA	61,6	50,0	68,4	54,5
Construction	60,7	49,0	68,6	55,4
Commerce et réparation	52,5	39,9	59,5	46,8
Transport	59,6	50,3	66,0	50,9
Services aux entreprises, immobilier, location	58,7	46,3	61,6	49,9
Hôtels-cafés-restaurants	56,8	42,5	59,4	44,7
Autres services	65,4	55,1	69,7	59,6
Par taille*				
0 salarié	53,8	42,2	60,1	48,1
1 ou 2 salariés	63,2	49,9	69,8	55,5
3 à 5 salariés	67,2	54,6	71,2	57,7
6 à 9 salariés	69,5	58,5	73,8	60,8
10 salariés et plus	75,0	65,5	72,7	58,8
Selon la catégorie juridique				
Personnes physiques	51,6	40,2	57,4	45,7
Personnes morales	66,7	53,6	71,2	57,4
Ensemble	**57,9**	**45,8**	**63,4**	**50,8**

* Effectifs au démarrage y compris dirigeant.

15 entreprises

PRÉSENTATION

Au 1er janvier 2004, sur l'ensemble des entreprises (hors entreprises agricoles et financières) plus d'une sur deux n'a pas de salarié et 93 % en emploient moins de 10. Elles appartiennent essentiellement aux secteurs du commerce (1 entreprise sur 4), des services aux entreprises et aux particuliers. 6,9 % d'entre elles sont des PME ; seulement 0,2 % dépassent les 250 salariés [1].

Les *groupes* d'entreprises emploient 8 millions de salariés, soit 56 % de l'ensemble des entreprises et représentent 57 % des investissements hors apports. Au 1er janvier 2003, 1 entreprise sur 25 dépend d'un groupe. Les grands groupes produisent deux fois plus de valeur ajoutée et réalisent deux fois et demi plus d'investissements que l'ensemble des microgroupes. Leur poids financier est encore plus considérable : 63 % des capitaux propres de l'ensemble des groupes. Avec l'énergie, l'industrie automobile est le secteur dans lequel les groupes sont les plus présents (plus de 9 salariés sur 10 sont employés par un groupe). Les industries de biens d'équipement et biens intermédiaires sont elles aussi largement dominées. À l'inverse, dans l'éducation, la santé et l'action sociale, l'immobilier, la construction et les services aux particuliers, les entreprises indépendantes sont majoritaires : elles emploient 7 salariés sur 10.

Le poids des groupes étrangers s'affirme, surtout dans les services aux entreprises : de 1993 à 2003, leur part a plus que triplé dans la valeur ajoutée du secteur (18 % début 2003), et a été multipliée par 2,5 dans celle des effectifs (12 % début 2003) [5].

Dans l'ensemble des entreprises de l'industrie, du commerce et des services (hors agriculture, services financiers, location immobilière et administration), les *très petites entreprises* de moins de 20 salariés représentent en 2001, 29 % de l'effectif salarié total et 28 % de la valeur ajoutée totale. Dans le bâtiment elles réalisent plus de la moitié de la valeur ajoutée, mais seulement 14 % dans les transports et 10 % dans l'industrie manufacturière [3].

DÉFINITIONS

- ***Chiffre d'affaires hors taxes (CAHT).*** *Voir 15.3.*
- ***Entreprise industrielle.*** *D'après le Sessi, entreprise de plus de 20 salariés dont l'activité principale est industrielle (hors IAA et BTP).*
- ***Excédent brut d'exploitation (EBE).*** *Solde du compte d'exploitation, pour les sociétés. Il est égal à la valeur ajoutée, diminuée de la rémunération des salariés, des impôts sur les produits, et augmentée des subventions sur les produits. Pour les entreprises individuelles, le solde du compte d'exploitation est le revenu mixte. L'excédent d'exploitation peut être calculé net, si l'on retranche la consommation de capital fixe.*
- ***Groupe.*** *Voir 15.3.*
- ***Microgroupe.*** *Groupe d'entreprises dont l'effectif total, en France, est inférieur à 500 salariés. Beaucoup de microgroupes étrangers font en fait partie d'un groupe dont l'effectif total, à l'étranger et en France, est très supérieur à 500 salariés.*
- ***Petites et moyennes entreprises (PME).*** *Entreprises dont la taille, définie par un ensemble de critères, dont essentiellement le nombre de salariés, ne dépasse pas certains seuils. Eurostat et la plupart des pays emploient le seuil de 250 salariés. En France il n'existe pas de définition officielle unique, mais on utilise le plus souvent dans les statistiques soit le seuil de 250 salariés, soit celui de 500 salariés.*
- ***Petites et moyennes entreprises industrielles (PMI).*** *Entreprises industrielles dont l'effectif est compris entre 20 et 249 salariés.*
- ***Répertoire Sirene.*** *Le système informatisé du répertoire national des entreprises et des établissements (répertoire SIRENE) dont la gestion a été confiée à l'Insee enregistre l'état civil de toutes les entreprises et leurs établissements, quelle que soit leur forme juridique et quel que soit leur secteur d'activité, situés en métropole, dans les DOM et à Saint-Pierre et Miquelon. Les entreprises étrangères qui ont une représentation ou une activité en France y sont également répertoriées.*
- ***Sine (Système d'information sur les nouvelles entreprises).*** *Vise à étudier de façon permanente et régulière les caractéristiques et la vie des nouvelles entreprises. Le système a démarré en 1994 avec l'interrogation d'un échantillon d'entreprises créées ou reprises au cours du premier semestre 1994. Ces entreprises sont suivies pendant cinq ans par un questionnement lors de leur troisième et cinquième anniversaire. Deux autres cohortes, celles des entreprises nées respectivement en 1998 et 2002, sont entrées dans le dispositif Sine.*
- ***Valeur ajoutée hors taxes (VAHT).*** *Voir 17.2.*

POUR EN SAVOIR PLUS

- « Les créations nettes d'emplois : la partie visible de l'iceberg », *Insee Première*, n° 1014, mai 2005.
- *Économie et Statistique*, Insee : « Évaluer la rentabilité des sociétés non financières », n° 372, février 2005 ; « Le tissu productif : renouvellement à la base et stabilité au sommet », n° 371, décembre 2004.
- *Panorama trimestriel des statistiques d'entreprises européennes*, Eurostat.
- « Entreprises européennes – Faits et chiffres », *Eurostat*, édition 2004.

SOURCES

[1] Répertoire Sirene, Insee.
[2] Enquête annuelle d'entreprise, Sessi, édition 2005.
[3] Direction du commerce, de l'artisanat, des services et des professions libérales (DCASPL), (www.pme.gouv.fr).
[4] *Bulletin mensuel de statistique*, Insee.
[5] « Images économiques des entreprises et des groupes au 1er janvier 2003 », *Insee-Résultats*, série « Économie », n° 20, décembre 2004.

Répartition des entreprises selon le nombre de salariés et l'activité au 1er janvier 2004* [1]

milliers

Secteurs d'activité	0	1 à 9	10 à 49	50 à 99	100 à 249	250 et +	Total	*dont PME*
IAA	19,32	38,62	6,22	0,70	0,51	0,33	65,70	*7,42*
Industrie hors IAA	80,54	68,40	27,98	4,19	2,87	1,80	185,79	*35,04*
Construction	165,04	151,90	23,51	1,42	0,68	0,25	342,80	*25,60*
Commerce	333,29	260,27	38,44	3,80	1,81	0,83	638,44	*44,05*
Transports	52,86	25,82	9,14	1,25	0,76	0,41	90,24	*11,15*
Activités immobilières	54,47	22,26	2,26	0,09	0,05	0,02	79,14	*2,40*
Services aux entreprises	273,66	123,79	23,63	2,48	1,41	1,06	426,03	*27,52*
Services aux particuliers	217,29	168,96	17,32	1,04	0,37	0,22	405,19	*18,73*
Éducation, santé, action sociale	259,11	70,07	5,00	0,59	0,41	0,14	335,32	*6,00*
Total	**1 455,59**	**930,08**	**153,49**	**15,55**	**8,87**	**5,06**	**2 568,65**	***177,92***

* Champ ICS (Industrie, Construction, Commerce, Services), hors entreprises agricoles et financières. Données définitives.

Poids des entreprises selon leur taille en terme de valeur ajoutée en 2002 [3]

%

	Nombre de salariés		
	0 à 19	20 à 249	250 et plus
IAA	21,3	24,2	54,5
Industrie et énergie	10,0	24,6	65,4
Construction	53,8	31,8	14,4
Commerce	37,9	29,1	33,0
Transports	14,1	23,3	62,7
Services	30,1	21,4	48,5
Éducation, santé, action sociale	75,2	19,1	5,7
Total	**28,0**	**24,7**	**47,3**

Évolution du chiffre d'affaires des entreprises [4]

indice base 100 en 2000

	1995	1998	2001	2004
Industrie	79,0	87,3	103,4	105,8
Construction	80,3	84,7	104,6	112,1
Transports	75,6	85,9	104,5	112,1
Commerce de gros	80,5	89,2	101,9	106,2
Commerce de détail	80,8	89,9	104,7	113,1
Services aux particuliers	87,0	91,9	103,7	106,2
Services aux entreprises	72,0	83,2	106,8	110,8

Importance des groupes selon l'implantation géographique de la tête de groupe en 2003* [5]

milliards d'euros

	Groupes français	Groupes étrangers	
		UE	Hors UE
Nombre d'entreprises	85 710	11 695	5 279
Effectif salarié (milliers)	5 751	1 265	667
Valeur ajoutée	319	74	53
Excédent brut d'exploitation	93	19	12
Immobilisations corporelles brutes	740	112	66
Investissement corporel hors apports	57	13	8

* Hors entreprises financières et agricoles ; données au 1er janvier.

Importance des groupes en fonction de leur taille en 2003* [5]

milliards d'euros

	Nombre de groupes	Effectif salarié** milliers	CA et produits financiers	Capitaux propres et autres fonds propres
Microgroupes :				
0 à 499 salariés	28 307	1 995	478	170
Petits groupes :				
500 à 1 999 salariés	1 335	1 218	284	135
Moyens groupes :				
2 000 à 9 999 salariés	395	1 488	435	235
Grands groupes :				
10 000 salariés et plus	80	2 981	927	918
Total	**30 117**	**7 683**	**2 123**	**1 458**

* Hors entreprises financières et agricoles ; au 1er janvier. ** Sont comptabilisés les salariés travaillant effectivement en France.

Caractéristiques des entreprises industrielles* de 20 salariés et plus en 2003 [2]

montants en milliards d'euros

	20 à 49 salariés	50 à 99 salariés	100 à 249 salariés	250 à 499 salariés	500 et + salariés	Hors tranche **	**Ensemble**	*dont PMI*
Nombre d'entreprises	11 380	4 322	3 046	1 086	923	590	**21 347**	*18 748*
Effectif employé (milliers)	369,0	296,1	471,5	373,4	1 575,5	47,3	**3 132,7**	*1 136,6*
Chiffre d'affaires HT	47,6	42,1	74,4	67,6	468,6	26,2	**726,5**	*164,2*
Exportations	7,0	8,3	21,9	22,7	181,3	8,4	**249,6**	*37,2*
Valeur ajoutée HT	16,9	13,6	22,3	19,7	135,0	4,5	**211,9**	*52,8*
Rémunérations	8,8	6,9	11,4	9,8	51,8	1,5	**90,2**	*27,1*
Excédent brut d'exploitation	3,7	3,1	4,8	4,5	39,5	1,9	**57,5**	*11,5*
Investissements corporels totaux	1,4	1,3	2,5	2,4	17,3	0,2	**25,1**	*5,2*

* Hors IAA, bâtiment, génie civil et agricole ; données France métropolitaine. ** Il s'agit principalement d'entreprises donneuses d'ordres.

15 entreprises

PRÉSENTATION

En 2003, après une année de stabilité, le classement des 100 premiers *groupes de société* mondiaux connaît de nombreux changements : la première place de la firme RoyalDutchSchell, avec un *chiffre d'affaires* de 214 Mds d'€, redonne aux multinationales du secteur pétrolier la suprématie qu'elles avaient laissée à la grande distribution (Wal-Mart). Les États-Unis conservent leur leadership avec 34 entreprises américaines parmi les 100 premiers groupes mondiaux. Le 1er groupe français, Total, progresse au 10ème rang mondial, Carrefour gagne encore des places se hissant au 17ème rang. PSA Peugeot Citroën (30ème), France Télécom (40ème) et EDF (42ème) se classent parmi les 50 premières entreprises mondiales.

En 2003 les comptes des grands groupes mondiaux se redressent pour revenir au niveau de 2001 : sur les 100 premiers d'entre eux, 11 affichent des pertes, contre 26 en 2002. Le groupe Vodafone enregistre le *résultat net* le plus négatif de cette liste (– 22,4 Mds d'€).

En Europe, avec 50 groupes parmi les 200 premiers européens, la France conserve en 2003 la tête du classement devant le Royaume-Uni (45 groupes) et l'Allemagne (39 groupes). Le groupe Plubicis fait son entrée en atteignant la 32ème place de ce classement. Sur les 50 premiers groupes européens, 9 groupes appartiennent au *secteur* de la distribution, 7 au secteur des télécommunications ainsi que 6 à ceux du pétrole et de l'automobile [1].

En France, l'année 2004 bien que plus animée que 2003, n'est pas faste pour les opérations de fusions-acquisitions. Elles atteignent 157,5 Mds d'€ contre 104,3 Mds d'€ en 2003 : un tiers de ce montant concerne l'OPA lancée par Sanofi (59,3 Mds d'€) sur Aventis [2].

DÉFINITIONS

- ***Chiffre d'affaires hors taxes (CAHT).*** *Montant global des ventes hors taxes de biens et services au cours de l'exercice.*
- ***Groupe de sociétés ou d'entreprises.*** *Ensemble des sociétés (entreprises, personnes morales) dépendant d'un centre de décision ultime : la société tête de groupe, qui peut notamment unifier certains aspects de la gestion financière et de la fiscalité. Néanmoins, le groupe peut comporter une pluralité de centres de décision, en ce qui concerne la politique de production, de vente, etc.*
  Le lien de dépendance est mesuré par la part des voix détenues en assemblée générale ordinaire.
  On définit :
  - *le contour restreint ou « noyau dur « du groupe comme l'ensemble des entreprises détenues directement ou indirectement à plus de 50 % par une société mère, tête de groupe ; la société mère n'est détenue majoritairement, ni directement ni indirectement, par aucune autre société. Dans cette définition, les groupes forment des ensembles disjoints deux à deux ;*
  - *le contour « élargi « du groupe comme l'ensemble de toutes les entreprises dépendant du groupe, quel que soit leur degré de dépendance vis-à-vis du centre de décision. Au niveau statistique, le contour élargi des groupes est formé de l'ensemble des entreprises appartenant au contour élargi d'au moins un groupe, sans pouvoir associer une entreprise à un groupe plutôt qu'à un autre.*
- ***Résultat net.*** *Bénéfice ou perte de l'exercice après impôts et avant distribution.*
- ***Secteur d'activité.*** *Un secteur regroupe des établissements de fabrication, de commerce ou de service qui ont la même activité principale (au regard de la nomenclature d'activité économique considérée). L'activité d'un secteur n'est donc pas tout à fait homogène et comprend des productions ou services secondaires qui relèveraient d'autres items de la nomenclature que celui du secteur considéré. Au contraire, une branche regroupe des unités de production homogènes.*

POUR EN SAVOIR PLUS

- « Caractéristiques des entreprises sous contrôle étranger », *Statistiques en bref*, thème 4, Eurostat, n° 21-2004.
- *Panorama de l'Union européenne*, thème 4, Eurostat : « Entreprises dans les pays candidats – Faits et chiffres – Données 1995-1999 » ; « Entreprises européennes – Faits et chiffres », données 1991-2001 ; données 1990-2002 (cédérom).
- « Fusions et acquisitions : vers une nouvelle vague d'OPE/OPA ? », *Problèmes économiques*, n° 2.842, février 2004.

SOURCES

[1] « Le grand Atlas des entreprises 2005 », *Enjeux-Les Échos*, Hors-série, novembre 2004.
[2] Données du cabinet d'études Dealogic, publiées dans *Le Monde* du 4 janvier 2004.
[3] « L'État actionnaire », *Rapport 2004*, Minefi, 2004.

Les 50 principaux groupes mondiaux de l'industrie et des services en 2003 [1] [3]

Rang	Société	CAHT millions d'€	Résultat net millions d'€	Effectifs
1	Royal Dutch Shell (NL-GB)	214 224	9 955	119 000
2	Wal-Mart (US)	206 535	7 295	1 500 000
3	Exxon Mobil (US)	196 543	17 129	88 300
4	BP (GB)	185 287	8 180	103 700
5	General Motors (US)	147 805	3 045	326 000
6	Toyota (JP)	134 501	9 038	264 410
7	Ford (US)	130 813	394	327 531
8	DaimlerChrysler (DE-US)	108 698	357	362 063
9	General Electric (US)	106 905	11 952	305 000
10	**Total (FR)**	**104 652**	**7 025**	**110 783**
11	ChevronTexaco (US)	95 628	5 760	61 533
12	Volkswagen (DE)	87 153	1 118	335 000
13	NTT (JP)	84 435	1 801	207 000
14	ConocoPhillips (US)	83 730	3 772	39 000
15	Siemens (DE)	74 233	2 445	417 000
16	IBM (US)	71 010	6 041	319 273
17	**Carrefour (FR)**	**70 486**	**1 629**	**419 040**
18	Hitachi (JP)	67 135	123	326 344
19	Altria Group (US)	65 195	7 339	165 000
20	Honda (JP)	63 481	3 611	131 600
21	Hewlett-Packard (US)	62 805	2 183	142 000
22	Us Postal Service (US)	59 108	3 336	729 035
23	Sony (JP)	58 300	688	162 000
24	Matsushita Electric (JP)	58 170	328	290 493
25	Nissan (JP)	57 777	3 917	123 748
26	Mckesson (US)	57 099	531	24 600
27	Nestlé (CH)	56 430	3 985	253 000
28	Ahold (NL)	56 068	– 1	257 140
29	Deutsche Telekom (DE)	55 838	1 253	251 000
30	**PSA Peugeot Citroën (FR)**	**54 238**	**1 497**	**200 000**
31	Verizon (US)	53 977	2 451	203 065
32	Metro (DE)	53 595	496	198 486
33	Home Depot (US)	52 225	3 468	298 800
34	Eni (IT)	51 487	5 585	76 521
35	Vodafone (GB)	50 344	– 22 433	60 109
36	Tesco (GB)	50 167	873	223 335
37	Cardinal Health (US)	49 621	1 230	50 000
38	Fiat (IT)	47 271	– 1 900	162 237
39	E.On (DE)	46 364	4 647	66 549
40	**France Télécom (FR)**	**46 121**	**3 728**	**221 657**
41	China National Petroleum (CN)	45 804	3 471	1 024 371
42	**EDF (FR)**	**44 919**	**935**	**169 552**
43	Pemex (MX)	44 450	– 2 966	138 215
44	RWE (DE)	43 875	953	127 028
45	Toshiba (JP)	43 392	152	161 000
46	Samsung (KR)	43 233	3 977	94 185
47	Kroger (US)	42 855	251	290 000
48	AmeriSourceBergen (US)	42 830	380	14 200
49	Unilever (NL-GB)	42 693	1 053	234 000
50	Procter & Gamble (US)	42 549	5 364	110 000

Les 50 principaux groupes européens de l'industrie et des services en 2003 [1] [3]

Rang	Société	CAHT millions d'€	Résultat net millions d'€	Effectifs
1	Royal Dutch Shell (NL-GB)	214 224	9 955	119 000
2	BP (GB)	185 287	8 180	103 700
3	DaimlerChrysler (DE-US)	108 698	357	362 063
4	**Total (FR)**	**104 652**	**7 025**	**110 783**
5	Volkswagen (DE)	87 153	1 118	335 000
6	Siemens (DE)	74 233	2 445	417 000
7	**Carrefour (FR)**	**70 486**	**1 629**	**419 040**
8	Nestlé (CH)	56 430	3 985	253 000
9	Ahold (NL)	56 068	– 1	257 140
10	Deutsche Telekom (DE)	55 838	1 253	251 000
11	**PSA Peugeot Citroën (FR)**	**54 238**	**1 497**	**200 000**
12	Metro (DE)	53 595	496	198 486
13	Eni (IT)	51 487	5 585	76 521
14	Vodafone (GB)	50 344	– 22 433	60 109
15	Tesco (GB)	50 167	873	223 335
16	Fiat (IT)	47 271	– 1 900	162 237
17	E.On (DE)	46 364	4 647	66 549
18	**France Télécom (FR)**	**46 121**	**3 728**	**221 657**
19	**EDF (FR)**	**44 919**	**935**	**169 652**
20	RWE (DE)	43 875	953	127 028
21	Unilever (GB-NL)	42 693	1 053	234 000
22	BMW (DE)	41 525	1 947	104 342
23	Deutsche Post (DE)	40 017	1 309	383 173
24	**Suez (FR)**	**39 622**	**– 2 165**	**172 291**
25	**Les Mousquetaires* (FR)**	**38 400**	**...**	**112 000**
26	**Renault (FR)**	**37 525**	**2 480**	**140 417**
27	Repsol (ES)	37 206	2 020	31 121
28	Robert Bosch (DE)	36 357	1 100	229 439
29	BAT (GB)	36 297	1 116	86 941
30	ThyssenKrupp (DE)	36 137	512	190 102
31	Basf (DE)	33 361	910	87 159
32	**Publicis Groupe (FR)**	**32 171**	**150**	**35 166**
33	Enel (IT)	31 317	2 509	64 770
34	Edeka (DE)	31 160	...	200 000
35	Telecom Italia (IT)	30 850	1 192	93 187
36	GlaxoSmithKline (GB)	30 374	6 750	100 919
37	EADS (NL)	30 133	152	109 135
38	Statoil (NO)	29 621	1 966	19 326
39	**Saint-Gobain (FR)**	**29 590**	**1 039**	**171 684**
40	Nokia (FI)	29 455	3 592	51 605
41	Philips Electronics (NL)	29 037	695	164 438
42	**Groupe Auchan (FR)**	**28 700**	**575**	**165 000**
43	**Veolia Environnement (FR)**	**28 603**	**– 2 055**	**257 018**
44	Bayer (DE)	28 567	– 1 361	115 400
45	Telefonica (ES)	28 400	2 204	148 288
46	Die Bahn (DE)	28 228	– 245	242 759
47	BT (GB)	27 781	2 126	99 900
48	Sainsbury (GB)	27 361	143	150 000
49	**Centres Leclerc (FR)**	**27 200**	**...**	**84 000**
50	Arcelor (LU)	25 923	257	98 264

* Chiffres 2002.

15 entreprises

PRÉSENTATION

En 2003, les *résultats nets* des 500 premières *entreprises* françaises sont décevants. Les premiers signes de la reprise économique espérée en 2003 n'apparaissent que début 2004. Parmi elles, 192 firmes, dont 132 *groupes* enregistrent une baisse de leur *chiffre d'affaires* en 2003. Le secteur de la distribution, toujours en tête, creuse l'écart devant l'énergie, puis l'automobile.

En 2003, neuf entreprises parmi les cinquante premières entreprises françaises de l'industrie et des services appartiennent au secteur public : France Télécom occupe le 4ème rang juste devant EDF (5ème). Si les grandes *entreprises publiques* ne connaissent pas un développement soutenu en 2003, leur situation est toutefois plus saine.

Dans la grande distribution, les entreprises françaises ne réalisent pas d'opération de croissance externe ; certaines engagent un processus de recentrage, comme Pinault-Printemps-Redoute qui se retire de la distribution professionnelle et des services financiers. Six entreprises de la grande distribution sont classées en 2003 parmi les vingt premières.

Dans le secteur pétrolier, après des années de concentration, les cours élevés du baril dopent les résultats des groupes pétroliers. Total bien que pénalisé par la baisse du dollar par rapport à l'euro, augmente son chiffre d'affaires de 2,1 % et conserve la première place en 2003.

Dans le secteur de l'automobile, malgré le renouvellement de l'offre de modèles proposés, le marché reste morose et accuse une baisse des ventes. Les deux grands constructeurs français confortent cependant leur position respective dans le classement des dix meilleurs résultats nets : Renault (2 480 millions d'€) se hisse à la 3ème place, tandis que PSA maintient sa croissance (1 497 millions d'€) [1].

DÉFINITIONS

- ***Chiffre d'affaires hors taxes (CAHT).*** *Montant global des ventes hors taxes de biens et services au cours de l'exercice.*
- ***Consolidation des résultats.*** *Opérations comptables permettant l'établissement des comptes de groupe. Ceux-ci visent à exprimer la situation et les résultats de la société mère, compte tenu de ses liens avec les sociétés dans lesquelles elle a des intérêts. Ils impliquent l'élimination des doubles emplois provenant, soit d'opérations réalisées à l'intérieur du groupe, soit de liens réciproques entre membres du groupe, et intègrent dans le bilan de la société mère les actifs et dettes des sociétés dépendantes, quelquefois au prorata de la participation du groupe. Le chiffre d'affaires du groupe intègre les chiffres d'affaires cumulés de la société mère et des filiales après élimination des achats et des ventes intra-groupe.*
- ***Entreprise.*** *Unité économique, juridiquement autonome, organisée pour produire des biens ou des services pour le marché. On distingue :*
  - *l'entreprise individuelle (personne physique) qui ne possède pas de personnalité juridique distincte de celle de la personne physique de son exploitant ;*
  - *l'entreprise sociétaire, dont Société Anonyme (SA), Société à Responsabilité Limitée (SARL).*
- ***Entreprise publique.*** *Entreprise sur laquelle l'Etat peut exercer directement ou indirectement une influence dominante du fait de la propriété ou de la participation financière, en disposant soit de la majorité du capital, soit de la majorité des voix attachées aux parts émises.*
- ***Groupe de sociétés ou d'entreprises.*** *Voir 15.3.*
- ***Résultats nets.*** *Bénéfice ou perte de l'exercice après impôts et avant distribution.*

POUR EN SAVOIR PLUS

- « Endettement et internationalisation des groupes », *Insee Première*, n° 890, mars 2003.
- « L'industrie française en 2003-2004 », rapport 2004, Minefi.
- « Images économiques des entreprises et des groupes au 1er janvier 2003 », *Insee Résultats*, série « Économie », n° 20, décembre 2004.
- « Les entreprises sur les marchés mondiaux », *Économie et Statistique*, Insee, n° 363-364-365, 2003.

SOURCES

[1] « Le grand Atlas des entreprises 2005 », *Enjeux-Les Échos*, Hors-série, novembre 2004.

[2] « L'État actionnaire », *Rapport 2004*, Minefi, 2004.

Les 50 principaux groupes français de l'industrie et des services* en 2003 [1] [2]

Rang	Société	CAHT millions d'€	Résultat net millions d'€	Effectifs	Rang	Société	CAHT millions d'€	Résultat net millions d'€	Effectifs
1	Total	104 652	7 025	110 783	26	Michelin	15 370	318	127 210
2	Carrefour	70 486	1 629	419 040	27	L'Oréal (Gesparal)	14 029	1 492	50 500
3	PSA Peugeot Citroën	54 238	1 497	200 000	28	Système U Centrale Nationale	13 786	...	47 000
4	France Télécom	46 121	3 728	221 657	29	Lafarge	13 658	728	75 338
5	EDF	44 919	935	169 652	30	Groupe Danone	13 131	839	88 607
6	Suez	39 622	– 2 165	172 291	31	Alcatel	12 513	– 1 944	60 486
7	Les Mousquetaires**	38 400	...	112 000	32	Lagardère SCA	12 454	334	43 009
8	Renault	37 525	2 480	140 417	33	Air France	12 337	98	71 654
9	Publicis Groupe	32 171	150	35 166	34	LVMH	11 962	723	56 241
10	Saint-Gobain	29 590	1 039	171 684	35	Sodhexo Alliance	11 687	162	308 395
11	Groupe Auchan	28 700	575	165 000	36	Havas	10 970	– 396	16 343
12	Véolia Environnement	28 603	– 2 055	257 018	37	Péchiney (Alcan)	10 651	– 508	...
13	Centres Leclerc	27 200	...	84 000	38	Thales	10 569	124	57 439
14	Arcelor	25 923	257	98 264	39	Valéo	9 234	181	68 200
15	Vivendi Universal	25 482	– 1 143	49 617	40	Schneider Electric	8 780	433	74 276
16	Pinault-Printemps-Redoute	24 361	645	100 779	41	Thomson	8 459	26	59 063
17	Rallye (Finatis)	23 768	108	124 143	42	Air Liquide	8 394	726	31 900
18	SNCF	22 523	66	243 944	43	Areva (CEA)	8 255	473	49 079
19	Bouygues	21 822	450	127 923	44	Sanofi-Synthelabo	8 048	2 076	33 086
20	Airbus (EADS)	19 048	...	50 000	45	La Francaise des jeux	7 822	63	1 091
21	Vinci	18 111	541	127 513	46	Esso SAF (Exxon Mobil)	7 779	65	2 722
22	La Poste	18 004	205	314 126	47	Nissan Europe	7 335	141	229
23	Aventis	17 815	1 901	75 567	48	BP France (BP Europe)	7 224	81	4 513
24	Alstom	16 688	– 1 836	76 811	49	Pari Mutuel Urbain	7 021	461	1 392
25	Gaz de France	16 647	980	38 293	50	Eiffage	6 962	140	46 930

* Données consolidées des entreprises privées et publiques de l'industrie et des services, hors banques et assurances. ** Chiffres 2002.

Les 10 meilleurs et les 10 plus mauvais résultats nets en 2003 [1][2]

millions d'€

Rang	Société	Meilleurs résultats nets	Rang	Société	Plus mauvais résultats nets
1	Total	7 025	1	Suez	– 2 165
2	France Télécom	3 728	2	Véolia Environnement	– 2 055
3	Renault	2 480	3	Alcatel	– 1 944
4	Sanofi-Synthélabo	2 076	4	Eurotunnel	– 1 889
5	Aventis	1 901	5	Alstom	– 1 836
6	Carrefour	1 629	6	Réseau Ferré de France	– 1 422
7	PSA Peugeot Citroën	1 497	7	Rhodia	– 1 351
8	L'Oréal (Gesparal)	1 492	8	Vivendi Universal	– 1 143
9	Saint-Gobain	1 039	9	Péchiney (Alcan)	– 508
10	Gaz de France	980	10	Havas	– 396

Les dix principales hausses et baisses du chiffre d'affaires en 2003 [1]

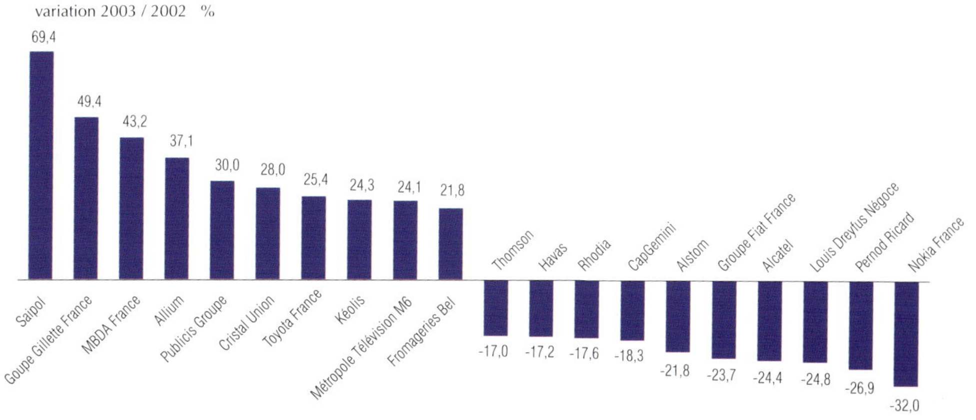

15.1 entreprises

PRÉSENTATION

Fin 2003, l'État contrôle majoritairement 1 447 entreprises, dont 99 directement. Elles emploient 1,12 million de salariés, ce qui représente 5,2 % de l'emploi salarié total en France. L'emploi y est très concentré : les 10 plus grandes *entreprises publiques* rassemblent 80 % de l'ensemble des effectifs. Les quatres *groupes* publics les plus importants – La Poste, la SNCF, France Télécom et EDF – et leurs 390 filiales totalisent à eux seuls 690 000 emplois, soit près de deux tiers de l'ensemble des entreprises publiques.

Peu de modifications interviennent en 2003, aucune privatisation significative n'ayant lieu : les échanges d'entreprises entre secteurs public et privé se font uniquement par *respiration*. Plus de 300 sociétés quittent le public du fait de la vente de filiales ou par cessation d'activité, soit un transfert d'environ 8 600 salariés. À l'inverse, plus d'une centaine entrent dans le secteur public, augmentant ainsi les effectifs salariés des entreprises publiques de près de 15 000 personnes. Au total, le secteur public perd près de 200 entreprises en 2003. Parallèlement l'emploi de ce secteur diminue d'environ 9 000 personnes.

Près de 90 % des entreprises publiques appartiennent au secteur tertiaire, 10 % seulement à celui de l'industrie. L'État se désengage peu à peu de ses activités industrielles, sauf dans les secteurs des biens d'équipement et de l'énergie. En 2003, moins de 2 salariés du secteur public sur 10 y travaillent contre le double dix ans auparavant. Dans le tertiaire, les services aux entreprises, les transports et les services aux particuliers concentrent les trois quarts des effectifs du secteur public. Avec près de 343 000 emplois, l'influence de l'État dans les transports reste prépondérante. L'engagement de l'État dans le secteur des banques et des assurances s'affaiblit d'année en année : il représente à peine 2 % des effectifs du secteur public en 2003, contre 30 % en 1990 [1].

DÉFINITIONS

- ***Entreprise publique.*** *Entreprise sur laquelle l'Etat peut exercer directement ou indirectement une influence dominante du fait de la propriété ou de la participation financière, en disposant soit de la majorité du capital, soit de la majorité des voix attachées aux parts émises.*
- ***Groupe de sociétés ou d'entreprises****. Voir 14.3.*
- ***Nationalisation, privatisation, respiration.*** *Le secteur public d'entreprises connaît un certain nombre de mouvements. Lorsque l'État prend le contrôle direct d'une entreprise, on parle de nationalisation (loi du 11/2/1982). Lorsqu'une entreprise contrôlée directement par l'État passe au secteur privé, on parle de privatisation (lois du 6/7/1986 et du 19/6/1993). Les achats ou ventes de tout ou partie du capital des filiales ou sous-filiales des entreprises publiques qui font « entrer » ou « sortir » des entreprises du secteur public constituent la respiration.*
- ***Nomenclature économique de synthèse.*** *La NES, adoptée par l'Insee en 1994, est une double nomenclature nationale – d'activités économiques et de produits – agrégée, pertinente pour l'analyse économique. Les regroupements constitués sont un dénominateur commun pour la présentation des statistiques économiques agrégées, valable pour tous les domaines : ils visent à refléter, autant que possible, le comportement d'agents confrontés à leur marché, alors que la structuration de la NACE (nomenclature des activités dans la Communauté européenne) et de la NAF (nomenclature d'activités française) font intervenir d'autres critères comme les spécificités techniques du processus de production ou l'organisation en filières de production.*
  La NES comprend trois niveaux comportant respectivement 16, 36 et 114 positions.

POUR EN SAVOIR PLUS

- « Images économiques des entreprises et des groupes au 1er janvier 2003 », *Insee Résultats*, n° 20, décembre 2004.
- *Insee Première* : « Les comptes des administrations publiques en 2003 », n° 961, avril 2004 ;
  « 1985-2000 : quinze années de mutation du secteur public d'entreprises », n° 860, juillet 2002.

SOURCES

[1] « Répertoire des entreprises contrôlées majoritairement par l'État au 31 décembre 2003 », *Insee Résultats*, Économie, n° 18, novembre 2004.
[2] « L'État actionnaire », *Rapport 2004*, Minefi, 2004.
[3] Insee, Recme, Suse.

Entreprises publiques selon l'activité économique fin 2003* [1]

Activité économique (NES)	Nombre d'entreprises	Effectifs salariés milliers	Principaux groupes présents dans le secteur
Agriculture	**n.s**	**11,9**	Office National des Forêts
Industrie	**173**	**206,9**	
Industries agroalimentaires	n.s	n.s	
Industries de biens de consommation	9	1,8	Imprimerie Nationale
Industries de biens d'équipement	44	38,9	Snecma, Giat-industries, CEA
Industries de biens intermédiaires	45	12,0	Société Nationale des Poudres et Explosifs, CEA, Snecma
Énergie	71	153,4	CEA, EDF, GDF
Construction	**20**	**3,2**	
Tertiaire	**1 238**	**895,4**	
Commerce	36	2,0	
Transports	205	342,7	SNCF, Air France, Aéroports de Paris, RATP, Ports autonomes, ...
Activités financières	89	21,0	Banque de France
Activités immobilières	340	6,0	
Services aux entreprises	478	480,7	La Poste, France Télécom, CEA, C3D, CNES, ONERA
Services aux particuliers	68	30,7	Air France, France Télévision, SNR, Opéra de Paris
Éducation, santé, action sociale	6	8,0	Etablissement français du sang
Administration	16	4,3	
Ensemble	**1 447**	**1 117,4**	

* Données provisoires.

Mouvements des entreprises publiques entre 2002 et 2003* [1]

	Entreprises	Effectifs salariés
Entreprises présentes 31.12.02	**1 623**	**1 126 100**
dont : Entreprises pérennes en 2003	*1 372*	*– 15 000*
+ Entreprises entrantes en 2003	+133	+14 900
– Entreprises sortantes en 2003	– 309	– 8 600
Entreprises présentes 31.12.03	**1 447**	**1 117 400**

* Données 2003 provisoires.

Entreprises contrôlées majoritairement par l'État [3]

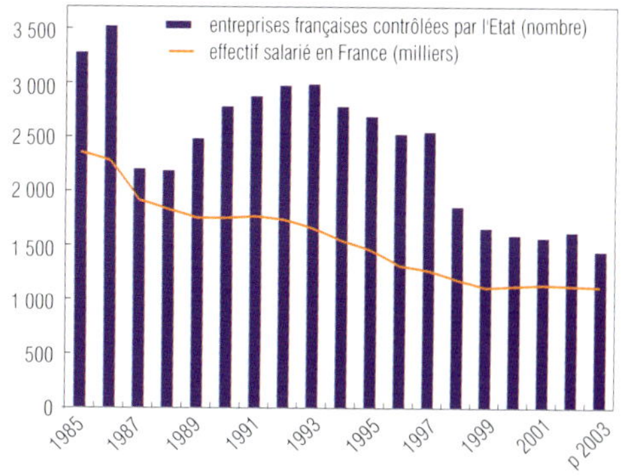

Principales entreprises publiques selon le chiffre d'affaires en 2003* [2]

Rang		Chiffre d'affaires millions d'€	Résultat net millions d'€	Effectifs milliers
1	France Télécom	46 121	3 728	221,7
2	EDF	44 919	935	169,7
3	EADS	30 133	152	109,1
4	SNCF	22 523	66	243,9
5	La Poste	18 004	205	314,1
6	Gaz de France	16 647	980	38,3
7	Air France	12 337	98	71,7
8	Thales	10 569	124	57,4
9	Areva	8 255	473	49,1
10	La Française des Jeux	7 822	63	1,1
11	Snecma	6 431	185	39,7
12	Secteur autoroutier (5 groupes)	4 936	425	15,8
13	RATP	3 800	6	44,3
14	Entreprise Minière et Chimique	2 434	– 44	11,1
15	France Télévisions	2 361	14	6,9
16	Réseau Ferré de France	2 234	– 1 422	0,4
17	DCN	1 907	48	14,0
18	Aéroports De Paris (ADP)	1 712	125	9,9
19	Groupe Charbonnages de France	872	– 364	5,2
20	SNPE	784	– 41	5,4

* Comptes consolidés sauf RFF (comptes sociaux).

Poids du secteur public dans l'économie [3]

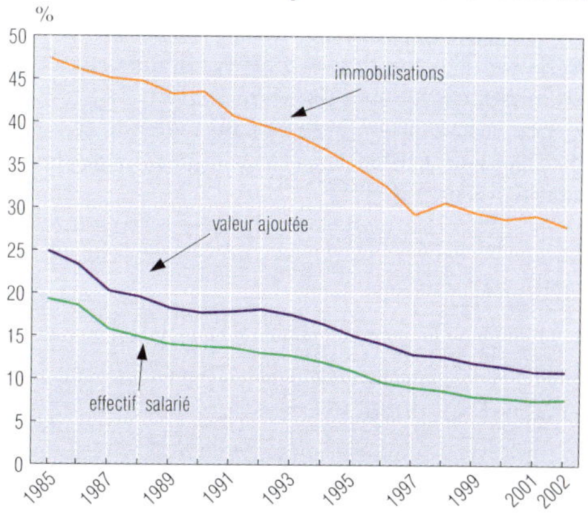

15 entreprises

PRÉSENTATION

Au 1er janvier 2004, le secteur de *l'artisanat* compte près de 851 000 entreprises inscrites au *Répertoire des Métiers*, dont 819 000 sont localisées en France métropolitaine et 716 000 inscrites au titre de leur activité principale.

En 2002, les entreprises de 0 à 19 salariés dont l'activité principale se situe dans le champ de l'artisanat en France métropolitaine emploient 2,3 millions de personnes et réalisent un chiffre d'affaires de 180 Mds d'€. Elles dégagent une valeur ajoutée aux coûts des facteurs de 69 Mds d'€, soit une mobilisation de 14 % des emplois des entreprises pour une contribution de 10 % à la richesse créée par les entreprises.

Les entreprises artisanales sont concentrées dans les métiers du bâtiment (39 %) et des services (30 %), notamment dans les activités de réparation, les taxis et la coiffure. Les métiers de production (métaux, textile, imprimerie...) représentent 18 % des artisans et ceux de l'alimentation (boucherie, boulangerie) 12 %.

Le nombre d'artisans indépendants (seuls ou aidés de non-salariés tels que leur conjoint ou un autre membre de leur famille), classés statistiquement parmi les entreprises de 0 salarié, est en diminution constante : en 2003 ils ne constituent plus que 39 % des entreprises artisanales (contre 55 % en 1985). Ils occupent une place importante (près de la moitié) dans les métiers de plomberie, de menuiserie, de peinture et de terrassement, ainsi que dans ceux de l'habillement et de l'ameublement (63 % dans la finition de meubles). Les entreprises de 1 à 3 salariés (sans compter les aides familiaux) représentent un poids notable dans les secteurs de l'alimentation (44 %) et de la réparation automobile (43 %) ainsi que celui de la coiffure (47 %).

Les entreprises individuelles ont progressivement laissé la place aux formes sociétaires. En 2003, elles constituent moins des deux tiers (59 %) des entreprises artisanales, alors qu'en 1980 elles en formaient presque la totalité (91 %). Elles sont majoritairement dirigées par les hommes, seules 19 % d'entre elles ont une femme à leur tête. Présentes dans tous les secteurs (y compris celui du bâtiment), ces femmes dirigeantes sont particulièrement nombreuses dans le textile et l'habillement, la blanchisserie-teinturerie et les soins à la personne [1].

DÉFINITIONS

- ***Définition économique de l'artisanat.*** *L'étude économique des entreprises artisanales s'appuie sur les différentes enquêtes d'entreprises, les données fiscales, les statistiques sur l'emploi, etc. Elle se base ainsi sur les entreprises ayant une activité principale relevant des secteurs de l'artisanat (en NAF 700) et dont l'effectif salarié ne dépasse pas un certain seuil. Compte tenu des évolutions récentes, ce seuil a été porté à 19 salariés, ce qui correspond à celui des « très petites entreprises ».*
- ***Définition juridique de l'artisanat.*** *Selon la loi du 5 juillet 1996 relative au développement et à la promotion du commerce et de l'artisanat, « doivent être immatriculées au* ***Répertoire des métiers*** *les personnes physiques et les personnes morales qui n'emploient pas plus de 10 salariés et qui exercent à titre principal ou secondaire une activité professionnelle indépendante de production, de transformation, de réparation ou de prestation de services relevant de l'artisanat et figurant sur une liste établie par décret en Conseil d'État ». Sous certaines conditions, les entreprises qui le souhaitent peuvent rester immatriculées au répertoire des métiers au-delà du seuil des 10 salariés (on parle de « droit de suite «). Seules les personnes ayant la qualification requise peuvent se prévaloir auprès de leur clientèle de la qualité d'artisan ou du titre de maître artisan. Le nombre d'entreprises artisanales ne coincide pas avec celui des artisans, car plusieurs artisans peuvent être associés au sein d'une même entreprise.*
- ***Nomenclature d'activités française pour l'artisanat (NAFA).*** *Officialisée par l'arrêté du 8 août 2001, elle donne la liste détaillée des activités entrant dans le champ de l'artisanat ; elle comprend cinq positions, les quatre premières étant strictement celles de la NAF, la cinquième, alphabétique, détaille au sein d'une classe NAF les activités artisanales au sens de l'arrêté du 8 août 2001.*
  La NAFA a été révisée au 1er janvier 2003 (arrêté du 2 janvier 2003, JO du 6 mars 2003) pour s'aligner sur la NAF, révisée à cette même date (NAFA rév 1).
  La NAFA est utilisée par les Chambres de métiers pour codifier l'activité principale au répertoire des métiers (APRM).
- ***Les statistiques présentées dans les tableaux ci-contre concernent la France métropolitaine.***

POUR EN SAVOIR PLUS

- « Les chiffres clefs de l'artisanat », direction du commerce, de l'artisanat, des services et des professions libérales (www.pme.gouv.fr).

SOURCES

[1] Direction du commerce, de l'artisanat, des services et des professions libérales (DCASPL), (www.pme.gouv.fr).
[2] Unedic.

Entreprises artisanales au 1er janvier 2004 [1]

	Activités NAR 20	Inscrites au répertoire des métiers*				Résultats économiques en 2002**	
		Total	*dont à titre principal* %	*dont entreprises individuelles* %	*dont femmes chefs* %	Chiffre d'affaires millions € HT	Valeur ajoutée aux coûts des facteurs millions € HT
0.1	Alimentation	52 103	*83,7*	*66,8*	*13,3*	13 203	5 069
0.2	Viandes et poissons	47 226	*58,7*	*58,5*	*15,4*	10 401	2 597
0	**Alimentation**	**99 329**	***71,8***	***62,8***	***14,2***	**23 604**	**7 666**
1	**Travail des métaux**	**43 241**	***83,6***	***32,3***	***3,9***	**19 901**	**7 654**
2.1	Textile et habillement	13 334	*75,1*	*46,1*	*68,2*	4 983	1 270
2.2	Cuir et chaussures	1 879	*83,1*	*54,2*	*21,3*	532	162
2	**Textile, habillement, cuir**	**15 213**	***76,1***	***47,1***	***61,5***	**5 514**	**1 431**
3	**Bois et ameublement**	**28 464**	***83,8***	***63,0***	***13,7***	**5 730**	**2 095**
4.1	Mat. de construction, céramique, verre, chimie	11 180	*81,7*	*40,0*	*24,9*	6 836	1 993
4.2	Papier, imprimerie, repro., arts graphiques	13 403	*84,5*	*34,0*	*21,3*	5 190	2 012
4.3	Fabrication d'articles divers	32 309	*76,4*	*41,0*	*19,3*	11 726	4 212
4	**Autres fabrications**	**56 892**	***79,4***	***39,1***	***20,8***	**23 752**	**8 218**
5.1	Maçonnerie	87 280	*87,2*	*55,2*	*2,5*	20 489	7 625
5.2	Couverture, plomberie, chauffage	51 589	*97,0*	*63,6*	*1,4*	11 364	5 016
5.3	Menuiserie, serrurerie	48 340	*95,8*	*62,9*	*1,4*	11 007	4 628
5.4	Installation d'électricité	36 267	*94,6*	*63,1*	*1,2*	6 897	2 987
5.5	Aménagement, finitions	72 517	*96,7*	*71,7*	*2,3*	11 581	5 494
5.6	Terrassements, travaux divers	25 629	*81,8*	*53,0*	*2,9*	8 354	2 815
5	**Bâtiment**	**321 622**	***92,6***	***62,1***	***2,0***	**69 691**	**28 564**
6.1	Transport	33 361	*92,9*	*80,5*	*9,2*	3 505	2 066
6.2	Réparation	85 147	*58,8*	*49,0*	*11,6*	15 452	4 083
6.3	Blanchisserie, teinturerie, soins de la personne	78 561	*96,1*	*72,9*	*76,9*	5 681	3 471
6.4	Autres services	51 972	*85,5*	*58,8*	*42,6*	7 480	3 336
6	**Réparation, transport, autres services**	**249 041**	***80,7***	***62,8***	***41,2***	**32 118**	**12 955**
7	**Activités non réparties**	**4 946**	***0,0***	***30,6***	***17,3***		
	Ensemble	**818 748**	***83,9***	***58,8***	***18,6***	**180 310**	**68 584**

* Définition juridique de l'artisanat. ** Définition économique de l'artisanat.

Estimation de l'emploi dans l'artisanat* [1] [2]

milliers

Activités NAR 8	1995	*p* 2004	2004/03 %
Alimentation	207	210	– 0,4
Travail des métaux	184	184	4,5
Textile, cuir, habillement	61	40	– 8,5
Bois, ameublement	52	47	– 3,6
Autres fabrications	226	205	– 1,4
Bâtiment	555	642	1,0
Réparation, transport, autres services	319	370	0,3
Total	**1 603**	**1 698**	**0,4**

* Définition économique de l'artisanat. Données au 1er janvier.

Entreprises artisanales selon le nombre de salariés au 1er janvier 2004* [1]

nombre

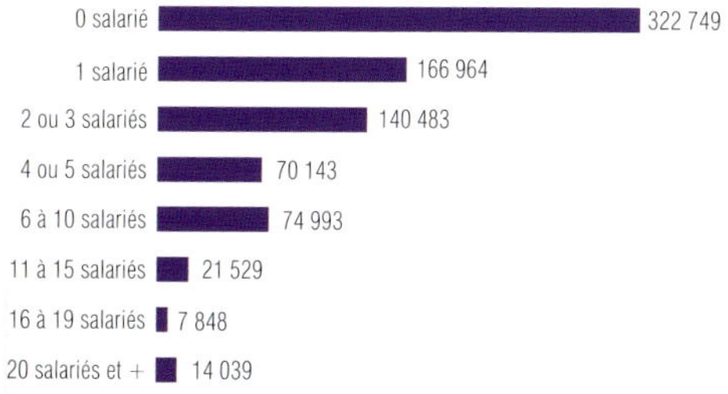

* Définition juridique de l'artisanat.

Densité artisanale au 1er janvier 2004*

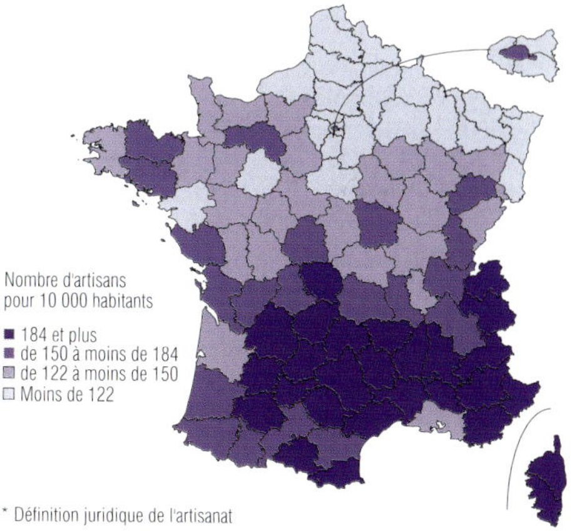

* Définition juridique de l'artisanat

Statut juridique des personnes inscrites au RIM* [1]

%

	1980	2000	2004
Personnes physiques	90,8	63,8	58,8
SARL	5,2	32,4	37,5
SA	0,8	2,8	1,9
Autres sociétés	0,8	0,8	0,7
Autres statuts	2,4	0,1	1,1

* Définition juridique de l'artisanat. Données au 1er janvier.

15 entreprises

PRÉSENTATION

Après la crise sévère du secteur des *technologies de l'information et de la communication*, la dynamique de l'*innovation* (mesurée grâce aux indicateurs du *tableau de bord de l'innovation*) se ranime. La reprise des investissements en *capital-risque* (193 millions d'€ soit une progression de 23 % par rapport au 1er semestre 2003) montre l'intérêt retrouvé des investisseurs pour les jeunes entreprises.

Dans l'ensemble des secteurs de l'économie, près de 123 000 entreprises (+ 23 %) se sont créées ex nihilo au cours du 1er semestre 2004. Une entreprise sur vingt est créée dans les *secteurs technologiquement innovants* : 6 056 unités au 1er semestre 2004, contre 4 477 au 1er semestre 2003. Les trois-quarts appartiennent au secteur des services informatiques.

Au 1er semestre 2004, les effectifs salariés dans l'ensemble des secteurs innovants atteignent 1,6 million de salariés, soit un recul de 0,2 % dans la plupart des secteurs, à l'exception des services informatiques où la croissance des emplois repart.

Le *Nouveau marché* reste sinistré début 2004. Aucune société n'est introduite et 20 sont retirées de la côte depuis janvier 2003.

Au 1er semestre 2004, le nombre de demandes de brevets publiées d'origine française augmente de 4,2 % et s'élève à 6 237. Le nombre de demandes de brevets européens publiées d'origine française connaît une forte hausse (+ 15 %). L'électronique-électricité et la chimie-pharmacie en représentent plus d'un tiers [1].

L'innovation concerne la plupart des entreprises. Entre 1998 et 2000, plus de 40 % des entreprises industrielles de 20 salariés et plus ont innové. L'*innovation de produit* concerne 34 % des entreprises industrielles, l'*innovation de procédé* 23 % [3].

Les entreprises considèrent désormais le recours aux TIC comme un élément déterminant d'innovation et de performance. En 2002, 97 % des entreprises du commerce et des services de 10 salariés et plus sont équipées en micro-ordinateurs. La connexion internet est très répandue (82 %) ainsi que l'usage du courrier électronique (84 %) ; 60 % des entreprises ont aussi une vitrine électronique [4].

DÉFINITIONS

- ***Capital-risque.*** *Sous-ensemble du capital-investissement, il correspond aux investissements en fonds propres dans des entreprises au cours des toutes premières années de leur existence.*
- ***Nouveau marché.*** *Créé en 1996, il s'adresse aux entreprises qui ont un projet de développement à financer et un fort potentiel de croissance. Il constitue ainsi le marché des jeunes valeurs de croissance à la Bourse de Paris et accueille principalement des entreprises de haute technologie.*
- ***Innovation.*** *On distingue l'**innovation de procédé** (mise en œuvre de nouvelles techniques pour la production, que les produits soient innovants ou non) et l'**innovation de produit** (création d'un nouveau produit ou d'un produit, distinct d'un point de vue technologique, d'un produit précédemment fabriqué).*
- ***Secteurs technologiquement innovants.*** *Secteurs des technologies de l'information et de la communication, des biotechnologies, des produits pharmaceutiques et des nouveaux matériaux.*
- ***Tableau de bord de l'innovation.*** *Publié deux fois par an par le Ministère de l'Économie, des Finances et de l'Industrie, il présente 18 indicateurs significatifs du développement de l'innovation technologique en France.*
- ***Technologies de l'information et de la communication (TIC).*** *Comprend selon l'OCDE :*
  - *les secteurs producteurs de TIC (fabrication d'ordinateurs et matériel informatique, de TV, radios et téléphones, d'appareils d'instrumentation et de mesure, de connectique) ;*
  - *les secteurs distributeurs de TIC (commerce de gros de matériel informatique) ;*
  - *les secteurs des services de TIC (services des télécommunications, services informatiques et services audiovisuels).*

POUR EN SAVOIR PLUS

- « Les entreprises de services innovent aussi », *Insee Première*, n° 982, août 2004.
- « Qui sont les ressources humaines hautement qualifiées de l'Europe et où sont-elles employées », *Statistiques en bref*, thème Science et technologie, Eurostat, n° 11/2004.

SOURCES

[1] *Tableau de bord de l'innovation*, 12e édition, Minefi, avril 2005.

[2] Eurostat.

[3] « L'innovation dans les entreprises », *Synthèses* n° 67, Insee, décembre 2002.

[4] « Les entreprises du tertiaire relèvent le défi des TIC », *Insee Première*, n° 1005, mars 2005.

Créations d'entreprises des secteurs innovants [1]

	2000		2001		2002		2003		2004
	1er sem	2nd sem	1er sem	2nd sem	1er sem	2nd sem	1er sem	2nd sem	1er sem
Créations d'entreprises	5 407	53 70	5 141	4 333	4 171	3 822	4 477	4 743	6 056
Effectifs salariés* (milliers) :	1 585	1 638	1 665	1 672	1 649	1 623	1 610	1 605	1 601
dont : secteurs des TIC (milliers)	*1 314*	*1 367*	*1 392*	*1 398*	*1 376*	*1 351*	*1 339*	*1 334*	*1 330*

* Effectifs en fin d'année.

Équipement des entreprises du tertiaire en technologies de communication [4] %

Proportion d'entreprises équipées en micro-ordinateurs...	Ensemble	+ internet	+ courrier électronique	+ intranet	+ extranet
Commerce de détail	92	59	71	33	11
Commerce de gros et intermédiaires	98	86	87	33	13
Commerce automobile	98	81	81	43	26
Ensemble Commerce*	**95**	**74**	**80**	**35**	**15**
Audiovisuel	100	100	82	14	4
Hôtels et autres hébergements	64	75	67	9	5
Immobilier	80	67	63	20	13
Informatique et télécommunications	97	96	95	30	19
Location sans opérateur	70	32	35	24	3
Autres services opérationnels	91	66	61	9	2
Publicité et études de marché	92	86	87	14	14
Services professionnels, architecture, ingénierie, contrôle	90	77	75	17	7
Ensemble Services *	**98**	**92**	**90**	**44**	**17**

* 10 salariés et plus.

Chiffre d'affaires des secteurs innovants [1]

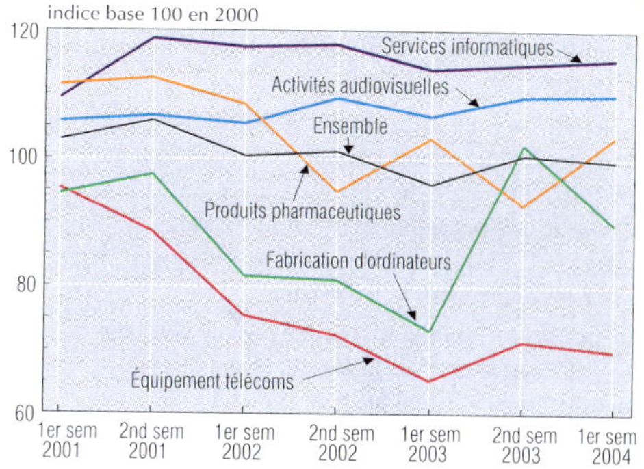

Demandes de brevets déposées* dans l'UE en 2002 [2]

	Ensemble des brevets		*dont brevets de haute technologie*	
	Nombre	Par million d'habitants	*%*	*Par million d'habitants*
Allemagne	24 810	301	*15,1*	*45,5*
Autriche	1 423	175	*13,5*	*23,6*
Belgique	1 527	148	*18,7*	*27,7*
Chypre	7	10	*14,3*	*0,7*
Danemark	1 153	215	*20,9*	*44,9*
Espagne	1 029	25	*13,9*	*3,5*
Estonie	12	9	*25,0*	*2,6*
Finlande	1 615	311	*38,6*	*120,2*
France	**8 738**	**147**	***21,6***	***31,8***
Grèce	89	8	*16,9*	*1,4*
Hongrie	186	18	*22,0*	*4*
Irlande	349	90	*29,8*	*26,8*
Italie	4 341	75	*9,5*	*7,1*
Lettonie	14	6	***0,1*	***0,5*
Lituanie	9	3	*44,4*	*1,3*
Luxembourg	93	211	*3,2*	*7,5*
Malte	7	18	*n.s*	*0,8*
Pays-Bas	4 491	279	*33,4*	*93*
Pologne	105	3	*11,4*	*0,3*
Portugal	44	4	*18,2*	*0,8*
République tchèque	112	11	*4,5*	*0,5*
Royaume-Uni	7 685	129	*24,9*	*32*
Slovaquie	23	4	*21,7*	*0,9*
Slovénie	65	33	*10,8*	*3,4*
Suède	2 775	312	*24,0*	*74,7*
UE à 25	**60 698**	**134**	***19,5***	***26,0***
États-Unis	44 427	155	*31,3*	*48,4*
Japon	21 248	167	*24,2*	*40,4*

* Demandes déposées auprès de l'Office européen des brevets (OEB). Données provisoires. ** Données 2001.

Nouveau marché [1]

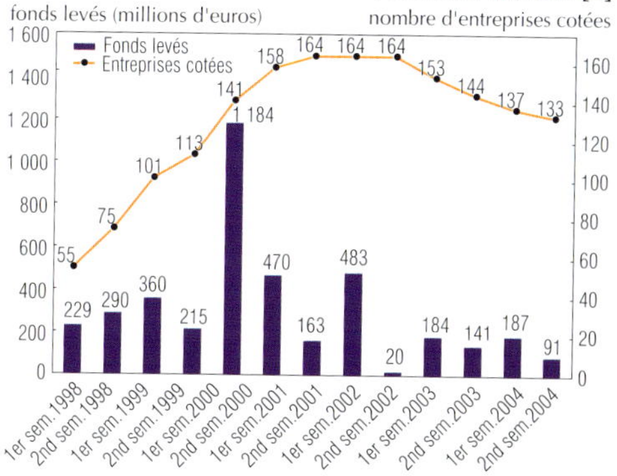

16 agriculture - pêche

PRÉSENTATION

En 2004, la production agricole française augmente de 3,4 % en valeur au prix de base. Les récoltes ont été particulièrement abondantes, alors que les effets du gel et de la sécheresse avait conduit à déclencher les procédures de calamités agricoles en 2003. Les consommations intermédiaires progressent de 3,1 % en valeur, du fait de la hausse du prix des achats (énergie, engrais...). La valeur ajoutée augmente sensiblement (+ 3,7 %). Mais les subventions d'exploitation et les impôts fonciers reviennent à des niveaux habituels et le *résultat agricole net* de la branche agriculture diminue (– 1,7 %). Comme l'emploi baisse de 1,7 % exprimé en équivalent temps plein et comme le prix du PIB augmente de 1,6 %, le *résultat agricole net par actif en termes réels* diminue (– 1,6 %). Sur les cinq dernières années, cet indicateur régresse : – 1,2 % par an sur les années 2000 à 2004. Dans l'Union européenne élargie à 25 pays, selon les premières données disponibles, le résultat agricole net par actif en termes réels se serait amélioré en 2004 (+ 3,3 %). Les dix nouveaux États membres présenteraient une forte hausse (+ 53,8 %), sous l'effet de l'abondance des récoltes et des aides communautaires. Les quinze anciens Etats membres enregistreraient une légère progression (+ 0,8 %).

En France, le volume de la production agricole augmente fortement en 2004 (+ 11,2 %). La production végétale bénéficie de conditions climatiques particulièrement favorables (+ 20,5 % après – 13,6 % en 2003). Les productions animales sont en léger repli (– 1,0 %).

Les prix de la production agricole diminuent (– 7,1 %). Avec l'abondance, le prix des productions végétales se replie (– 12,7 % après + 13,5 %). Globalement, le prix des productions animales augmente (+ 1,9 %). Une offre en baisse favorise la fermeté des cours du bétail et des volailles. Pour le lait, la baisse du prix producteur est compensée par le versement d'une nouvelle aide directe. En revanche, le prix des œufs s'effondre [1].

DÉFINITIONS

- ***Compte spécifique de l'agriculture.*** *Ce compte base 2000 suit la méthodologie spécifique européenne, en cohérence avec le Système européen des comptes. Voir aussi 11.1.*
- ***Prix de base auquel est valorisé la production.*** *Il est égal au prix facturé par le producteur diminué des impôts sur les produits qu'il paye, et augmenté des subventions sur les produits qu'il reçoit.*

  Les aides à l'agriculture sont classées par la Comptabilité nationale en ***subventions sur les produits*** *et en* ***subventions d'exploitation*** *:*
  - *les premières comprennent notamment les aides compensatrices aux grandes cultures, la prime à la vache allaitante et la prime spéciale aux bovins mâles ;*
  - *les subventions d'exploitation comprennent principalement les aides agri-environnementales et les aides pour calamités agricoles.*
- ***Consommation de capital fixe.*** *Elle mesure la dépréciation annuelle liée à l'usure du capital et à son obsolescence. Elle est évaluée pour l'ensemble des biens de capital fixe de la branche agricole (plantations, matériels et bâtiments), à l'exception des animaux.*
- ***Résultat agricole net.*** *Valeur ajoutée nette au coût des facteurs c'est-à-dire la valeur ajoutée nette à laquelle sont ajoutées les subventions d'exploitation et retranchés les «autres impôts sur la production» (dont les impôts fonciers constituent la plus grande part). Son évolution peut être rapportée à celle du nombre d'unités de travail annuel total (ou équivalent temps plein) : on obtient ainsi l'évolution du* ***résultat agricole net par actif****.*

  Les évolutions mesurées en termes réels correspondent aux évolutions à prix courants déflatées par l'indice de prix du produit intérieur brut.

POUR EN SAVOIR PLUS

- *Insee Première* : « Les comptes prévisionnels de l'agriculture pour 2004 », n° 995, décembre 2004 ; « L'agriculture en 2003 en Europe et en France – Les grands pays agricoles affectés par la sécheresse », n° 974, juin 2004.
- *Statistiques en bref*, agriculture et pêche, thème 5, Eurostat.
- « Agriculture et monde agricole », *Notes et études documentaires*, La documentation française, 2003.
- « Les comptes provisoires de l'agriculture 2004 par département et catégorie d'exploitations », *Agreste-Primeur*, Scees, n° 164, juin 2005.

SOURCES

[1] « L'agriculture en 2004 en France et dans l'Europe élargie » *Insee Première*, n° 1026, juin 2005 et Division Agriculture, Insee.

[2] Eurostat.

[3] Agreste, Scees, ministère de l'Agriculture et de la Pêche.

Résultat agricole par actif en termes réels [1]

indice base 100 en 2000

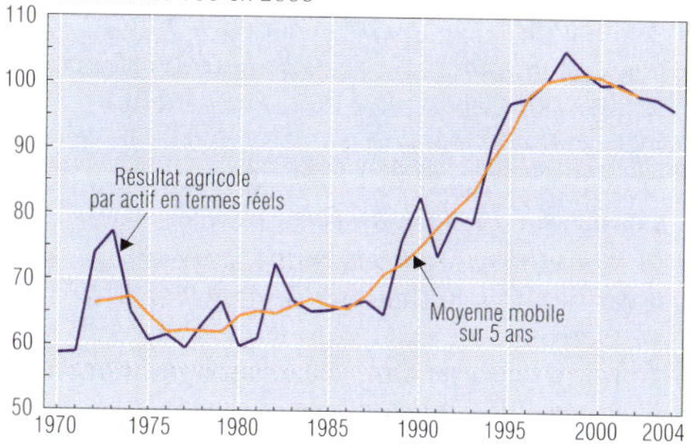

Résultat agricole par actif en termes réels, selon l'orientation [1]

	Évolution 2004/2003 %	Disparité du résultat 2002-2004
Ensemble des exploitations	**– 1,8**	**91**
Exploitations professionnelles	**– 1,6**	**100**
Céréales, oléo-protéagineux	– 3,6	128
Autres grandes cultures	– 12,7	116
Maraîchage et fleurs	– 19,9	105
Vins d'appellation d'origine	46,6	112
Autres vins	15,1	87
Arboriculture fruitière	– 0,8	117
Bovins-lait	– 6,4	78
Bovins-viandes	– 14,1	99
Bovins-mixtes	– 0,3	103
Ovins et autres herbivores	– 10,8	67
Élevage hors sol (lapins, porcins, volailles,…)	– 18,8	107
Polyculture	– 6,9	95
Autres orientations mixtes	– 9,7	86

Production de quelques produits agricoles [3]

millions de tonnes

	1970	1980	1990	2000	*p 2004*
Blé tendre	12,3	23,4	31,4	35,7	37,6
Maïs	7,5	9,3	9,4	16,0	16,4
Bœuf, veau	1,6	2	1,9	1,8	1,8
Porc	1,1	1,5	1,7	2,3	2,3
Lait de vache*	259,0	313,0	234,3	226,3	222,7
Fromages	0,7	1,2	1,5	1,9	2,0
Vin*	74,4	69,7	65,5	59,7	58,8
dont : AOC (%)	*15,5*	*19,1*	*35,1*	*45,7*	*43,2*

* millions d'hectolitres

Production et valeur ajoutée de l'agriculture en 2004 [1]

	2004 Mds d'€	Évolution 2004/2003 % Volume	Prix	Valeur
Production hors subventions	**57,5**	**10,9**	**– 7,0**	**3,2**
Subventions sur les produits	7,6	13,6	– 7,4	5,1
Production au prix de base	**65,1**	**11,2**	**– 7,1**	**3,4**
dont : Produits végétaux	37,6	20,5	– 12,7	5,2
Céréales	*10,3*	*28,1*	*– 17,2*	*6,1*
Oléagineux, protéagineux	*2,2*	*10,1*	*– 10,5*	*– 1,4*
Betteraves industrielles	*1,1*	*4,0*	*– 3,6*	*0,3*
*Autres plantes industrielles**	*0,6*	*3,9*	*– 6,7*	*– 3,1*
Fruits, légumes, pommes de terre	*6,5*	*6,6*	*– 12,9*	*– 7,2*
Vins	*9,5*	*28,0*	*– 4,2*	*22,7*
Fourrages, plantes,fleurs	*7,4*	*23,0*	*– 17,9*	*1,0*
dont : Produits animaux	24,4	– 1,0	1,9	0,9
Bétail	*12,1*	*– 1,8*	*4,8*	*3,0*
Volaille, œufs	*3,8*	*– 0,4*	*– 4,2*	*– 4,6*
Lait et autres produits d'élevage	*8,5*	*– 0,3*	*0,8*	*0,5*
dont : Services agricoles**	3,1	0,0	1,8	1,8
Consommations intermédiaires***	34,0	3,4	– 0,3	3,1
Valeur ajoutée brute	**31,1**	**19,9**	**– 13,5**	**3,7**
Consommation de capital fixe	8,8	0,1	3,3	3,4
Valeur ajoutée nette	**22,2**	**27,8**	**– 8,7**	**3,9**

* Tabac, lin textile, houblon, canne à sucre, etc. ** Production des entreprises de travaux agricoles, des coopératives d'utilisation de matériel agricole, services entre agriculteurs, agri-tourisme… *** Hors TVA déductible.

Production agricole des États membres de l'UE en 2004 [1] [2]

milliards d'euros

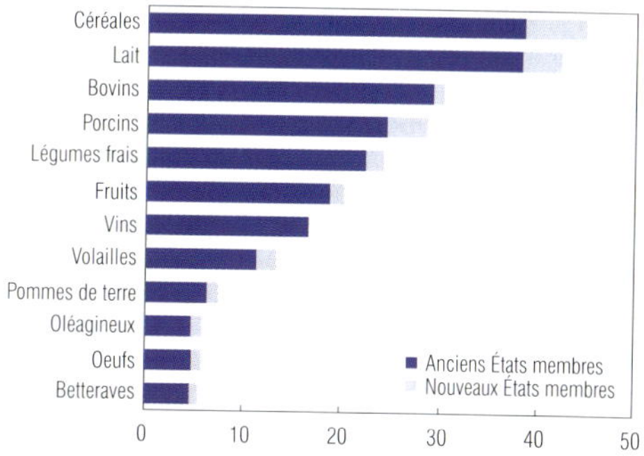

Évolution du revenu de l'activité agricole* dans l'UE [1]

taux de croissance 2004/2003 %

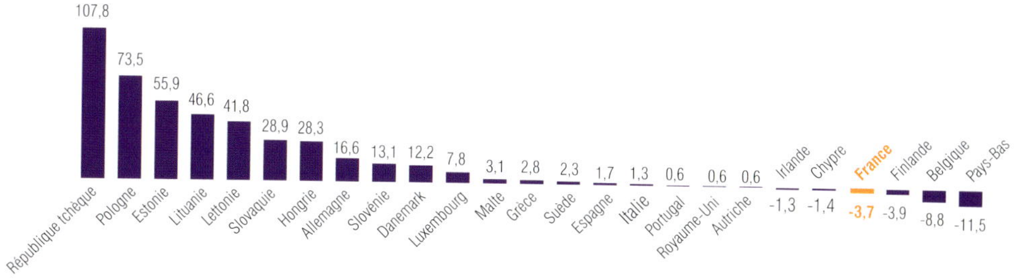

* Résultat agricole net par actif en termes réels. Données prévisionnelles décembre 2004.

16 agriculture - pêche

PRÉSENTATION

En 25 ans, le nombre d'exploitations agricoles françaises a été divisé par deux : elles sont 590 000 en 2003 contre 1 263 000 en 1979. Entre 1988 et 2003, la *SAU* moyenne augmente de 4,4 % par an, pour passer de 28 hectares par exploitation en 1988 à 47 hectares en 2003. Les exploitations professionnelles qui représentent 60 % des exploitations regroupent 92 % de la SAU. Tandis que les petites exploitations disparaissent, les plus grandes deviennent plus nombreuses : les exploitations de plus de 100 ha sont 84 000 en 2003 contre 44 000 en 1988. Avec approximativement 6 millions d'unités en 2003, les exploitations de l'UE à 15 sont toujours de moins en moins nombreuses et elles continuent de s'agrandir. Les 10 pays entrés dans l'UE en 2004 en totalisent environ 4 millions, dont plus de la moitié en Pologne. La SAU de l'UE s'accroît ainsi de 25 %. Toutefois, les exploitations de moins de 10 hectares restent majoritaires.

En 2003, 1 189 200 personnes (hors salariés saisonniers ou occasionnels) travaillent sur les exploitations agricoles de France métropolitaine. Leur nombre a été divisé par 3 depuis 1979. L'effectif des salariés permanents non familiaux (151 000 en 2003) reste stable par rapport à l'année 2000, après plusieurs décennies de baisse importante liée à l'essor de la mécanisation [1] [3].

En 2003, les *captures* mondiales de poissons s'élèvent à 90 millions de tonnes. Avec près d'un cinquième des prises, la Chine est le premier pays producteur devant le Pérou. L'UE à 25 contribue à hauteur de 6,5 % à la production mondiale. La France métropolitaine, avec une production annuelle de pêche et d'*aquaculture* d'environ 880 000 tonnes, se situe en 2003 au 4ème rang des pays de l'UE pour la pêche (loin derrière le Danemark et l'Espagne) et au 2ème rang pour l'aquaculture (après l'Espagne). Le Japon reste le 1er pays importateur de produits de la pêche avec 12,4 Mds de $ d'importations, soit 18,4 % de la valeur totale du commerce mondial, suivi des États-Unis (11,7 Mds), de l'Espagne et de la France (3,8 Mds). La Chine est le principal pays exportateur avec 5,2 Mds de $ d'exportations, suivie par la Thaïlande (3,9 Mds) ; la France (1,3 Mds) se situe au 15ème rang [4].

DÉFINITIONS

- ***Aquaculture.*** *Comprend la conchyliculture (élevage d'huîtres, de moules, de palourdes et autres coquillages) ainsi que la pisciculture marine et continentale (élevage en bassins de poissons, crustacés et autres espèces).*
- ***Captures.*** *Ensemble des débarquements des produits de la pêche (poissons, crustacés, coquillages et autres produits de la mer) exprimés en poids vif ; en sont exclus les rejets en mer.*
- ***Grandes cultures.*** *Céréales, plantes industrielles et autres cultures extensives.*
- ***Superficie agricole utilisée (SAU).*** *Notion normalisée dans la statistique agricole européenne qui comprend, non seulement les terres arables et les cultures permanentes, mais aussi les prairies, les pâturages permanents et les jachères.*
- ***Les données de la page ci-contre se réfèrent à la France métropolitaine.***

POUR EN SAVOIR PLUS

- « La production de la pêche a baissé de 17 % entre 1995 et 2002 dans l'UE à 25 », *Communiqué de presse*, Eurostat, n° 5/2005, janvier 2005.
- Publications de l'Agreste, ministère de l'Agriculture et de la Pêche, édition 2005 (www.agreste.agriculture.gouv.fr).

SOURCES

[1] « L'agriculture, la forêt et les industries agroalimentaires », *GraphAgri*, Agreste, ministère de l'Agriculture et de la Pêche, édition 2005 (www.agreste.agriculture.gouv.fr).

[2] *Annuaire statistique de la France*, Insee, édition 2002.

[3] « Enquête sur la structure des exploitations agricoles en 2003 », *Chiffres et données*, Agreste, n° 166, avril 2005 ; « Recensement agricole 2000 », *Cahiers*, Agreste, n° 3-4, décembre 2001.

[4] *Annuaire des statistiques des pêches*, FAO, 2003, (www.fao.org).

Répartition des exploitations agricoles selon la taille [3]

nombre en milliers et SAU en milliers d'ha

	1979		1988		2000		2003	
	Nombre	SAU	Nombre	SAU	Nombre	SAU	Nombre	SAU
Moins de 5 ha	357	677	278	519	193	362	151	293
5 à moins de 20 ha	410	4 778	279	3 238	132	1 464	115	1 287
20 à moins de 50 ha	347	10 962	288	9 348	138	4 666	121	4 100
50 à moins de 100 ha	114	7 683	128	8 709	122	8 662	118	8 440
100 à moins de 200 ha	29	3 798	37	4 864	64	8 655	68	9 216
200 ha et plus	6	1 598	7	1 918	15	4 047	16	4 332
Ensemble	**1 263**	**29 496**	**1 017**	**28 596**	**664**	**27 856**	**590**	**27 668**

Population active agricole [1]

milliers de personnes

	1979	1988	2000	2003
Chefs d'exploitation et coexploitants	1 591	1 089	764	699
Conjoints (non coexploitants)	1 052	526	251	222
Autres actifs familiaux	869	263	144	117
Total actifs familiaux	**3 512**	**1 878**	**1 159**	**1 038**
Salariés permanents non familiaux	335	161	152	151
Total actifs permanents	**3 847**	**2 039**	**1 311**	**1 189**

Nombre d'exploitations agricoles [1] [2]

milliers

	1955	1970	1988	2000	2003
Ensemble des exploitations	2 307	1 588	1 017	664	590
dont : de moins de 10 hectares	*1 299*	*702*	*390*	*254*	*205*
de plus de 50 hectares	*95*	*131*	*172*	*201*	*385*

Exploitations agricoles selon l'orientation technico-économique [3]

	1988	2000	2003	
	milliers	milliers	milliers	%
Grandes cultures	181,5	134,4	127,8	21,7
Horticulture, maraîchage	29,0	15,8	13,9	2,4
Viticulture d'appellation	67,8	59,5	55,7	9,5
Autre viticulture	55,2	32,8	27,9	4,7
Fruits	34,2	25,3	22,1	3,7
Bovins lait	169,0	74,6	67,5	11,5
Bovins viande	91,2	77,6	69,4	11,8
Bovins mixtes	17,1	12,6	10,9	1,8
Ovins, autres herbivores	103,0	82,5	70,8	12,0
Porcins, volailles	29,4	22,6	21,6	3,7
Polyculture, polyélevage	239,3	126,2	102,2	17,3
Total	**1 016,8**	**663,8**	**589,8**	**100,0**

SAU moyenne par exploitation dans l'UE en 2003 [1]

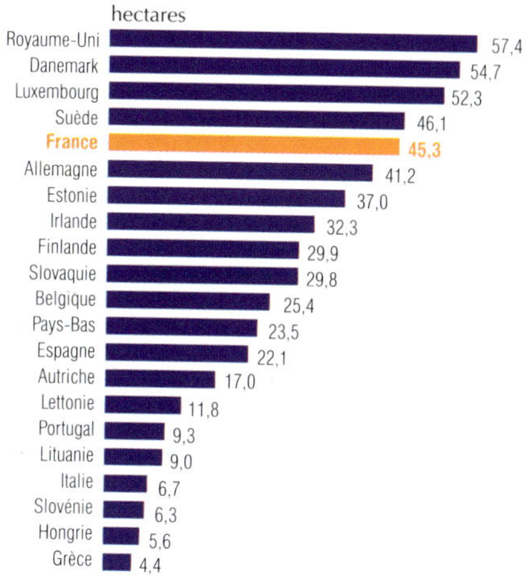

Captures de quelques pays [4]

millions de tonnes de poids vif

	1987	1990	2000	2003
Chine	5,38	6,65	16,99	16,76
Pérou	4,58	6,87	10,66	6,09
UE à 25	…	…	**6,51**	**5,84**
dont : Danemark	*1,68*	*1,48*	*1,53*	*1,04*
Espagne	*1,25*	*1,10*	*0,98*	*0,90*
Royaume-Uni	*0,92*	*0,76*	*0,75*	*0,64*
France	***0,62***	***0,62***	***0,60***	***0,63***
Italie	*0,45*	*0,38*	*0,30*	*0,30*
États-Unis	5,61	5,56	4,75	4,94
Indonésie	…	2,54	4,14	4,68
Japon	11,12	9,55	4,99	4,60
Chili	4,81	5,16	4,30	3,62
Total mondial	**84,97**	**85,46**	**94,85**	**90,22**

Volume et chiffre d'affaires des pêches françaises [1] [4]

	1990	2000	2003	
	milliers de tonnes*	milliers de tonnes*	milliers de tonnes*	millions d'€
Pêche fraîche	493	408	399	967
Poissons	*386*	*299*	*288*	*700*
Crustacés et mollusques	*90*	*95*	*98*	*264*
Algues	*16*	*14*	*14*	*3*
Pêche congelée ou transformée	137	219	240	177
Aquaculture	**210	267	246	595
Total	**808**	**894**	**885**	**1 739**

* Poids vif excepté les algues (poids sec). ** Non c. la pisciculture continentale.

PRÉSENTATION

En 2004, la production des *industries agroalimentaires* diminue de 0,2 % en volume, après + 1,2 % en 2003. La baisse est sensible dans l'industrie de la viande et du lait (– 0,6 %), du tabac (– 22,9 %) et des eaux de table (– 2,7 %). La production atteint 119 milliards d'euros en valeur, soit une hausse de 0,9 % par rapport à 2003. Le niveau de production de viande (+ 3,6 %) et de lait (– 2,3 %) s'établit à 50,3 milliards d'euros.

Les prix à la production s'apprécient de 1,1 % après – 1,4 % en 2003. Ils augmentent notamment dans l'industrie de la viande (+ 4,4 %), dans celle du travail du grain et aliments pour animaux (+ 2,1 %) et celle des boissons (+ 1,5 %).

L'excédent commercial des produits agroalimentaires s'élève à 6,5 milliards d'euros en 2004, contre 6,8 milliards d'euros en 2003. Les exportations en volume augmentent de 0,7 % et leurs prix de 0,8 % ce qui conduit à une hausse en valeur de 1,5 %. Elles baissent notamment dans l'industrie de la viande (– 2,8 % en volume) et dans l'industrie des boissons (– 2,3 %). Les bons résultats du champagne et des eaux de table ne compensent pas la forte baisse des exportations de vin. Dans les industries diverses, il existe de fortes disparités : les ventes à l'exportation de sucre diminuent tandis que des produits comme la chocolaterie affichent de très bons résultats. Les importations progressent en volume dans tous les secteurs des IAA (+ 4,7 % en volume), sauf dans l'industrie du tabac.

La consommation des ménages en produits des IAA diminue en volume (– 1,4 %), après – 0,4 % en 2003, toujours en raison de la forte baisse de la consommation de tabac, mais aussi de celle des eaux de table. Les prix à la consommation augmentent de 3,3 % pour l'ensemble des IAA, comme en 2003.

L'emploi en équivalents temps plein baisse légèrement en 2004 (– 0,8 %). Les 579 800 emplois en ETP des IAA représentent 16,5 % des emplois du total de l'industrie (hors énergie), contre 16,2 % en 2003 [1].

DÉFINITIONS

- ***Industries agroalimentaires (IAA).*** *Les comptes des industries agroalimentaires, comme l'ensemble des comptes nationaux, sont publiés désormais en base 2000 et établis selon le système de comptabilité nationale compatible avec le système européen. Le champ géographique incorpore les DOM ; la production, au prix de base, comprend les subventions sur les produits reçues par les producteurs et exclut les impôts sur les produits payés par ces derniers ; le moment d'enregistrement suit la règle des droits et obligations ; la nomenclature d'activité est la NAF. La viticulture est considérée comme une activité agricole. La production de vin n'est donc pas considérée comme une activité des IAA mais comme une activité agricole. Par contre, le vin est considéré comme un produit des IAA et l'évaluation du commerce extérieur l'intègre. En outre, l'activité de production des charcutiers commerçants est intégrée dans les branches des IAA.*

  La consommation correspond ici à la consommation en produits des IAA achetés par les ménages dans le commerce. Les évaluations incluent donc les marges des commerçants et les différents impôts indirects, dont la TVA. En revanche, la consommation n'intègre pas la consommation alimentaire dans les hôtels, cafés, restaurants (privés et publics) et cantines.
- ***Enquête annuelle d'entreprise (EAE) dans les IAA.*** *Elle est réalisée par le Service Central des Enquêtes et Études Statistiques (Scees) du ministère de l'Agriculture et de la Pêche. Les résultats concernent les entreprises de France métropolitaine employant 20 salariés et plus ou réalisant plus de 5 millions d'euros de chiffre d'affaires, et exerçant à titre principal une activité industrielle de transformation agroalimentaire (hors transformation du tabac) ou d'entreposage frigorifique.*

POUR EN SAVOIR PLUS

- « L'agriculture en 2004 en France et dans l'Europe élargie », *Insee Première*, n° 1026, juin 2005.
- « L'agriculture, la forêt et les industries agroalimentaires », *GraphAgri*, Agreste, édition 2005.
- « Industries agricoles et alimentaires – résultats sectoriels et régionaux 2003 », *Chiffres et données*, Agreste, n° 128, février 2005.
- *La Note mensuelle*, Agreste Conjoncture, (www.agreste.agriculture.gouv.fr).

SOURCES

[1] Comptes nationaux base 2000, Insee.

[2] « Le grand atlas des entreprises 2005 », *Enjeux-Les Échos*, hors série, novembre 2004.

[3] « Enquête annuelle d'entreprise 2003 », *Agreste* (www.agreste.agriculture.gouv.fr).

Principaux résultats des entreprises* des IAA selon l'activité en 2003 [3]

	Nombre d'entreprises	Effectif salarié moyen milliers	Chiffre d'affaires millions d'€	Ventes à l'exportation millions d'€	Valeur ajoutée au prix du marché millions d'€	Résultat courant avant impôts millions d'€	Investissements corporels millions d'€
Industrie des viandes	1 037	130,2	29 626	3 148	4 872	434	631
Industrie du poisson	152	14,1	3 077	302	650	121	83
Industrie des fruits et légumes	155	23,9	6 347	1 121	1 262	245	242
Industrie des corps gras	27	2,1	1 739	273	243	63	33
Industrie laitière	321	58,9	24 194	3 456	3 181	459	456
Travail des grains	112	11,6	4 542	1 945	1 011	110	329
Fabrication d'aliments pour animaux	217	19,6	9 542	1 257	1 318	238	212
Autres industries alimentaires	762	95,8	25 688	4 938	5 945	1 543	812
Industrie des boissons	434	40,3	19 418	5 412	5 310	1 915	769
Ensemble IAA	**3 217**	**396,4**	**124 172**	**21 852**	**23 794**	**5 128**	**3 567**

* France métropolitaine, entreprises de 20 salariés et plus ou réalisant un chiffre d'affaires supérieur à 5 millions d'euros.

Évolution des prix à la production des IAA [1]

Branche en NAF	Pondération 2003	2003/02 %	2004/03 %
Industrie des viandes	234	– 4,8	4,4
Industrie du lait	187	– 0,1	– 1,8
Industrie des boissons	128	– 0,6	1,5
Travail du grain et aliments pour animaux	113	– 1,7	2,1
Autres IAA	332	0,6	– 0,2
soit : Conserve, jus de fruits	*77*	*– 1,1*	*0,4*
Huiles, corps gras	*20*	*– 1,3*	*1,0*
Pain et pâtisserie	*104*	*3,2*	*1,7*
Sucre	*24*	*– 13,5*	*– 3,6*
*Divers**	*107*	*3,1*	*– 1,9*
Industrie du tabac	6	– 14,7	4,9
Ensemble des IAA	**1 000**	**– 1,4**	**1,1**

* Chocolat, préparations pour boissons, aliments pour enfants, desserts de conserve, soupes, bouillons et potages.

Production des IAA [1]

Branche en NAF	2003 milliards d'€	2004 milliards d'€	2004/2003 en volume %
Industrie des viandes	27,7	28,7	– 0,8
Industrie du lait	22,1	21,6	– 0,5
Industrie des boissons	15,4	15,4	– 1,6
Travail du grain et aliments pour animaux	13,2	13,6	1,0
Autres IAA	38,8	39,2	1,1
soit : Conserve, jus de fruits	*9,0*	*9,1*	*1,3*
Huiles, corps gras	*2,3*	*2,3*	*1,0*
Pain et pâtisserie	*12,4*	*12,5*	*– 0,9*
Sucre	*2,6*	*2,7*	*5,5*
*Divers**	*12,5*	*12,5*	*2,0*
Industrie du tabac	0,9	0,7	– 22,9
Ensemble des IAA	**118,1**	**119,1**	**– 0,2**

* Chocolat, préparations pour boissons, aliments pour enfants, desserts de conserve, soupes, bouillons et potages.

Principaux groupes agroalimentaires en 2003 [2]

	Chiffre d'affaires millions d'€	Résultat net millions d'€	Effectifs
Groupe Danone	13 131	839,0	88 607
Nestlé France	6 552	...	18 576
Groupe Lactalis	5 350	...	16 500
Bongrain	4 002	65,2	17 415
Unilever France	3 686	...	5 330
Pernod Ricard	3 534	463,8	12 621
Altadis	3 385	293,2	21 786
Terrena	2 983	19,0	12 600
Groupe Soufflet	2 352	28,9	116
Sodiaal	2 286	3,8	6 486

Chiffres-clés des entreprises agroalimentaires* [3]

millions d'euros

	1997	2003
Chiffre d'affaires net H.T	106 265	124 172
Chiffre d'affaires à l'exportation	19 627	21 852
Valeur ajoutée au prix du marché	20 521	23 794
Résultat courant avant impôts	4 495	5 128
Investissements corporels hors apports	3 124	3 567
Nombre d'entreprises	3 257	3 217
Effectifs salariés** (milliers)	364,3	396,4

* France métropolitaine. Entreprises de 20 salariés et plus ou réalisant un chiffre d'affaires supérieur à 5 millions d'euros. ** Effectif salarié moyen au cours de l'exercice.

Solde du commerce extérieur des produits agroalimentaires [1]

milliards d'euros

Branche en NAF	2002	2003	2004
Industrie des viandes	0,6	0,6	0,2
Industrie du lait	2,2	2,2	2,2
Industrie des boissons	7,9	7,9	7,6
Travail du grain et aliments pour animaux	1,4	1,4	1,6
Autres IAA	– 3,7	– 3,8	– 3,9
soit : Conserve, jus de fruits	*– 2,9*	*– 2,8*	*– 3,0*
Huiles, corps gras	*– 1,7*	*– 1,6*	*– 1,5*
Pain et pâtisserie	*– 0,1*	*– 0,1*	*– 0,1*
Sucre	*1,0*	*0,9*	*0,8*
*Divers**	*0,0*	*– 0,1*	*0,0*
Industrie du tabac	– 1,6	– 1,5	– 1,3
Ensemble des IAA	**6,8**	**6,8**	**6,5**

* Chocolat, préparations pour boissons, aliments pour enfants, desserts de conserve, soupes, bouillons et potages.

Commerce extérieur des IAA [1]

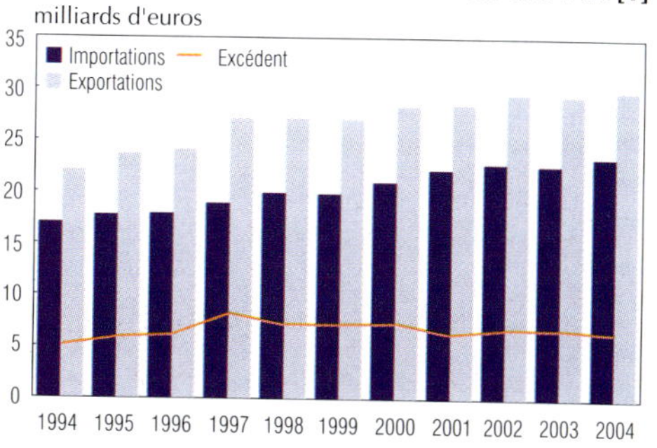

17 industrie - construction

PRÉSENTATION

La reprise industrielle amorcée mi-2003 se poursuit en 2004, soutenue par le dynamisme de la demande intérieure française. La *production manufacturière* croît de 3 % en volume en 2004, après – 0,8 % en 2003 et – 1,7 % en 2002. La croissance concerne toutes les grandes branches. La bonne tenue de l'investissement stimule la production de biens d'équipement (+ 3,5 %). La branche de la construction navale, aéronautique et ferroviaire est tirée par l'aéronautique, qui bénéficie de la reprise du trafic aérien. L'activité d'équipements mécaniques réalise une bonne année : les éléments de métal pour la construction profitent de la bonne santé du bâtiment et les équipements mécaniques repartent à la hausse. Les équipements électriques et électroniques sont soutenus par la forte expansion des appareils d'émission et de transmission. La production des biens de consommation (+ 3 %) est alimentée par l'accélération de la consommation des ménages en produits manufacturés (+ 3,2 %) ; l'industrie pharmaceutique poursuit son expansion. La production des biens intermédiaires (+ 2,3 %) est portée par le dynamisme du marché de l'acier et par la bonne performance des composants électriques et électroniques. Enfin, celle de l'industrie automobile redémarre (+ 4,3 %) [1].

En 2004, les prix de production industriels français progressent de + 2,1 % en moyenne annuelle, mais cette évolution globale recouvre de fortes disparités. En effet, les produits énergétiques, notamment les combustibles et carburants, connaissent de fortes hausses de prix (+ 10,3 %). Les prix de la production de biens intermédiaires augmentent de + 2,6 % par rapport à 2003, avec des hausses très sensibles pour les produits de la sidérurgie et de la chimie. Les produits des industries alimentaires affichent également de fortes augmentations au 1er semestre 2004, traduisant les mouvements de prix des viandes et produits à base de viandes. En revanche, les évolutions des prix de la production de biens d'équipement et de l'industrie automobile sont beaucoup plus modérées, avec respectivement + 0,2 % et + 0,3 % [2].

DÉFINITIONS

- ***Chiffre d'affaires hors taxes (CAHT).*** *Montant global, au cours de l'exercice, des ventes des marchandises et des productions vendues de biens et de services mesurées par leur prix de vente.*
- ***Comptes nationaux base 2000.*** *Voir 11.1.*
- ***Consommation intermédiaire****. Valeur des biens et services transformés ou entièrement consommés au cours du processus de production. L'usure des actifs fixes mis en oeuvre n'est pas prise en compte ; elle est enregistrée dans la consommation de capital fixe.*
- ***Excédent brut d'exploitation (EBE).*** *Solde du compte d'exploitation, pour les sociétés. Il est égal à la valeur ajoutée, diminuée de la rémunération des salariés, des impôts sur les produits, et augmentée des subventions sur les produits. Pour les entreprises individuelles, le solde du compte d'exploitation est le revenu mixte. L'excédent d'exploitation peut être calculé net, si l'on retranche la consommation de capital fixe.*
- ***Indices de prix à la production dans l'industrie.*** *Outils de mesure des variations de prix à la première commercialisation des produits sur le marché français, ils sont le fruit d'une collecte mensuelle auprès de 4 000 entreprises industrielles environ. Ils sont présentés à un niveau détaillé selon les regroupements de la nomenclature économique de synthèse (NES).*
- ***Production manufacturière.*** *Branches des biens de consommation, des biens intermédiaires, des biens d'équipement et de l'automobile.*
- ***Valeur ajoutée.*** *Solde du compte de production. Elle est égale à la valeur de la production diminuée de la consommation intermédiaire.*

POUR EN SAVOIR PLUS

- L'économie française, collection *Références*, Insee, 2005.
- « L'industrie française », *Chiffres clés-Analyse*, Sessi, mai 2005.
- « La production industrielle en 2004 », *Le 4 pages des statistiques industrielles*, Sessi, n° 204, avril 2005.
- « Spécialisation manufacturière dans l'UE », *Statistiques en bref*, Thème industrie, commerce et services, n° 41, 2004.

SOURCES

[1] « L'industrie manufacturière en 2004 : une reprise modérée », *Insee Première*, n° 1031, juillet 2005.

[2] Division Prix de vente industriels, Insee.

[3] Enquête annuelle d'entreprise 2003, Sessi (www.industrie.gouv.fr).

[4] *Panorama trimestriel des statistiques d'entreprises européennes*, Eurostat, n° 2, 2005.

[5] Comptes nationaux Base 2000, Insee.

Principales caractéristiques des entreprises industrielles* par secteur d'activité en 2003 [3]

milliards d'euros

Secteur d'activité	Chiffre d'affaires HT	Exportations	Valeur ajoutée HT	Excédent brut d'exploitation	Investissements + crédit bail	Nombre d'entreprises	Effectifs au 31/12 milliers
Biens de consommation	134,3	36,2	38,2	12,5	3,3	4 792	533,2
Automobile	106,7	58,5	19,7	6,1	4,5	549	270,2
Biens d'équipement	133,1	60,3	42,2	8,4	3,3	5 136	661,6
Biens intermédiaires	236,7	83,5	69,5	16,4	9,9	10 563	1 209,1
Ensemble	**610,9**	**238,6**	**169,6**	**43,3**	**21,0**	**21 040**	**2 674,2**

* Entreprises de 20 salariés et plus, hors IAA , bâtiment, génie civil et agricole et énergie.

Indices des prix à la production [2]

indices en moyenne annuelle (hors TVA) base 100 en 2000

NES	1999	2000	2001	2002	2003	2004
Produits des IAA	**97,4**	**100,0**	**104,7**	**105,0**	**106,6**	**109,0**
Biens de consommation	**99,5**	**100,0**	**101,2**	**100,9**	**101,1**	**100,9**
Produits de l'industrie automobile	**100,3**	**100,0**	**101,3**	**102,3**	**102,7**	**103,0**
Produits de la construction automobile	99,8	100,0	101,8	103,6	104,8	105,2
Équipements pour automobiles	101,5	100,0	100,1	99,5	98,1	98,1
Biens d'équipement	**99,1**	**100,0**	**100,8**	**100,7**	**100,8**	**101,0**
dont : Industries des équipements mécaniques	*98,8*	*100,0*	*101,7*	*102,2*	*102,6*	*105,3*
Biens intermédiaires	**95,8**	**100,0**	**101,2**	**100,7**	**101,1**	**103,7**
dont : Produits en bois, papier ou carton	*93,7*	*100,0*	*102,4*	*101,5*	*100,6*	*99,4*
Produits chimiques, en caoutchouc ou en plastique	*94,0*	*100,0*	*100,9*	*100,4*	*101,9*	*105,4*
Métaux ou produits métallurgiques	*96,2*	*100,0*	*100,2*	*99,4*	*99,8*	*104,9*
Produits énergétiques tous usages	**87,2**	**100,0**	**97,8**	**97,1**	**99,6**	**104,7**
Combustibles et carburants	77,2	100,0	91,8	90,8	93,3	102,9
Électricité, eau, gaz	97,0	100,0	103,5	103,1	105,6	106,0
Ensemble de l'industrie	**95,8**	**100,0**	**101,2**	**101,0**	**101,9**	**104,0**

Principaux agrégats de l'industrie manufacturière en 2004 [5]

	Production	Évolution en volume %				
	Valeur Mds d'€	Production	Valeur ajoutée	Exportations*	Importations*	Dépenses de consommation des ménages
Biens de consommation	123,9	3,0	2,9	6,0	9,3	2,0
Industrie automobile	97,7	4,3	0,2	4,0	10,6	2,8
Biens d'équipement	156,7	3,5	1,5	7,1	9,2	16,7
Biens intermédiaires	255,9	2,3	1,4	4,1	5,8	0,5
Ensemble	**634,2**	**3,0**	**1,6**	**5,3**	**8,1**	**3,2**

* Importations valorisées CAF (Coûts de l'assurance et du fret inclus = valorisation à la frontière française) et exportations FAB (Franco à bord = valorisation à la frontière des pays exportateurs).

Taux de croissance de l'indice de la production industrielle dans quelques pays européens* [4]

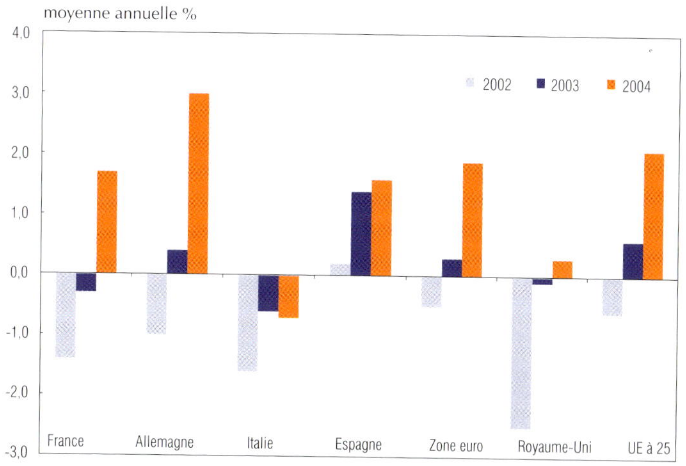

* Y compris l'industrie agroalimentaire.

17 industrie - construction

PRÉSENTATION

En 2004, avec 5,94 millions de *véhicules*, la production mondiale des constructeurs automobiles français atteint un niveau record : elle augmente de 3,3 % par rapport à 2003. En 2004 plus de 55 % de ces véhicules sortent des usines françaises. L'importance des constructeurs français au niveau international se confirme : ils produisent désormais un véhicule sur dix dans le monde. La production hors France de *voitures particulières* augmente de 5,3 %. La part des ventes des voitures de marque française, hors Europe de l'Ouest, passe de 25 % en 2003 à 28 % en 2004.

En 2004, le marché automobile français se stabilise avec 2 millions d'immatriculations de voitures particulières neuves, soit + 0,2 % par rapport à 2003. Le marché des voitures Diesel continue sa progression (+ 2,9 %) et représente 69,2 % des immatriculations (10 % en 1980). Les immatriculations de berlines continuent de décroître : elles représentent 59,7 % des voitures particulières neuves en 2004 contre 64,7 % en 2003. Les usagers privilégient l'achat des nouveaux modèles et le succès des monospaces se confirme (+ 13,3 % des ventes pour cette catégorie). Les constructeurs étrangers représentent 42 % du marché français contre 27 % en 1980. Les immatriculations de véhicules d'occasion augmentent de 2,3 %.

Le solde de la balance commerciale de la *construction automobile*, en hausse de 900 millions d'€ par rapport à 2003, est excédentaire de 12,7 Mds d'€. L'industrie automobile confirme sa place de premier contributeur au commerce extérieur français. Les exportations (53,6 Mds d'€) représentent 15,9 % du total des exportations françaises et les importations (41,3 Mds d'€) 12,3 % du total des importations françaises [1] [3] [4].

DÉFINITIONS

- ***Construction automobile.*** *Dans la construction automobile, les deux pôles constructeurs et équipementiers sont distincts. Les constructeurs sont peu nombreux, les principales entreprises étant Renault, Peugeot et Citroën pour les voitures particulières et Renault véhicules industriels pour les utilitaires. Les équipementiers sont moins connus, pourtant ils contribuent fortement à la construction des véhicules : en France, leur apport est estimé entre 70 et 80 % du coût de fabrication d'une automobile.*
  En 2001, le secteur des équipementiers emploie 143 487 personnes, dans 315 entreprises (dont 245 PMI). Ces entreprises génèrent un chiffre d'affaires de 27,4 Mds d'euros (soit plus de 20 % du chiffre d'affaires de l'industrie automobile). Une très forte implantation étrangère caractérise ce secteur : les filiales françaises de groupes étrangers, Faurecia et Valéo, sont respectivement au 10ème et 11ème rangs mondiaux [5].
- ***Densité automobile.*** *Nombre de voitures et de véhicules utilitaires pour 1 000 habitants.*
- ***Véhicules.*** *Voitures particulières, véhicules utilitaires légers et véhicules industriels.*
- ***Véhicule utilitaire.*** *Véhicule servant en principe au transport des marchandises, tracteur routier. Les autocars et autobus sont comptés avec les véhicules utilitaires dans les tableaux ci-contre.*
- ***Voiture particulière.*** *Véhicule à moteur à 4 roues servant uniquement au transport de personnes. En réalité, la « voiture commerciale » (break dans le langage courant) est comptée comme voiture particulière.*

POUR EN SAVOIR PLUS

- « L'industrie automobile dans l'Union européenne », *Statistiques en bref*, Industrie, Commerce et Services, n° 4/2005, Eurostat.
- « L'industrie automobile française », *Analyse et statistiques*, Comité des constructeurs français d'automobiles, édition 2004.

SOURCES

[1] Comité des constructeurs français d'automobiles (www.ccfa.fr).

[2] Association des constructeurs européens d'automobiles (www.acea.be).

[3] « Immatriculations en 2004 », *Infos rapides, SESP*, ministère des Transports de l'Équipement, du Tourisme et de la Mer, n° 252, juin 2005.

[4] « Le commerce extérieur de la France – Année 2004 », *Les Notes Bleues de Bercy*, n° 285, février 2005.

[5] « L'industrie de l'équipement automobile en chiffres », *Chiffres clés*, Sessi, édition 2003.

Production de voitures particulières des constructeurs automobiles français [1]

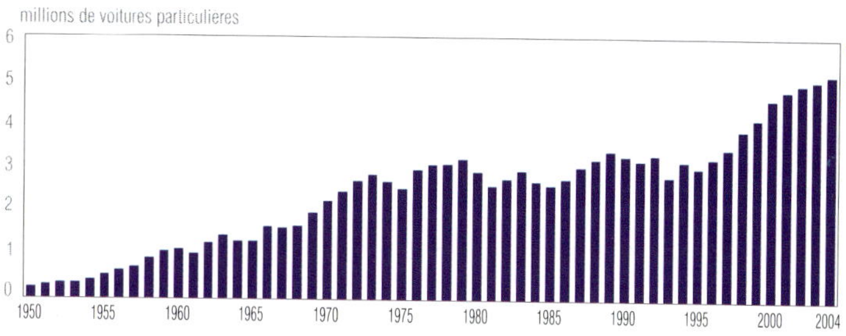

Production des constructeurs français [1] milliers

	2004	*dont production en France*	2004/03 %
Voitures particulières	5 168,3	*2 892,1*	2,4
*dont : Renault**	*2 163,6*	*1 083,8*	*2,5*
Peugeot	*1 859,1*	*1 213,4*	*6,5*
Citroën	*1 145,6*	*594,9*	*– 3,6*
Véhicules utilitaires	717,0	*361,1*	9,0
*dont : Renault**	*308,0*	*226,6*	*11,8*
Peugeot	*197,1*	*69,3*	*10,8*
Citroën	*203,5*	*56,7*	*2,8*
Véhicules industriels	52,2	*40,2*	14,6
Ensemble	**5 937,6**	***3 293,4***	**3,3**

* Y compris Dacia et Samsung.

Production de véhicules dans le monde en 2003 [1]

Constructeurs	Tous véhicules milliers	*dont voitures particulières %*	*dont véhicules utilitaires légers %*
General Motors (Opel-Vauxhall)	8 112	*57,7*	*42,0*
Ford (Jaguar-Volvo cars)	6 526	*50,3*	*48,9*
Toyota	6 241	*86,0*	*10,2*
Volkswagen (groupe)	5 024	*96,4*	*3,2*
DaimlerChrysler (Evobus inclus)	4 238	*42,9*	*50,7*
PSA Peugeot Citroën	**3 310**	***88,7***	***11,4***
Nissan	2 942	*80,3*	*15,3*
Honda	2 923	*98,2*	*1,8*
Hyundai-Kia	2 697	*84,4*	*3,4*
Renault-Dacia-Samsung	**2 386**	***88,5***	***11,6***
Fiat-Iveco	2 078	*77,9*	*16,2*
Suzuki-Maruti	1 455	*80,3*	*19,7*
Total monde	**60 619**	**70,2**	**23,1**

Densité automobile* [1] pour 1 000 habitants

	1985	1995	2003
État-Unis	708	759	775
Italie	412	541	656
France	**446**	**520**	**587**
Canada	559	562	584
Allemagne	450	529	583
Japon	375	527	580
Espagne	276	430	562
Royaume-Uni	379	474	554
Belgique	363	463	523
Suède	400	445	503
Pologne	117	229	344
Corée du sud	25	177	294
Argentine	173	167	183
Brésil	86	89	118
Turquie	27	65	89
Chine	3	8	14

* Au 1er janvier.

Voitures particulières neuves immatriculées en France selon le constructeur [1]

	2003	2004	
	milliers	milliers	%
Total France	**1 197**	**1 170**	**58,1**
PSA	**651**	**620**	**30,8**
soit : Peugeot	***379***	***363***	***18,0***
Citroën	***271***	***257***	***12,7***
Renault	**546**	**549**	**27,3**
Total étranger	812	844	41,9
dont : Volkswagen	*119*	*124*	*6,2*
Opel	*121*	*110*	*5,5*
Ford	*92*	*102*	*5,0*
Toyota-Lexus	*72*	*79*	*3,9*
Mercedes	*51*	*49*	*2,4*
Fiat	*56*	*48*	*2,4*
Nissan	*40*	*38*	*1,9*
BMW	*32*	*37*	*1,8*
Audi	*37*	*36*	*1,8*
Seat	*35*	*33*	*1,6*
Hyundai	*23*	*28*	*1,4*
Total	**2 009**	**2 014**	**100,0**
dont : Diesel	*1 354*	*1 393*	*69,2*

Immatriculations de voitures particulières neuves dans l'Union européenne en 2004 [1] [2]

	2004		2004/03	*Part du Diesel*
	milliers	%	%	*%*
Allemagne	3 267	23,1	0,9	*43,6*
Royaume-Uni	2 567	18,2	– 0,5	*32,6*
Italie	2 263	16,0	0,7	*58,3*
France	**2 014**	**14,3**	**0,2**	***69,2***
Espagne	1 517	10,7	9,8	*65,4*
Belgique	485	3,4	5,7	*70,2*
Pays-Bas	484	3,4	– 1,0	*24,9*
Autriche	311	2,2	3,7	*70,9*
Grèce	290	2,1	12,6	*2,9*
Suède	264	1,9	1,2	*8,0*
Portugal	198	1,4	4,1	*56,9*
Irlande	154	1,1	6,1	*18,3*
Finlande	142	1,0	– 3,2	*15,5*
Danemark	121	0,9	26,5	*24,2*
Luxembourg	48	0,3	10,6	*72,5*
Total UE à 15	**14 126**	**100,0**	**2,0**	***48,9***

PRÉSENTATION

Après une année 2003 prometteuse, la construction achève 2004 avec une conjoncture favorable. L'activité progresse en volume de 2,8 % dans le bâtiment et de 2,9 % dans les travaux publics, soit plus rapidement que dans les autres branches.

En 2004, la bonne tenue du *bâtiment* est due à la situation exceptionnelle du logement, qui atteint avec 363 900 logements mis en chantier un record depuis 22 ans. La demande de logement neuf bénéficie d'une offre abondante de crédits : le crédit à l'habitat des ménages progresse de 10 % en 2004. De plus les dispositifs de soutien à l'investissement locatif (*amortissement Besson* et *amortissement de Robien*) sont efficaces.

Après une certaine morosité, le bâtiment non résidentiel se redresse légèrement en 2004 : + 3,1 % de bâtiments mis en chantier. Ce bon résultat provient d'une commande publique soutenue et d'une moindre baisse de l'investissement privé. L'investissement des collectivités territoriales progresse. Le début de réalisation du « plan hôpital 2007 » augmente par ailleurs fortement la construction de bâtiments de santé. En 2004, les travaux d'entretien-amélioration sont en hausse de 1,6 % grâce au soutien de la commande publique. En outre, le maintien de la TVA à 5,5 % et l'assouplissement des conditions de financement favorisent la demande de travaux des ménages (+ 1,6 % en volume en 2004).

Dans les *travaux publics,* l'activité est dynamique depuis 2000. L'investissement en travaux publics ralentit néanmoins en 2004 (+ 1,8 % en volume), malgré la bonne tenue des grands travaux en cours tels que le viaduc de Millau.

En 2004, la construction continue d'être un des secteurs les plus dynamiques en terme de créations d'emplois. Les effectifs de salariés permanents progressent (+ 1,4 %). Ces créations d'emplois s'accompagnent d'une stabilité de la durée du travail. L'année 2004 marque également une évolution sensible du travail intérimaire dans la construction. Le recours au travail intérimaire augmente (+ 9,4 %), en lien avec la difficulté pour les employeurs de recruter certaines professions (maçons, peintres et électriciens notamment) [1].

DÉFINITIONS

- ***Amortissement « Besson ».*** *Il remplace l'amortissement Périssol à compter du 1er janvier 1999. Applicable aux logements neufs ou anciens, il permet un amortissement total de 65 % du prix du logement, sous réserve de plafonnement des loyers d'une part et des ressources des locataires d'autre part.*
- ***Amortissement « de Robien ».*** *Il se subsistue à l'amortissement « Besson » à partir du mois d'avril 2003 : les plafonds de loyer sont relevés et le plafond des ressources concernant les locataires est supprimé ; la location aux ascendants ou descendants des propriétaires est possible immédiatement.*
- ***Bâtiment et travaux publics (BTP), au sens des comptes nationaux.*** *Ensemble des activités de la branche « Bâtiment, génie civil et agricole » (BGCA), plus communément appelée BTP, y compris production des entreprises du semi-public, des administrations et celle des ménages. Ils intègrent aussi la fraude fiscale et le « travail au noir » qui font l'objet d'une estimation. Les services et biens industriels des entreprises liées à la construction, mais dont l'activité principale est autre, sont également incorporés dans le BTP par les comptes nationaux. Les ouvrages réalisés à l'étranger ne sont pas pris en compte dans la production du BTP.*
- ***Comptes nationaux base 2000.*** *Voir 11.1.*
- ***Index BT, TP.*** *Calculés et publiés par la direction générale de la Concurrence, de la Consommation et de la Répression des fraudes, ils sont utilisés par les entreprises du bâtiment et du génie civil et agricole pour réviser leurs prix. Il s'agit d'indices du coût des facteurs (salaires et charges annexes, matériel, matériaux de construction, produits et services divers).*

POUR EN SAVOIR PLUS

- « La construction neuve en forte accélération en 2004 », Ses *Infos rapides*, ministère des Transports, de l'Équipement, du Tourisme et de la Mer, n° 282, janvier 2005.
- « Évolution du secteur de la construction », *Statistiques en bref*, Industrie, Commerce et Services, Eurostat, n° 43-2004.
- *Bulletin de statistique* de la Fédération nationale du bâtiment (trimestriel).

SOURCES

[1] « La construction en 2004 : une année exceptionnelle pour le logement », *Insee Première*, n° 1021, juin 2005.

[2] Comptes nationaux, Insee.

[3] Division comptes et études de l'Industrie, Insee.

[4] Bulletin mensuel de statistique, Insee.

[5] Données Eurostat.

Production de Bâtiment et de Travaux Publics [1]

milliards d'euros courants (hors TVA déductible)

	2003	2004	2004/03* %
Bâtiment			
Production au prix de base	139,7	150,2	2,8
TVA	13,1	14,0	3,6
Autres impôts	0,7	0,7	2,9
Subventions sur les produits	– 0,1	n.s	– 37,5
Total	**153,4**	**164,9**	**2,9**
Investissement (FBCF)	112,8	120,3	1,8
Consommation finale	9,4	9,8	0,4
Consommation intermédiaire	32,1	34,3	3,8
Variation de stocks	– 0,9	0,5	0,8
Travaux publics			
Production au prix de base	39,3	41,9	2,9
TVA	3,5	3,9	2,8
Autres impôts	n.s	n.s	0,0
Total	**42,8**	**45,9**	**2,9**
Investissement (FBCF)	31,9	34,0	1,8
Consommation intermédiaire	10,8	11,8	6,1
Ensemble de la construction			
Production au prix de base	**178,9**	**192,1**	**2,8**

* En volume.

Logements mis en chantier [1]

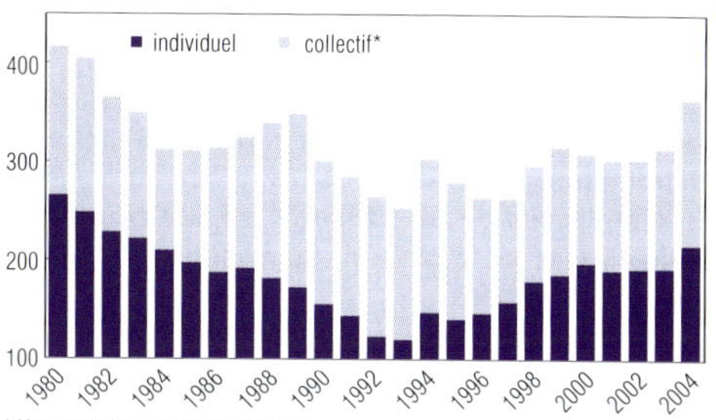

* Y compris logements en résidence.

Index bâtiment BT 01 et travaux publics TP 01* [4]

	1999	2000	2001	2002	2003	2004
Index BT 01	3,2	3,2	2,7	3,5	3,0	6,1
Index TP 01	6,8	4,4	0,1	5,0	2,6	5,1

* Glissement de décembre à décembre.

Prix moyens des appartements et maisons neufs et indice du coût de la construction [1]

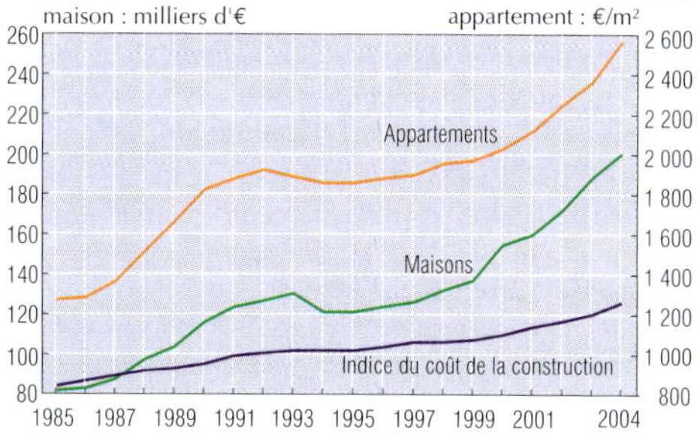

Permis de construire de bâtiments résidentiels dans quelques pays européens [5]

milliers

	1998	2001	2004
Allemagne	157,4	85,1	77,5
Belgique	89,8	97,8	p 65,6
Chypre	...	e 113,3	e 258,6
Danemark	97,5	131,4	129,3
Espagne	79,4	89,6	123,6
Estonie	105,3	132,9	877,6
Finlande	91,6	81,5	95,1
France	**100,9**	**98,6**	**p 128,2**
Grèce	108,2	123,3	141,1
Hongrie	52,3	108,8	134,1
Irlande	51,9	86,0	111,4
Lituanie	79,2	100,2	220,8
Luxembourg	99,6	87,5	120,5
Pays-Bas	111,6	79,3	97,0
Pologne	...	95,4	72,9
Portugal	95,3	88,2	62,2
République tchèque	...	109,4	151,2
Royaume-Uni	...	102,4	...
Slovénie	e 105,6	e 100,5	e 140,3
Suède	77,4	110,1	p 157,6

Mises en chantier de bâtiments non résidentiels [1]

milliers de m²

	1995	2004	2004/03 %
Surfaces agricoles	10 260	11 585	1,6
Bureaux	2 560	3 439	8,2
Commerces	2 616	4 113	2,9
Industrie et stockage non agricole	8 076	10 616	3,7
Autres bâtiments*	6 906	7 006	2,4
Ensemble	**30 418**	**36 759**	**3,1**

* Enseignement, culture, santé, social, hébergement, transport, parking...

Investissement en construction* [1] [3]

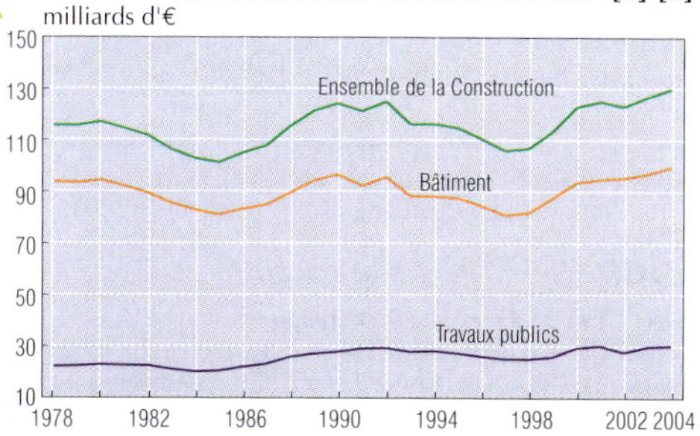

* FBCF, Comptes nationaux base 2000.

Emploi total dans le BTP* [2]

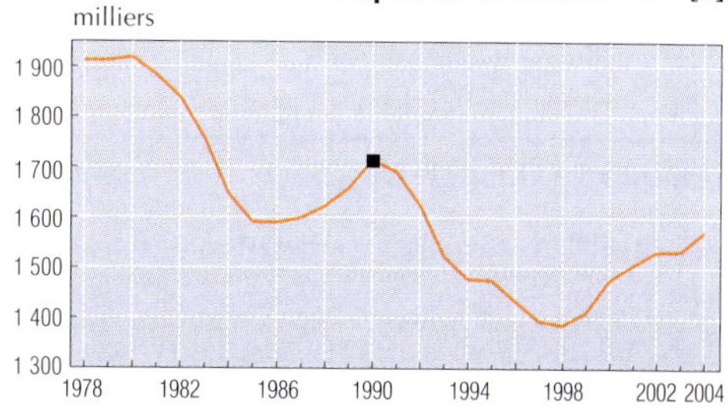

* De 1978 à 1989, Comptes nationaux base 1995 ; depuis 1990, base 2000.

18 énergie

PRÉSENTATION

En 2004, la production nationale d'*énergie primaire* continue sa croissance (+ 0,8 %) ; depuis 1990 elle augmente en moyenne de 1,5 % par an. Avec 138,1 millions de *tep* en 2004, elle a été multipliée par 3 depuis 1973, grâce au développement de l'électricité d'origine nucléaire. Celle-ci représente 85 % de la production totale, contre 9 % en 1973.

En 2004, la production brute d'électricité augmente de 0,9 %, pour atteindre 572,2 Mds de KWh (dont 78 % d'origine nucléaire, 12 % hydraulique, éolienne ou photovoltaïque et 10 % d'origine thermique classique).

Avec 12,7 millions de tep, la production d'énergies renouvelables thermiques croît de + 2,5 %. En ajoutant l'électricité hydraulique, éolienne et photovoltaïque, la production totale d'énergies renouvelables s'élève à 18,5 millions de tep, mettant la France au premier rang européen des producteurs de ce type d'énergie.

En 2004, la *consommation* totale *d'énergie* primaire *corrigée des variations climatiques* augmente de + 0,7 % à 276,2 millions de tep, après une stabilité en 2003. Depuis 1973, sa structure a fortement évolué. La part du pétrole a été divisée par 2, celle du charbon par plus de 3 ; en revanche, la part du gaz a doublé et celle de l'électricité a été multipliée par 10. En 2004, l'électricité continue d'être la source d'énergie la plus utilisée (42,5 %), devant le pétrole (33,6 %). Le *taux d'indépendance énergétique* se maintient au niveau de 50 % depuis la fin des années 80 (50,2 % en 2004). La demande est aujourd'hui mieux maîtrisée.

La facture énergétique s'envole en 2004 (+ 24,1 % après + 5,4 % en 2003 et deux années de baisse). Elle s'élève à 28,4 Mds d'€ contre 22,8 Mds d'€ en 2003 et représente 1,75 % du PIB, soit une part comparable à celle de 1986. Cette hausse concerne toutes les énergies, notamment le pétrole dont le prix du brut importé augmente fortement [1].

DÉFINITIONS

- ***Consommation d'énergie corrigée des variations climatiques***. *Elle est calculée en tenant compte d'un indice de rigueur climatique (0,98 en 2004, 0,94 en 2003 et 0,82 en 2002). On obtient ainsi la consommation avec des conditions climatiques «normales».*
- ***Énergie finale***. *Énergie livrée au consommateur pour sa consommation finale (essence à la pompe, électricité au foyer,...).*
- ***Énergie primaire***. *Ensemble des produits énergétiques non transformés, exploités directement ou importés. Ce sont principalement le pétrole brut, les schistes bitumineux, le gaz naturel, les combustibles minéraux solides, la biomasse, le rayonnement solaire, l'énergie hydraulique, l'énergie du vent, la géothermie et l'énergie tirée de la fission de l'uranium.*
- ***Énergie secondaire.*** *Énergie obtenue par la transformation d'une énergie primaire (en particulier électricité d'origine thermique).*
- ***Énergies renouvelables.*** *Principalement composées par le bois, les déchets de bois, les déchets urbains solides et les biocarburants, elles sont désormais prises en compte dans le calcul du taux d'indépendance énergétique ce qui entraîne une hausse d'environ 2 points sur l'ensemble de la période (1970-2002).*
- ***Indice de rigueur climatique.*** *Rapport entre un indicateur de climat observé et un indicateur de climat de référence (période trentenaire). Cet indicateur est constitué par des degrés jours unifiés (écart journalier entre la température observée et 18°C). Par convention le degré jour unifié est égal à zéro si la température observée est supérieure ou égale à la température de référence.*
- ***Taux d'indépendance énergétique.*** *Rapport entre la production nationale d'énergies primaires et les disponibilités totales en énergies primaires, une année donnée. Ce taux peut se calculer pour chacun des grands types d'énergies ou globalement toutes énergies confondues. Un taux supérieur à 100 % (cas de l'électricité) traduit un excédent de la production nationale par rapport à la demande intérieure et donc un solde exportateur.*
- ***Tonnes-équivalent pétrole (tep)***. *Mesure utilisée pour exprimer et comparer des énergies de sources différentes. Exemples : 1 tep = 1000 m^3 de gaz naturel. 1 tep = 11600 kWh.*

POUR EN SAVOIR PLUS

- « La politique énergétique française depuis 30 ans » *Les Notes Bleues de Bercy*, n° 287, mars 2005.
- Observatoire de l'énergie, Minefi : « Les perspectives énergétiques de la France à l'horizon 2010 » ; « Les énergies renouvelables en France 1970 – 2003 », janvier 2005 ; « Les bilans de l'énergie 1970 – 2003 », édition 2004.
- « Prix et coût de l'énergie en 2002 et jusque mi-2003 », *Insee Première*, n° 938, décembre 2003.

SOURCES

[1] Direction générale de l'énergie et des matières premières (DGEMP), Minefi : « Bilan énergétique de la France en 2004 » ; « Facture énergétique de la France en 2004 », avril 2005 (www.industrie.gouv.fr).

[2] Agence internationale pour l'Énergie (AIE).

Bilan et taux d'indépendance énergétiques de la France [1]

millions de tep

	2002	2003						2004
	Total	Total	Charbon	Pétrole	Gaz	Électricité	ENRt*	Total
Approvisionnement :								
Production énergie primaire	135,5	136,9	0,4	1,4	1,1	122,5	12,7	138,1
Importations	161,9	164,4	13,1	114,8	38,8	0,6	///	167,3
Exportations	– 27,2	– 28,3	– 0,6	– 21,3	– 0,4	– 5,9	– 0,1	– 28,3
Variation de stocks	– 1,4	1,3	0,2	– 0,6	0,4	///	– 0,1	1,2
Soutes maritimes internationales	– 2,4	– 2,6	///	– 3,0	///	///	///	– 3,0
Total des disponibilités	**266,3**	**271,7**	**13,1**	**92,5**	**40,0**	**117,2**	**12,5**	**275,3**
Emplois :								
Consommation de la branche énergie	95,7	98,2	6,7	6,3	2,9	81,2	2,3	99,4
Consommation finale énergétique**	163,3	160,3	6,3	73,2	35,2	36,1	10,4	161,2
dont : Industrie et sidérurgie	*38,7*	*37,4*	*5,9*	*6,2*	*12,3*	*12,0*	*1,3*	*37,7*
*Transports*** et agriculture*	*53,9*	*53,3*	*/// *	*51,6*	*0,3*	*1,3*	*0,4*	*53,7*
Résidentiel, tertiaire	*70,7*	*69,6*	*0,4*	*15,4*	*22,5*	*22,8*	*8,7*	*69,8*
Consommation finale non énergétique	15,6	15,8	0,1	13,2	2,2	///	///	15,6
Consommation totale d'énergie primaire**	**274,6**	**274,3**	**13,1**	**92,8**	**40,3**	**117,3**	**12,7**	**276,2**
dont : Correction climatique	*8,3*	*2,6*	*0,0*	*0,3*	*0,3*	*0,1*	*0,2*	*0,9*
Taux d'indépendance énergétique %	**50,9**	**50,4**	**3,0**	**1,5**	**2,8**	**104,6**	**101,3**	**50,2**

* Énergies renouvelables thermiques autres que hydraulique, éolienne et photovoltaïque. ** Résultats corrigés du climat. *** Hors soutes maritimes internationales.

Structure de la consommation d'énergie primaire* [1]

%

	1973	1980	1990	2004
Charbon	15,5	16,4	8,3	4,7
Pétrole	67,5	56,4	38,6	33,6
Gaz	7,4	11,1	11,5	14,6
Électricité primaire**	4,3	11,7	36,3	42,5
Énergies renouvelables thermiques***	5,3	4,4	5,3	4,6

* Corrigée du climat. ** Nucléaire + hydraulique + éolienne + photovoltaïque - solde des échanges. *** Hors hydraulique, éolienne et photovoltaïque.

Production d'énergie primaire d'origine renouvelable en 2004* [1]

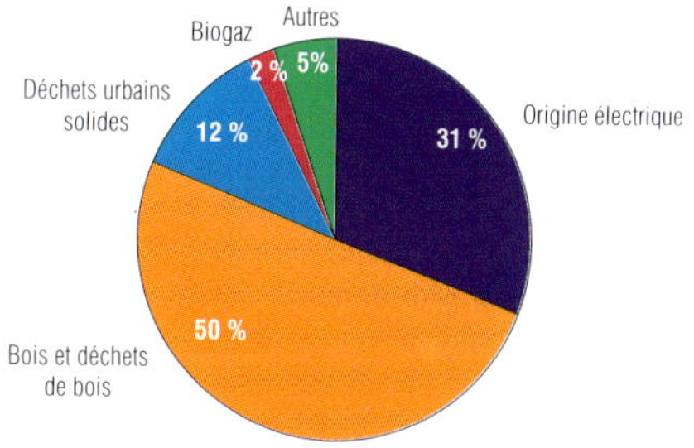

* Estimation en France métropolitaine. L'énergie d'origine thermique se décompose en bois et déchets de bois, déchets urbains solides, biogaz et autres.

Consommation d'énergie primaire dans le monde [2]

tep par habitant

	1973	1987	1995	2003
Amérique du Nord	6,77	6,28	6,35	6,35
dont : Canada	*7,11*	*7,69*	*7,91*	*8,24*
États-unis	*8,19*	*7,65*	*7,83*	*7,84*
Mexique	*0,99*	*1,48*	*1,47*	*1,56*
Amérique latine	0,91	0,98	1,02	*1,07
Europe de l'Ouest	3,08	3,29	3,29	3,48
dont : UE à 15	*3,36*	*3,54*	*3,70*	*3,99*
France	***3,46***	***3,76***	***4,05***	***4,41***
Allemagne	*4,28*	*4,68*	*4,19*	*4,21*
Royaume-Uni	*3,93*	*3,68*	*3,85*	*3,91*
Espagne	*1,50*	*1,94*	*2,63*	*3,34*
Italie	*2,35*	*2,43*	*2,81*	*3,12*
Europe de l'Est	1,77	2,51	1,81	*1,72
dont : Ex-URSS	*3,48*	*4,78*	*3,33*	**3,24*
Afrique	0,55	0,65	0,63	*0,65
Asie	0,40	0,55	0,68	*0,74
dont : Corée	*0,63*	*1,60*	*3,27*	*4,28*
Japon	*2,98*	*3,06*	*3,98*	*4,05*
Chine	*0,49*	*0,71*	*0,89*	**0,97*
Moyen-Orient	0,93	1,77	2,16	*2,50
Océanie	3,97	4,57	5,03	5,41
Monde	**1,54**	**1,64**	**1,62**	***1,65**

* 2002.

Taux d'indépendance énergétique de quelques pays [1] [2]

%

	1973	1987	1995	2003
Allemagne	50,8	54,9	42,4	38,8
Autriche	36,6	33,2	32,2	30,2
Belgique	14,1	30,7	22,6	22,7
Danemark	2,2	40,3	78,1	137,3
Espagne	21,7	37,2	30,5	24,2
Finlande	22,9	35,5	44,4	42,5
France	**25,3**	**49,1**	**52,6**	**50,4**
Grèce	18,9	43,4	39,6	33,2
Hongrie	59,5	54,4	52,3	39,5
Irlande	15,6	31,5	37,2	12,6
Italie	15,9	17,6	18,3	15,3
Pays-Bas	90,9	94,9	91,4	72,3
Pologne	115,4	97,7	99,6	86,1
Portugal	19,4	15,1	16,0	16,8
République tchèque	84,8	86,4	77,6	74,8
Royaume-Uni	49,2	115,8	115,4	106,2
Slovaquie	16,6	23,9	28,6	34,6
Suède	23,5	60,5	62,8	61,5
États-Unis	83,8	85,6	79,6	71,6
Japon	9,1	19,1	19,9	16,4
Norvège	55,2	402,4	781,6	998,9

18 énergie

PRÉSENTATION

Après avoir fortement progressé entre 1955 et 1972, la consommation française de produits pétroliers a connu une baisse sensible entre 1973 et 1985, liée à la très forte hausse du prix du pétrole brut importé. L'énergie nucléaire remplace le pétrole pour la production d'électricité, le gaz et l'électricité le remplaçant pour les usages industriels et domestiques. Le contre-choc pétrolier de 1986, avec une réduction de moitié des prix du pétrole importé, ainsi que la reprise de la croissance économique ont relancé de manière modérée la consommation de pétrole. Cette évolution ne remet pas en cause la baisse des parts de marché du pétrole, mais contribue à en ralentir le rythme. En 2004, la consommation de pétrole est de 87,0 millions de tonnes, contre 86,6 en 2003 et 111,8 millions en 1973.

En revanche la demande de pétrole poursuit sa croissance dans le secteur des transports. Celui-ci représente en 2004 plus de la moitié de la consommation de produits pétroliers, contre 27 % en 1973. Dans le même temps, la structure de la consommation de carburant auto se modifie : le gazole devient le principal produit pétrolier consommé en France, du fait de l'accroissement du parc de voitures diesel, tandis que la consommation de carburants traditionnels (essence et super) diminue de 35 % entre 1985 et 2004. Malgré cette baisse, la consommation de super sans plomb 95, a été multipliée par plus de 4 depuis 1995. Devenus en 2000 les 1ers fournisseurs de la France en pétrole brut, les *pays de la Mer du Nord* représentent 30,4 % de ses importations en 2004, devançant les pays du Proche-Orient (27,1 %) et les pays africains (19,2 %). Les pays de l'*OPEP*, détenteurs de 69,3 % des *réserves prouvées* de pétrole, totalisent 40,6 % de la production mondiale en 2004 [1] [3].

La production nationale de *charbon* en France baisse régulièrement depuis 1960 ; elle culminait alors à environ 60 millions de tonnes. Cette chute résulte de la fermeture progressive des mines jusqu'en 2004, date d'arrêt définitif de l'extraction du charbon dans l'hexagone. Parallèlement, la consommation connaît un déclin constant : de 70 millions de tonnes en 1960 à 21 millions en 2004. Dans le Résidentiel-Tertiaire, la baisse est particulièrement nette, de l'ordre de 90 % en 30 ans, la sidérurgie réduisant de 50 % sa consommation de charbon dans le même temps [3].

DÉFINITIONS

- ***Charbon.*** *Ce terme recouvre la houille, le lignite, le coke, les agglomérés et les produits de récupération. La houille est plus riche en carbone et a une teneur en eau et en matières volatiles plus faibles que le lignite. Le coke de houille est obtenu par carbonisation de la houille.*
- ***Communauté des États indépendants (CEI).*** *Créée en décembre 1991 par onze pays de l'ex-URSS : Arménie, Azerbaïdjan, Biélorussie, Kazakhstan, Kirghizistan, Moldavie, Ouzbékistan, Russie, Tadjikistan, Turkménistan, Ukraine. Elle a été rejointe en décembre 1993 par la Géorgie. Les états baltes (membres de l'Union européenne) sont les seules anciennes républiques soviétiques à ne pas être membres de la CEI.*
- ***Organisation des pays exportateurs de pétrole (OPEP).*** *Créée en 1960 (Conférence de Bagdad), siège à Vienne et regroupe onze pays (Arabie Saoudite, Irak, Iran, Koweït, Venezuela, Qatar, Indonésie, Libye, Emirats arabes unis, Algérie et Nigeria). Elle se fixe pour objectif de coordonner les politiques pétrolières des États membres, à la fois pour rentabiliser les investissements des producteurs et assurer l'approvisionnement des consommateurs.*
- ***Pays de la Mer du Nord.*** *Comprend le Royaume-Uni, la Norvège, les Pays-Bas et le Danemark.*
- ***Réserves « prouvées ».*** *Quantités d'hydrocarbures, de charbon qui, selon les informations géologiques et techniques disponibles, ont une forte probabilité (> 90 %) d'être récupérées dans le futur, à partir des gisements connus et dans les conditions technico-économiques existantes. Cette estimation est donc continuellement réévaluée en fonction des nouvelles découvertes et de l'amélioration de la récupération sur les champs existants.*

POUR EN SAVOIR PLUS

- « L'industrie charbonnière dans l'Union européenne en 2002 », *Statistiques en bref*, thème 8, Eurostat, n° 16/2003.
- « L'industrie pétrolière en 2003 », édition 2004, Minefi.

SOURCES

[1] Comité Professionnel du Pétrole (www.cpdp.org).

[2] Agence internationale de l'énergie (AIE).

[3] Observatoire de l'énergie, Minefi (www.industrie.gouv.fr).

Consommation de produits pétroliers et coût du pétrole brut importé [1] [3]

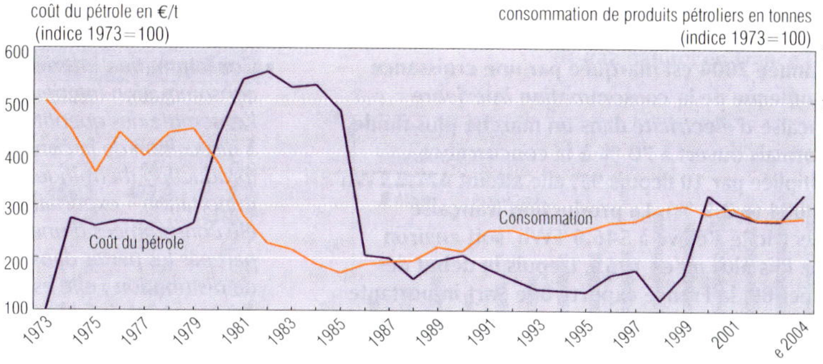

Consommation de produits pétroliers [1]

millions de tonnes

	1973	1985	*p* 2004	2004/03 %
Gazole	6,5	10,9	30,8	2,3
Fioul domestique	37,2	20,7	16,0	0,1
Carburants auto	15,8	18,0	11,7	– 4,9
dont : super sans plomb 95	*///*	*///*	*7,2*	*1,1*
Bases pétrochimie	5,4	7,1	*e* 10,1	– 1,2
Fiouls lourds	34,1	8,2	3,0	– 11,3
Carburéacteurs	1,8	2,6	6,1	5,1
Gaz (GPL)	2,7	2,9	2,9	2,1
Autres produits	8,3	4,7	*e* 6,5	7,0
Total marché intérieur	**111,8**	**75,1**	***e* 87,0**	**0,4**

Principaux fournisseurs de la France en pétrole brut [1]

%

Provenances	1973	1985	2003	*2004
Mer du Nord	0,1	25,8	31,1	30,4
Proche-Orient	71,5	29,9	24,6	27,1
dont : Arabie Saoudite	*22,4*	*8,1*	*13,4*	*14,6*
Afrique	24,4	30,7	21,9	19,2
dont : Nigeria	*9,3*	*11,0*	*6,2*	*3,0*
Autres pays	4,0	13,5	22,3	23,2
dont : CEI	*2,5*	*5,5*	*18,1*	*22,6*
Importations totales (millions de tonnes)	**134,9**	**73,9**	**85,2**	**78,4**

* Onze premiers mois.

Consommation* de pétrole dans le monde [1]

millions de tonnes

	1973	1985	*p* 2004	2004 %
États-Unis	818	720	940	25,0
Chine	54	90	290	7,7
Japon	269	206	242	6,4
Ex-URSS	326	417	180	4,8
Allemagne**	150	126	123	3,3
Inde	...	43	119	3,2
Canada	84	69	101	2,7
France	**127**	**84**	**95**	**2,5**
Italie	104	84	90	2,4
Royaume-Uni	113	77	80	2,1
Reste du monde	754	885	1 506	40,0
Total monde	**2 798**	**2 803**	**3 766**	**100,0**
*dont : Europe****	*738*	*580*	957	*25,4*

* Marché intérieur + soutes + consommation des raffineries + pertes. ** Ex-RFA pour 1973, Allemagne réunifiée depuis 1985. *** Europe occidentale pour 1985.

Production et consommation de charbon [3]

millions de tonnes

	1973	1985	2004	2004/03 %
Production primaire	29,1	18,9	0,9	– 61,1
Importations	16,5	21,3	21,1	14,7
Exportations	2,0	1,7	0,9	87,6
Variations de stocks	– 2,6	– 2,2	– 0,4	///
Consommation totale*	**46,2**	**40,7**	**21,4**	**– 3,1**
dont : Centrales électriques	*14,7*	*18,5*	*9,2*	*– 5,6*
Sidérurgie (hors centrales)	*14,3*	*9,6*	*7,0*	*– 1,0*
Autres industries	*4,1*	*5,6*	*2,1*	*1,7*
Résidentiel - Tertiaire	*8,7*	*4,2*	*0,6*	*– 6,1*

* Corrigée du climat.

Production de houille et réserves de charbon dans le monde [2] [3]

millions de tonnes

	Production de houille				Réserves prouvées
	1913	1973	*e* 2003	2003 %	au 1er janvier 2002
Chine	16	417	1 502	37,2	96 446
États-Unis	517	530	892	22,1	203 554
Inde	17	77	340	8,4	83 683
Ex-URSS	36	511	320	7,9	119 709
Australie	13	55	274	6,8	68 498
Afrique du Sud	8	62	239	5,9	49 596
Pologne	9	157	100	2,5	21 486
Allemagne	132	104	29	0,7	51 212
Royaume-Uni	292	130	28	0,7	1 292
France	**44**	**26**	**2**	**0,0**	**0**
Autres pays	///	164	310	7,7	128 110
Total monde	**1 216**	**2 232**	**4 037**	**100,0**	**823 586**

Production et réserves de pétrole brut dans le monde [1]

millions de tonnes

	Production		Réserves prouvées
	p 2004	*p* 2004 %	au 1er janvier 2005
Ex-URSS	533,0	15,1	10 618
dont : Russie	*445,7*	*12,6*	*8 186*
Arabie Saoudite	450,6	12,7	35 730
États-Unis	268,9	7,6	2 986
Iran	196,2	5,5	17 162
Chine	174,0	4,9	2 490
Mexique	169,8	4,8	1 992
Norvège	146,4	4,1	1 160
Koweit	116,9	3,3	13 847
Canada	121,5	3,4	24 393
Venezuela	110,0	3,1	10 536
Nigeria	117,0	3,3	4 810
Irak	103,1	2,9	15 689
Reste du monde	1 027,7	29,1	32 898
Total monde	**3 535,1**	**100,0**	**174 311**
dont : OPEP	*1 435,6*	*40,6*	*120 762*

19 commerce - services

PRÉSENTATION

En 2004, le transport de marchandises renoue avec la croissance (+ 6 %) ; ce dynamisme concerne notamment les transports routiers et fluviaux. Le fret ferroviaire, en réorganisation en 2004, continue à perdre des parts de marché bénéficiant aux autres modes de transport.

Le *transport intérieur* terrestre de marchandises repart à la hausse en 2004 (+ 2,5 %), après trois années de stagnation ; il bénéficie de la reprise de la production de biens. Le transport intérieur routier sous pavillon français progresse de 3,7 %. Les transporteurs français se recentrent sur le transport national : en effet, le *transport international* recule légèrement (– 0,4 % après – 2,3 % en 2003), malgré la vigueur du commerce international, tandis que le transport national augmente de 4,1 %.

En 2004 le fret ferroviaire continue à décroître (– 3,7 %). La baisse est plus importante pour le *transport combiné* que pour le transport ferré conventionnel (respectivement – 6 % et – 3 %).

Le transport fluvial se relève en 2004 (+ 6,2 %), après la stagnation de 2003 (– 0,7 %) due aux problèmes de sécheresse. Si le transport national poursuit sa croissance pour la 3ème année consécutive (+ 3,5 %), le transport international se redresse fortement (+ 10 %).

En 2004 l'activité des ports maritimes français est dynamique (+ 1,7 % en tonnage). Les volumes de marchandises diverses transportées continuent de progresser (+ 7,5 %) grâce au trafic de conteneurs. Avec une croissance supérieure à celle des autres ports français, les tonnages traités par le port du Havre progressent de 6,6 %, soutenus par la vitalité du trafic de vracs liquides et de conteneurs. Le port de Marseille conserve une activité importante mais en retrait. Rotterdam reste le 1er port du monde pour le *trafic de marchandises,* avec 327,8 millions de tonnes en 2003 [1] [4].

Au 1er janvier 2005, la flotte française de commerce (hors flotte de pêche) est constituée de 212 navires de plus de 100 *tonneaux de jauge brute (tjb),* dont 92 affectés au transport des marchandises et 57 pétroliers. Le *pavillon* français occupe le 28ème rang mondial pour son tonnage [5].

DÉFINITIONS

- ***Jauge brute.*** *Capacité en volume d'un navire ; elle s'exprime en tonneaux.*
- **Pavillon.** *Registre d'immatriculation des bateaux, comparable au registre d'état civil. Tous les bateaux ont un pavillon (et un seul) ; tous les états ont au moins un pavillon. Certains pays ont un pavillon « ouvert » sur lequel sont enregistrés des navires dont le propriétaire n'a pas la nationalité du pays (ex : un navire peut avoir un armateur norvégien et un pavillon des Bahamas). Le « pavillon » d'un pays ne reflète pas sa puissance maritime.*
- ***Tonneau de jauge brute (TJB).*** *Équivaut à 100 pieds cubes, soit 2,83 m^3.*
- ***Trafic de marchandises.*** *Marchandises embarquées et marchandises débarquées.*
- ***Transport combiné.*** *Rail et Route.*
- ***Transports intérieurs.*** *Transports ayant emprunté le territoire français.*
- ***Transports internationaux.*** *Regroupent les entrées, les sorties et le transit, pour la part réalisée sur le territoire français.*

POUR EN SAVOIR PLUS

- « Les transports en 2003 », *Insee Première*, n° 993, décembre 2004.
- *Statistiques en Bref,* Transports, Eurostat : « Tendances des transports ferroviaires de marchandises 1990-2003 », n° 3/2005 ; « Transport de marchandises et de passagers par mer 1997-2002 », n° 8/2004.
- « Tout sur les statistiques des transports – Données 1970-2002 », DVD, Eurostat, février 2005.

SOURCES

[1] « Les transports en 2003 », *Synthèses*, Statistique publique, n° 81, juin 2004.

[2] Armateurs de France (www.armateursdefrance.org).

[3] *Mémento des statistiques des transports,* résultats 2003, ministère des Transports, de l'Équipement, du Tourisme et de la Mer, 2005.

[4] « Les transports en 2004 », DAEI/ SESP-Insee, avril 2005 (www.statistiques.equipement.gouv.fr).

[5] « Premier bilan de l'année 2004 pour les ports maritimes et la flotte de commerce », direction du transport maritime, des ports et du littoral (www.mer.equipement.gouv.fr).

Structure du transport intérieur de marchandises* selon le mode de transport [1]

%

	1985	1995	2003
Transport ferroviaire	23,3	14,8	12,9
Transport routier	61,6	74,6	77,6
Navigation intérieure	3,6	2,2	2,2
Oléoducs	11,5	8,4	7,2
Ensemble (milliards de tonnes-km)	**208,7**	**264,1**	**306,8**

* Hors transit.

Évolution du transport intérieur de marchandises* selon le mode de transport [1]

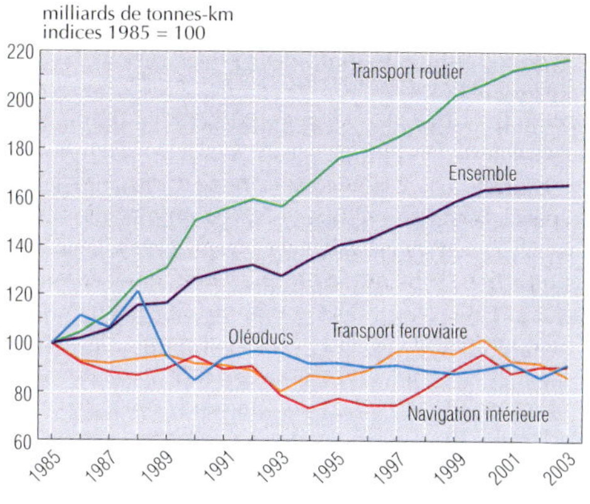

* Y compris transit.

Emploi dans les transports terrestres de marchandises [1]

	Effectifs* en milliers			2002/01
	1995	2000	2002	%
Salariés	258,7	290,0	306,1	1,4
Non salariés	29,9	27,7	27,2	– 1,1
Ensemble	**288,6**	**317,7**	**333,3**	**1,2**

* Effectifs en équivalent plein temps.

Transports intérieurs terrestres de marchandises par mode* [4]

milliards de tonnes-kilomètres

	p 2004	Évolution %		
		2002/01	2003/02	2004/03
Transports routiers**	218	0,1	0,5	3,7
dont : national	*200*	*1,0*	*0,9*	*4,1*
international hors transit	*18*	*– 8,7*	*– 2,3*	*– 0,4*
transit	*0*	*n.s*	*n.s*	*n.s*
Transports ferroviaires	45	– 0,7	– 6,4	– 3,7
dont : national	*23*	*0,1*	*– 5,0*	*– 3,5*
international hors transit	*16*	*– 0,1*	*– 7,1*	*– 1,3*
transit	*6*	*– 4,3*	*– 9,2*	*– 9,5*
Voies navigables	7	3,3	– 0,7	6,2
dont : national	*4*	*8,5*	*3,0*	*3,5*
international hors transit	*3*	*– 2,7*	*– 5,5*	*10,0*
Ensemble	**270**	**0,0**	**– 0,8**	**2,5**
dont : national	***227***	***1,0***	***0,3***	***3,3***
international hors transit	***36***	***– 4,6***	***– 4,7***	***0,0***
transit	***7***	***– 4,1***	***– 10,4***	***– 8,7***

* Hors transports par conduite. ** Pavillon français.

Activité* des principaux ports maritimes européens [1]

millions de tonnes

	1998	2002	2003
Rotterdam (NL)	314,8	322,1	327,8
Anvers (BE)	119,8	131,6	142,9
Hambourg (DE)	75,8	97,6	106,3
Marseille (FR)	**93,4**	**92,3**	**95,5**
Le Havre (FR)	**66,4**	**67,7**	**71,4**
Amsterdam (NL)	55,8	70,4	65,5
Algésiras (ES)	...	51,2	56,7
Gênes (IT)	44,9	51,8	53,7
Londres (GB)	56,4	51,2	51,0
Dunkerque (FR)	**...**	**...**	**50,1**

* Tonnages totaux, toutes marchandises confondues.

Principales flottes de commerce dans le monde* [3]

Pavillons	millions de tjb		Part du trafic en tjb (%)	
	2001	2002	2001	2002
1 Panama	122,4	124,7	21,3	21,3
2 Libéria	51,8	50,4	9,0	8,6
3 Bahamas	33,4	35,8	5,8	6,1
4 Grèce	28,7	28,8	5,0	4,9
5 Malte	27,1	26,3	4,7	4,5
6 Chypre	22,8	23,0	4,0	3,9
7 Norvège	22,6	22,2	3,9	3,8
8 Singapour	21,0	21,1	3,7	3,6
9 Chine	16,6	17,3	2,9	3,0
10 Hong Kong	13,7	16,2	2,4	2,8
11 Iles Marshall	11,7	14,7	2,0	2,5
12 Japon	14,6	13,9	2,5	2,4
13 Royaume-Uni	12,1	13,7	2,1	2,3
14 Russie	10,2	10,4	1,8	1,8
15 États-Unis	10,9	10,4	1,9	1,8
28 France	**4,7**	**4,7**	**0,8**	**0,8**

* Au 31 décembre.

Fret commercial* des principaux aéroports mondiaux en 2003 [3]

	milliers de tonnes	2003/02 %
1 Tokyo (JP)	2 869,7	8,3
2 Hong Kong (CN)	2 668,9	7,6
3 New York (US)	2 529,6	– 7,2
4 Los Angeles (US)	2 335,3	– 5,1
5 Séoul (KR)	2 086,6	– 10,0
6 Paris (FR)	**1 829,4**	**4,5**
7 Londres (GB)	1 736,6	– 1,1
8 Francfort (DE)	1 650,6	1,2
9 Miami (US)	1 637,3	– 8,6
10 Singapour (SG)	1 632,4	– 0,3
11 Chicago (US)	1 627,6	7,1
12 Shanghai (CN)	1 397,8	30,0
13 Amsterdam (NL)	1 353,8	5,1
14 Osaka-Kansai (JP)	963,3	– 0,2
15 Bangkok (TH)	950,5	– 0,7

* Y compris poste.

PRÉSENTATION

En 2003, dans un contexte de croissance ralentie, les *établissements de crédit* français consolident leur rentabilité. Le *produit net bancaire* atteint 80,6 Mds d'€ (+ 4,7 %). Le résultat net issu des opérations avec la clientèle diminue, à un rythme inférieur à celui de 2002 (– 5,4 % après – 7,6 %) et s'établit à 46,7 Mds d'€ en liaison avec la baisse des taux d'intérêt et une forte concurrence. Les opérations de services financiers (14 % du produit net bancaire en 2003) voient leur produit net augmenter de 1,4 % pour atteindre 11,1 Mds d'€. Ces évolutions s'inscrivent dans une amélioration générale des résultats des grands groupes bancaires internationaux, en liaison notamment avec la réduction du coût du risque du crédit [4].

Fin 2004, près de 9 Français sur 10 de 18 ans et plus disposent d'une carte bancaire. Leur nombre (49,1 millions) a plus que doublé en 10 ans. En 2004, les paiements par cartes bancaires progressent par rapport au nombre de chèques émis : 75 % des porteurs se servent de leur carte plus d'une fois par semaine pour régler leurs dépenses (contre 60 % en 1992). Ils l'utilisent moins souvent pour retirer des espèces. En 2004, les détenteurs de carte ont effectué avec celle-ci 5,91 Mds d'opérations, dont 4,65 Mds de paiements et 1,26 Mds de retraits, pour un montant global de 305 Mds d'€ [5].

En 2003, malgré de nouveaux sinistres importants, dont les inondations du Sud-Est, le *chiffre d'affaires total de l'assurance* et de la *réassurance* françaises progresse de 7,5 %, suite au redressement des marchés financiers. Après un recul en 2001 et une faible croissance en 2002, les cotisations d'assurances de personnes augmentent (+ 8 %) confirmant l'intérêt des Français pour l'assurance vie et le besoin d'assurances de dommages corporels. Le chiffre d'affaires des assurances de biens et de responsabilités progresse pour la 5ème année consécutive (+ 6,3 %). Les assureurs français réalisent 28,4 % de leur chiffre d'affaires total à l'étranger : l'Union européenne reste leur première zone d'activité (59,2 % des cotisations), suivie par l'Amérique du Nord (23,1 %) et l'Asie (11,6 %) [2].

DÉFINITIONS

- ***Chiffre d'affaires total de l'assurance.*** *Total des cotisations (ou primes) collectées par les sociétés d'assurances françaises et étrangères opérant sur le marché français et par les filiales et succursales des sociétés françaises opérant à l'étranger ainsi que par les sociétés de réassurance.*
- ***Établissements de crédit.*** *On distingue :*
  - *les banques commerciales (dont les principales sont la BNP Parisbas, la Société générale, le Crédit Lyonnais) et les établissements mutualistes et coopératifs (dont les principaux sont les Banques populaires, le Crédit agricole, le Crédit mutuel, les Caisses d'épargne) qui sont regroupés, depuis janvier 2001, au sein de la Fédération Bancaire Française (FBF). La FBF regroupe plus de 500 établissements bancaires qui comptent, en France, 26 000 guichets permanents et 60 millions de comptes à vue et occupent 420 000 salariés en France et dans le monde ;*
  - *les sociétés financières (sociétés de financement, de vente à crédit, de crédit-bail, de crédit immobilier, etc.) ;*
  - *les institutions financières spécialisées qui participent à la politique économique et au financement des entreprises. Les plus connues sont le Crédit foncier de France, la BDPME, chargée du financement des PME, le Comptoir des entrepreneurs et la Caisse centrale de coopération économique.*
- ***Produit net bancaire.*** *Comprend la marge nette, les commissions et les gains du portefeuille d'investissement d'une banque.*
- ***Réassurance.*** *Opération par laquelle une compagnie d'assurances, après avoir assuré un client, se couvre de tout ou partie du risque, en se faisant assurer à son tour par une ou plusieurs autres compagnies.*

POUR EN SAVOIR PLUS

- « Le système bancaire et financier français en 2003 », Rapport de la commission bancaire.
- « Les établissements de crédit et les compagnies d'assurance dans les nouveaux États membres et les pays candidats », *Statistiques en bref*, thème 4, Eurostat, n° 40-2004.

SOURCES

[1] « Le grand Atlas des entreprises 2005 », *Enjeux – Les Échos*, Hors série, novembre 2004.

[2] « L'assurance française en 2003 », *Fédération Française des Sociétés d'Assurances* (www.ffsa.fr).

[3] « La banque en chiffres 2003 », décembre 2004, *Fédération Bancaire Française* (www.fbf.fr).

[4] « Les résultats des établissements de crédit en 2003 », *Bulletin de la Banque de France*, n° 132, décembre 2004.

[5] « 2004 – Les cartes bancaires CB en chiffres », mars 2005, *Groupement des cartes bancaires* (www.cartes-bancaires.com).

Résultats* des établissements de crédit [4]

milliards d'euros en fin d'année

	2002	2003	Variation %
Produit net bancaire	77,0	80,6	4,7
Frais de structure	50,4	51,9	2,9
Résultat brut d'exploitation	26,6	28,7	8,1
Dotations nettes aux provisions et pertes nettes sur créances récupérables	4,4	5,3	20,5
Résultat d'exploitation	22,2	23,4	5,7
Résultat net	**18,5**	**17,4**	**– 6,2**

* Résultats sociaux en France métropolitaine et succursales à l'étranger, non compris les filiales à l'étranger.

Principales banques européennes en 2003 [1]

milliards d'euros

	Total du bilan	Fonds propres	Résultat net
1 UBS (CH)	889,0	22,7	4,1
2 Groupe Crédit Agricole (FR)	**875,2**	**38,6**	**2,8**
3 HSBC (GB)	824,0	59,3	1,8
4 Deutsche Bank (DE)	803,6	28,8	1,4
5 BNP Paribas (FR)	**783,1**	**28,3**	**3,8**
6 Royal Bank of Scotland (GB)	645,0	35,7	1,2
7 Barclays (GB)	628,1	23,3	2,0
8 Crédit Suisse (CH)	617,1	22,3	3,2
9 HBOS (GB)	578,6	21,8	1,7
10 ABN AMRO (NL)	560,4	16,8	3,2
11 Société Générale (FR)	**539,4**	**16,9**	**2,5**
12 HVB Group (DE)	479,5	10,3	– 2,6

Moyens de paiements scripturaux dans quelques pays en 2002* [3]

%

	Allemagne	**France**	Royaume-Uni	États-Unis**
Chèques	1,2	**34,2**	21,0	49,9
Cartes	16,6	**30,6**	41,2	41,7
Virements	45,0	**18,7**	17,7	5,0
Avis de prélèvement	36,9	**16,3**	20,1	3,4
Opérations (millions)	***12 041***	***13 368***	***11 371***	***80 165***

* Le total diffère de 100 ; la différence est dans la catégorie "autres" non mentionnée dans le tableau. ** Les débits par carte bancaire doivent être réglés par chèques.

Distributeurs automatique de billets bancaires en 2002 [3]

pour 1 million d'habitants

Chiffres clés de l'assurance [2]

milliards d'euros

	2002	2003	2003/02 %
Chiffre d'affaires mondial	**219,5**	**228,5**	***4,1***
dont : filiales à l'étranger	*60,9*	*60,5*	*– 0,7*
Marché français de l'assurance			
Chiffre d'affaires	131,9	141,8	*7,5*
dont : Assurances de personnes	*95,6*	*103,2*	*7,9*
Assurances de biens	*36,3*	*38,6*	*6,3*
Sommes attribuées aux assurés	116,9	122,9	*5,1*
Résultat net comptable	2,2	5,5	*150,0*
Soit : Sociétés vie, de capitalisation et mixtes	*1,4*	*3,6*	*157,1*
Sociétés dommages	*0,8*	*1,9*	*137,5*
Actifs gérés par les sociétés d'assurances*	921,2	1 015,9	*10,3*
Effectifs employés par l'assurance	204 600	203 900	*– 0,3*

* En valeur de marché.

Principales compagnies d'assurances européennes en 2003 [1]

milliards d'euros

	Chiffre d'affaires	Fonds propres	Résultat net
1 Allianz (DE)	85,0	28,6	1,6
2 Axa (FR)	**71,6**	**23,4**	**1,0**
3 Ing Groep (NL)	69,1	24,8	4,0
4 Fortis (NL-BE)	50,1	11,9	2,2
5 Generali (IT)	49,6	8,5	1,0
6 Aviva (GB)	42,2	15,8	0,5
5 Munich Re (DE)	40,4	19,0	– 0,4
8 Zurich (CH)	39,0	15,4	1,7
9 Aegon (NL)	28,4	14,1	1,8
10 Standard Life (GB)	24,4	...	...
11 Swiss Re (CH)	23,4	11,9	1,1
12 Prudential (GB)	19,5	4,6	0,3

Chiffre d'affaires mondial de l'assurance française [2]

milliards d'euros

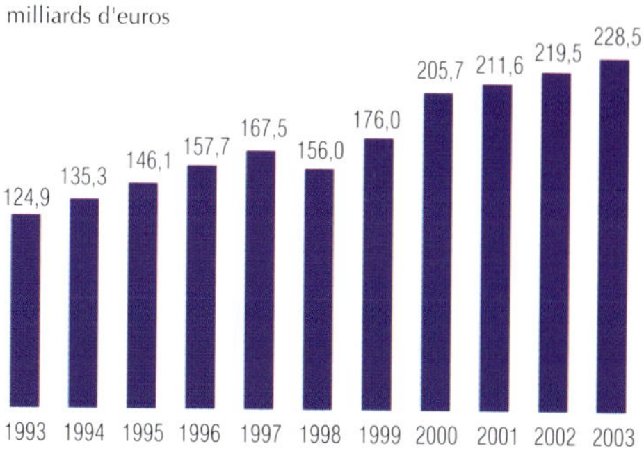

Structure du chiffre d'affaires de l'assurance* [2]

%

	1972	1990	1995	2003
Vie	22,2	42,4	59,1	63,3
Automobile	40,1	18,2	13,4	12,1
Dommages aux biens	14,5	11,9	8,7	8,3
Dommages corporels	10,4	9,0	8,2	7,9
Bons de capitalisation	2,9	10,3	3,9	1,6
Responsabilité civile	5,4	2,2	1,5	1,8
Transports	3,4	1,8	1,6	0,8
Construction	-	1,0	0,6	1,1
Catastrophes naturelles	///	1,0	0,8	0,8
Divers	1,1	2,2	2,2	2,3

* Affaires directes sur le marché français.

19 commerce - services

PRÉSENTATION

À l'image du reste de l'économie, la production des *services marchands non financiers* progresse en 2004 (+ 2,1 % en volume) en réponse à la demande de services aux entreprises. Elle redémarre notamment dans les nouvelles technologies, où les prix progressent faiblement, et dans les activités de conseil.

En 2004, la production des *services aux entreprises* augmente plus vite qu'en 2003 (+ 2,3 % en volume contre + 0,7 %). Les services de conseils et assistance sont plus dynamiques (+ 2,7 %), en particulier les services informatiques. La production des télécommunications, tirée par la demande soutenue des ménages dans le segment des mobiles, s'accroît plus que la moyenne (+ 4,3 %). La reprise profite également aux entreprises de travail temporaire (+ 2,4 %) après 3 années de baisse dans ce secteur.

En 2004, les *activités immobilières* sont parmi les plus dynamiques, la promotion et la gestion immobilière tirant vers le haut la production de l'ensemble de la branche. Cette hausse s'explique par la demande active d'investissement des ménages et l'augmentation des dépenses des entreprises.

La production des *services aux particuliers* progresse peu en 2004 (+ 0,7 % après + 0,5 % en 2003). Seules les activités culturelles, récréatives et sportives sont en hausse de 3,3 %, grâce aux activités audiovisuelles (+ 5,1 %) : la fréquentation des salles de cinéma augmente et le développement du marché des DVD se poursuit, stimulant l'activité de distribution de films.

Après un léger recul de l'emploi en 2003, le regain d'activité dans les services marchands en 2004 entraîne une croissance de l'emploi (+ 1,3 % après – 0,2 % en 2003). Les services marchands sont avec la construction, les secteurs où l'emploi salarié progresse le plus. Dans les services aux particuliers il augmente de 1,9 %, les hôtels- restaurants restant créateurs d'emplois (+ 2,2 % en 2004). Dans les services aux entreprises (+ 1,1 %), le travail temporaire contribue à la reprise de l'emploi [1].

DÉFINITIONS

- ***Chiffre d'affaires.*** *Montant global des ventes de biens et services.*
- ***Effectif salarié moyen.*** *Moyenne des effectifs salariés trimestriels en équivalent temps plein.*
- ***Effectif non salarié moyen*** *Nombre d'employés non salariés moyen calculé en équivalent temps plein.*
- ***Enquête annuelle d'entreprise (EAE) dans les services.*** *Elle est réalisée chaque année auprès d'un échantillon d'entreprises :*
  - *de l'industrie manufacturière par le Sessi (Service d'études des stratégies et des statistiques industrielles) ;*
  - *des industries agroalimentaires par le Scees (Service central des enquêtes et études statistiques) ;*
  - *des transports et de la construction par le Sesp (Service économique et statistique) ;*
  - *du commerce et des autres services non financiers par l'Insee.*

  Le Sessi et le Scees limitent le champ de leur enquête aux entreprises de 20 salariés ou plus ou de plus de 5 millions d'euros de chiffre d'affaires.
- ***Services marchands non financiers.*** *Secteur des activités tertiaires hors commerce, transport, location immobilière, assurances et organismes financiers. La nomenclature d'activités françaises (NAF) distingue :*
  - ***les services aux entreprises*** *: postes et télécommunications, services de conseils et d'assistance, services opérationnels et recherche et développement, soit 70 % de la production totale ;*
  - ***les services aux particuliers*** *: hôtels et restaurants, agences de voyage, activités culturelles, récréatives et sportives et services personnels tels que la coiffure et la blanchisserie ; leur production s'élève à 20 % de l'ensemble ;*
  - ***les activités immobilières*** *: promoteurs, agences immobilières, marchands de biens et administrateurs d'immeubles, soit 5 % de la production.*
- ***Valeur ajoutée.*** *Solde du compte de production. Elle est égale à la valeur de la production diminuée de la consommation intermédiaire.*

POUR EN SAVOIR PLUS

- « Le partenariat inter-entreprises dans le grand commerce et les services aux entreprises », *Insee Première*, n° 992, décembre 2004.
- « La France des services », édition 2004-2005, Insee.

SOURCES

[1] « Les services marchands en 2004 : les services aux entreprises reprennent », *Insee Première*, n° 1030, juillet 2005.

[2] « Les entreprises des services en 2002 », *Insee Résultats*, Économie, n° 17, octobre 2004.

[3] Division Services, Insee.

Évolution de la production des services marchands [1]

indices de volume base 100 en 1999

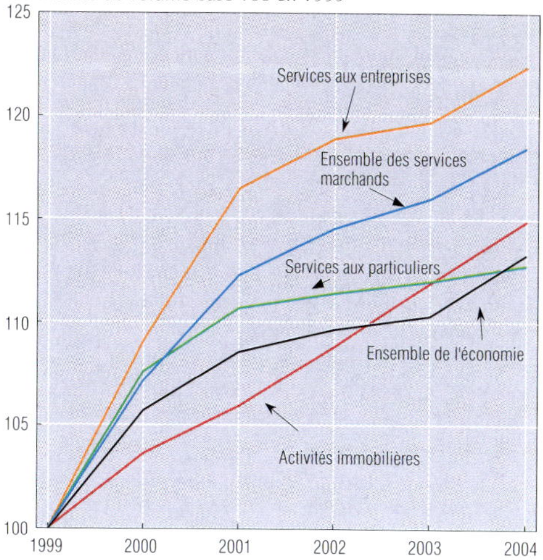

Emploi salarié dans les services marchands [1] [3]

milliers

	2000	2003	2004	2004/03 %
Services marchands	**4 520,5**	**4 771,0**	**4 831,6**	**1,3**
Activités immobilières	265,2	267,1	269,2	0,8
Services aux entreprises	3 017,9	3 185,7	3 219,6	1,1
dont : Intérim	*606,7*	*562,1*	*575,1*	*2,3*
Services aux particuliers***	1 237,4	1 318,2	1 342,8	1,9
Autres activités tertiaires**	**5 068,0**	**5 341,8**	**5 362,4**	**0,4**
Ensemble des activités tertiaires*	**9 588,5**	**10 112,8**	**10 194,0**	**0,8**
Industrie et construction	*5 341,7*	*5 288,9*	*5 207,9*	*– 1,5*
*Ensemble de l'économie**	*14 930,4*	*15 401,7*	*15 402,0*	*0,0*

* Hors agriculture, administration, éducation, santé et action sociale. ** Hors administration, éducation, santé et action sociale, y compris services domestiques. *** Hors services domestiques.

Production des services marchands en 2004 [1]

taux de variation en volume (%)

Principales caractéristiques des services marchands non financiers* en 2002 [2] [3]

Secteur d'activité en NAF	Nombre d'entreprises	Effectif non salarié en ETP	Effectif salarié au 31/12	Chiffre d'affaires millions d'€	Valeur ajoutée millions d'€
Services aux entreprises**	**371 738**	**204 400**	**2 961 320**	**322 862**	**161 402**
Télécommunications et courrier	2 587	1 563	172 769	49 858	23 762
Auxiliaires d'assurances	23 894	17 114	65 356	7 348	4 876
Location sans opérateurs	17 987	11 972	79 219	19 214	9 636
Activités informatiques	36 925	17 908	315 051	38 566	20 877
Services fournis principalement aux entreprises	288 766	155 396	2 267 639	200 531	99 156
Assainissement, gestion déchets	1 579	447	61 286	7 345	3 096
Activités immobilières	**68 901**	**49 300**	**228 636**	**52 227**	**26 860**
Services aux particuliers	**292 806**	**243 183**	**1 106 821**	**97 981**	**43 574**
Hôtels et restaurants	188 173	156 834	794 216	56 537	26 885
Agences de voyage	3 860	1 646	42 641	12 185	2 002
Services audiovisuels et agences de presse	9 616	5 355	74 861	20 406	9 135
Services personnels	91 157	79 348	195 103	8 853	5 553
Ensemble	**733 445**	**496 883**	**4 296 777**	**473 069**	**231 837**

* A l'exclusion des secteurs non couverts par l'EAE Services. Ceci explique l'écart des effectifs avec le tableau ci-dessus. ** Les données relatives à l'exercice 2002 des petites entreprises du secteur des services aux entreprises sont obtenues à partir des sources administratives.

PRÉSENTATION

En 2004, les éditeurs de la presse écrite réalisent un chiffre d'affaires de 10,51 milliards d'€, en progression de 1,5 % par rapport à 2003 grâce aux recettes publicitaires (+ 3,6 %). Les ventes de produits de presse stagnent à 6,02 Mds d'€ (57 % du total), alors que les recettes publicitaires atteignent 4,52 Mds d'€ (43 % du total).

La presse nationale d'information générale et politique ainsi que la presse spécialisée technique et professionnelle connaissent une augmentation de leur chiffre d'affaires (respectivement + 0,5 % et + 3,2 %) ; en revanche celui de la presse locale d'information générale et politique augmente de + 2 % et la presse spécialisée grand public enregistre le plus mauvais résultat de l'ensemble de la presse (– 0,7 %). La presse écrite reste le premier support de communication publicitaire en France. Seule la presse gratuite (d'annonces et d'information) en profite : elle recueille 56 % de la manne publicitaire supplémentaire destinée à l'ensemble de la presse [2].

Avec un chiffre d'affaires de 45 Mds d'€, les *services de télécommunications* enregistrent une baisse en 2003. Si les consommateurs sont de plus en plus équipés en téléphones mobiles et connexions Internet, le marché de la téléphonie fixe se dégrade. Son chiffre d'affaires baisse à 14,7 Mds d'€. Celui de la téléphonie mobile atteint 13,2 Mds d'€. L'Internet reste le segment le plus dynamique du marché des télécommunications. Son chiffre d'affaires progresse de 37 % en 2003 et le nombre d'abonnements augmente de 16,4 % dans le même temps [1] [4].

DÉFINITIONS

- ***Services de télécommunications.*** *Regroupent les activités permettant la transmission d'informations à distance :*
  - *la téléphonie fixe ;*
  - *la téléphonie mobile ;*
  - *les services avancés : numéros gratuits ou à coûts partagés, audiotel et minitel à revenus partagés ;*
  - *les liaisons louées : location de capacités de transmission entre deux points, réservé à un client par un opérateur, à partir de réseaux terrestres, satellitaires ou sous-marins ;*
  - *le transport de données (y c. SMS) : acheminement de données à la carte ;*
  - *l'interconnexion : services offerts ou achetés à d'autres opérateurs résultant d'accords d'interconnexion entre opérateurs titulaires d'une licence ou prestataires spécialisés ;*
  - *les services d'accès au réseau Internet ;*
  - *les services de diffusion d'émissions de télévision et de radio ;*
  - *autres services : la gestion de réseau privé intégré, les services mobiles privés de radio, les services de location, la vidéoconférence….*

POUR EN SAVOIR PLUS

- *Statistiques en bref,* thème 4, Eurostat : « Le secteur de la communication dans les nouveaux États membres et dans les pays candidats », n° 28/2004 ; « Statistiques de la société de l'information », n° 38/2003 ; « Les télécommunications en Europe », n° 12/2003.
- « Le secteur français des technologies de l'information et de la communication », *Chiffres clés,* édition 2003, Sessi (www.industrie.gouv.fr/sessi)

SOURCES

[1] « Le marché du radiotéléphone », Autorité de régulation des télécommunications, mai 2004 (www.art-telecom.fr).

[2] « La presse écrite en 2004 », *Info-Médias,* Direction du développement des médias, n° 10, juin 2005.

[3] European Information Technology Observatory (EITO), 2004 (www.eito.com).

[4] « Le marché des télécommunications en 2003 », *Insee Première,* à paraître.

[5] International Telecommunication Union, avril 2003 (www.itu.int).

Marché des services des télécommunications* [1]

	2001	2002	2003
Téléphonie fixe			
Nombre de lignes (milliers)	34 084	34 124	33 913
Volume (millions de minutes)	118 480	112 456	108 931
Revenus (milllions d'€)	14 373	14 030	13 509
Internet			
Nombre d'abonnements ** (milliers)	6 987	9 124	10 617
Soit : Bas débit	*6 385*	*7 469*	*7 048*
Haut débit	*602*	*1 655*	*3 569*
Revenus (milllions d'€) ***	1 119	1 186	1 385
dont : Haut débit	*182*	*417*	*729*
Téléphonie mobile			
Nombre de clients (milliers)	36 997	38 593	41 702
Volume (millions de minutes)	44 419	51 844	63 469
Nombre de SMS sortants (million d'unités)	3 508	5 523	8 188
Revenus (millions d'€)	10 000	11 768	13 231

* Opérateurs autorisés. ** Sont comptabilisés les comptes d'accès gratuits ou facturés à l'usage qui font l'objet d'au moins une connexion dans les 40 derniers jours, et tous les comptes payants sur une base forfaitaire mensuelle (incluant ou non un forfait téléphonique, particuliers et professionnels). *** Hors valeur ajoutée des fournisseurs d'accès à Internet non titulaires de licences.

Chiffre d'affaires* et tirage de la presse [2]

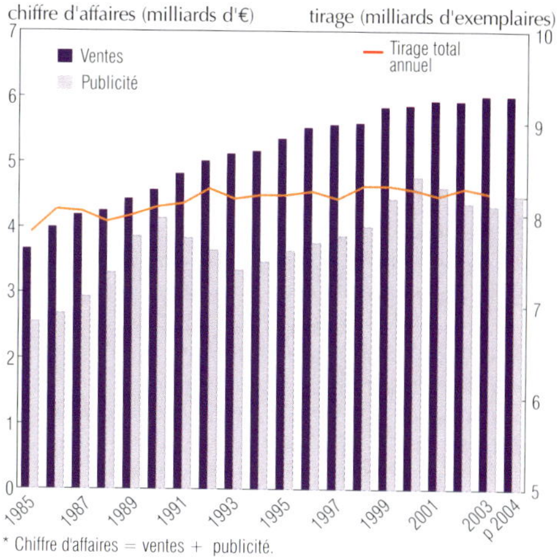

* Chiffre d'affaires = ventes + publicité.

Chiffre d'affaires des services de télécommunications en 2003 [4]

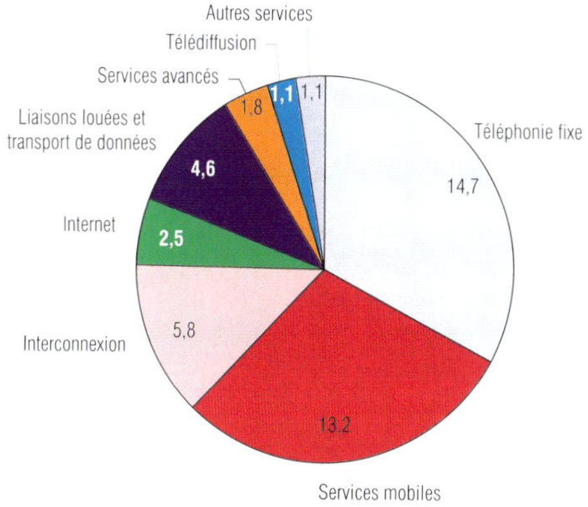

Chiffres d'affaires par grande catégorie de presse en 2004 [2]

	Nombre de titres 2003	CA p 2004 milliards d'€	CA 2004/03 %
Presse nationale d'information générale et politique	75	1,47	0,5
Presse locale d'information générale et politique	445	3,07	2,0
Journaux gratuits d'information	11	0,05	76,4
Presse spécialisée grand public	1 680	4,1	– 0,7
Presse spécialisée technique et professionnelle	1 483	1,07	3,2
Presse gratuite	524	0,75	10,2
Total	**4 218**	**10,51**	**1,5**

Les 10 premiers opérateurs en télécommunications dans le monde en 2004 [5]

Rang	Opérateur	Chiffre d'affaires milliards $	Chiffre d'affaires 2003/04 %
1	NTT* (JP)	83,2	1,6
2	Deutsche TeleKom (DE)	57,9	3,7
3	Verizon (US)	57,3	5,2
4	Vodafone* (GB)	48,4	10,5
5	**France Telecom (FR)**	**47,2**	**2,2**
6	SBC (US)	32,8	– 0,1
7	Telecom Italia (IT)	31,2	1,3
8	Telefonica (ES)	30,3	6,8
9	BT* (GB)	26,7	– 1,1
10	AT&T (US)	24,4	– 12,1

* Exercice comptable clos au 31/03/04.

Dépenses des technologies d'information dans quelques pays du monde en 2003 [3]

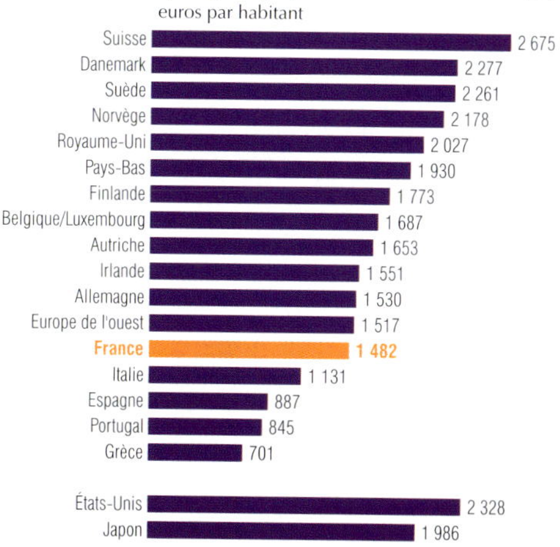

PRÉSENTATION

En 2004, l'industrie du *cinéma* en France représente une valeur économique de plus de 3,5 milliards d'€ ; plus du double si l'on y ajoute la fabrication des programmes pour la télévision. La production cinématographique reste à un niveau élevé avec 203 films agréés par le CNC, dont 167 d'initiative française. Les investissements totaux (1,05 Mds d'€) sont en recul de 9 %, en raison d'un retrait de 37 % des investissements étrangers. Avec 194,8 millions de billets vendus en 2004, les entrées en salles augmentent de 12,3 % par rapport à 2003. La fréquentation est tirée par le succès des films français qui enregistrent 76,1 millions d'entrées. Les multiplexes réalisent près de 48 % des entrées. Les recettes s'élèvent à 1,1 Mds d'€ (+ 13,9 % par rapport à 2003) ; le prix moyen de la place de cinéma passe de 5,74 € à 5,82 € (+ 1,4 %) [2].

Les ventes de *disques* régressent de 14,3 % en 2004, avec un chiffre d'affaire des producteurs phonographiques de 953 millions d'€. En deux ans, le marché a perdu 27 % de sa valeur, soit 350 millions d'€. En 2004, près de 24 millions de « singles » et 102,5 millions d'albums ont été vendus, soit une baisse respective de 21,4 % et 7,8 % par rapport à 2003. Les ventes de vidéo-musicales progressent de 17,1 %, avec 8,5 millions d'unités vendues. Après trois années de forte croissance, le marché des vidéo-musicales se stabilise aux environs de 90 millions d'€, contre 69 pour les singles et 784 millions d'€ pour les albums. Le marché du téléchargement légal de musique enregistre une progression exponentielle. En 2004, le nombre de morceaux téléchargés a plus que décuplé dans le monde. Pour la première fois, les maisons de disques dégagent des revenus substantiels de la vente de la musique en ligne ; ils sont estimés à 430 millions d'€ dans le monde et à 8,5 millions d'€ en France [3] [5].

L'édition *vidéo* enregistre un chiffre d'affaires de 1,3 Mds d'€ en 2004 (9,6 % par rapport à 2003). Ainsi 124 millions de supports ont été commercialisés : 122 millions pour la vente et 2 pour la location. Le DVD représente plus de 90 % des ventes et près de 95 % du chiffre d'affaires des éditeurs vidéo [4].

DÉFINITIONS

- ***Cinéma.*** *L'ensemble de l'activité cinématographique relève en France d'un établissement public placé sous l'autorité du ministère de la Culture et de la Communication : le Centre national de la cinématographie (CNC), créé en 1946.*
- ***Disques et Vidéo.*** *La Bibliothèque nationale est responsable du dépôt légal des phonogrammes et vidéogrammes et reçoit à ce titre la production éditoriale. Le Syndicat national de l'édition phonographique (SNEP) fournit, à partir d'une enquête auprès des distributeurs, des données sur les ventes de phonogrammes au réseau commercial français.*

  Le Syndicat de l'édition vidéo (SEV) réalise également une enquête au niveau de l'édition et de la distribution de vidéogrammes destinés à la location et à la vente.
- ***Long métrage.*** *Film de longueur supérieure ou égale à 1 600 m pour un format de 35 mm.*
- ***Secteur audiovisuel.***
  - *Prestations techniques : activité regroupant la location de matériels, l'utilisation et le service des techniciens (y compris les réalisateurs) pour l'utilisation de ces matériels.*
  - *Production cinéma : activité consistant à la réunion et la mise en œuvre de talents et de moyens techniques et humains et de financements nécessaires à la réalisation de films, et à la gestion des droits relatifs à leur diffusion.*
  - *Production télévision : activité consistant à la réunion et la mise en œuvre de talents, de moyens techniques et humains, de financements nécessaires à la réalisation de programmes audiovisuels pour la télévision, et à la gestion des droits relatifs à leurs diffusions.*
  - *Production de commande : activité consistant en la production sur commande de films ou programmes destinés à la publicité (spots publicitaires, programmes institutionnels).*
  - *Distribution : commercialisation du droit d'exploitation du film ou du programme audiovisuel auprès des exploitants de salles, des diffuseurs de télévision ou des éditeurs vidéo.*

POUR EN SAVOIR PLUS

- *Les dossiers* du CNC : « Bilan 2004 », n° 294, mai 2005 ; « Spécial vidéo », n° 293, mars 2005.
- « Les entreprises du spectacle de 1995 à 2001 », *Insee Première*, n° 978, juillet 2004.
- Cinema, TV and radio in the EU (1980-2002), *Tableaux détaillés*, Eurostat, janvier 2004.
- « L'actualité du disque », Syndicat national de l'édition phonographique, édition 2004.

SOURCES

[1] « Les entreprises de l'audiovisuel », Direction du développement des Médias, CNC, août 2002.

[2] Centre National de la Cinématographie (www.cnc.fr).

[3] Syndicat national de l'édition phonographique.

[4] Syndicat de l'édition vidéo.

[5] Rapport sur la musique en ligne 2005, International federation of the phonographic industry (www.ifpi.org).

Secteur de l'audiovisuel [1] millions d'euros

	1996	2000	Évol. moy. annuelle %
Production totale	12 117	17 305	+ 9,3
soit : télévision hertzienne	*4 664*	*5 921*	*+ 6,1*
chaînes thématiques et locales	*413*	*1 157*	*+ 29,4*
ensembliers câble et satellite	*486*	*1 565*	*+ 34,0*
production cinéma	*785*	*1 177*	*+ 10,7*
production de commande	*634*	*894*	*+ 9,0*
prestations techniques	*1 001*	*1 378*	*+ 8,3*
distribution	*1 012*	*1 369*	*+ 7,8*
exploitation de salles	*806*	*1 007*	*+ 5,7*
édition vidéo	*693*	*861*	*+ 5,6*
production télévisuelle	*1 622*	*1 975*	...
Valeur ajoutée	4 658	5 971	...
Rémunérations totales	1 634	2 163	...
dont : rémunération des permanents	*1 069*	*1 383*	...
Nombre d'entreprises	5 533	6 433	...

Ventes de disques* [3]

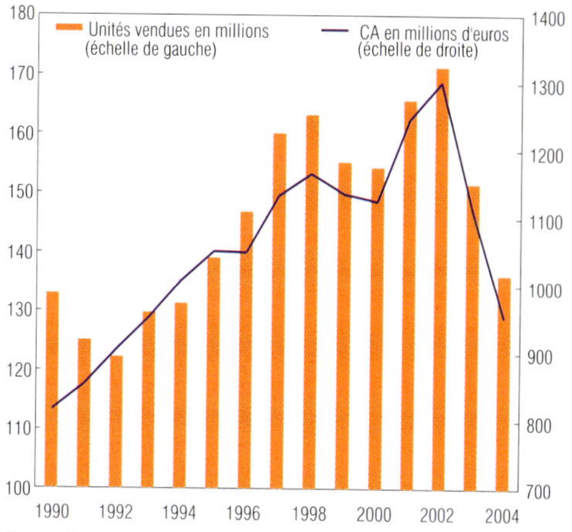

* Facturation hors taxes aux réseaux commerciaux.

Ventes de vidéos par les éditeurs* [4]

	1990	2000	2003	2004
Quantités (millions)	**16,1**	**54,3**	**101,0**	**124,1**
Pour la vente	15,3	52,5	98,8	122,1
dont : DVD	*/// *	*12,3*	*75,8*	*111,1*
Pour la location	0,8	1,8	2,3	2,0
CA H.T (millions d'€)	**239,8**	**655,7**	**1 208,7**	**1 324,3**
Pour la vente	187,8	577,8	1 131,0	1 263,7
dont : DVD	*///*	*215,1*	*942,8*	*1 194,8*
Pour la location	52,0	77,9	77,7	60,5

* Ventes nettes des éditeurs-distributeurs vidéo, adhérents du Syndicat de l'édition vidéo (environ 80% du marché).

Production audiovisuelle aidée [2]

	2003	2004	2004/03 %
Devis des œuvres aidées (millions d'€)	1 140,8	1 236,6	8,4
Nb d'heures de programmes produits :	4 059	3 929	– 3,2
Soit : Fiction	*667*	*721*	*8,1*
Documentaire	*2 466*	*2 256*	*– 8,5*
Animation	*208*	*330*	*58,7*
Spectacle vivant	*439*	*433*	*– 1,4*
Magazine	*279*	*189*	*– 32,3*

Production et exploitation cinématographique [2]

	1990	1992	1994	1996	1998	2000	2002	*p* 2004
Production								
Nombre de longs métrages produits*	146	155	115	134	183	171	200	203
Soit : Films d'initiative française	*106*	*113*	*89*	*104*	*148*	*145*	*163*	*167*
Films à majorité étrangère	*37*	*31*	*22*	*27*	*32*	*26*	*37*	*36*
*Films bénéficiant d'une aide sélective***	*3*	*11*	*4*	*3*	*3*	*///*	*///*	*///*
Investissements totaux (millions d'€)	501,4	557,0	438,9	501,1	753,4	803,3	860,7	1 048,8
Soit : Investissements français	*350,0*	*435,4*	*340,4*	*386,3*	*607,7*	*665,3*	*678,2*	*819,8*
Investissements étrangers	*151,4*	*121,7*	*98,5*	*114,8*	*145,7*	*138,0*	*182,5*	*229,0*
Coût médian des films d'initiative française (millions d'€)	2,4	2,9	2,7	2,6	2,7	3,2	2,8	3,9
Exploitation								
Nombre d'établissements	2 300	2 140	2 106	2 149	2 159	2 180	2 153	2 115
Nombre d'écrans	4 518	4 297	4 291	4 529	4 779	5 155	5 264	5 302
Entrées (millions)	121,9	116,0	124,4	136,7	170,6	165,8	184,4	194,8
Recettes totales guichets (millions d'€)	583,3	600,8	653,5	726,0	917,0	894,0	1 030,0	1 134,2
Part de marché des films français dans recettes (%)	*37,5*	*34,9*	*28,3*	*37,5*	*27,8*	*28,5*	*34,9*	*39,0*

* Ayant reçu l'agrément du CNC. ** Aide aux coproductions avec les pays d'Europe centrale ou orientale (fonds ECO) jusqu'en 1997 et fonds Sud à partir de 1998.

Panorama du cinéma dans quelques pays du monde en 2004* [2]

	Allemagne	Espagne	**France**	Italie	Royaume-Uni	États-Unis	Japon
Longs métrages produits	87	**110	**203**	134	132	611	310
Entrées (millions)	156,7	143,8	**194,8**	113,0	171,3	1 536,1	170,1
Nombre d'écrans	4 870	4 388	**5 302**	**3 498	3 342	35 993	2 825
Nombre d'entrées moyennes par habitant	1,9	3,5	**3,3**	1,9	2,8	5,2	1,3
Recettes guichet (millions d'euros)	892,9	691,0	**1 134,2**	669,0	849,0	**7 317,4	**1 459,9
Part du cinéma national en % des recettes	**16,7	13,4	**39,0**	20,3	23,6	**96,7	**33,0
Part du cinéma américain en % des recettes	**76,8	69,8	**47,4**	61,9	**73,5	**96,7	**63,7

* Données provisoires. ** 2003.

PRÉSENTATION

En 2003, la *DNRD* est estimée à 34,6 Mds d'€ contre 34,8 Mds en 2002, soit une diminution de 2,0 % en volume alors que le PIB progresse de 0,5 %. Cette évolution résulterait d'une forte baisse du financement des entreprises (– 4,5 %) et d'une hausse de celui des administrations (1,0 %) [1].

La *DIRD* est estimée en 2003 à 34,1 Mds d'€ (– 2,7 % en volume). Sur le long terme la *R&D* exécutée en France a connu depuis 1979 une croissance plus rapide que le PIB : le ratio DIRD/PIB est passé de 1,68 % en 1978 à 2,26 % en 2002. En 2003, il s'établirait à 2,19 %. La France, avec une contribution de 5,8 % à la DIRD de la zone OCDE, conserve en 2002 sa 4ème position après les États-Unis (42,7 %), le Japon (16,5 %) et l'Allemagne (8,3 %) [1] [2].

Sur 20 ans, les structures d'éxécution et de financement de la recherche se sont modifiées, avec un poids plus important du secteur des entreprises. La part des administrations dans la DNRD, stabilisée depuis plusieurs années, s'établirait à 46,5 % en 2003.

Les dépenses de recherche des entreprises sont très concentrées dans les grandes entreprises et dans quelques branches d'activité : les 6 premières *branches de recherche* réalisent 64 % des dépenses et emploient 59 % du personnel. L'automobile, 1ère branche de R&D depuis 1999, représente 15 % de la DIRDE, ce qui reflète l'importance de cette industrie en France. Parmi les grandes entreprises, les plus de 2 000 salariés réalisent 58 % de la DIRD des entreprises et bénéficient de plus de 75 % des financements publics.

En 2002, le personnel rémunéré pour les travaux de R&D, hors défense, est évalué à 339 800 personnes à temps plein (+ 3,1 % par rapport à 2001), dont 44 % sont rémunérés par les administrations et 56 % par les entreprises. Depuis 1992, la croissance de l'emploi du personnel de R&D s'accompagne d'une qualification des emplois au profit des chercheurs. En 2002, ils représentent près de la moitié de l'effectif R&D. La part des femmes est plus élevée d'environ 10 points dans la recherche publique (32 % des effectifs) que dans les entreprises [1].

DÉFINITIONS

- **Changement méthodologique.** *L'enquête réalisée auprès des entreprises et des administrations par le bureau des études statistiques sur la recherche (DEP) a enregistré plusieurs changements méthodologiques depuis 1992 : amélioration de l'évaluation des effectifs et des dépenses de recherche des universités, de la Défense ; amélioration de la couverture du champ de l'enquête auprès des entreprises, etc. La DIRD et la DNRD ont pu être évaluées à méthode constante.*
- **Branche de recherche.** *Branche d'activité économique bénéficiaire des travaux de R&D, regroupée en 25 postes construits à partir de la NAF.*
- **Dépense intérieure de recherche et de développement (DIRD).** *Ensemble des travaux de R&D exécutés sur le territoire national, quelles que soient l'origine des fonds. Une partie est exécutée par les administrations (DIRDA), l'autre par les entreprises (DIRDE).*
- **Dépense nationale de recherche et de développement (DNRD).** *Effort financier des acteurs économiques nationaux, quelle que soit la destination des financements. L'écart entre le montant de la DIRD et celui de la DNRD représente le solde des échanges en matière de R&D entre la France et l'étranger, y compris les organisations internationales.*
- **Recherche et Développement (R&D).** *Les travaux de R&D regroupent, de façon exclusive :*
  - *la recherche fondamentale : acquisition de nouvelles connaissances sans souci d'application ou d'utilisation particulière ;*
  - *la recherche appliquée : acquisition de nouvelles connaissances dirigées vers un but ou un objet déterminé ;*
  - *le développement expérimental : travaux systématiques basés sur des connaissances obtenues par la recherche en vue de lancer des produits nouveaux, d'établir de nouveaux procédés, d'améliorer ceux qui existent déjà.*

POUR EN SAVOIR PLUS

- « Dépenses de R&D en France en 2002 », *Note de recherche* n° 04.06, ministère de l'Éducation nationale, de l'Enseignement supérieur et de la Recherche, décembre 2004.
- « L'UE a consacré près de 2 % du PIB à la R&D en 2002 », *Communiqué de presse,* Science et technologie, n° 26/2005, Eurostat, 24 février 2005.
- « L'avenir de la recherche en France », *Population et Société* n °403, Ined, juillet-août 2004.

SOURCES

[1] « Repères et références statistiques – édition 2004 », DPD C3, ministère de l'Éducation nationale, de l'Enseignement supérieur et de la Recherche (www.cisad.adc.education.fr).

[2] « État de la recherche et du développement technologique », Annexe au Projet de loi de finances pour 2005 (www.minefi.gouv.fr).

[3] Ministère de l'Éducation nationale, de l'Enseignement supérieur et de la Recherche (www.cisad.adc.education.fr).

Financement de la DNRD et exécution de la DIRD [1]

millions d'euros

	1978	1996	2001	2002	e 2003
Dépense nationale de recherche et développement (DNRD)	**5 744**	**28 091**	**33 570**	**34 759**	**34 577**
*soit : financement par les administrations**	*3 305*	*13 718*	*14 673*	*15 677*	*16 071*
financement par les entreprises	*2 438*	*14 373*	*18 897*	*19 082*	*18 506*
Part des administrations dans la DNRD (%)	57,5	48,8	43,7	45,1	46,5
Dépense intérieure de recherche et développement (DIRD)	**5 743**	**27 836**	**32 887**	**34 527**	**34 122**
*soit : exécution par les administrations**	*2 313*	*10 704*	*12 105*	*12 689*	*12 881*
dont : défense	...	*1 585*	*848*	*874*	*993*
exécution par les entreprises	*3 430*	*17 131*	*20 782*	*21 839*	*21 241*
Part des administrations dans la DIRD (%)	40,3	38,5	36,8	36,8	37,7
DIRD/PIB (%)	1,68	2,30	2,23	2,26	2,19

* Administrations publiques et privées (État, enseignement supérieur, institutions sans but lucratif).

Financement de la DIRD des entreprises selon l'origine [1] %

Origine	1975	1995	e 2003
Entreprises	63,8	75,2	78,0
Financement public	28,0	13,7	12,6
Financement étranger	8,2	11,1	9,4
DIRD des entreprises (millions €)	**2 381**	**16 649**	**21 241**

R&D des entreprises selon la taille en 2002 [3] %

Effectif total salarié	Nombre d'entreprises	Effectif de chercheurs*	DIRDE	Financement public
Inférieur à 500	88	31	22	11
De 500 à moins de 1000	6	11	11	6
De 1000 à moins de 2000	3	9	10	7
De 2000 à moins de 5000	2	16	19	17
Égal ou supérieur à 5000	1	34	39	59
Total (nombre ou Mds d'€)	...	**95 294**	**21,8**	**2,5**

* équivalent temps plein.

Financement de la R&D dans les principaux pays de l'OCDE en 2001 [2]

	DIRD euros / hab.	DIRD/PIB %	Part de la DIRD financée par l'État %
États-Unis	911,8	2,82	30,2
Japon	750,5	3,09	18,5
Allemagne	602,6	2,49	31,5
France	**540,8**	**2,23**	**38,5**
Royaume-Uni	460,0	1,90	30,2
Suède	1 023,2	4,27	...

Chercheurs dans les principaux pays de l'OCDE en 2002 [2]

	Effectif de chercheurs* milliers	*dont chercheurs dans les entreprises %*	Part des chercheurs / pop. active ‰
États-Unis**	1 261	*80,5*	9,0
Japon	647	*66,7*	9,7
Allemagne	265	*58,8*	6,7
France	**186**	***51,1***	**6,9**
Royaume-Uni***	158	*59,0*	5,5
Suède***	46	*60,6*	10,3

* En équivalent temps plein y compris les ingénieurs de recherche. ** Données 1999. *** Données 2001.

DIRD des administrations par secteur institutionnel en 2003 [1]

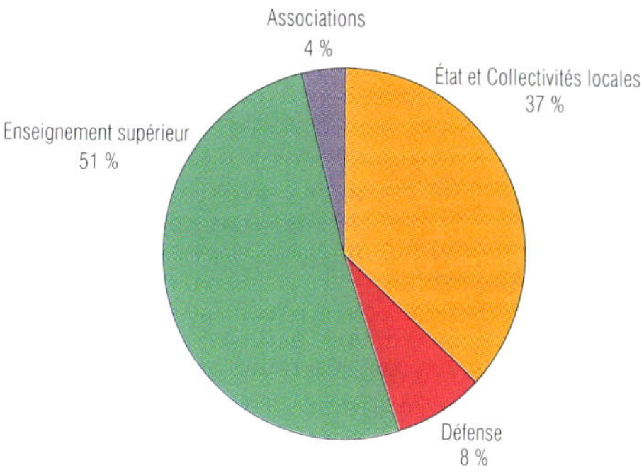

DIRD des entreprises dans les principales branches de recherche en 2002 [1] [2]

	DIRD millions d'€	2002/97 moy.annuelle %	Financement de l'État %
Industrie automobile	3 189	9	0,5
Équipements de communication	2 858	7	11,8
Industrie pharmaceutique	2 796	5	0,5
Const. aéronautique et spatiale	2 328	4	52,5
Instruments de précision	1 488	– 2	23,8
Ensemble DIRDE	**21 839**	**5**	**11,4**

Effectifs de chercheurs* [1]

équivalent temps plein

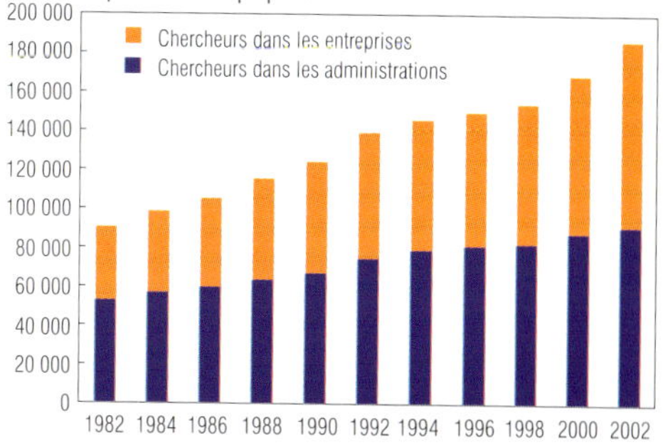

* Hors défense. Changement méthodologique en 2000.

PRÉSENTATION

En 2004, le *tourisme* mondial se redresse par rapport à 2003, année affectée par de nombreux évènements sanitaires, géopolitiques ou économiques. En France, la fréquentation étrangère se stabilise mais la durée des séjours se raccourcit (– 1 % pour les *nuitées*). La France demeure la 1ère destination touristique mondiale, accueillant 75 millions de visiteurs étrangers, soit près de 11 % des arrivées mondiales de touristes. Les recettes touristiques augmentent de 486 millions d'€, soit + 1,5 % en un an.

Les Français se sont davantage déplacés, sur le territoire national (+ 8 %) comme à l'étranger (+ 16 %) ; ce qui entraine une hausse importante des dépenses du poste « voyages » de la Balance des paiements (+ 8 %). Parallèlement les recettes atteignent 32,8 Mds d'€, après 32,3 Mds d'€ en 2003. Depuis les années 80, le tourisme contribue à l'excédent de la balance commerciale française.

En 2004, le secteur des hôtels et restaurants est toujours créateur d'emplois : + 2,8 % en un an, soit un niveau supérieur à celui de l'ensemble des services. L'année est difficile pour l'*hôtellerie de plein air* avec une baisse de 6 millions de nuitées. Après deux années négatives, le chiffre d'affaires des agences de voyages s'accroît de 3,9 % en 2004.

Dans l'Union européenne, le tourisme, en terme d'arrivées de touristes, progresse par rapport à 2003 (+ 4 %). L'Espagne (+ 3,4 %) et le Royaume-Uni (+ 11,1 % sur 11 mois) affichent des résultats en progrès, tandis que les arrivées de touristes diminuent en Italie (– 5,7 % sur 10 mois). En France, la fréquentation des clientèles européennes traditionnellement les plus importantes est en baisse en raison de la concurrence de destinations meilleur marché et de la situation économique : Allemands (– 2,3 %), Italiens (– 1,5 %), Britanniques (– 1,3 %) et Néerlandais (– 0,8 %). Malgré le niveau élevé de l'euro en 2004, la fréquentation des clientèles lointaines à fort pouvoir d'achat (États-Unis, Japon) progresse en 2004 [3].

DÉFINITIONS

- ***Hébergement touristique***. *Installation qui, régulièrement ou occasionnellement, pourvoit à l'hébergement de touristes comme les hôtels, campings, résidences de tourisme, centres de villégiatures, auberges de jeunesse et refuges...*
- **Hôtellerie de chaîne.** *Ensemble des hôtels homologués ayant une enseigne d'un groupe hôtelier quel que soit leur statut juridique. Les hôtels de chaîne sont en grande majorité homologués. Il arrive cependant qu'une partie des hôtels d'une même enseigne ne soit pas classée, soit parce que le groupe ne le demande pas, soit en raison de spécificités locales.*
- ***Hôtellerie homologuée.*** *Les hôtels sont classés ou homologués tourisme par arrêté préfectoral après délibération de la commission départementale d'action touristique. Ils sont classés en six catégories, de 0 à 4 étoiles luxe ; les conditions requises portent sur le nombre de chambres, les locaux communs, l'équipement de l'hôtel, la surface et le confort des chambres, le niveau de service rendu par le personnel de l'hôtel.*
- **Hôtellerie de plein air (camping).** *Les campings-caravanings sont homologués par arrêté préfectoral. Ils sont classés de 1 à 4 étoiles, mention «loisir» ou «tourisme», dès lors qu'ils comportent un emplacement loué au passage. Les conditions requises portent sur les équipements communs, les équipements sanitaires, l'accessibilité aux personnes handicapées.*
- ***Nuitée.*** *Nombre total de nuits passées par les clients dans l'établissement ; deux personnes séjournant trois nuits dans un hôtel comptent ainsi pour six nuitées.*
- ***Tourisme.*** *Activités déployées par les personnes au cours de leurs voyages et séjours dans des lieux situés en dehors de leur environnement habituel pour une période consécutive qui ne dépasse pas une année, à des fins de loisirs, pour affaires et autres motifs non liés à l'exercice d'une activité rémunérée dans le lieu visité.*
- ***Taux d'occupation* (Hôtellerie, hôtellerie de plein air).** *Rapport entre le nombre de chambres (emplacements) occupées et le nombre de chambres (emplacements) offertes par les hôtels et campings.*
- ***Valeur ajoutée.*** *Solde du compte de production. Elle est égale à la valeur de la production diminuée de la consommation intermédiaire.*

POUR EN SAVOIR PLUS

- *Insee Première* : « Une médiocre saison d'été pour l'hôtellerie et le camping en 2004 », n° 1003, février 2005 ; « L'hôtellerie a souffert en 2003 », n° 976, juillet 2004.
- « La balance des paiements et la position extérieure de la France en 2004 », Rapport annuel du Minefi, Banque de France.
- « Le tourisme dans l'Union européenne élargie », *Statistiques en bref*, Eurostat, n° 13/2005.
- « La France des Services », *édition 2004-2005*, Insee.

SOURCES

[1] Mémento du tourisme, *édition 2004*, Direction du Tourisme.

[2] Ministère des Transports, de l'Équipement, du Tourisme et de la Mer.

[3] « Bilan de l'année touristique 2004 », Secrétariat d'État au Tourisme (www.tourisme.gouv.fr).

[4] « Les entreprises des services en 2002 », *Insee Résultats*, série Économie, n° 17, octobre 2004.

[5] Enquête annuelle d'entreprises dans les services, Insee.

Recettes du tourisme international* [2]

millions de $

Rang		1990	p 2003	Accroissement annuel moyen 1990 à 2003 %
1	États-Unis	43 007	65 100	3,2
2	Espagne	18 593	41 700	6,4
3	**France**	**20 185**	**36 600**	**4,7**
4	Italie	20 016	31 300	3,5
5	Allemagne	11 471	23 000	5,5
6	Royaume-Uni	14 940	19 400	2,0
7	Chine	2 218	17 400	17,2
8	Autriche	13 410	13 600	0,1
9	Turquie	3 225	13 200	11,5
10	Grèce	2 587	10 700	11,5
Total des 10 premiers		**149 652**	**272 000**	**4,7**
Total Monde		**263 370**	**514 400**	**5,3**

* Transport exclu.

Arrivées de touristes aux frontières [2]

milliers

Rang		1990	p 2003	Accroissement annuel moyen 1990 à 2003 %
1	**France**	**52 497**	**75 048**	**2,8**
2	Espagne	34 085	52 477	3,4
3	États-Unis	39 363	40 356	0,2
4	Italie	26 679	39 604	3,1
5	Chine	10 484	32 970	9,2
6	Royaume-Uni	18 013	24 785	2,5
7	Autriche	19 011	19 078	0,0
8	Mexique	17 176	18 665	0,6
9	Allemagne	17 045	18 399	0,6
10	Canada	15 209	17 468	1,1
Total des 10 premiers		**249 562**	**338 850**	**2,4**
Total Monde		**461 217**	**694 000**	**3,2**

Répartition des nuitées par pays d'origine en 2004 [3]

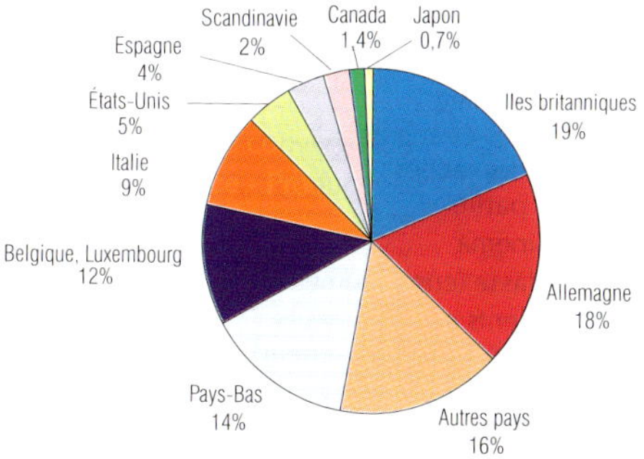

Palmarès des sites culturels et récréatifs en 2003 [1]

millions de visiteurs

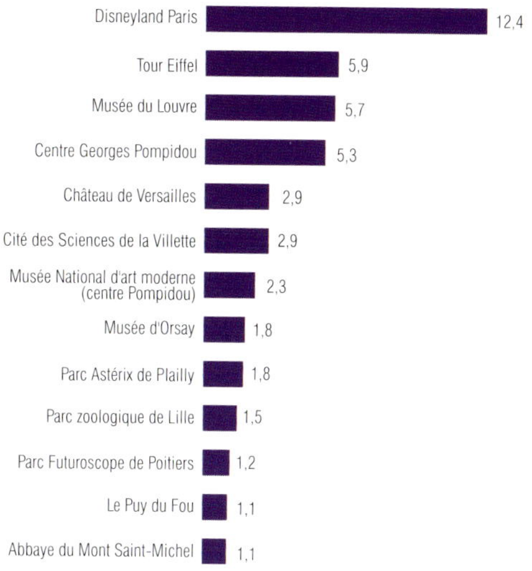

* En France métropolitaine.

Offre et Capacité d'hébergement* [1]

	1990	2000	2003
Hôtels classés :	**20 383**	**18 474**	**18 217**
dont : 2 étoiles	*9 176*	*10 049*	*9 867*
3 étoiles	*2 825*	*3 426*	*3 635*
Nombre de chambres	550 846	589 174	603 279
Campings	**8 527**	**8 021**	**8 289**
Nombre d'emplacements	266 970	897 320	924 378
Résidences de tourisme**	**219**	**838**	**1 227**
Nombre de lits	71 900	331 228	429 540
Villages de vacances	**858**	**879**	**1 001**
Nombre de lits	272 900	263 497	276 272
Auberges de jeunesse	**303**	**200**	**188**
Nombre de lits	17 600	14 849	14 409
Meublés de tourisme	...	*****135 162**	**151 376**
Nombre de lits	...	*** 540 648	605 504
Chambres d'hôtes	**11 168**	**24 202**	**31 013**
Nombre de lits	22 336	48 404	62 026

* En France métropolitaine, au 31 décembre (au 30 septembre pour les campings). ** Y compris hébergements assimilés. *** 2001.

Poids économique des entreprises du tourisme* en 2002 [4] [5]

	Entreprises		Chiffre d'affaires		Valeur ajoutée		Personnes occupées	
	nombre	%	millions d'€	%	millions d€	%	milliers	%
Hôtellerie	27 630	13,8	15 122	23,8	7 461	27,9	183 254	22,5
Exploitation de terrains de camping	4 448	2,2	1 159	1,8	532	2,0	13 334	1,6
Autres hébergements touristiques	6 633	3,3	2 164	3,4	848	3,2	23 283	2,9
Restaurants et cafés	146 297	72,8	31 711	49,9	15 230	57,0	526 755	64,6
Agences de voyages	3 860	1,9	12 185	19,2	2 002	7,5	41 958	5,1
Soins de beauté et autres soins corporels	11 934	5,9	787	1,2	450	1,7	20 836	2,6
Thermalisme et thalassothérapie	133	0,1	377	0,6	212	0,8	6 004	0,7
Ensemble	**200 935**	**100,0**	**63 505**	**100,0**	**26 735**	**100,0**	**815 424**	**100,0**

* Non compris les téléphériques et les remontées mécaniques.

F

G

H

I

Adresses et sites internet utiles

1. ADMINISTRATIONS

Premier Ministre

Direction du Développement des Médias
Hôtel de Clermont
69, rue de Varenne 75348 Paris 07 SP. Tél. : 01 42 75 80 00.
www.ddmedias.pm.gouv.fr

Ministère de l'Agriculture et de la Pêche

Service Central des Enquêtes et Études statistiques (Scees)
251, rue de Vaugirard 75732 Paris Cedex 15. Tél. : 01 49 55 85 06.
www.agriculture.gouv.fr

Ministère de la Culture et de la Communication

Département des Études, de la Prospective et des Statistiques
182, rue Saint Honoré 75033 Paris Cedex 01. Tél. : 01 40 15 79 17.
www.culture.gouv.fr

Ministère de la Défense

Direction des Affaires Financières
Observatoire économique de la défense
14, rue Saint Dominique 00450 Armées Paris. Tél. : 01 42 19 33 49.
www.defense.gouv.fr

Ministère de l'Écologie et du Développement Durable

Direction des Études Économiques et de l'Évaluation Environnementale
20, avenue de Ségur 75302 Paris 07 SP. Tél. : 01 42 19 20 21.
www.écologie.gouv.fr

Institut Français de l'Environnement (Ifen)
61, boulevard Alexandre Martin 45058 Orléans Cedex 1.
Tél. 02 38 79 78 78.
www.ifen.fr

Ministère de l'Économie, des Finances et de l'Industrie (Minefi)

Direction du Budget
Bâtiment Colbert
139, rue de Bercy 75572 Paris Cedex 12. Tél. : 01 40 04 04 04.
www.budget.finances.gouv.fr

Direction générale des Douanes et Droits indirects
8-10 rue de la Tour des Dames 75436 Paris Cedex 09.
Tél : 01 55 07 49 41.
www.douane.finances.gouv.fr

Direction Générale de la Concurrence, de la Consommation et de la Répression des Fraudes
Bâtiment 5 Grégoire
59, boulevard Vincent Auriol 75703 Paris Cedex 13.
www.dgccrf.finances.gouv.fr

Direction Générale de la Comptabilité Publique
Bâtiment Montreuil-Blanqui
10, rue Auguste Blanqui 93186 Paris Montreuil Cedex.
www.cp.finances.gouv.fr

Direction Générale des Impôts
Programme Copernic
Immeuble les Dolomites 2
58 b, rue Roger Salengro - péripole 154 94126 Fontenay sous bois Cedex.
www.dgi.finances.gouv.fr

Direction Générale de l'Énergie et des Matières Premières
Observatoire de l'Énergie
Bâtiment 4 Sieyes
61, boulevard Vincent Auriol 75703 Paris 13. Tél. : 01 44 87 17 17.
www.industrie.gouv.fr

Direction Générale des Entreprises
Service des Études et des Statistiques Industrielles (Sessi)
10, rue Auguste Blanqui 93186 Montreuil cedex. Tél. : 01 41 63 58 01.
www.industrie.gouv.fr

Agence Française pour les Investissements Internationaux (Afii)
Bâtiment Paris-Velasquez
2, avenue Velasquez 75008 Paris.
www.dii.finances.gouv.fr

Ministère de l'Éducation nationale, de l'Enseignement Supérieur et de la Recherche

Direction de l'Évaluation et de la Prospective (DEP)
61- 65, rue Dutot 75732 Paris Cedex 15. Tél. : 01 55 55 72 80.
www.education.gouv.fr

Ministère de l'Emploi, de la Cohésion sociale et du Logement

Direction de l'Animation de la Recherche, des Études et des Statistiques (Dares)
39 - 43 quai André Citroën 75902 Paris Cedex 15. Tél. : 01 44 38 38 38.
www.dares.travail.gouv.fr.

Ministère des Transports, de l'Équipement, du Tourisme et de la Mer

Direction des Affaires Économiques et Internationales (DAEI)
Service Économie, Statistiques et Prospective (SESP)
Tour Pascal A
92055 Paris La Défense Cedex. Tél. : 01 40 81 21 22.
www.equipement.gouv.fr

Direction du Tourisme
23, place de Catalogne 75685 Paris Cedex 15. Tél : 01 70 39 93 00.
www.tourisme.gouv.fr

Direction du Transport Maritime, des Ports et du Littoral
22, rue Monge 75005 Paris. Tél. : 01 40 81 72 10.

Direction de la Sécurité et de la Circulation Routières
Arche de la Défense Paroi Sud 92055 La Défense Cedex.
Tél. : 01 40 81 21 22.

Ministère de l'Intérieur et de l'Aménagement du Territoire

Direction Générale des Collectivités locales (DGCL)
2, place des Saussaies 75008 Paris. Tél. : 01 40 07 60 60.
www.interieur.gouv.fr

Direction Centrale de la Police Judiciaire
11, rue des Saussaies 75800 Paris. Tél. : 01 49 27 49 27.

Office Central pour la Répression du Trafic Illicite des Stupéfiants
Place Beauvau 75800 Paris Cedex 08. Tél. : 01 40 07 60 60.

Ministère de la Jeunesse, des Sports et de la Vie associative

Direction du Personnel et de l'Administration
95, avenue de France 75650 Paris Cedex 13. Tél. : 01 40 45 90 00.
www.jeunesse-sports.gouv.fr

Ministère de la Justice

Direction de l'Administration générale et de l'Équipement
Sous-direction de la Statistique, des Études et de la Documentation
247, rue Saint Honoré 75001 Paris Cedex 01. Tél. : 01 44 77 66 27.
www.justice.gouv.fr

Ministère de la Santé et des Solidarités

Direction de la Recherche, des Études, de l'Évaluation et des Statistiques (Drees)
11, place des cinq martyrs du lycée Buffon 75696 Paris Cedex 14.
Tél. : 01 40 56 60 00.
www.sante.gouv.fr

Ministère des Petites et Moyennes Entreprises, du Commerce, de l'Artisanat, des Professions Libérales et de la Consommation

Direction du Commerce, de l'Artisanat, des Services et des Professions Libérales
3-5, rue Barbet de Jouy 75353 Paris 07 SP.
www.dcaspl.pme.gouv.fr

Ministère de la fonction publique

Direction Générale de l'Administration et de la fonction publique
32, rue de Babylone 75700 Paris SP 07. Tél. 01 42 75 80 00
www.dgafp.fpred.gouv.fr

Ministère des Affaires Etrangères

Direction des Français à l'Étranger et des Étrangers en France
244, boulevard Saint-Germain 75303 Paris 07 SP. Tél. 01 43 17 66 69

2. AUTRES ORGANISMES PUBLICS

ADEME

Agence de l'Environnement et de la Maîtrise de l'Énergie
27, rue Louis Vicat 75737 Paris Cedex 15. Tél. : 01 47 65 20 00.
www.ademe.fr

BDF

Banque de France
39, rue Croix des Petits-Champs 75001 Paris . Tél. : 01 42 92 42 92.
www.banque-france.fr

CEREQ

Centre d'Études et de Recherche sur les Qualifications
10, place de la Joliette BP 21 321, 13567 Marseille Cedex 02.
Tél. : 04 91 13 28 28.
www.cereq.fr

CNAF

Caisse Nationale des Allocations Familiales
32, avenue Sibelle 75014 Paris. Tél. : 01 45 65 52 52.
www.caf.fr

CNAM

Conservatoire National des Arts et Métiers
292, rue Saint-Martin 75003 Paris . Tél. : 01 40 27 23 30.
www.cnam.fr

CNAMTS

Caisse Nationale d'Assurance Maladie des Travailleurs Salariés
33, avenue du Maine 75015 Paris . Tél. : 01 45 38 60 60.
www.ameli.fr

CNAV

Caisse Nationale d'Assurance Vieillesse
110, avenue de Flandre 75951 Paris Cedex 19. Tél. : 01 55 45 50 00.
www.cnav.fr

INED Institut National d'Études Démographiques
133, boulevard Davout 75980 Paris Cedex 20. Tél. : 01 56 06 20 00.
www.ined.fr

INSERM Institut National de la Santé et de la Recherche Médicale
101, rue de Tolbiac 75654 Paris Cedex 13. Tél. : 01 44 23 60 00.
www.inserm.fr

LA DOCUMENTATION FRANCAISE 29, quai Voltaire 75007 Paris. Tél. : 01 40 15 70 00.
www.ladocumentationfrancaise.fr

OMI Office des Migrations Internationales
44, rue Bargue 75732 Paris Cedex 15. Tél. : 01 53 69 53 70.
www.omi.social.fr

UNEDIC 80, rue de Reuilly 75012 Paris. Tél. : 01 53 17 20 00.

3. ORGANISATIONS INTERNATIONALES

BCE Banque Centrale Européenne
Kaiserstrasse 29 D-60311 Frankfurt Am Main Allemagne.
Tél. : 00 49 69 13 44 0
www.ecb.int

BIT Bureau International du Travail
98, rue de Sèvres 75007 Paris. Tél. : 01 53 69 12 12.
www.ilo.org

EITO European Information Technology Observatory
www.eito.com

EUROSTAT Office statistique des communautés européennes
Bâtiment Jean Monnet
Rue Alcide de Gasperi BP 1907 L2920 Luxembourg. Tél. : 00 352 4301
epp.eurostat.cec.eu.int

OCDE Organisation de Coopération et de Développement Économiques
2, rue André-Pascal 75775 Paris Cedex 16. Tél. : 01 45 24 82 00.
www.oecd.org

OMS Organisation Mondiale de la Santé
20, avenue Appia 1202 Genève Suisse.
www.who.ch

ONU Organisation des Nations Unies
Centre d'information
1, rue Miollis 75015 Paris. Tél. : 01 43 06 48 39.
www.un.org

PRB Population Reference Bureau
1875 Connecticut Avenue NW, Suite 520, Washington DC
20009-5728 USA .Tél. : 202 483 1100.
www.prb.org

UNESCO 7, place de Fontenoy 75007 Paris. Tél. : 01 45 68 10 00.

4. ORGANISMES DIVERS

AIE Agence Internationale de l'Énergie
9, rue de la fédération 75739 Paris Cedex 15. Tél. 01 40 57 65 00.
www.iea.org

CCAF Comité Central des Armateurs de France
47, rue de Monceau 75008 Paris Cedex 15. Tél. : 01 53 89 52 52.
www.armateursdefrance.org

CCFA Comité des Constructeurs Français d'Automobiles
2, rue de Presbourg 75008 Paris. Tél. : 01 49 52 51 00.
www.ccfa.fr

Citepa Centre Interprofessionnel Technique d'Études
de la Pollution Atmosphérique
7, cité Paradis 75010 Paris. Tél. : 01 44 83 68 83.
www.citepa.org

CNC Centre National de la Cinématographie
12, rue de Lübeck 75116 Paris. Tél. : 01 44 34 34 40.
www.cnc.fr

CPDP Comité Professionnel du Pétrole
212, avenue Paul Doumer 92508 Rueil-Malmaison Cedex.
Tél. : 01 47 16 94 60.
www.cpdp.org

Euronext Direction des études et de la stratégie
39, rue Cambon 75001 Paris. Tel. : 01 49 27 10 00.
www.euronext.com

FFSA Fédération Française des Sociétés d'Assurances
26, boulevard Haussmann 75009 Paris. Tél. : 01 42 47 90 00.
www.ffsa.fr

IFP Cedigaz Institut Français du Pétrole
1-4, avenue du bois préau 92852 Rueil Malmaison Cedex.
Tél. : 01 47 52 60 00
www.ifp.fr

INSEE - RÉFÉRENCES

2005-2006

TABLEAUX DE L'ÉCONOMIE FRANÇAISE

INSEE
INSTITUT NATIONAL DE LA STATISTIQUE ET DES ÉTUDES ÉCONOMIQUES

L'Insee comme chaque année propose les « Tableaux de l'économie française ». Depuis près de trente ans, cet ouvrage est considéré comme l'outil allant à l'essentiel dans le domaine de l'économie.
Présenté sous forme de double page, chaque thème est traité de façon synthétique avec une volonté pédagogique. Un index par mot-clé permet de retrouver aisément l'information recherchée.

Accessibles à tous, les « Tableaux de l'économie française » abordent avec autant d'efficacité des thèmes d'actualité comme la parité, les revenus ou la culture.
Cette nouvelle édition contient de nombreuses données sur l'Europe à 25.

ISSN 1639-4968 : RÉFÉRENCES-Insee
ISSN 0039-8802 : TABLEAUX DE L'ÉCONOMIE FRANÇAISE
ISBN 2-11-068336-8
RÉF. TEF05

Septembre 2005 - Prix 15,00 €

9 782110 683366